Heiligenverehrung in
Geschichte und Gegenwart

Heiligenverehrung in Geschichte und Gegenwart

Herausgegeben von
Peter Dinzelbacher
und Dieter R. Bauer

Schwabenverlag

Alle Rechte vorbehalten
© 1990 Schwabenverlag AG, Ostfildern
Umschlaggestaltung: Wolfgang Kern, Grafik-Design, Ludwigsburg
Umschlagmotiv: Die Heiligen Petrus und Paulus, Wandfresko von
1423 in der Georgskapelle des Klosters Agiou Pavlou auf dem Berg
Athos. Aufnahme: Peter Dinzelbacher.
Satz: Schwabenverlag AG, Ostfildern
Druck und Bindearbeiten: Wilhelm Röck, Weinsberg
Printed in Germany

ISBN 3-7966-0679-2

Inhalt

Vorwort
8

Peter Dinzelbacher
Heiligkeit als historische Variable. Zur Einleitung
10

Günter Lanczkowski
Heiligenverehrung in nichtchristlichen Religionen
18

Diether Kellermann
Heilig, Heiligkeit und Heiligung im Alten und Neuen Testament
27

Wolfgang Speyer
Die Verehrung des Heroen, des göttlichen Menschen und des christlichen Heiligen. Analogien und Kontinuitäten
48

Bernhard Kötting
Die Anfänge der christlichen Heiligenverehrung in der Auseinandersetzung mit Analogien außerhalb der Kirche
67

Harald Kleinschmidt
Formen des Heiligen im frühmittelalterlichen England
81

František Graus
Mittelalterliche Heiligenverehrung als sozialgeschichtliches Phänomen
86

Felix Karlinger
Die „verfolgte Frau" und der „Freund der Armen" als apokryphe Heilige
103

Peter Dinzelbacher
Die „Realpräsenz" der Heiligen in ihren Reliquiaren und Gräbern nach mittelalterlichen Quellen
115

Joachim Köhler
Die mittelalterliche Legende als Medium christlicher Verkündigung
175

Heidelinde Dimt
Heiligenverehrung auf Münzen und Medaillen
201

Kees Vellekoop
Die Musik im Dienste der Heiligenverehrung. Die Entwicklung des Offiziumsgesangs vom 4. bis 10. Jahrhundert
245

Edgar Harvolk
„Volksbarocke" Heiligenverehrung und jesuitische Kultpropaganda
262

Ernst Chr. Suttner
Heiligenverehrung im gottesdienstlichen Leben der orthodoxen Kirche
279

Peter Jezler
Die Desakralisierung der Zürcher Stadtheiligen Felix, Regula und Exuperantius in der Reformation
296

Ulrich Köpf
Protestantismus und Heiligenverehrung
320

Gerhard L. Müller
Die Verehrung der Heiligen in der Sicht der katholischen Dogmatik
345

Werner Groß
Die Heiligenverehrung in der Glaubenspraxis der Gegenwart
358

Biographische Notizen
373

Wissenschaftliche Studientagung der

AKADEMIE DER DIÖZESE ROTTENBURG-STUTTGART

8.–12. April 1987 in Weingarten

Vorwort

Heiligkeit ist der grundlegende Begriff in der Religion; wahre Religion kann ohne bestimmte Auffassung von Gott bestehen, doch gibt es keine echte Religion ohne Unterscheidung zwischen „heilig" und „profan"[1]. Heiligkeit als das ganz Andere, vom Profanen Abgegrenzte tritt aber für uns nur im Profanen in Erscheinung, manifestiert sich in dieser Welt – nicht zuletzt im heiligen Menschen.

Im Christentum wird Heiligkeit vorrangig und wesentlich personal verstanden: nur Gott ist heilig, und von ihm her können Menschen geheiligt werden, also Heilige sein. Diese Vorstellung von Heiligkeit – ausgehend vom Neuen Testament – wurde in der Kirche selbstverständlich aufgenommen, aber weitgehend auf die Praxis des Heiligenkultes beschränkt – mit allergrößter Wirkung. Tief verwurzelt in einem Bedürfnis der Volksreligiosität prägte die Heiligenverehrung die Geschichte christlicher Frömmigkeit und damit auch das Gesamtbild der Kirche.

Heiligenverehrung wie auch Heiligsprechung als Rechtsform sind – mindestens in der römisch-katholischen Kirche – immer noch ganz selbstverständlich gegeben. Dennoch stellt sich die Frage nach dem Sinn bzw. einer sinnvollen Form der Heiligenverehrung heute neu: Hintergrund und Anlaß für eine – weitgehend historisch bestimmte – Beschäftigung mit dieser Thematik im Rahmen einer Wissenschaftlichen Studientagung der Akademie der Diözese Rottenburg-Stuttgart (Heiligenverehrung in Geschichte und Gegenwart, 8.–12. April 1987 in Weingarten/Oberschwaben), deren Beiträge nun in gedruckter Form einer breiteren Öffentlichkeit vorgelegt werden können. Bei aller notwendigen Beschränkung in der Auswahl einiger weniger wichtiger Aspekte kam es uns darauf an, das Gesamt christlicher Heiligenverehrung in seiner geschichtlichen Entwicklung in Blick zu nehmen – selbstverständlich ohne konfessionelle Engführung und im Bemühen, auch ein breites Spektrum unterschiedlicher methodischer wie sachlicher Zugänge zum Thema vorzuführen.

Die Studientagung und der nun vorliegende Dokumentationsband stehen im Kontext einer intensiven Beschäftigung mit der Geschichte von Religiosität und Frömmigkeit an unserer Akademie[2]. Ein wichtiger Berater und Partner in Planung und Durchführung war mir dabei in den letzten Jahren immer wieder Peter Dinzelbacher – unterstrichen durch gemeinsame Tagungsleitung und Herausgeberschaft, nun schon zum vierten Mal[3]; seinem Engagement und seiner speziellen fachlichen

Kompetenz verdankt das nun abgeschlossene Projekt entscheidende Impulse (und gewichtige Erträge). Ihm möchte ich an dieser Stelle einmal besonders nachdrücklich danken.

Zu danken habe ich auch dem Schwabenverlag – und hier speziell der Lektorin Gertrud Widmann und Martin Günther, dem neuen Leiter des Buchverlags – für die endgültige Übernahme des Bandes (nach einigen Turbulenzen) und die gelungene Fertigstellung. Schon vor sechs Jahren – damals entstand das Buch ‚Frauenmystik im Mittelalter'[4] – wurde eine längerfristig angelegte Zusammenarbeit von Schwabenverlag und Akademie ins Auge gefaßt, die nun Wirklichkeit zu werden scheint: auch Anlaß, den inzwischen vergriffenen ‚Frauenmystik'-Band neu aufzulegen. Wir freuen uns darüber.

Danken möchte ich der Akademieleitung für die grundsätzliche Ermöglichung des ganzen Projekts – vor allem aber all denen, die durch ihre engagierte Beteiligung zum Erfolg der Studientagung beigetragen haben; der Referentin und den Referenten darüber hinaus für ihre speziellen Beiträge und für die Bereitschaft, die Manuskripte überarbeitet für die Publikation zur Verfügung zu stellen.

Ein Referent konnte das Erscheinen dieses Bandes und seines Beitrags nicht mehr erleben: František Graus, Professor für mittelalterliche Geschichte an der Universität Basel, ist im vergangenen Jahr gestorben. Seiner sei an dieser Stelle besonders gedacht.

Stuttgart, im Sommer 1990 *Dieter R. Bauer*

---

[1] Siehe Nathan SÖDERBLOM, Das Heilige (Allgemeines und Ursprüngliches), in: Die Diskussion um das „Heilige" (Wege der Forschung 305), hrsg. von Carsten COLPE, Darmstadt 1977, 76–116, hier: 76 (der engl. Originalaufsatz ist 1913 erschienen).

[2] Im Anhang („Biographische Notizen") sind unter meinem Namen einige in diesem Zusammenhang entstandene Publikationen aufgeführt (s. auch Anm. 3). Ein Heft der ‚Kleinen Hohenheimer Reihe' sei hier noch erwähnt: Josef NOLTE, Die Kunst, nein zu sagen. Elemente einer Widerstandsethik bei Thomas Morus, Stuttgart 1988.

[3] Die anderen drei Dokumentationsbände in gemeinsamer Herausgeberschaft (DINZELBACHER/BAUER): Frauenmystik (wie Anm. 4); Religiöse Frauenbewegung und mystische Frömmigkeit im Mittelalter (Beihefte zum Archiv für Kulturgeschichte 28), Köln/Wien 1988; Volksreligion im hohen und späten Mittelalter (Quellen und Forschungen aus dem Gebiet der Geschichte, N.F. 13), Paderborn 1990.

[4] Frauenmystik im Mittelalter, hrsg. von Peter DINZELBACHER und Dieter R. BAUER, Ostfildern 1985, ²1990.

Peter Dinzelbacher

Heiligkeit als historische Variable
Zur Einleitung

Die Scheidung zwischen Heiligem und Profanem im Erleben des Seins ist Grundlage jeder Religion. Religion ist geradezu definiert als „erlebnishafte Begegnung mit dem Heiligen und antwortendes Handeln des vom Heiligen bestimmten Menschen" (Gustav Mensching[1]).

Das Phänomen des Numinosen konkretisiert sich in verschiedensten Gestalten – ich beschränke mich auf den Katholizismus als Beispiel:
– räumlich im heiligen Ort (dem Altar, dem Kirchengebäude, dem „Heiligen Grab", dem „Heiligen Land", der „Scala santa" in Rom . . .) und im heiligen Gegenstand (Kruzifixe, wundertätige Bilder, Reliquien, bisweilen ausdrücklich „heilig" genannt wie der „Heilige Rock" in Trier, die „Chemise sainte" in Chartres usw.);
– zeitlich in heiligen Perioden, wie dem „Heiligen Jahr" (Jubeljahr, z.B. 1950), der „Heiligen Woche" (Karwoche), der „Heiligen Nacht", der „Heiligen Stunde" in der Herz-Jesu-Verehrung usw.;
– kommunikativ im heiligen Wort, sei es im gesprochenen (Gebets-, Eides-, Weiheformeln), sei es im geschriebenen (die „Heilige Schrift") und in der heiligen Handlung: in Zeremonien wie Sakramentenspende und Liturgie, in heiligen Reisen (Pilgerfahrten, Prozessionen) . . . – und sogar im „Heiligen Krieg" (Kreuzzüge)[2];
– gemeinschaftsmäßig in Institutionen: in „unserer heiligen Mutter Kirche", dem „Sanctum Officium", der „Sacra Romana Rota", dem „Heiligen Stuhl", dem „Sacer Ordo Cisterciensis" . . .
– Schließlich kann Heiligkeit sich auch in einzelnen Menschen[3] konkretisieren: Martyrern, Bekennern, Asketen, Missionaren, Priestern, Kirchenfürsten, Thaumaturgen, Mystikern und so vielen anderen[4].

Den meisten Menschen des späten 20. Jahrhunderts, die in der desakralisierten westlichen Gesellschaft leben, sind viele der angesprochenen Formen von Heiligkeit nur mehr schwer zugänglich (auch wenn heute zum mindesten formal Ansprüche auf Anerkennung der Heiligkeit der genannten Phänomene, die allerdings in von der Gegenwart sehr unterschiedlichen Gesellschaften entstanden sind, vielfach aufrechterhalten werden). Die religiöse Bedeutung der Hochfeste als heiliger Zeiten etwa ist weitestgehend von profan-kommerziellen Strukturen verdeckt, die Heiligkeit kurialer Verwaltungsbehörden („Sacrae Congregationes") schwerlich unmittelbar einsichtig usw. Das Problem liegt wohl darin, daß eigentliche Heiligkeit unbestritten nur Gott allein zukommt – *Tu solus sanctus* –, dieselbe Bezeichnung jedoch auch für Phänomene, Institutionen und Menschen angewandt wird, die zwar als an Gottes Heiligkeit Anteil habend oder auf sie verweisend betrachtet werden bzw. sich selbst so betrachten, die dagegen realiter oft als alles andere als heilig erfahren wurden und werden. Schließlich hat sich auch die Inquisition durch Jahrhunderte hindurch als „Sancta Inquisitio" bezeichnet und so verstanden, und schließlich impliziert die „Erb- oder Amtsheiligkeit" des „Heiligen Vaters" in Rom, welche zwar von einem Heiligen, nämlich Papst Gregor VII., im ‚Dictatus papae' festgelegt wurde, doch noch nicht die automatische Heiligsprechung jedes Papstes: von den etwa 275 anerkannten Päpsten sind „nur" 78 als Heilige zu verehren[5]. Wenn wir den Blick auf die Vergangenheit des christlichen Europas richten, dann finden wir als „heilig" auch noch Erscheinungen, die wir heute zweifelsohne ausschließlich dem weltlichen Bereich zuordnen würden: Bis 1806 sprach man amtlich vom „Heiligen Römischen Reich", im Mittelalter war nicht nur Rom die „Heilige Stadt", sondern auch das „heilige" Köln ...

Dies dürfte genügen, um generell daran erinnert zu haben, daß das, was als „heilig" empfunden wird, von Epoche zu Epoche variieren kann, und dies auch innerhalb *einer* Kultur, hier der christlich-europäischen, wiewohl diese von einer sehr traditionsorientierten Religion geformt wurde. Nicht anders steht es um die Konzeptionen persönlicher Heiligkeit. „Es gibt kein ‚reines Heiligkeitsmodell', das unabhängig ist vom konkreten Kraftfeld der menschlichen Gesellschaft. Deshalb kann uns keine einzige Instanz daraus entlassen, kritisch zu denken, vor allem nicht in Heiligkeitsmodellen" – so der Kirchenhistoriker Eduardo Hoornaert[6]. Wir empfinden eine Spannung zwischen unserem primär sittlich definierten Begriff von Heiligkeit und den anders begründeten Konzeptionen der Vergangenheit; wir empfinden auch eine Spannung zwischen der seinshaften Bestimmung der Kirche zur Heiligkeit und ihrem konkreten Umgang mit dieser Aufgabe. So wie „unsere heilige Mutter Kirche", als die sich ja bereits auch die Ecclesia militans versteht und benennt, „eine soziale Wirklichkeit ist, die nicht immer einzig und allein von den Interessen des Evangeliums bewegt wird", wie der französische Dogmatiker Duquoc OP milde bemerkt[7], so würde auch das irdische Handeln mancher Heiliger vergangener Perioden in manchen Fällen kaum den heutigen Erwartungen von Heiligkeit entsprechen. Duquoc zitiert in diesem Sinne seinen Ordensbruder, den kanonisierten Inquisitor und Patron der Inquisition Petrus von Verona[8]. Ich würde eher an den hl. Romuald, den Gründer des Kamaldulenserordens, erinnern, von dem sein Biograph, ebenfalls ein bedeutender Heiliger[9], nämlich Petrus Damiani, *lobend* verzeichnet, er habe seinen eigenen Vater dadurch zum klösterlichen Leben bekehrt, daß er ihn in Ketten legte und so lange prügelte, bis ihm diese Daseinsform zusagte[10], oder an den hl. Kölner Erzbischof Engelbert von Berg, einen Machtpolitiker der Stauferzeit, den der Papst sogar einmal wegen rücksichtsloser Verheerung kirchlicher Güter exkommuniziert hatte, der jedoch als Martyrer gefeiert wird, da er von seinen Verwandten aus rein politischen Gründen und eher ungewollt „im Zuge einer beabsichtigten Gefangennahme getötet"[11] wurde. Sein zeitgenössischer Hagiograph, der berühmte Mirakelsammler Caesarius von Heisterbach, sagt ausdrücklich von ihm, daß im Unterschied zu anderen Heiligen nach seinem Tode Wunder nötig gewesen seien, da er kein heiligmäßiges Leben geführt habe[12]. Um diese beiden Heiligen nicht nur aus unserer Perspektive und damit falsch zu beurteilen – wir würden in ihrem Handeln ja anders als ihre Biographen eher Gründe zur Verhinderung ihrer Verehrung sehen –, vergegenwärtige man sich in dem einen Fall die überragende Bedeutung der klösterlichen Selbstheiligung für die Reformmönche des 11. Jahrhunderts bei der gleichzeitigen Beurteilung des Leibes als des hauptsächlichen Hindernisses auf dem Weg dazu, das ein Heiliger zerbrechen muß. Petrus gehörte daher auch zu den bestimmtesten Befürwortern der Selbstgeißelung – „le grand promoteur de la disciplin" verfaßte u.a. einen eigenen Traktat ‚De laude flagellorum'[13] – und praktizierte sie auch selbst. So paßte in seinen Augen eine derartige Anwendung von Gewalt offenbar zu seiner Konzeption von Heiligkeit und schien lobenswert wegen der durch sie ermöglichten Imitatio Christi (Geißelung) und der vollbrachten Bußleistung – abgesehen von der ohnehin ganz anderen Einstellung des Mittelalters zur Körperstrafe. Im anderen Fall ist zu berücksichtigen, daß auch im Zeitalter des Franziskus und der Elisabeth von Thüringen noch der Typus des Bischofs, der sein Bistum kirchenpolitisch zu Macht und Ansehen bringt, als Heiligkeitsmodell existierte, und gleichzeitig, daß der gewaltsame Tod eines Kirchenfürsten eo ipso mit etwas Numinosem behaftet war. Nicht umsonst erwähnt Caesarius als Vorbild den heiligen Erzbischof von Canterbury, Thomas Becket. Diese beiden Beispiele, denen sich zahllose andere zur Seite stellen ließen, sollen nur andeuten, daß ein ahistorisches Verstehen persönlicher Heiligkeit nicht möglich ist.

Die nach verschiedenen Schätzungen etwa zehn- bis fünfundzwanzigtausend namentlich bekannten Heiligen (nicht mitgerechnet umfangreiche Gruppen wie beispielsweise die aus einem Transskriptionsfehler entstandenen[14] 11.000 ursulanischen Jungfrauen), die im Laufe der katholischen Kirchengeschichte zur Ehre der Altäre gelangt sind, repräsentieren nämlich eine Familie, bei der die Unterschiedlichkeiten ihrer Mitglieder oft um vieles deutlicher sind als das sie Verbindende. Es gibt kein aus den Biographien der Heiligen eruierbares Verhalten, an dem die Gründe für ihre Heiligkeit erkennbar würden und welches zugleich allgemein suffizient wäre (abgesehen davon, daß wir von vielen der Verehrten gar keine Viten besitzen, sondern nur bekannt ist, wie sie an einem bestimmten Ort verehrt werden). Daß der oft zitierte Vorbildcharakter der Lebensführung nicht dieses generelle Kriterium ist, wird auch sofort evident, wenn wir an die als Martyrer verehrten Kinder denken, sei es an die von Herodes getöteten Zweijährigen[15], sei es an spätere, angeblich durch Ritualmorde umgekommene Kinder wie das zweieinhalbjährige hl. Simele (= Simon) von Trient[16] oder das dreijährige sel. Anderle (= Andreas) von Rinn[17]. Hier wären auch Wesensbestimmungen wie eine „gelukte Godsrelatie"[18] nicht allgemein anwendbar. Damit verbleibt als das einzige allgemeingültige und erkennbare Kriterium das Wirken von Wundern post mortem: auch heute noch Voraussetzung für die Kanonisation.

Die Auswahl, nach der Menschen als Heilige verehrt werden, ist uns *erkennbar* also nur in ihrer Abhängigkeit von historischen Variablen, nämlich denjenigen Konzeptionen von Heiligkeit, die für die einzelnen Epochen der Geschichte des Christentums bestimmend wurden. Adelsheilige z.B. waren typisch für das Mittelalter, nicht aber für die Neuzeit; heilige Mystikerinnen kennen wir erst ab dem späten Mittelalter. Konzentrierte sich die christliche Antike auf den Blutzeugen oder Bekenner der so heftig verfolgten Religion, dessen Leiden nicht nur ihn selbst, sondern auch andere entsühnte, so wurde für das Mittelalter neben dem Missionar, dem Kirchenfürsten und der Mystikerin der monastische Asket „engelgleichen Lebens" *die* prägende Leitfigur. Die Sittlichkeit der Lebensführung ist Conditio sine qua non für die Heiligen der jüngeren Neuzeit, sie war aber irrelevant bei der Verehrung der Martyrer usf. Karl Rahner hat in diesem Sinne die kanonisierten Heiligen als „die Initiatoren und die schöpferischen Vorbilder der je gerade fälligen Heiligkeit, die einer bestimmten Periode aufgegeben ist", bezeichnet[19]. Durchgehende Traditionen scheinen dagegen oft exklusiv zu sein: die Seltenheit heiliggesprochener Laien, das krasse Mißverhältnis zwischen Männern und Frauen (vier bis fünf männlichen Heiligen entspricht etwa eine heilige Frau[20]), das Fehlen kanonisierter Frauen aus dem Ehestand nach der

Verfolgungszeit[21]. „Kurzum: Der offizielle Himmel spiegelt die Interessen der irdischen Kirche wider ... Die Art und Weise, wie die Kirche den Himmel bevölkert, verrät ihre Vorstellung von ihrer Beziehung zu dieser irdischen Welt"[22]. Der Entstehung und historischen Bedingtheit einiger dieser Konzeptionen ist ein großer Teil der folgenden Beiträge gewidmet.

Weniger unterschiedlich als die Konstituierung des jeweiligen Heiligenideals scheinen die Formen der Heiligenverehrung. Gewiß gibt es hier starke durchlaufende Konstanten in Katechese (Verlesung der Vita am Gedächtnistag), Liturgie und Paraliturgie (Messe bzw. Umzüge zu Ehren eines Heiligen); man denke etwa daran, daß seit dem frühen Mittelalter bis heute die Einbettung von Reliquien in den Altartisch unbedingte Voraussetzung für dessen liturgische Funktion ist (CIC 1237,2). Die Bedeutung der Ehrung der Heiligen in der bildenden Kunst entwickelte sich deutlich aber erst mit der Gotik, mit der Verbreitung der nichtbiblischen narrativen Zyklen und dem Hervortreten der Vollplastik, und wird erst seit der Erfindung von Holzschnitt und Metallstich auch für die private Volksfrömmigkeit wichtig. War es für das Mittelalter nicht ungewöhnlich, daß die Taten der Heiligen von umherziehenden Trobadors, Trouvères, Spielleuten und Ministrels besungen wurden[23], wäre die Aufnahme solcher Themen in das Programm der Unterhaltungsmusik gegenwärtig ausgesprochen exzeptionell (mögen auch gelegentlich singende Schwestern und religiöse Musikgruppen auftreten). Der Darstellung einiger Formen der Heiligenverehrung und ihrer Verbreitung ist ein weiterer Teil der Vorträge gewidmet.

Was sich in hohem Maß verändert hat, ist die Beziehung der Gläubigen zu den Verehrten. Zwar ist die Vorbildfunktion der Heiligen, die heute im devotionalen Schrifttum an erster Stelle steht, in ihren Viten schon immer betont worden, doch war sie für die Praxis des Kultes, mehr noch für die Einstellung des Kirchenvolks in der vorindustriellen Gesellschaft durchaus zweitrangig. Entscheidend war vielmehr, daß der Heilige ein Thaumaturg war, der das rein physisch so gefährdete Leben schützen und bessern konnte. Darum vor allem verehrte und beschenkte man ihn, darum pilgerte man zu seinem Grab, darum betete man zu ihm. Die einstige Rolle der Heiligenverehrung ist unmöglich zu verstehen, wenn man sich nicht die Unsicherheit der alltäglichen Lebensverhältnisse, den dauernden Kampf um Nahrung und die dauernde Gefährdung der Gesundheit, vor Augen hält. Um bloß ein Beispiel in Erinnerung zu rufen: Nicht nur die analog zur fortschreitenden Arbeitsteilung in der europäischen Gesellschaft immer weitere Spezialisierung einzelner Heiliger auf bestimmte Patronate, sondern auch und vor allem die Notzeiten des Schwarzen Todes seit der Mitte des 14. Jahrhunderts waren der Grund für die so intensive Verbreitung der Verehrung der Pestheiligen Sebastian[24] und Rochus[25], währenddem der Rückzug der Seuchen und die Entdeckung profanmedizinischer Vorbeuge- und Heilungsmethoden der Grund für das Schwinden ihrer Verehrung wurde. Der außerordentliche Rückgang des Heiligenkults in der wesentlich gesicherteren Existenz der Gegenwart[26] ist auch eine Konsequenz des außerordentlichen Rückgangs des Bedürfnisses nach Wundern und des Glaubens daran. Deshalb ist der historisch nicht faßbare Heilige für den heutigen Menschen weitgehend uninteressant, wogegen es für seinen Vorfahren im Mittelalter meist ganz sekundär war, was der Mensch, dessen Reliquien er verehrte, in seinem Leben vollbracht hatte, wenn er nur durch Wunder wirkte[27]. Wo heute die Faszination der Begegnung mit den Heiligen bleibt, sind es dagegen vor allem Menschen, deren Schicksale einigermaßen zuverlässig überliefert sind und die deshalb als Persönlichkeiten vor uns treten – als Persönlichkeiten, deren so oft von Leiden geprägte Leben Trost gewähren, deren immer von einer letztlich unerschütterlichen Überzeugung geprägte Leben Hoffnung begründen können.

Bibliographischer Hinweis

Da kürzlich eine thematisch gegliederte Bibliographie zur Heiligenverehrung veröffentlicht wurde, ist es unnötig, hier ein Literaturverzeichnis anzuschließen: Stephen WILSON (Hrsg.), Saints and their Cults, Cambridge ²1985, S. 309–419; aufgeführt sind 1333 meist kommentierte Titel. Die Einleitung des Herausgebers (S. 1–53) ist empfehlenswert.

Dort nicht zitiert ist der für die gegenwärtige katholische Position in Deutschland repräsentative Sammelband: Die Heiligen heute ehren, hrsg. von Wolfgang BEINERT, Freiburg i.Br. 1983. Eine (allerdings nur einführende) Übersicht für die Epoche wohl intensivster Heiligenverehrung bietet Régine PERNOUD, Les saints au Moyen Age, Paris 1984. Als neueres Beispiel für eine zeitlich engere Darstellung sei Richard KIECKHEFER, Unquiet Souls. Fourteenth-Century Saints and their Religious Milieu, Chicago 1984, zitiert. – Eine Gesamtschau bietet Réginald GRÉGOIRE, Manuale di agiologia, Fabriano 1987.

Das grundlegende Hilfsmittel für die Information über bestimmte Heilige ist die vierzehnbändige ‚Bibliotheca Sanctorum' a cura dell'Istituto Giovanni XXIII, Roma 1961ff. Je nach Erscheinungsdatum mehr oder weniger nützlich sind auch die verschiedenen theologischen Enzyklopädien wie das ‚Lexikon für Theologie und Kirche', Freiburg i.Br. 1957ff., oder vor allem der ‚Dictionnaire d'histoire et de géographie ecclesiastique', Paris 1912ff. (erst beim Buchstaben „G"). Die wichtigsten katholischen Heiligen finden auch in der neuesten derartigen Publikation Berücksichtigung, nämlich der protestantischen ‚Theologischen Realenzyklopädie', Berlin 1974ff., wo in Band 14, 1985, S. 641–672, eingehend über Heilige und Heiligenverehrung gehandelt wird. Laufende Bibliographien enthalten die allgemeinen und nationalen kirchengeschichtlichen Zeitschriften wie die ‚Revue d'histoire ecclesiastique' u.a. sowie das Organ der Brüsseler Bollandisten, die ‚Analecta Bollandiana'.

Anmerkungen

[1] Die Religion, München, s.a., 15. Vgl. bes. Mircea ELIADE, Das Heilige und das Profane, Hamburg 1957.

[2] Wiewohl man hier primär an den Dschihad im Islam denkt, sind hierunter doch genauso die Kreuzzüge zu verstehen. Vgl. Friedrich HEER, Kreuzzüge – gestern, heute, morgen?, Luzern 1969.

[3] Friedrich HEILER, Erscheinungsformen und Wesen der Religion, Stuttgart 1961, 365ff.

[4] Andere Religionen kennen auch das heilige Tier; in der mittelalterlichen Volksreligion war es nicht ganz fremd. Vgl. Jean-Claude SCHMITT, Der heilige Windhund, Stuttgart 1982.

[5] Obwohl Gregor mit seinem 23. Grundsatz, jeder rechtmäßig ordinierte Papst *indubitanter efficitur sanctus,* wohl darauf abzielte. Die spätmittelalterlichen Kurialisten gingen bis zu der Formulierung *papa est deus* . Vgl. H. FUHRMANN, Über die Heiligkeit des Papstes, Jahrbuch der Akademie der Wissenschaften in Göttingen 1980, 28–43.

[6] Aus dem Volk stammende Heiligkeitsmodelle, Concilium 15 (1979), 584–589, 589.

[7] Christian DUQUOC, Heiligkeitsmodelle, Concilium 15 (1979), 559–564, 559.

[8] Ebd., 560. Vielleicht nicht ganz zu Recht. Vgl. Bibliotheca Sanctorum, a cura dell'Istituto Giovanni XXIII, vol. 10, Roma 1968, 751ff.

[9] Wolfram VON DEN STEINEN, Menschen im Mittelalter, Bern 1967, 7ff., sieht bei Heiligen als Hagiographen eine besondere „Fachlichkeit" gegeben.

[10] Vita 13, Fonti per la storia d'Italia 94, 1957, 35f.

[11] Heinz WOLTER, Engelbert von Berg, Lexikon des Mittelalters 3, 1986, 1917f.

[12] *Nec fuisset necesse dominum episcopum Engelbertum miraculis claruisse post mortem, si vite perfectioris fuisset ante mortem.* Bei anderen *non erat necesse, ut post mortem commendarent miracula, quos ante mortem commenda(ve)rat vita sanctissimâ*(Caesarius, Vita 3, Prol., hrsg. von F. ZSCHAECK, Publikationen der Gesellschaft für rheinische Geschichtskunde 43 [1937], 223–328, 282f.).

[13] Dictionnaire de Spiritualité ascétique et mystique 3, 1957, 1306f.; 12, 1985, 1571f.

[14] Bibliotheca Sanctorum 9, 1967, 1257f.

[15] Bibliotheca Sanctorum 7, 1966, 819–832.

[16] Bibliotheca Sanctorum 11, 1968, 1184–1188.

[17] Bibliotheca Sanctorum 1, 1966, 1148f.

[18] F. DE GRIJS, Heiligen, wat zijn dat eigentlijk?, in: Andere structuren, Andere heiligen,, hrsg. von R. STUIP und C. VELLEKOOP, Utrecht 1983, 13–32, 241–245.

[19] Karl RAHNER, Vom Geheimnis der Heiligkeit, der Heiligen und ihrer Verehrung, in: Die Heiligen in ihrer Zeit I, hrsg. von P. MANNS, Mainz ³1967, 9–26, 13.

[20] André VAUCHEZ, La sainteté en Occident aux derniers siècles du moyen âge, Roma 1981, 316f. Im Früh- und Hochmittelalter war das Zahlenverhältnis noch ungleicher (s. ebd.). Für die Neuzeit sind mir keine Statistiken bekannt; wenn man aber die sich als repräsentativ verstehende Sammlung: Die Heiligen in ihrer Zeit II, hrsg. von P. MANNS, Mainz ³1967, 191–529, auszählt, kommt man bestenfalls auf ein Verhältnis von drei zu eins. Nach Donald WEINSTEIN/Rudolph M. BELL, Saints and Society, Chicago 1982, 220ff., betrug der prozentuale Anteil heiliger Frauen im 12. Jahrhundert ca. 10%, im 13. und 14.: 23%, im 15.: 28%, im 16.: 18% und im 17.: 14%.

[21] Verwitwete Frauen wurden des öfteren kanonisiert, z. B. die hl. Birgitta von Schweden. Verehelichte Männer, die als Heilige verehrt werden, existieren dagegen, z. B. der hl. Eleazar von Sabran.

[22] DUQUOC (wie Anm. 7), 563.

[23] Vgl. z. B. S. ASTON, The Saint in Medieval Literature, Modern Language Review 65 (1970), XXIV–XLII.

[24] Peter DINZELBACHER, Die tötende Gottheit: Pestbild und Todesikonographie als Ausdruck der Mentalität des Spätmittelalters und der Renaissance, Analecta Cartusiana 117/2 (1986), 5–138, 38f., 71f.

[25] Bibliotheca Sanctorum 11, 1968, 271.

[26] RAHNER (wie Anm. 19), 17.

[27] Zur grundlegenden Bedeutung des Wunders im Heiligenkultus vgl. mit reicher Literatur Sofia BOESCH GAJANO, Il culto dei santi: filologia, antropologia e storia, Studi Storici 23 (1982), 119–136.

Günter Lanczkowski

Heiligenverehrung in nichtchristlichen Religionen

Wenn der Religionshistoriker nach Heiligen und Heiligenverehrung in außerchristlichen Religionen befragt wird, so sieht er sich beträchtlichen Schwierigkeiten gegenüber. Zu bedenken ist zunächst, daß es in den in Frage stehenden nichtchristlichen Religionen keine Kirche oder kirchenähnliche Instanz gibt, die befugt wäre, autoritativ und letztgültig eine Heiligsprechung vorzunehmen.

Hinzu kommt eine terminologische Schwierigkeit, die darin besteht, daß in der Religionsgeschichte ein einheitlicher Begriff für den Heiligen fehlt. Es wäre leicht, Heilige in außerchristlichen Religionen zu erfassen, wenn in den diesen Religionen eigenen Sprachen für den hier angesprochenen Typus religiöser Autorität ein Begriff verwendet würde, der – wie das deutsche Wort „heilig" – eine direkte Übersetzung oder zumindest eine sinngemäße Wiedergabe des grundlegenden lateinischen Wortes *sanctus* darstellen würde. Dies aber ist nicht der Fall.

Und diese Uneinheitlichkeit einer schlechthin gültigen Kennzeichnung hängt damit zusammen, daß die Forderungen, die an den Heiligen gestellt werden, ebenso wie die Erweise seiner Heiligkeit jeweils dem spezifischen Wesen der in Frage stehenden Religionen entsprechen. Sie können daher sehr wohl interreligiös variieren und beispielsweise die Erwartung sowohl einer streng asketischen Lebensführung als auch selbstgewählter Armut vermissen lassen.

Wenn trotzdem die Religionswissenschaft in Vergangenheit und Gegenwart verschiedener Religionen mit dem Auftreten von Heiligen rechnet, so bedeutet dies, daß eine religionsphänomenologische Erfassung gefordert ist, die von der grundlegenden Voraussetzung des Heiligkeitsbegriffes auszugehen hat und bei seiner Anwendung auf spezifische *homines religiosi* den sogenannten Heiligen hinsichtlich seiner religiösen Qualitäten und hinsichtlich sowohl seiner zeitgenössischen als auch seiner posthumen Ausstrahlung von anderen Typen religiöser Autorität unterscheiden muß.

Schließlich und hauptsächlich ist dann dieser Typus zu demonstrieren an einigen charakteristischen Gestalten und an der Verehrung, die ihnen zuteil wird.

Wenn wir uns – dieser Reihenfolge entsprechend – zunächst dem Heiligkeitsbegriff zuwenden, so führt uns die Sprachgeschichte der deutschen Wörter „heilig" und „Heiligkeit" sowie ihrer Entsprechungen in anderen germanischen Sprachen zurück auf altnordisch *heilagr*. Zugrunde liegt eine Ausgangsbedeutung von „eigen" und „Eigentum". Grundlage für die Übernahme in den religiösen Bereich bildet die Vorstellung, daß das, was der Gottheit als Eigentum gehört, ihr geweiht und damit „heilig" ist.

Hierauf beruht die Gleichsetzung mit lateinisch *sanctus*. Sie wurde von den angelsächsischen Glaubensboten des Christentums vollzogen, die damit zugleich den ebenfalls der religiösen Sphäre zugehörigen althochdeutschen Begriff *wih* zurückdrängten, der sich jedoch in dem Worte „weihen" bis heute erhalten hat.

Wesentlich für die Bedeutungsgeschichte des Heiligkeitsbegriffes war diese Wiedergabe von *sanctus* durch „heilig", da mit ihr eine sinngemäße Übernahme des lateinischen Wortfeldes verbunden war. Das Adjektiv *sanctus*, dessen bedeutungsgleiche Ableitungen sich in den romanischen Sprachen erhalten haben, ist mit dem Verbum *sancire*, das „begrenzen" und „umschließen" bedeutet, zu etymologisieren und bezeichnet das aus religiösen Gründen vollzogene Absondern – unter *sanctio* verstanden die Römer ursprünglich die Abgrenzung heiliger Stätten und deren Schutz vor Verletzung und profaner Berührung; *profanus*, „vor dem geheiligten Bezirk liegend" und daher „nicht geheiligt", ist der Kontrastbegriff zu *sanctus*.

Dem griechischen Worte *hágios*, mit dem der Begriff der Hagiographie, der Beschreibung von Lebensgeschichten der Heiligen, gebildet ist, liegt ebenfalls die Vorstellung von der kultischen Absonderung und der Distanz gegenüber dem Profanen zugrunde – bei Herodot, dem ältesten Zeugen des Wortes, ist *hágios* Attribut heiliger Stätten.

Aus diesen sprachlichen Zeugnissen ergibt sich, daß unter Heiligkeit der schlechthinnige Gegensatz zur Profanität verstanden wird. Damit ist nicht ein gradueller, sondern vielmehr ein prinzipieller Unterschied bezeichnet. Heiligkeit ist aufgrund ihrer Beziehung zur übersinnlichen Welt das *totaliter aliter*, das sich jedoch in allen irdischen Erscheinungen manifestieren kann, die damit als Durchbruchsstellen des Überirdischen erfahren werden. Als solche Chiffren des Heiligen gelten dann: der Kosmos in seiner Gesamtheit, astralische Erscheinungen, der irdische Raum und seine Teile, die Zeit und ihre Abschnitte – aber auch der heilige Mensch und seine Handlungen.

Dieser heilige Mensch ist dann dadurch gekennzeichnet, daß er durch seine Lebensweise und durch Wunderheilungen als Reflex im Kreaturgefühl des Menschen allgemeiner religiöser Empfänglichkeit und Aktivität Gefühle auslöst, wie sie Rudolf Otto in seinem berühmten Werk über ‚Das Heilige' religionspsychologisch analysiert hat[1].

Diese Reflexe, die wesentlich zur Erkennung und Wertschätzung des heiligen Menschen beitragen, sind – wenn wir hierin Rudolf Otto folgen – ambivalent. Sie beinhalten Gefühle, die in Kontrastharmonie zueinander stehen und sowohl das ehrfürchtige Erschauern umfassen als auch das selige Entzücken angesichts der Realität des Jenseitigen, des Transzendenten, des „ganz Anderen". So ist die Begegnung mit dem Heiligen einerseits gekennzeichnet durch die psychische Reaktion auf ein *fascinans*, auf ein anziehendes, bestrickendes, zutiefst wundervolles Moment, aus dem Ergriffensein und Überschwenglichkeit resultieren. Es ist aber auch das Erlebnis des Erhabenen, des *augustum*, des Übermächtigen, der *majestas*, sowie der schlechthinnigen Unnahbarkeit, das sich in ehrfurchtsvoller Scheu äußert.

Diese psychischen Reaktionen, die für die Verehrung eines Heiligen wesenseigentümlich sind, gelten jedoch auch für die Begegnung mit anderen *homines religiosi*. Um zu einer spezifischen Definition des Heiligen zu gelangen, ist daher noch eine Abgrenzung gegenüber anderen Typen religiöser Autorität notwendig.

Faßt man den Heiligen als den in religiöser und ethischer Hinsicht vollkommenen Einzelmenschen, so ist der Unterschied zu institutionellen und organisierten Amtsträgern deutlich. Der Heilige braucht weder Priester noch Mönch zu sein und eine entsprechende Weihe erhalten zu haben (auch wenn dies der Fall sein kann).

Aber auch gegenüber mehreren selbständigen, organisatorisch unabhängigen Typen religiöser Autorität ist der Heilige abzugrenzen. Vom Stifter wie vom Reformator, deren Charismata er besitzen kann, unterscheidet er sich doch dadurch, daß er in fast ausschließlicher Weise durch sein religiös vorbildliches Leben wirkt, nicht aber durch die Verkündigung einer Botschaft, der die Intention zur Gemeindebildung eigen ist. Der aktive, dynamische Charakter der prophetischen Persönlichkeit ist ihm im allgemeinen fremd, und auch ein mystisches Verhältnis zur Gottheit gehört nicht unabdingbar zu seinem Wesen. Von der mythischen Gestalt eines vorzeitlichen Heilbringers ist der Heilige geschieden durch sein Wirken in der Geschichte.

Dagegen steht der Heilige sowohl dem Märtyrer als auch dem Heros der griechischen Religion insofern nahe, als in jedem Fall sein Grab ein Zentrum der Verehrung bildet. Wie das Grab des Märtyrers und dasjenige des Heros Kultzentrum ist, so auch das Heiligengrab. Zu ihm pilgert man, um Gaben darzubringen und Hilfe in irdischen Nöten zu erbitten. Dabei kann eine Spezialisierung der wunderwirkenden Macht insofern angenommen werden, als bestimmte Heilige in spezieller Weise für die Heilung besonderer Krankheiten zuständig sind. Als erstrebenswert kann auch erscheinen, die letzte Ruhestätte in der Nähe eines Heiligengrabes zu finden.

Trotz bestehender Übereinstimmungen im kultischen Bereich unterscheidet sich der Heilige vom Heros wie vom Märtyrer doch darin, daß seine Verehrung nicht ausschließlich postmortal und damit auch nicht in jedem Falle örtlich gebunden ist. Wenn diese Aspekte auch für die Volksfrömmigkeit im Mittelpunkt stehen können, so erblickt ein tieferes Verständnis im Heiligen doch in erster Linie ein Vorbild und eine Mahnung zur religiösen Nachfolge.

Dies ist wesentlich darin begründet, daß der Heilige nicht erst durch seinen Tod, sondern bereits zur Lebenszeit eine religiöse Vollkommenheit erreichte. Ein Martyrium kann, falls er es erleiden sollte, die Verehrungswürdigkeit, die er bereits im irdischen Leben gewann, nur noch steigern.

Zu dem heiligmäßigen Wandel können Adiaphora hinzutreten. Sie bestehen darin, daß der Heilige gegen Krankheiten und wilde Tiere gefeit ist, daß er die Fähigkeit des Wandelns auf dem Wasser und des Schwebens über dem Erdboden besitzt oder ein Minimum an Nahrungsaufnahme benötigt, daß schließlich sein Leichnam Licht ausstrahlt und auffällig langsam oder gar nicht verwest.

Unter den großen nichtchristlichen Religionen zeugt vor allem die Heiligenverehrung des *Islam* für ein tiefes Bedürfnis der Volksfrömmigkeit nach einem Mittler zwischen den Menschen und Allah, dem unnahbaren Gott. Aufschlußreich hierfür ist es, daß sich diese Verehrung durchgesetzt hat, obwohl sie im Prinzip dem äußerst strengen Monotheismus der islamischen Theologie widerspricht.

Zwei Stellen des Koran sind bezeichnend für diese prinzipielle Ablehnung irgendwelcher Mittler. In Sure 9, Vers 31, polemisierte der Prophet Mohammed gegen jüdische und christliche Vorstellungen, als er verkündete:

„Sie nehmen ihre Rabbinen und Mönche neben Allah und dem Messias, dem Sohn der Maria, zu Herren an, wo ihnen doch allein geboten ward, einem einzigen Gott zu dienen, außer dem es keinen Gott gibt. Preis ihm; er steht hoch über dem, was sie neben ihn setzen."

Ebenso wie an dieser Stelle wandte sich Mohammed Sure 10, Vers 19, gegen den *schirk*, die „Zugesellung", worunter die islamische Theologie die Anerkennung von Fürsprechern bei Allah versteht. – Diese Koranstelle lautet:

„Und sie dienen neben Allah dem, was ihnen weder schaden noch nützen kann; und sie sprechen: ‚Dies sind unsere Fürsprecher bei Allah.' So sprich: ‚Wollt ihr Allah ansagen, was er nicht kennt in den Himmeln und auf der Erde?' Preis ihm! Und erhaben ist er ob dem, was ihr ihm beigesellt."

Im Gegensatz zu diesen Textstellen legitimieren die Anhänger der Heiligenverehrung ihre Einstellung mit Sure 10, Vers 63, wo es heißt:

„Ist es nicht, daß über Allahs Freunde keine Furcht kommt?"

In diesem Satz findet sich jener Begriff, der dann im Islam generell zum Terminus für den „Heiligen" geworden ist, nämlich „Freund Gottes": *walī Allah*, oder – in abgekürzter Form gleichen Sinngehaltes – nur *walī*, der Freund. In Nordwestafrika ist die Bezeichnung für den Heiligen nicht *walī*, sondern *mrābt*. Das Wort geht auf arabisch *murābit* zurück, womit ursprünglich der in befestigten Klöstern lebende Glaubenskämpfer bezeichnet wurde. Über das Französische leitet sich hiervon die deutsche Form *Marabu* ab. Daß das Wort Marabu auch zur Bezeichnung des Leptoptilus, des Kropfstorches, verwendet wird, geht auf die Einschätzung des Storches als eines heiligen Vogels zurück.

Der Islam kennt seit dem Ende des 9. Jahrhunderts eine in verschiedene Grade aufgegliederte Hierarchie zahlreicher Heiliger.

Im schiitischen Islam, der heute vornehmlich im Iran verbreitet ist, galten bereits sehr früh Alī, der vierte Kalif und Schwiegersohn Mohammeds, sowie dessen Söhne Hasan und Husain als heilige, verehrungswürdige Gestalten.

Nach schiitischer Lehre hatte Mohammed kurz vor seinem Tod Alī in die letzten Geheimnisse des Islam eingeweiht, und Alī vererbte dieses esoterische Wissen in seiner Familie. Seine Nachkommen gelten daher als geistliche Führer und als Träger geheimen Wissens.

Aber auch im sunnitischen Islam fand der Heiligenkult eine frühe Verbreitung. In Ägypten steht Ahmad al-Badawī, ein islamischer Ordensgründer des 13. Jahrhunderts, an der Spitze der Heiligen. In Syrien ist es al-Khadir, „der Grüne", dessen historische Ursprünge unklar sind; er gilt auch als Schutzpatron der Reise.

Die islamischen Heiligen sind in erster Linie dadurch ausgezeichnet, daß sie Wunder vollbringen. Sie gelten außerdem als Wächter des Rechtes und als Hüter der Wahrheit. Vor falschem Eid bei ihrem Namen besteht daher allgemeine Furcht. In jedem Fall wird der Heilige als Mittler angesehen, der dem Gläubigen mit seiner Fürsprache bei Allah beisteht.

Die Verehrungsstätte eines Heiligen ist sein Mausoleum, das meist an einer Kuppel erkenntlich ist, von der es überwölbt wird. Die Besucher berühren die Gitter dieser heiligen Stätte und führen dann die Hand über ihr Gesicht. Sie tragen Bitten vor und legen Gelübde ab.

Zu den dargebrachten Gaben gehört ein tierisches Opfer, das während eines Festmahles verspeist wird, nachdem zuvor die Grabwächter Anteile erhalten haben. In die das Mausoleum umgebenden Bäume werden als Gaben Kleidungsstücke und Stoffstreifen gehängt. Den stärksten Besuch erfährt das Heiligtum am Geburtstag des Heiligen, der mit Prozessionen besonders feierlich begangen wird.

In den aus dem Geist *Indiens* entstandenen Religionen werden im allgemeinen schon zu ihren Lebzeiten und dann nach ihrem Tode diejenigen als Heilige verehrt, die das Ideal strengster Askese verwirklichen und dadurch zu höherer Weisheit gelangten. In den atheistischen Religionen und Schulrichtungen Indiens entfällt dabei für den Heiligen selbstverständlich die Funktion des Mittlers zwischen der Gottheit und den Menschen.

Die Vielgestaltigkeit des *Hinduismus* und sein Mangel an organisatorischer Geschlossenheit bedingen erhebliche Unterschiede hinsichtlich der Anerkennung bestimmter Heiliger. Und auch die Termini, mit denen ihre religiös außergewöhnlich hohe Stellung hervorgehoben wird, sind unterschiedlich.

Als *ācārya*, als geistliche Lehrer, genießen weitgehende Verehrung: Shankara, der große Religionsphilosoph des 9. nachchristlichen Jahrhunderts, und Rāmānuja, der im 11. Jahrhundert einen reinen Monotheismus verkündete und eine Erlösung, die in der personalen Gemeinschaft mit Gott gesucht wird. Als Heilige des 19. Jahrhunderts gelten Rāmakrishna, der eine übergreifende Synthese aller großen Religionen erstrebte, und außerdem und vor allem der bengalische Brahmane Debendranath Tagore, der als *mahārishi*, als „großer Seher", verehrt wurde.

Debendranath Tagore, der Vater des bekannten Dichterphilosophen Rabindranath Tagore, war die religiös überragende Gestalt Indiens im 19. Jahrhundert. Er vollzog innerhalb des Hinduismus eine entschiedene Wendung von einer weltverneinenden zu einer weltoffenen Haltung.

Wie die Brahmanen Altindiens, so war Debendranath Tagore im Alter „aus dem Hause in die Hauslosigkeit" gegangen und hatte sich in weltabgeschiedene Gebiete des Himalaya zurückgezogen. Dort aber vernahm er eines Tages eine göttliche Stimme, die ihm gebot, das Leben in der Verborgenheit aufzugeben und zurückzukehren in diese Welt. Daß Debendranath Tagore dieser Stimme Folge leistete, kann als symbolisch für die Weltzuwendung des modernen Hinduismus angesehen werden.

Für die tiefe, rein monotheistisch geprägte Frömmigkeit Debendranath Tagores zeugt das folgende, von ihm überlieferte Gebet:

„O Herr, mein Gott, wie kann ich Deine Herrlichkeit beschreiben? Ich weiß nicht, wo ich beginnen und wo ich enden soll. Du wohnst in einem Licht, zu dem niemand gelangen kann. Aber je näher ich dem Ende meiner Erdentage komme, um so näher fühle ich Dich in meiner Seele.

O Herr, ich rufe Dich an aus tiefstem Herzen und Gemüt. Gewähre Du mir, was mir helfen kann, Dich zu verehren. Gebrauche meine Hände zu Deinem Werk. Beschleunige meine Schritte zu Deinem Dienst. Benutze meine Zunge, Dein Lob zu singen. Tauche meinen Geist ein in die Betrachtung von Dir. Laß meine Seele Ruhe finden, indem sie ruht in Dir – und laß sie erfüllt werden mit dem Licht Deiner Wahrheit."

Während Debendranath Tagore durch den Ehrennamen *maharishi*, „großer Seher", als ein Heiliger ausgezeichnet wurde, haben die Inder frühzeitig und mit gleicher Sinngebung Gandhi den *mahatma*, „die große Seele", genannt. Der Märtyrertod Gandhis hat diese Wertschätzung zweifellos verstärkt, sie bestand aber schon lange vorher und ließ erkennen, daß die einzigartige Bedeutung dieses Mannes, der als Asket durch Indien zog, viel weniger auf politischem Gebiet als in seinen religiösen Zielsetzungen zu suchen war, mit denen er eine Harmonisierung indischen Erbes mit der Bergpredigt und mit dem Christentum Tolstois erstrebte.

In den beiden großen Schulrichtungen des *Buddhismus* weist das Ideal des Heiligen erhebliche Unterschiede auf, und auch die Termini, die für ihn gebräuchlich sind, sind nicht die gleichen.

Die strengere Schulrichtung, der Hīnayāna-Buddhismus oder Buddhismus des „kleinen Wagens", bezeichnet seine Heiligen im Sanskrit mit *arhat*, dem im Pāli, der spezifischen Religionssprache dieser Schulrichtung, das Wort *arahat* entspricht. Beide Begriffe werden gleichermaßen im Chinesischen mit *lo-han* und im Japanischen mit *rakan* wiedergegeben.

Buddha hat diesen Typ des Heiligen in folgender Weise beschrieben:

„Da ist, ihr Mönche, ein Heiliger, bei dem die Grundübel vernichtet sind, der das heilige Leben geführt, seine Aufgabe erfüllt, die Last niedergelegt, das gute Ziel erreicht, die Fesseln des Werdens gebrochen hat, der durch rechte Erkenntnis befreit ist.

Er predigt die Lehre, die am Anfang gut ist, die in der Mitte gut ist, die am Ende gut ist, dem Sinne nach und dem Wortlaut nach ganz vollständig, und er lebt den reinen, heiligen Wandel."

Ein solcher *arhat* ist also ein Heiliger, der aus eigener Kraft das mit dem Begriff Nirvāna bezeichnete Endziel der Erlösung erreicht, wenn er sich die Lehre Buddhas völlig zu eigen gemacht und nach ihr sein asketisches Leben geführt hat. Sowohl unmittelbare Anhänger Buddhas wie dessen Lieblingsjünger Ānanda gehören zu diesen Heiligen als auch aus späterer Zeit insbesondere Patriarchen des Buddhismus, unter denen Bodhidharma, der Begründer des Zen-Buddhismus, eine bevorzugte Stellung einnimmt.

Als ein Heiliger gilt auch der Pratyeka-Buddha, „der für sich allein Erwachte", der, ohne die Lehre Buddhas gehört zu haben, von sich aus zu deren Erkenntnis gelangte. Er ist jedoch nicht imstande, den Erlösungsweg anderen zu verkünden.

Im Mahāyāna-Buddhismus, dem Buddhismus des „großen Wagens", veränderte das der ursprünglichen Verkündigung Buddhas fremde Ideal des Mitleids (*karuna*) die Vorstellung vom Heiligen in entscheidender Weise.

Als ein Heiliger wird nunmehr der Bodhisattva verehrt und überdies in zahllosen Gebeten um Hilfe angerufen. Er ist eine Gestalt, die die Wesenheit des Buddha erlangt hat, aber aus altruistischen Motiven auf den Eingang ins Nirvāna verzichtete.

Die Anzahl dieser meist in frühere Weltzeitalter versetzten Heiligengestalten ist sehr groß. Eine der bedeutendsten ist Avalokiteshvara, der „gnädig herabblickende Herr", als dessen stets neue Inkarnationen die Dalai Lamas gelten. Avalokiteshvara wird mit weiblichen Zügen in China unter dem Namen Kuan-yin und in Japan als Kwannon verehrt.

Ungefähr gleichzeitig mit dem Buddhismus entstand der *Jainismus*, der jedoch nicht über die Grenzen Indiens hinausgelangte. Seine Heiligen sind die Tīrthankaras, die sogenannten „Bahnbrecher". Es sind dies die größtenteils legendären Vorläufer des Religionsstifters Mahāvira. Ihre Bilder werden durch Umwandeln, Salben, Bekränzen und das Darbringen von Weihrauch, Reis, Früchten und Süßigkeiten verehrt.

Die *chinesischen Religionen* haben sehr unterschiedliche Ideale des Heiligen ausgebildet. Für die konfuzianische Staatsreligion war der *shêng jên*, der „heilige Mensch", der „Edle" schlechthin, der durch seine Tugend ausgezeichnet und voll und ganz von Menschlichkeit durchdrungen ist.

Konfuzius hat in seinen ‚Gesprächen' diesen „Edlen" mehrfach beschrieben, unter anderem mit folgenden Sätzen:

„Der Weg des Edlen ist ein dreifacher: Voll Menschenliebe hat er keinen Kummer. Als Weiser ist er frei von Irrtümern. Voll Tapferkeit ist er frei von Furcht."

Oder, an anderer Stelle in den ‚Gesprächen':

„Neun Dinge sind es, auf die der Edle eifrig bedacht zu sein hat. In bezug auf die Augen, daß er klar sehe. In bezug auf die Ohren, daß er deutlich höre. In bezug auf sein Gesicht, daß er milde sei. In bezug auf seine Haltung, daß er ehrfurchtsvoll sei. In bezug auf seine Worte, daß er aufrichtig sei. In bezug auf seine Handlungen, daß er ehrerbietig und sorgfältig sei. In bezug auf seine Zweifel, daß er andere frage. Wenn er zornig ist, daß er an die Schwierigkeiten denke, die sein Zorn hervorrufen kann. Und wenn er sieht, wie Vorteil erlangt wird, daß er an die Gerechtigkeit denke."

Zu diesen Edlen des alten China rechneten: Konfuzius und seine Schüler, ferner die Idealherrscher des chinesischen Altertums, der regierende Kaiser und die von ihm für heilig erklärten Personen. Weibliche Heilige kannte der Konfuzianismus nicht.

Im Gegensatz zu den vornehmlich aristokratischen Gestalten des Konfuzianismus sind die Heiligen des chinesischen *Taoismus*, die teilweise auf historische Personen aus der Wende des 1. zum 2. nachchristlichen Jahrhunderts zurückgehen, oft recht seltsame Heilige, deren Leben die Volksphantasie mit wunderlichen Legenden umsponnen hat. Es sind Magier, Geomantiker und Exorzisten, denen in erster Linie die Fähigkeit zugetraut wird, die Gesetze der irdischen Vergänglichkeit zu überwinden und vor Krankheit und Tod zu bewahren.

An der Spitze dieser Heiligen des Taoismus stehen die *pa-hsien*, die „acht Unsterblichen".

Anmerkung

[1] Rudolf OTTO, Das Heilige. Über das Irrationale in der Idee des Göttlichen und sein Verhältnis zum Rationalen, Breslau ³1919.

Diether Kellermann

Heilig, Heiligkeit und Heiligung im Alten und Neuen Testament

Archäologische Funde belegen die Bedeutung der Wurzel q-d-š

Bei den archäologischen Ausgrabungen auf Tell es-Seba' im Süden Palästinas fanden die Ausgräber einen zwar zerbrochenen, aber gut restaurierbaren Krater[1] mit einer Ritzinschrift von drei Buchstaben in althebräischer Schrift: *q-d-š*, also „Heiligkeit, Unantastbarkeit" oder – als Adjektiv gelesen – „heilig, unantastbar". Die Inschrift weist auf einen kultischen Gebrauch des Gefäßes hin. Die ausdrückliche Markierung sollte die profane Benutzung und damit die Verunreinigung ausschließen.

Auch im Norden Palästinas entdeckten die Ausgräber des Hügels, unter dem sich die Stadt Hazor verbarg, eine Schale[2], auf deren Rand die Buchstaben *q-d-š* standen. Dasselbe Wort, diesmal mit einem leider unleserlichen Wort davor, kehrt auf der Außenseite der Schale wieder. Das bedeutet nicht, daß der Fundort zu einem Tempelbezirk gehört haben muß, aber es zeigt, daß das in Hazor gefundene Gefäß, wie das auf Tell es-Seba' gefundene, für den priesterlichen Gebrauch bestimmt war oder heilige Nahrung enthielt. Beide Funde kann man aufgrund der Schicht, in der sie gefunden wurden, ungefähr in das 8. Jahrhundert v.Chr. datieren.

Zwei Dinge werden durch diese Funde veranschaulicht: einmal, daß die hebräischen Wörter für „heilig" oder „Heiligkeit" mit den drei Buchstaben *q-d-š* nun auch außerbiblisch belegt sind, und zum anderen, daß es in alttestamentlicher Zeit die Notwendigkeit gab, Gefäße, die ausdrücklich als heilig galten und somit dem profanen Gebrauch entzogen waren, zu kennzeichnen.

Zur Wortgeschichte

Die Wörter für „heilig", „Heiligkeit" und „Heiligung" werden im Hebräischen alle von der Wurzel *q-d-š* gebildet. Das Abstraktum *qodæš*: „Heiliges, Heiligkeit", mit Artikel: „das Heilige", speziell „das Heilig-

Abb.: Restaurierter Mischkrug, der auf Tell es-Seba', dem eisenzeitlichen Beerscheba, gefunden wurde und der in althebräischer Schrift die drei eingeritzten Buchstaben *q-d-š* trägt, die man als „Heiligkeit" oder als „heilig" lesen kann. Abb. nach Encyclopedia of Archaeological Excavations in the Holy Land, Bd. 1, 1975, 167.

tum", findet sich im Alten Testament 469mal. Als Genetivattribut ist es häufig Ersatz für das Adjektiv *qādôš*: „heilig", das 116mal belegt ist. Die Nominalbildung *miqdāš* bedeutet fast immer „Heiligtum, Kultstätte". Außerdem finden sich, von der Wurzel *q-d-š* abgeleitet, die Ortsnamen *Kadesch* – der Ort, der mit der Wüstenwanderung beim Auszug aus Ägypten fest verbunden ist (Num 13,26; 33,36f.; Dtn 1,19 u. ö.) – und *Kedesch* in Naftali (Jos 19,37) im Norden Palästinas. Wie der Name sagt, befanden sich dort offenbar bedeutende Heiligtümer. Die verschiedenen Verbalformen im Sinne von „heilig sein", „für heilig halten", „heilig gemacht werden", „sich heiligen" bzw. „sich weihen", „sich als heilig erweisen" finden sich insgesamt 172mal im Alten Testament[3].

Als Grundbedeutung glaubte man, „das Abgesonderte", „das Abgegrenzte und dem gewöhnlichen Verkehr Entzogene" angeben zu können, ähnlich dem griechischen τέμενος oder dem lateinischen *sanctus*[4]. Aber diese Theorie ist nicht haltbar. Auch der Hinweis auf akkadisch *qadāšu* „rein werden/sein"[5] und auf die Vorstellung, daß Jahwes Heiligkeit mit Licht und Glanz (*kābôd*) umschrieben werden kann[6], bringt den ursprünglichen Sinn der Wurzel q-d-š kaum näher. Man muß davon ausgehen, daß die Wurzel q-d-š schon immer den Zustand oder die Eigenschaft der Heiligkeit zum Ausdruck brachte[7].

Es ist auffallend, daß die LXX (= Septuaginta), die griechische Übersetzung des Alten Testaments, die Wurzel q-d-š regelmäßig mit Formen von ἅγιος wiedergibt, während das im hellenistischen Griechisch häufige ἱερός nur zweimal[8] auftaucht. Diese Zurückhaltung der LXX-Übersetzer gegenüber ἱερός scheint damit zusammenzuhängen, daß sie die heidnisch-kultische Prägung des Begriffs vermeiden wollten und deshalb das seltenere und unbestimmtere ἅγιος für eine Neuprägung für geeigneter hielten[9]. Dieser Entscheidung entsprechend wird in der LXX auch τὸ ἱερόν für den Tempel in Jerusalem fast nicht benutzt. Wie Ez 27,6 und 28,18 (LXX) zeigen, galt ἱερόν als das für die heidnische Kultstätte (Ez 28,18 von Tyrus) belegte Wort. Der Priester allerdings heißt trotzdem auch in der LXX ἱερεύς, der Hohepriester ἀρχιερεύς.

Bernhard Kötting hat in einem Aufsatz[10] die Geschichte des Bedeutungswandels des Wortes ἱερεύς aufgezeigt. In den Anfängen der christlichen Literatur bezeichnet ἱερεύς entweder die historisch der Vergangenheit angehörende Institution des alttestamentlichen Priestertums (Mt 8,4 u. ö.) oder das himmlische Erlöserwirken Christi (Hebr 5,6) oder das ganze Volk derer, die durch die Taufe Gott gehören. Erst um die Mitte des 4. Jahrhunderts n. Chr. werden Bischöfe und Priester auch ohne Bezug auf das Alte Testament als ἱερεύς bezeichnet.

Von den im Neuen Testament zu beachtenden Begriffen ist es vor allem die aus der LXX geschöpfte Wortgruppe ἅγιος mit den Substantiven ἁγιασμός: „die Heiligung", ἁγιότης: „die Heiligkeit", und ἁγιωσύνη: „die Heiligkeit", die in das Verständnis von Heiligkeit und Heiligung führt. Daneben wird in manchen Bibelübersetzungen ὅσιος: „fromm, gottgefällig", sowohl im Alten wie im Neuen Testament etwas ungenau mit „heilig" übersetzt[11]. Die Vulgata des Hieronymus gebraucht erwartungsgemäß in der Regel das Wort *sanctus*.

Johannes Hänels Buch ‚Die Religion der Heiligkeit'

Der umfassendste und geschlossenste Versuch, das Alte Testament als von einem Grundgedanken beherrscht zu verstehen, ist von dem Münsteraner Alttestamentler Johannes Hänel mit seinem 1931 erschienenen Buch ‚Die Religion der Heiligkeit' unternommen worden. Nach Hänel kommt jeder Satz im Alten Testament von der Heiligkeit Gottes her und führt zu ihr hin, die „Einstellung auf die Heiligkeit Gottes" bestimmt „das Alte Testament bis in seine letzten Fugen" (S. 321f.). Aber das bedeutet keineswegs Uniformität; denn Johannes Hänel unterscheidet fünf Typen von Heiligkeit: Unnahbarkeitsheiligkeit, Überlegenheitsheiligkeit, Eiferheiligkeit, Vollkommenheitsheiligkeit und Jenseits- oder Transzendentalheiligkeit. Jedem dieser Typen ordnet Hänel eine Periode der israelitischen Religionsgeschichte zu: der Unnahbarkeitsheiligkeit die vorpatriarchische bzw. die vormosaische Periode, der Überlegenheits- oder Hoheitsheiligkeit die Patriarchenzeit, der Eiferheiligkeit die Mosezeit, der Vollkommenheitsheiligkeit die Zeit der Schriftpropheten und der Transzendental- oder Jenseitsheiligkeit die Periode des Judentums. Daraus ergibt sich eine eindrucksvolle Zusammenschau von systematischer und historisch-chronologischer Darstellung. Insgesamt unterscheidet sich nach Johannes Hänel die alttestamentliche Religion der Heiligkeit von der neutestamentlichen dadurch, daß im Neuen Testament die heilige Liebe hinzukommt. Wegen der „Heiligkeitskontinuität (ist) das Alte Testament nach jedem Satz Wort Gottes", und das wiederum bedeutet, „daß das Alte Testament nach seinem ganzen Umfang heut und allezeit Verkündigung ist" (S. 330). Aber die These von Johannes Hänel hat sich nicht durchgesetzt. Man findet sie heute in der Literatur beinahe nur wegen ihrer Originalität erwähnt.

Gottes Heiligkeit im Alten Testament

Gottes Heiligkeit läßt sich nach den Aussagen des Alten Testaments nach verschiedenen Seiten hin umschreiben. Die vermutlich älteste Stelle, an der Jahwe als *qādôš* bezeichnet wird, ist 1 Sam 6,20[12]. In Bet-Schemesch kommen 70 Mann von der Sippe Jechonias (so nach der LXX) um. Ihr Los wird auf das Zorngericht Jahwes zurückgeführt, wobei der Grund nicht mehr ganz deutlich ist. Handelt es sich um das Anblicken der heiligen Lade oder gar um das neugierige Hineinschauen, oder – so die LXX – wird den Männern zum Verhängnis, daß sie nicht an der Freudenfeier teilgenommmen haben? Das Entsetzen über den Tod der 70 kommt in den Worten der Überlebenden zum Ausdruck: „Wer kann vor dem Herrn, diesem heiligen Gott, bestehen?"[13] Von der furchtgebietenden Heiligkeit Jahwes ist auch Ex 15,11 die Rede, wo es heißt: „Wer ist wie du gewaltig und heilig, gepriesen als furchtbar, Wunder vollbringend", ähnlich Ps 111,9: „Furchtgebietend ist sein Name und heilig." Diese Erkenntnis führt zu der Frage, wie jemand und wer vor diesem heiligen Gott bestehen kann – vgl. Ps 76,8: „Furchtbar bist du. Wer kann bestehen vor dir, vor der Gewalt deines Zornes?", oder Jes 6,5, wo Jesaja als Antwort auf das Dreimalheilig der Serafim sagt: „Weh mir, ich bin verloren. Denn ich bin ein Mann mit unreinen Lippen und lebe mitten in einem Volk mit unreinen Lippen, und meine Augen haben den König, den Herrn der Heere, gesehen." Auch der allerdings kaum ursprüngliche Text von Jes 8,13f. spricht davon, daß man Jahwe für heilig halten soll[14], denn er ist Furcht und Schrecken, wie ähnlich Jes 29,23 konstatiert wird, daß Israel Jahwe heiligt, wenn es ihn fürchtet. Die Heiligkeit und der Eifer Gottes werden auch Jos 24,19 in der Abschiedsrede des Josua auf dem Landtag zu Sichem gleichgesetzt, wenn Josua das Volk warnt, daß es Jahwe nicht dienen kann, weil er ein heiliger und eifersüchtiger Gott ist[15].

Vorexilische Propheten

Die vorexilischen Propheten bezeichnen Gott nur selten als den Heiligen (vgl. etwa Hab 1,12: „Herr, bist nicht du von Ewigkeit her mein heiliger Gott?"[16]). Bei Hos 11,9 begründet die Heiligkeit Gottes nicht den Gerichts-, sondern den Heilswillen. Gott läßt seinen Zorn nicht zur Tat werden: „Denn ich bin Gott, nicht ein Mensch, der Heilige in deiner Mitte."

Der Heiligkeitsbegriff bei Jesaja

Eine besonders wichtige Stellung nimmt der Heiligkeitsbegriff in der Theologie des Jesaja ein[17]. Die Erfahrung von Jahwes Heiligkeit, der majestätischen Übermacht und der Reinheit des Heiligen, wie sie die Serafim in der Berufungsvision Jes 6 durch das Trishagion verkünden und die bei Jesaja die Anerkennung der eigenen Fehlbarkeit und das Gefühl der Todesverfallenheit auslöst, bleibt für den Propheten maßgebend.

Die Aussage, daß Jahwe der „Heilige" ist, ist zwar religionsgeschichtlich ableitbar – der kanaanäische Hintergrund läßt sich durch die Texte aus Ugarit erhellen[18], so daß man annehmen darf, daß diese Aussage aus der Jerusalemer Kulttheologie stammt –, aber die Formulierung $q^ed\hat{o}š\ jiśrā\text{-}ēl$: „Heiliger Israels", geht vermutlich auf Jesaja selbst zurück[19]; denn die These von A. van Selms[20], es handle sich um eine Bildung der Jebusiterpriester nach der Eroberung Jerusalems durch David, deren ursprüngliche Bedeutung „the celestial being adored by the Israelite nation" gewesen sei, ist nicht beweiskräftig. Die Formulierung „Heiliger Israels" findet sich im Jesajabuch insgesamt 12mal (Jes 1,4; 5,19.24; 30,11.12.15; 31,1; und an den folgenden bei der Zuweisung an Jesaja umstrittenen Stellen: 10,20; 12,6; 17,7; 29,19; 37,23 [2 Kön 19,22]). Jesaja verbindet mit dem Namen „Heiliger Israels" vorwiegend den Gerichtsgedanken (vgl. Jes 5,24: sie haben „über das Wort des Heiligen Israels gelästert"; 30,12 und 15 in der Einleitung und 31,1 innerhalb einer Gerichtsankündigung). „Von der verletzten göttlichen Majestät" und „ihrer vernichtenden Reaktion gegen die Frevler"[21] ist Jes 1,4 die Rede, wo es heißt: „Sie haben den Herrn verlassen, den Heiligen Israels haben sie verschmäht und ihm den Rücken gekehrt", deshalb kommt das Gericht; oder 10,17: „Israels Licht wird zum Feuer, ein Heiliger wird zur Flamme." Besonders aufschlußreich ist Jes 5,15f.: „Die Menschen müssen sich ducken, jeder Mann muß sich beugen, die stolzen Augen werden sich senken. [16] Doch der Herr der Heere ist erhaben, wenn er Gericht hält, durch seine Gerechtigkeit erweist der heilige Gott sich als heilig." Jahwe erweist sich als heilig durch sein Handeln am Menschen in der Geschichte, und er erweist sich als heilig durch die Bestrafung des Frevlers. Wichtig erscheint, daß diese von einem Ergänzer stammende Erweiterung „an die Gerichtsdrohungen des Jesaja das Bekenntnis" hinzufügt, „daß die Gerechtigkeit des heiligen Gottes sich vornehmlich in Jahwes Gericht über des Menschen Hochmut manifestiert"[22].

Während Jesaja den Begriff der Heiligkeit Gottes überwiegend mit dem Gerichtsgedanken verbindet, ist bei Deutero- und Tritojesaja der Heilswille Gottes mit seiner Heiligkeit verknüpft[23]. Jahwe ist der Heilige und deshalb der Unvergleichliche (Jes 40,25). Die aus Protojesaja übernommene Bezeichnung Jahwes als des „Heiligen Israels" (insgesamt 13mal: 41,14.16.20; 43,3.14; 45,11; 47,4; 48,17; 49,7; 54,5; 55,5; 60,9.14) wird nun anders nuanciert. Der „Heilige Israels" ist der Schöpfer (41,20; 45,11) und gleichzeitig der go'el: der Löser (41,14; 43,14; 47,4; 48,17; 49,7; 54,5) und der Retter (43,3), in dem Israel jubelt und sich rühmt (41,16; vgl. 10,20; 17,7 und 29,19: „Die Erniedrigten freuen sich wieder über den Herrn, und die Armen jubeln über den Heiligen Israels"). Sein Handeln an Israel wird bewirken, daß die Völker herzueilen (55,5; 60,9.14).

Der Heiligkeitsbegriff bei Ezechiel

Bei Ezechiel ist nur einmal, nämlich 39,7 in einer sekundären Erweiterung, davon die Rede, daß Jahwe heilig ist; der „heilige Name" Jahwes (8mal: Ez 20,39; 36,20.21.22; 39,7.25; 43,7f.) und die Wendung, daß Jahwe sich als heilig erweist (6mal: Ez 20,41; 28,22.25; 36,23; 38,16; 39,27), begegnen dagegen öfter. Aufschlußreich zur Bestimmung, wie Jahwes Heiligkeit im Buch Ezechiel gesehen wird, ist der Abschnitt 36,16–38. Die Völker haben Jahwes heiligen Namen dadurch entweiht, daß sie die Zerstreuung Israels auf die Ohnmacht Jahwes zurückführten. Deshalb, um seines heiligen Namens willen, wird Jahwe Israel sammeln und wieder in sein Land bringen, um seinen großen, unter den Völkern entweihten Namen zu heiligen (V. 23). Die Heiligkeit Jahwes ist hier als seine Größe und seine Macht und Kraft gesehen, mit der er sein Volk beschützt und errettet[24]. Indem Jahwe Israel sammelt und gegen seine Feinde verteidigt, erweist er sich als heilig gegenüber den Völkern (vgl. Ez 28,25; 20,41), damit sie erkennen, daß Jahwe heilig ist in Israel (Ez 39,7). So wird bei Ezechiel ähnlich wie bei Deuterojesaja die Heiligkeit Jahwes als Herrlichkeit und Macht gesehen. Mit ihr schlägt Jahwe die Feinde Israels und errettet und bewahrt so sein Volk.

Im Verfassungsentwurf des Ezechiel (Ez 49ff.) wird vor allem in den Erweiterungen eine „voll ausgebildete differenzierte Heiligkeitstheologie des Tempels" sichtbar, die die Gefahr erkennen läßt, der Gedanke könne zu kurz kommen, „daß das Heilige, gerade in der Behauptung seines Charakters als ‚ganz Anderes', seine höchste Erfüllung da erfährt, wo es Heiliges nicht in der Absonderung, sondern Heiliges in der Zuwendung zur kranken Umwelt ist". Daraus erwachsen die im Alten Testament vielfach aufgebauten Vorsichtsmaßregeln, die das Sichpreisgeben des Heiligen an das Profane verhindern sollen; und die immer schärfer werdende Bewachung und Absperrung des Heiligen und die auferlegte Observanz der damit vorgeschriebenen Gesetze treten in den Vordergrund. Aber „in der Mitte der Bibel ist die Verkündigung von dem Heiligen Gottes zu vernehmen, der gerade als der ‚ganz Andere' ganz für die Welt der Sünder und Verlorenen da war"[25].

Psalmen und Weisheit

Auch in den Psalmen wird Jahwe als der Heilige verherrlicht (Ps 99,5.9; 71,22; 89,19). Sein Name ist heilig (Ps 99,3), auf diesen Namen läßt sich vertrauen (Ps 33,21), und deshalb wird zum Preis dieses heiligen Namens aufgerufen (Ps 103,1; 145,21). Aber nicht nur sein Name, auch sein Wort (Ps 105,42), sein Arm (Ps 98,1) und sein Weg (Ps 77,14) werden als heilig erachtet. Äußerst selten dagegen findet sich der Begriff der Heiligkeit in der Weisheitsliteratur. Spr 9,10 setzt das Wissen um den Heiligen gleich der Einsicht, so wie die Furcht Jahwes der Weisheit Anfang ist (vgl. 30,3).

Heiligkeit Gottes in den Qumranschriften

In den Qumranschriften[26] ist der Sprachgebrauch im allgemeinen derselbe wie im Alten Testament. Daß Gott heilig ist, gilt als selbstverständlich. Direkte Aussagen über seine Heiligkeit sind in Qumran nicht besonders häufig. In erster Linie benennt Gottes Heiligkeit – wie im Alten Testament – seine weltüberlegene Macht und Größe; sie verdient Ehre und Preis, und auf ihre Hilfe vertraut man. Gott, der Heilige, ist der Große, der König der Herrlichkeit, der zu Gunsten seiner Gemeinde seinen heiligen Plan durchsetzt und den man zum Gegenstand der Verehrung und des Lobpreises macht. So preisen Noach und seine Söhne nach der Sintflut im Genesis-Apokryphon (1 QGen.Ap. XII,7) „den Herrn des Himmels, den höchsten Gott, den großen Heiligen", oder man schwört „bei dem großen Heiligen, beim König des Himmels" (1 QGen. Ap. II,14), so wie Gott selbst bei seiner Heiligkeit schwört (vgl. Am 4,2; Ps 89,36). Nach der sogenannten Kriegsrolle (1 QM XI,14f.) zeigt Gott sich groß und heilig vor den Augen der übrigen Völker. Als mächtigen Bundesgenossen begrüßt man Gott im Kampf mit dem Ruf: „Ja, der Heilige, der Herr und der König der Herrlichkeit, ist mit uns!" (1 QM XII,8). Wie Gott selbst, so ist auch sein Name heilig. Auch dieser alttestamentliche Gedanke lebt in Qumran fort, wenn es heißt, daß durch Gottes heiligen Namen David die Philister demütigte (1 QM XI,3), und der Segen für den Fürsten enthält darum den Wunsch: „Durch seinen heiligen Namen möge er (= Gott) dich stark machen!" (1 QSb V,28). Die Erhabenheit Gottes (und seines Namens) tritt besonders da in den Vordergrund, wo sie im Gegensatz zu menschlichem Unrecht steht. Als solches gilt der Eidbruch; dieser ist eine Entehrung des Namens Gottes (CD

XV,2; vgl. Lev 19,12), der selbst bei seiner Heiligkeit schwört (vgl. Am 4,2). Ihn, den Namen seiner Heiligkeit, entweihen auch schon diejenigen, die nicht an seinen Bund glauben (1 QpH II,4 – allerdings teilweise ergänzter Text).

Heiligkeit Gottes im Neuen Testament

Die Aussagen über Gottes Heiligkeit im Neuen Testament[27] berühren sich mit der Auffassung von der Heiligkeit Gottes, wie sie uns im Alten Testament begegnet. Ps 11,9 heißt es: „Furchtgebietend ist sein Name und heilig." In Anlehnung daran steht Lk 1,49 im Lobgesang der Maria: „Denn der Mächtige hat Großes an mir getan, und sein Name ist heilig." Auch die Bitte des Vaterunsers: „Geheiligt werde dein Name" (Mt 6,9; Lk 11,2) will zum Ausdruck bringen, daß Gottes Autorität in aller Welt respektiert und anerkannt werden möge.

Zu den Zitaten, die im Neuen Testament die Heiligkeitsanschauung des Alten Testaments voraussetzen, gehört Offb 4,8, wo das Dreimalheilig aus Jes 6,3 aufgenommen wird. Das Prädikat „heilig" wird im Neuen Testament sehr selten auf Gott angewandt. Im Johannesevangelium kommt es einmal vor (Joh 17,11), wo Jesus in der Fürbitte für die Jünger sein Gebet an den heiligen Vater richtet[28]. Paulus wendet das Prädikat „heilig" oder „Heiligkeit" nicht auf Gott an. Dagegen gebraucht er den Begriff der Herrlichkeit Gottes (der $δόξα\ ϑεοῦ$). Mit diesem Begriff wird wesentlich das erfaßt, was unter dem Begriff des Heiligen im alttestamentlichen Sinne umschlossen wird[29]. So ist im Neuen Testament die wesen- und seinshafte Heiligkeit Gottes bezeugt, die allem menschlichen Denken weit überlegen ist. Freilich wird mehr das Phänomen umschrieben als der Begriff der Heiligkeit genannt (vgl. z. B. Hebr 10,31; 12,29; 1 Tim 6,16; Lk 5,8; Mk 10,32; Mt 8,8; Joh 18,6; Mt 11,25f. und 1 Kor 1,18ff.).

Während Gottes Heiligkeit im Neuen Testament nur selten erwähnt wird, wird die Heiligkeit Christi häufiger (Mk 1,24 und Parallelstellen; Lk 1,35; Joh 6,69; Apg 3,14; 4,17.30; 1 Joh 2,20; Offb 3,7) als Grund und Vorbild aller menschlichen Heiligkeit genannt – vgl. 1 Petr 1,15: „Wie er, der euch berufen hat, heilig ist, so soll auch euer ganzes Leben heilig werden" (vgl. auch 1 Joh 2,20). Christus ist heilig, weil er der Sohn Gottes ist (Lk 1,35) und den Heiligen Geist in Fülle besitzt (Mk 1,24 und Parallelstellen).

Besonders häufig wird der Geist Gottes als heilig bezeichnet, weil er die Heiligung bewirkt; so bei der Geburt (Lk 1,35) und bei der Taufe Christi (Mt 3,11 und Parallelstellen). Er ist der Geist, von dem die Urgemeinde erfüllt ist (Apg 2,4; 4,31) und der die Heiligung der Gläubigen bewirkt (Röm 15,16; 2 Thess 2,13: „Aufgrund der Heiligung durch den Geist und aufgrund eures Glaubens an die Wahrheit" werdet ihr gerettet). Durch den Heiligen Geist entsteht die neue christliche Gemeinschaft, die in der Heiligkeit und in dem einen Heiligen Geist verbunden ist (Eph 3,16)[30].

Das priesterschriftliche Gesetz im Alten Testament

„Das Ziel des priesterschriftlichen Gesetzes" ist „das Heilig-Sein, die Heiligkeit, die der offenbarte Kult eröffnet, die das heilige Leben ermöglicht und die erst den in der Offenbarung liegenden Heilsbezug Gott – Israel setzt"[31]. Deshalb können alle Dinge, die dem Kult dienen, als heilig bezeichnet werden – wie die Lade (2 Chr 35,3), das Salböl (Ex 30,31f.), das Räucherwerk (Ex 30,36), alle Kultgeräte (Num 4,15; 2 Chr 29,18f.), die Erstlingsbrote (Lev 23,15–20), das Wasser beim Eifersuchtsordal (Num 5,17), das Gewicht des Tempels (Ex 30,13.24), die Priesterkleidung (Ex 28,2.4) u.v.a.m.

Heilige Tage und Zeiten

Bestimmte Tage und Zeiten (vgl. Esr 3,5) gelten als heilig und sind der Nutzung des Menschen entzogen. Solche heilige Tage oder heilige Zeiten sind vor allem der Sabbat[32] und die Festtage im jährlichen Festkalender sowie das Jobeljahr. Während die älteren Sabbatgebote (Ex 23,12; 34,21) nur die Arbeitsruhe am Sabbat einschärfen, befiehlt Ex 20,8 = Dtn 5,12 (vgl. auch Ex 35,2), den Sabbat zu heiligen. Auch Ez 20,20 wird Israel aufgefordert, Jahwes Sabbate zu heiligen. So kann Tritojesaja (Jes 58,13) den Sabbat als „den heiligen Tag Jahwes" (vgl. Ex 16,23) bezeichnen. Als besonders schwerwiegenden Fall von Nicht-Unterscheiden zwischen heilig und profan durch die Priester in Jerusalem prangert Ezechiel das Verachten der Ordnung des Sabbats an (Ez 22,26)[33]. Im Falle der Entweihung des Sabbats, der dem Volk heilig sein soll (Ex 31,14) und der heilig für Jahwe ist (Ex 31,15), wird Ex 31,14f. die Todesstrafe angedroht (vgl. Ex 35,2), und Num 15,32–36 berichtet von der Steinigung des Sabbatschänders, der Holz sammelte[34]. 1 Makk 2,29–41 zeigt gesetzestreue Juden, die am Sabbat keinen Kriegsdienst leisten, selbst wenn es sich um gerechte Abwehr, d.h. um Verteidigung, handelt – 2,37: „Wir wollen lieber alle sterben, als schuldig werden." Aber Mattatias und seine Anhänger erkennen richtig, daß ein solches Verhalten zum Untergang des ganzen Volkes führen muß. Sie beschließen daher (2,41): „wenn uns jemand am Sabbat angreift, werden wir gegen ihn kämpfen, damit wir nicht alle umkommen." Von einer Offensive an Ruhetagen wird nicht gesprochen, so daß nur ein Abwehrkampf gestattet wird. Der Verfasser von 2 Makk scheint nicht einmal so viel zugeben zu wollen (vgl. 2 Makk 15,1ff.). – Als „heiliger Festtag", *miqrā' qodæš* gelten außerdem der 1. und 7. Tag des Massotfestes (Lev 23,7f.; Num 28,18.25), der Versöhnungstag (Lev 23,27; Num 29,7) sowie der Tag der Erstlinge am Wochenfest (Num 28,26) und schließlich der 1.VII., der Neujahrstag.

Qumran

In Qumran beachtete man „heilige Tage" (1 QS X,5) und „heilige Feste" (1 QM X,15). Der Sabbat wurde in der Qumrangemeinde in sorgfältiger Gewissenhaftigkeit gehalten. In der Damaskusschrift (CD X,14–XI,18) wird eine große Zahl von Arbeiten aufgezählt, die an Feiertagen als verboten gelten. Erstaunlich ist, daß die Entweihung des Sabbats nicht mit dem Tode bestraft werden soll, sondern daß der Sabbatschänder nach siebenjähriger Buße wieder zur Gemeindeversammlung zugelassen wird (CD XII,4).

Neues Testament

Durch Jesu Haltung gegenüber einer übertriebenen Sabbatheiligung (vgl. das Abreißen der Ähren am Sabbat Mt 12,1–8 und Parallelstellen Mk 2,23–28; Lk 6,1–5; und die Heilung eines Mannes am Sabbat Mt 12,9–14 und Parallelstellen Mk 3,1–6; Lk 6,6–11) wird deutlich, daß „der Menschensohn Herr über den Sabbat" ist (Mt 12,8) und daß „der Sabbat für den Menschen da ist, nicht der Mensch für den Sabbat" (Mk 3,27).

Das Hochheilige

Als hochheilig, sehr heilig *qodæš qᵉdašîm),* wird im Alten Testament Verschiedenes bezeichnet. Nicht selten heißt der *dᵉbîr*, der hintere Innenraum des Tempels, das Allerheiligste (1 Kön 6,16; 7,50; 8,6; Ez 41,4; 2 Chr 3,8.10; 4,22; 5,7; Ex 26,33.34). Auch der ganze Tempelbereich (vgl. Ez 43,12; 45,3; 48,12; Dan 9,24; auch Num 18,10) oder der Brandopferaltar (Ex 29,37; 40,10) und der Räucheraltar (Ex 30,10) können als hochheilig gelten. Schließlich werden die wichtigsten Einzelteile des priesterschriftlichen Heiligtums (Zelt, Lade, Schaubrottisch, Leuchter, Becken samt Zubehör) nach der Weihe durch Mose als hochheilig erklärt, so daß jeder, der sie berührt, heilig wird (Ex 30,29), weshalb nach Num 4,19, da sogar ein Blick auf die hochheiligen Dinge tötet, die Kehatiten, denen der Transport des Hochheiligen anvertraut ist (Num 4,4), erst hinzutreten dürfen, nachdem die Priester alles mit Tüchern verpackt und jeden einzelnen in seine Arbeit eingewiesen haben[35]. Nach 1 Chr 23,13 hat es den Anschein, als gelte auch der Hohepriester als hochheilig. Im Buch Leviticus dagegen werden immer nur bestimmte Opfergaben als hochheilig bezeichnet – wie das Speisopfer (Lev 2,3.10; 6,10; 10,12), das Sündopfer (Lev 6,18.22; 10,17), das Schuldopfer (Lev 7,1.6; 14,13) oder alle drei Arten zusammen (Lev 21,22, vgl. Num 18,9; Ez 42,13; Esr 2,63; Neh 7,65; 2 Chr 31,14), die Schaubrote (Lev 24,9) oder das Banngut (Lev 27,28)[36].

Das Heilige kann ansteckend und übertragbar sein

Das Heilige wird unter gewissen Umständen dinglich als ansteckend und übertragbar verstanden. Wer den Altar (Ex 29,37) oder die heiligen Geräte (Ex 30,29) anrührt, wird heilig. Deshalb wird bei P (= Priesterschrift) für die Wüstenwanderung in Num 3 und 4 genau vorgeschrieben, wie alle heiligen Gerätschaften verpackt werden müssen, damit die Leviten sie gefahrlos transportieren können.

Jes 65,5 zitiert in einer Anklage gegen Teilnehmer illegitimer Kulte deren Warnruf gegenüber Uneingeweihten: „Bleib, wo du bist, komm mir nicht nahe, sonst bist du geweiht"[37]. Hier handelt es sich entweder darum, daß die Gewarnten oder die Warner eine zufällig übertragene Heiligkeit negativ bewerten, oder darum, daß man Befleckung mit fremder (dämonischer, heidnischer) Heiligkeit fürchtet, oder darum, daß der Mystagoge fürchtet, es könnte durch Berührung etwas von seiner Heiligkeit verlorengehen[38]. Auch Ez 44,19 werden die Priester ausdrücklich aufgefordert, ihre heiligen Dienstkleider in die heiligen Räume zu legen und andere Kleider anzuziehen, „damit sie das Volk nicht durch ihre Leinengewänder heilig machen". Daß andererseits dem Heiligen unter gewissen Gesichtspunkten keine heiligende Kraft innewohnen kann – im Gegensatz zum Unreinen, das in jedem Falle verunreinigende Kraft hat –, scheint Haggai 2,12–14 hervorzuheben. Im Hintergrund steht der häusliche Alltag eines Kultteilnehmers. Haggai stellt folgende Frage: „Wenn jemand heiliges Opferfleisch im Zipfel seines Gewandes trägt und mit dem Zipfel zufällig Brot oder etwas Gekochtes berührt oder Wein oder Öl oder sonst etwas Eßbares, wird dieses dadurch geheiligt? Die Priester antworteten: Nein." Gewöhnliche Nahrungsmittel, die mit geweihtem Fleisch in Berührung kommen, werden also deshalb keineswegs auch heilig. Die zweite Frage: Werden alle diese aufgezählten Dinge unrein, wenn einer sie berührt, der selbst an einer Leiche unrein geworden ist? Hier lautet die Antwort: Ja. Hinter beiden Antworten liegt ein Problem. Das Leben des Menschen bewegt sich zwischen zwei Sphären; aber es gibt Fälle, da ist die Ansteckungskraft des Unreinen stärker als die des Heiligen. In anderen Fällen, z. B. bei allen Sühnehandlungen, ist das Heilige stärker. Das waren keine Fragen von Skrupulanten, sondern das waren Alltagsfragen. In der so oder so getroffenen Entscheidung stand für den einzelnen der ganze Jahweglauben und die ganze kultische Existenz vor Gott auf dem Spiel.

In dem Abschnitt Mt 23,16–22, der von Gelübden spricht, wird die Frage gestellt: „Was ist wichtiger: das Gold oder der Tempel, der das Gold erst heilig macht?" (V. 17); und V. 19: „Was ist wichtiger: das Opfer oder der Altar, der das Opfer erst heilig macht?" Auch hier geht es um die dingliche Übertragung von Heiligkeit. Ob es sich bei dem Gold, das erst durch den Tempel heilig wird, um goldene Verzierungen, die den Tempel schmücken[39], oder um die goldenen Kultgeräte[40] oder um den Tempel-Goldschatz[41] oder etwa um Schekel von Gold, die als šaeqael haqqodaeš heilig waren[42], handelt, ist eine offene Frage[43]. Gezeigt soll jedenfalls werden, daß nicht sekundär geheiligte Dinge, sondern Quelle und Ursprung der heiligenden Macht (Altar, Tempel) das entscheidende Kriterium für die Gültigkeit von Gelübden sind.

„Heilige" im Alten Testament

Der Plural *q^edošîm:* „Heilige", bezeichnet im Alten Testament nicht selten himmlische Wesen, also die Engel aus der Umgebung Gottes. Sie haben innerhalb der Jahwereligion die Nachfolge des kanaanäischen Pantheons angetreten. Im Alten Testament heißen sie die „Heiligen", weil sie zur Sphäre Gottes gehören. Diese Gottesangehörigen (Ex 15,11 nach

LXX; Dtn 33,2.3; Ps 16,3; 89,6.8; Job 5,1; 15,15; Spr 9,10; 30,3; Hos 12,1 und Sach 14,5) bilden den himmlischen Hofstaat, und sie werden das Erscheinen Jahwes begleiten (vgl. Sach 14,5). In der Danielsvision (Dan 7,15ff.), deren Deutung in der Forschung umstritten ist, werden die „Heiligen des Höchsten" doch wohl auf das Gottesvolk, das wahre Israel, zu deuten sein[44], wie ähnlich Ps 34,10 die Gläubigen als die Heiligen bezeichnet werden, insofern sie von Gott erwählt und zu seinem Dienst geweiht sind. Leider sind einige Stellen, an denen jetzt im masoretischen Text nicht mehr eindeutig $q^e do\check{s}îm$ auf himmlische Wesen bezogen werden kann, bewußt entstellt. So kann man etwa mit der Einheitsübersetzung in Dtn 33,3 den Satz: „in deiner Hand sind alle Heiligen", auch auf einzelne Menschen aus den Stämmen Israels beziehen. In Ps 16,3 könnte bei den „Heiligen im Lande" gleichfalls an fromme, von Gott geheiligte Menschen gedacht sein, so wie die Einheitsübersetzung in Ps 89,6 wohl gleichfalls an Menschen denkt, wenn von „der Gemeinde der Heiligen", die Jahwes Treue preist, die Rede ist.

Einzelne Menschen

Einzelne Menschen dagegen werden im Alten Testament sehr selten als „heilig" bezeichnet. 2 Kön 4,9 sagt die zur Oberschicht gehörende Frau aus Schunem im Norden Israels zu ihrem Mann, als sie erfährt, daß der Prophet Elischa in den Ort gekommen ist: „Ich weiß, daß dieser Mann, der ständig bei uns vorbeikommt, ein heiliger Gottesmann ist." Die wundersame Geburt, der Tod und die Zurückholung ins Leben des Sohnes der Frau durch Elischa beweisen, daß er ein „heiliger Gottesmann" ist. – Auch der Prophet Jeremia wird in der Berufungserzählung (Jer 1,5) als heilig, d.h. von Jahwe geheiligt, apostrophiert. Jahwe redet selbst: „Noch ehe ich dich im Mutterleib formte, habe ich dich ausersehen, noch ehe du aus dem Mutterschoß hervorkamst, habe ich dich geheiligt, zum Propheten für die Völker habe ich dich bestimmt." Die Frage ist, ob durch die Kausativform $hiqda\check{s}tîk\bar{a}$ eine besondere Weihe des noch Ungeborenen gemeint ist oder ob eine Aussonderung, d.h. Sonderstellung, ins Auge gefaßt wird. S. Herrmann[45] wird recht haben, wenn er beides als zusammengehörend bezeichnet: „Indem der Prophet von Gott noch vor seiner Geburt ‚erkannt' und d.h. ‚auserwählt' wurde, ist er zugleich ausgesondert und mit göttlichem Charisma ausgestattet (‚geweiht') worden."

Der Nasiräer (vgl. Num 6,1–21)[46] gilt während seiner Weihe als heilig (Num 6,5.8), und das bedeutet, daß er, wenn er sich verunreinigt hat, vom Priester aufs neue geheiligt werden muß. In einem heiligen Zustand befinden sich die zum heiligen Krieg aufgebotenen Männer (Jos 3,5; 1 Sam 21,6); sie enthalten sich des Geschlechtsverkehrs. Selbst das Kriegslager soll heilig sein (Dtn 23,15).

Dauernde Heiligkeit wird nach der Priesterschrift für die Priester gefordert (Lev 21,6ff.); sie werden geheiligt, wenn sie zum Dienst geweiht werden (Ex 29,44). Sichtbar wird diese Heiligkeit an den heiligen Kleidern (Ex 28,2.4; 31,10; 35,19.21; 39,1.41; Lev 16,4.32). Nach Lev 16,23f. und Ez 44,19 muß der Priester nach der Beendigung seines Dienstes die heiligen Kleider ablegen, damit die Heiligkeit nicht auf das Volk übertragen wird. In der Chronik werden im Gegensatz zur Priesterschrift sogar die Leviten als heilig bezeichnet (2 Chr 23,6)[47].

Die Sonderstellung des Königs

Erstaunlich, aber erklärbar ist, daß der König im Alten Testament nie als „heilig" bezeichnet wird, obwohl sich – bei allen regionalen und geschichtlichen Unterschieden – eine Fülle gemeinsamer Züge zwischen der altorientalischen Königsideologie und den alttestamentlichen Aussagen über Israels Königtum nachweisen lassen. Der König hat in Israel aber keine Gewalt über die Kräfte der Natur; er ist niemals Objekt im Kultus, auch nicht nach dem Tode; und er wird nicht mit Gott identifiziert. Der König ist aber Repräsentant des Gottes Israels, deshalb kann die weise Frau aus Tekoa (2 Sam 14,17) zu David sagen: „Mein Herr, der König, ist gerade so wie der Engel Gottes: Er hört Gutes und Böses. Der Herr, dein Gott, sei mit dir." Durch die Salbung mit dem heiligen Salböl und andere Investitur-Zeremonien wurde der König zu einem anderen Menschen umgeschaffen. So heißt es bei der Salbung des Saul durch Samuel (1 Sam 10,6): „Dann wird der Geist des Herrn über dich kommen, und du wirst wie sie (d.h. die Prophetenschar um Samuel) in Verzückung geraten und in einen anderen Menschen verwandelt werden." Der König nimmt als geweihte Person teil an der Heiligkeit Gottes, er ist sakrosankt, d.h. unantastbar. David weigert sich, Saul zu berühren, weil dieser der Gesalbte Jahwes ist (1 Sam 24,7.11; 26,9.11.23); er läßt denjenigen hinrichten, der es gewagt hat, die Hand gegen den König zu erheben (2 Sam 1,14.16). So ist der König in Israel zwar in einer sakralen Stellung, und er ist König „von Gottes Gnaden", aber er wird wohl deshalb nie als heilig bezeichnet, damit der Unterschied zur altorientalischen Königsideologie, wonach der König vergöttlicht wird, deutlich zutage tritt[48].

In späten biblischen Schriften und vor allem in den Apokryphen und Pseudepigraphen[49] kommt es immer häufiger vor, daß „heilige Menschen" erwähnt werden. So heißt es in der Selbstoffenbarung des Engels Rafael gegenüber Tobit und Tobias (Tob 12,15): „Ich bin Rafael, einer von den sieben heiligen Engeln, die das Gebet der Heiligen emportragen und mit ihm vor die Majestät des heiligen Gottes treten." Weish 18,9 steht die Aufforderung, „daß die Heiligen in gleicher Weise Güter wie Gefahren teilen sollten". Die Aufforderung des Antiochus Epiphanes 1 Makk 1,46, das Heiligtum in Jerusalem und die Heiligen zu schänden, zeigt, daß die Heiligen Menschen, fromme und gesetzestreue Juden, sind.

Israel ist Gottes heiliges Volk

Die Aussage, daß das Volk Israel heilig ist, findet sich nur in einem bestimmten Textzusammenhang im Alten Testament. So wird Ex 19,6 in der Proklamation der Erwählung Israels gesagt, daß Israel für Jahwe ein *gôj qādôš*, ein heiliges Volk, sein soll. Dieser Begriff ist dann im Deuteronomium (7,6; 14,2.21; 28,9) als *'am qādôš* wieder aufgenommen[50]. Hier wird deutlich, daß die Aussage von der Erwählung des Gottesvolkes, das heilig genannt wird, nicht auf einen besonderen Vorzug oder auf Leistungen des Volkes gegründet ist, sondern daß allein die freie Liebe und Zuwendung Jahwes der Grund dafür ist.

Während in diesen Fällen Israel Heiligkeit zugesprochen wird, begegnet vor allem im Heiligkeitsgesetz (Lev 17–26)[51] die Forderung an das Volk, heilig zu sein. Diese Heiligkeitsforderung wird damit begründet, daß Jahwe heilig ist; sie soll das soziale[52] und innermenschliche Rechtsverhalten in Israel prägen. Es handelt sich allerdings dabei nicht um eine von Israel besonders zu erwerbende Qualität oder Eigenschaft, sondern die Grundlage der Heiligkeitsforderung liegt in der Erwählung zum Eigentumsvolk[53] Jahwes, die verpflichtenden Charakter hat. Lev 20,26: „Seid mir heilig; denn ich, der Herr, bin heilig, und ich habe euch von allen diesen Völkern ausgesondert, damit ihr mir gehört." (Vgl. weiter Lev 19,2; 20,7; auch 11,44f.; Num 15,40; Ex 22,30).

„Heilige" in Qumran

In den Qumranschriften findet sich ein ähnlicher Sprachgebrauch wie im Alten Testament. Nicht immer läßt sich mit Bestimmtheit sagen, ob in den Texten unter den „Heiligen" himmlische Wesen, also Engel, oder lebende Gemeindeglieder zu verstehen sind[54]. Das liegt zuweilen nicht nur am beschädigten Textzusammenhang, sondern auch an der unscharfen Ausdrucksweise des Kontexts. An einigen Stellen kann man daran denken, als besondere Gruppe unter den Heiligen die Seelen der verstorbenen Gemeindemitglieder zu finden[55]. So heißt es z. B. 1 QM XII,1: „Denn die Menge der Heiligen ist (bei dir) im Himmel und die Heerscharen der Engel in deiner heiligen Wohnstatt... und die Erwählten des heiligen Volkes..." – Heilige und Engel sind hier voneinander und von den noch lebenden Erwählten (und Kämpfenden) unterschieden, und es wäre möglich, unter den Heiligen die Verstorbenen zu verstehen.

Auch die betende Gemeinde, das gesamte siegreiche Israel, bezeichnet sich als „heiliges Volk Gottes" (1 QM XIV,12) und betont damit ihre besondere Verbundenheit mit Gott. Die kultisch-national aufgefaßte Heiligkeit ergibt sich wie im Alten Testament aus dem Bundesverhältnis mit Gott: die Israeliten sind das „Volk der Heiligen des Bundes" (1 QM X,10) oder „die Erwählten des heiligen Volkes" (1 QM XII,1), also Angehörige des von Gott erwählten und darum heilig genannten Volkes. Allerdings wird in Qumran eine Einschränkung auf die Frommen, d.h. die Mitglieder der Gemeinschaft, vorgenommen. Für sie bedeutet „heilig" eine moralische Qualifikation. Sie steht im Gegensatz zu den Spöttern (CD XX,1), zu den Bösewichtern und Sündern, die den Bund nicht kennen (1 QS V,18; VIII,17). Als „Mann der Heiligkeit" (1 QS V,18) stützt sich jedes einzelne Mitglied nicht auf irgendwelche nichtigen Werke und vermeidet sogar jeden Verkehr und jede Gemeinschaft mit anderen Nichtmitgliedern (1 QS VIII,23), die ihm zur moralischen Gefahr werden könnten. So kann die „heilige Gemeinde" (1 QS V,20) als „Gemeinde der Männer der heiligen Vollkommenheit" (CD XX,2) bezeichnet werden.

„Heilige" im Neuen Testament

Der alttestamentliche Sprachgebrauch wirkt im Neuen Testament fort. So wird an einigen Stellen von den Heiligen als den Engeln Gottes gesprochen (vgl. Mk 8,38 und Parallelstelle Lk 9,26). Nach Apg 10,22 erhält der Hauptmann Kornelius „von einem heiligen Engel" die Weisung, Petrus in sein Haus zu holen. Auch die Wiederkunft Christi geschieht inmitten seiner Heiligen, womit nach Offb 14,10 Engel gemeint sind (vgl. 1 Thess 3,13 und 2 Thess 1,10). Einzelne Personen werden im Neuen

Testament sehr selten als heilig bezeichnet. Von Herodes heißt es Mk 6,20, daß er sich vor Johannes, dem Täufer, fürchtete, weil er wußte, „daß dieser ein gerechter und heiliger Mann war". Die „heiligen Propheten" werden Lk 1,70 im Lobgesang des Zacharias und Apg 3,1 sowie 2 Petr 3,2 erwähnt. 1 Petr 3,5 werden die Frauen der Patriarchen als „heilige Frauen" bezeichnet, weil sie ihre Hoffnung auf Gott setzten[56].

„Erbteil bei den Geheiligten" (Apg 26,18) erlangt man durch den Glauben und die Vergebung der Sünden, und diese vollzieht sich schon hier und jetzt. Darum heißen „Geheiligte" oder auch „Heilige" die lebenden Christen, die nach Eph 4,12 zu rüsten sind für „die Erfüllung ihres Dienstes", „für den Aufbau des Leibes Christi"[57]. Vor allem bei Paulus ist „Heilige (Gottes)" die ständige Bezeichnung für die lebenden Christen (Röm 12,13; 15,25f.; 16,15; 1 Kor 14,33; 16,1.15; 2 Kor 9,1.12; Kol 1,4.26; 3,12: Phil 1,1; 4,22 u. ö.). Besonders, wo die Heiligen als Empfänger von Briefen oder Vermittler von Grüßen im Briefschluß erscheinen, wird deutlich, daß alle Angehörigen der Christengemeinde mit eingeschlossen sind (Phil 1,1; 4,22). „Heilig" bedeutet hier die Gemeinde- oder Religionszugehörigkeit, aber die Bezeichnung setzt auch voraus, daß die Glieder der Gemeinde sich um ein untadeliges heiliges Leben bemühen. So sehr sich aber der Christ um Heilung und Heiligkeit selbst bemühen muß: sie ist im Grunde eine von Gott verliehene Gabe, gewirkt durch den Sühnetod Christi (Kol 1,22; Hebr 10,29; 13,12). „Von größter theologischer Bedeutung ist die Einsicht, daß nach Paulus die Rechtfertigung der Gottlosen (Röm 4,5), die viel mehr aussagt als Vergebung der Sünden oder als Getauftwerden auf Jesu Tod, gleichzeitig ihre Heiligung ist. Nur wenn an dieser Einsicht festgehalten wird, die das Paradox weltlicher Heiligkeit umfaßt (*simul sanctus et profanus*), werden indikativische Heiligkeit und imperativische Heiligung richtig erfaßt"[58].

Anmerkungen

[1] Vgl. Y. AHARONI (Hrsg.), Beer-Sheba I. Excavations at Tel Beer-Sheba. 1969–1971 seasons, Tel Aviv 1973, 73; vgl. weiter V. FRITZ, Die eisenzeitliche Stadt auf dem Tell es-Seba' im Negev, Antike Welt 1978, Heft 4, 24–39, bes. 35f.
[2] Vgl. Y. YADIN, Hazor III–IV (Plates), Jerusalem 1961, Pls. CCCLVII: 4–5, und CCCLVIII: 5; DERS., Hazor. Die Wiederentdeckung der Zitadelle König Salomos, 1976, bes. 182.
[3] Vgl. zur Wortgeschichte H.-P. MÜLLER, Art. qdš–heilig, in: Theol. Handwörterbuch zum AT II, 1976, 589–609, bes. 589f.
[4] Wolf Wilhelm GRAF BAUDISSIN, Der Begriff der Heiligkeit im Alten Testament (Studien zur Semitischen Religionsgeschichte 2), 1878, 27.

[5] W. VON SODEN, Akkad. Handwörterbuch II, 1972, 891.
[6] W. EICHRODT, Theologie des Alten Testaments, [7]1962, I, 181.
[7] Vgl. KBL (= L. KÖHLER /W. BAUMGARTNER, Lexicon in Veteris Testamenti libros), Lfg. II, [3]1980, 1003; und H.-P. MÜLLER (wie Anm. 3), 589f.
[8] Jos 6,8, wo die Widderhörner, hebr. *jôbel*, durch σάλπιγγες ἱεραί wiedergegeben sind, und Dan 1,2 (LXX), wo die Tempelgeräte ἱερά σκεύη heißen.
[9] Vgl. O. PROCKSCH, ἅγιος κτλ, in: Theolog. Wörterbuch zum NT 1, 1933, 87–97.101–116, bes. 88; H.S. HEMAN, Ἅγιος in the Septuagint and its relation to the Hebrew original, Vetus Testamentum 4 (1954), 337–348; anders J. BARR, Bibelexegese und moderne Semantik, 1965, 115ff. und 282ff.
[10] Festschrift K. Aland (Arbeiten zur Kirchengeschichte 50), 1980, 112–120.
[11] Z.B. in der Einheitsübersetzung Dtn 33,3 für hebr. *ḥāsîd* oder Offb 15,4; vgl. F. HAUCK, ὅσιος κτλ, in: Theolog. Wörterbuch zum NT 5, 1954, 488–492.
[12] Vgl. H.-P. MÜLLER (wie Anm. 3), 597.
[13] Nach H.J. STOEBE, Das erste Buch Samuel (Kommentar zum AT VIII/1), 1973, 153, liegt hier ein Hinweis auf „ursprüngliche Kriegsfrömmigkeit" vor.
[14] *taqdîšû* des masoretischen Textes ist wahrscheinlich dogmatische Korrektur für ursprüngliches *taqšîrû* mit umstrittener Bedeutung, vgl. KBL³ (wie Anm. 7), 1076, und H. WILDBERGER, Jesaja 1–12 (BK [= Biblischer Kommentar zum AT] X/1), 1972, 334f.
[15] Vgl. G. SCHMITT, Der Landtag zu Sichem (Arbeiten zur Theologie I, 15), 1964, 64, der den Satz Jos 24,19 für eine kultische Formel aus dem regelmäßigen Festkult hält.
[16] Wahrscheinlich ist der Text zu ändern, vgl. K. ELLIGER, (Altes Testament Deutsch 25), [7]1975, 34: „Bist nicht du von Urzeit, o Herr, mein ‚heiliger Gott', der nicht ‚stirbt'?" – Zu den Änderungen vgl. BHS.
[17] Vgl. H. WILDBERGER (wie Anm. 14), 23ff., und H. RINGGREN, The Prophetical Conception of Holiness (Uppsala Universitets Årsskrift 1948/12), 1948.
[18] Vgl. W.(H.) SCHMIDT, Wo hat die Aussage: Jahwe, „der Heilige", ihren Ursprung?, Zeitschrift für die Alttestamentl. Wissenschaft 74 (1962), 62–66.
[19] O. PROCKSCH (wie Anm. 9), 93, und H. WILDBERGER, Gottesnamen und Gottesepitheta bei Jesaja, in: Jahwe und sein Volk, Gesammelte Aufsätze zum AT (Theolog. Bücherei 66), 1979, 241.
[20] The Expression ‚the Holy One of Israel', in: Festschrift J. van der Ploeg, 1982, 257–269, Zitat: 267.
[21] A. FRIDRICHSEN, Hagios–Qadoš. Ein Beitrag zu den Voruntersuchungen zur christlichen Begriffsgeschichte (Videnskapsselskapets Skrifter, II. Hist.-Filos. Klasse 1916, Nr. 3), Kristiania 1916, 27.
[22] H. WILDBERGER, Jesaja 1–12 (BK X/1), 1972, 192.
[23] K. ELLIGER, Deuterojesaja (BK XI/1), 1978, 151f.
[24] W. ZIMMERLI, Ezechiel 2 (BK XIII/2), 1969 (²1979), 877.
[25] Ebd., 1064 und 1065.
[26] Vgl. F. NÖTSCHER, Heiligkeit in den Qumranschriften, RQ 1 (1959/60), 163–181. 315–344 = DERS., Vom AT zum NT (Bonner Biblische Beiträge 17), 1962, 126–174.
[27] Vgl. A. DIHLE, Art. Heilig, in: Reallexikon für Antike und Christentum 14, 1988, 1–63, bes. 37ff., und M. LATTKE, Heiligkeit III. Neues Testament, in: Theolog. Realenzyklopädie 14, 1985, 703–708.
[28] Vgl. R. BULTMANN, Das Evangelium des Johannes (Kritisch-Exegetischer

Kommentar über das NT, 2. Abt.), 1964 (Nachdruck der 10. Auflage), 384 mit Anm. 4.

[29] H. SCHLIER, Doxa bei Paulus als heilsgeschichtlicher Begriff. Besinnung auf das Neue Testament, ²1967, 307–318.

[30] Vgl. E. SCHWEIZER, Heiliger Geist, 1978.

[31] H. GESE, Zur biblischen Theologie, 1977, 66.

[32] Vgl. F. STOLZ, Art. šbt, in: Theolog. Handwörterbuch zum AT II, 1976, 863–869.

[33] Vgl. W. ZIMMERLI (wie Anm. 24) (BK XIII/1), 525.

[34] Vgl. D. KELLERMANN, Bemerkungen zum Sündopfergesetz in Num 15,22ff., in: Festschrift K. Elliger (Alter Orient und AT 18), 1973, 107–113, bes. 113.

[35] Vgl. D. KELLERMANN, Die Priesterschrift von Numeri 1,1 bis 10,10 (Beihefte zur Zeitschrift für die Alttestamentl. Wissenschaft 120), 1970, 49ff.

[36] Daß das Brandopfer trotz seiner hervorgehobenen Stellung in P (= Priesterschrift) nie als hochheilig bezeichnet wird, hängt wohl damit zusammen, daß mit der Bezeichnung „hochheilig" nichts über das Verhältnis des Opfers zu Gott ausgesagt werden soll, sondern daß der Hinweis auf die gesteigerte Heiligkeit vor allem dazu dient, einzuschärfen, daß mit diesen Dingen pfleglich und sorgsam umgegangen werden muß, insofern sie nur an heiliger Stätte verzehrt werden dürfen. Da das Brandopfer vollständig verbrannt wird, entfällt diese Vorsichtsmaßnahme.

[37] So die Einheitsübersetzung; lies jedoch mit BHS *qiddaštîkā*, wörtlich: „denn ich mache dich heilig".

[38] Vgl. dazu K. KOENEN, Ethik und Eschatologie im Tritojesajabuch (Wiss. Monographien zum Alten und Neuen Testament 62), 1988, 165, Anm. 40. Die Übersetzung „ich bin heiliger als du" würde eine Abstufung in der Heiligkeit voraussetzen, wofür sich jedoch keine Belege beiziehen lassen; vgl. J.A. EMERTON, Vetus Testamentum 30 (1980), 446–450.

[39] Vgl. etwa 1 Kön 10,17; 14,26 und Parallelstellen 2 Chr 9,16; 12,9 (goldene Schilde) oder 1 Makk 1,22 (Goldtäfelung).

[40] Vgl. Jer 52,19.

[41] Vgl. 1 Kön 7,51; 2 Kön 24,13; 2 Chr 12,9; nach Josephus, Bell. Jud. I, 8, 8, enthielt der Tempelschatz 2.000 Talente.

[42] Vgl. Ex 38,24; 2 Chr 3,9.

[43] Vgl. allerdings E. LOHMEYER (W. SCHMAUCH), Das Evangelium nach Matthäus (Kritisch-Exegetischer Kommentar über das NT), 1956, 344, Anm. 1: „Was ‚unter dem Gold des Tempels' zu verstehen sei, ist oft gefragt; . . . Besser ist es, nicht danach zu fragen."

[44] Vgl. M. NOTH, „Die Heiligen des Höchsten", in: Interpretationes ad VT pertinentes. Festschrift S. Mowinckel (Norsk Teologisk Tidsskrift 56), 1955, 146–161 = Gesammelte Studien zum AT (Theolog. Bücherei 6), ³1966, 274–290; C.H. BREKELMANS, The Saints of the Most High and their Kingdom (OTS 14), 1965, 305–329; H.-W. KUHN, Enderwartung und gegenwärtiges Heil, Studien zur Umwelt des NT 4), 1966, darin: Exkurs IV: Der Ausdruck „die Heiligen" in den Qumrantexten und im sonstigen Spätjudentum, 90–93; anders L. DEQUEKER, The „Saints of the Most High" in Qumran and Daniel (OTS 18), 1973, 108–187.

[45] Jeremia (BK XII/1), 1986, 58.

[46] Vgl. D. KELLERMANN (wie Anm. 35), 83–95, bes. 89.

[47] Als heilige oder geweihte Personen werden im Alten Testament auch die Hiero-

dulen bezeichnet, Personen männlichen und weiblichen Geschlechts, die sich der Kult- und Tempelprostitution hingaben. Das Wort *qadeš/qᵉdešā* ist aus der vorisraelitischen, kanaanäischen Kultsprache übernommen. Das Gesetz (Dtn 23,18f.) bekämpft das Hierodulenwesen in Israel als Mißbrauch. König Asa von Juda (1 Kön 15,12) und sein Sohn Joschafat (1 Kön 22,47) vertrieben die Hierodulen, die allerdings später wieder eigene Wohnräume am Tempel in Jerusalem hatten, wo die Frauen Schleier für die Aschera zu weben pflegten. Erst Joschija (2 Kön 23,7) ließ diese Wohnungen endgültig niederreißen. Ein später Nachklang sind die Dirnen im Tempel von Jerusalem, die 2 Makk 6,4 erwähnt werden.

[48] Vgl. J.A. SOGGIN, Das Königtum in Israel (Beihefte zur Zeitschrift für die Alttestamentl. Wissenschaft 104), 1967; A. CAQUOT, Le Sacré dans l'Ancien Testament (Positions Luthériennes 28), 1980, 3–15, hält es für einen Zufall, daß der König nicht als „heilig bezeichnet wird (vgl. S. 8).

[49] Vgl. z. B. 1 Hen 38,4.5; 39,4; 41,2; 43,4; 45,1; 48,1.4.7.9; 50,1; 51,2; 58,3.5; 62,8; 65,12; 93,6; 99,16; 100,5.

[50] Vgl. H.-J. KRAUS, Das heilige Volk, in: Festschrift A. de Quervain, 1966, 50–61 = Bibl.-theol. Aufsätze, 1972, 37–49.

[51] Vgl. K. ELLIGER, Leviticus, in: Handbuch zum AT I, 4, 218ff.; H.D. PREUß, Heiligkeitsgesetz, in: Theolog. Realenzyklopädie 14, 1985, 713–718; W. ZIMMERLI, „Heiligkeit" nach dem sogenannten Heiligkeitsgesetz, Vetus Testamentum 30 (1980), 493–512.

[52] W. DOMMERSHAUSEN, Heiligkeit, ein alttestamentliches Sozialprinzip?, TThQ 148 (1968), 153–166.

[53] Vgl. H. WILDBERGER, Jahwes Eigentumsvolk (Abhandlungen zur Theologie des Alten und Neuen Testaments 37), 1960.

[54] Vgl. C.H.W. BREKELMANS (wie Anm. 44), der drei verschiedene Textgruppen unterscheidet: Texte, in denen *qdwšjm* eindeutig auf Engel zu beziehen ist, Texte, deren Interpretation umstritten ist, und Texte, in denen *qdwšjm* eindeutig auf Menschen zu beziehen ist.

[55] Vgl. J. CARMAIGNAC, La Règle de la Guerre, 1958, 18.

[56] Vgl. W. SCHRAGE, Der erste Petrusbrief (Neues Testament Deutsch 10), 1973, 95. Er sieht hier Israels Frauen allgemein genannt.

[57] Vgl. R. ASTING, Die Heiligkeit im Urchristentum (Forschungen zur Religion und Literatur des Alten und Neuen Testaments 46), 1930, und die bei M. LATTKE (wie Anm. 27) aufgeführte Literatur.

[58] Zitat bei M. LATTKE (wie Anm. 27), 705.

Wolfgang Speyer

Die Verehrung des Heroen, des göttlichen Menschen und des christlichen Heiligen
Analogien und Kontinuitäten

Für das Verständnis des Themas ist einiges vorauszuschicken, das bisher in der Forschung zu wenig bedacht und zu wenig scharf herausgestellt worden ist. Die Notwendigkeit zu diesen Vorbemerkungen ergibt sich auch aus der letzten Darstellung des vorliegenden Themas[1].

Da die Bearbeiter des Themas „Die Verehrung der christlichen Heiligen" selbst aus der christlichen Tradition kommen und sehr oft als gläubige Christen in dieser Überlieferung stehen, sind sie durch Vorverständnisse ähnlich bestimmt wie ihre Vorgänger im christlichen Altertum, die Kirchenschriftsteller, die über dieses Thema an vielen Stellen ihrer Werke gesprochen haben. Die Forschungsgeschichte könnte auch in diesem Fall manches über die geschichtlichen Bedingtheiten der wissenschaftlichen Bearbeiter eines religionsgeschichtlichen Themas zutage fördern[2].

Bevor die Verehrung eines Heiligen und der Heiligen dargelegt werden kann, muß geklärt sein, wer im Altertum als Heiliger gegolten hat. Hier genügt es nicht, sich an das Wort „Heiliger" zu klammern und zu fragen, wer mit dem Prädikat *ἅγιος* bzw. *sanctus* sowie den Äquivalenten in den übrigen Sprachen des christlichen Altertums bezeichnet wurde[3]. Vielmehr ist zuzugestehen, daß der Inhalt, auf den sich ein Begriff bezieht, auch ohne eine feste terminologische Bezeichnung im Bewußtsein der Menschen vorhanden sein kann. Um ein Beispiel zu nennen: Das Wort „Gewissen", das im Deutschen Übersetzungslehnwort ist wie das entsprechende lateinische *conscientia* und auf das griechische Wort *συνείδησις* zurückgeht, ist in allen drei Sprachen ein junges Wort. Das geistig-sittliche Phänomen, das mit diesem Wort bezeichnet wird, ist aber mit der Geistnatur des Menschen gegeben und geht auf vorgeschichtliche Zeiten zurück. Der Mensch zeigte Gewissensregungen lange, bevor er dieses sittliche Vermögen begrifflich zu objektivieren imstande war[4]. So kann in der Geschichte des Geistes und der Sprache noch oft nachgewiesen werden, daß der Inhalt eines Begriffes seiner Formulierung lange vorausgegangen ist.

Der heilige Mensch gehört als Erscheinung der Religion mit den übrigen grundlegenden Ausdrucksformen der Religion zu den Anfängen der

Kultur. Seine Spuren zeigen sich in allen geschichtlich nachweisbaren Frühkulturen. So begegnet er als Held und Heros, als Schamane und Medizinmann, als Priester-König, als Dichter-Prophet, inspirierter Gesetzgeber und Gründer, als Wundertäter, Heilbringer, Retter und Wohltäter und im Rückblick des magisch-religiösen Menschen als Stammvater der Menschen, Völker und Geschlechter. Ein geschichtlicher Überblick über die Entfaltung der Vorstellung vom heiligen Menschen kann im Rahmen dieses Beitrags natürlich nicht gegeben werden. Ebensowenig kann die unmittelbare Vorgeschichte des christlichen Heiligen, die in den noch erhaltenen Überlieferungen des alten Israel und des Frühjudentums über die Patriarchen, Gerechten, Helden, Gesetzgeber, heiligen Richter und Könige, Propheten, Frommen und Märtyrer aufgezeichnet liegt, auch nur angedeutet werden[5].

Die Kennzeichnung des Heiligen durch das Eigenschaftswort „christlich" schließt ein, daß es neben dem Heiligen der Christen auch Heilige in anderen Religionen gibt. Als Typus des religiösen Ausnahmemenschen gehört der Heilige, sei er christlich oder außerchristlich, zum Kernbestand der religiösen Vorstellungswelt[6]. Die Tatsache, daß das Christentum gleichfalls die Gestalt des Heiligen hervorgebracht hat, beweist, daß das Christentum wesensmäßig eine Religion ist und nicht nur ein Bekenntnis oder nur eine Ethik. Damit hat das Christentum an der Geschichte der Religionen der Menschheit Anteil und ist notwendigerweise zu einem gewissen Teil in ihr Schicksal von Werden und Vergehen eingebunden. Die Verehrung des christlichen Heiligen bestätigt ihrerseits diesen Charakterzug des Christentums als Religion; denn durch den Kult des Heiligen ist das Christentum nicht weniger als Religion ausgewiesen als durch die Erscheinung des Heiligen selbst. Vom heutigen Standpunkt des kritischen Bewußtseins aus können wir beobachten, wie der christliche Heilige seit dem Ende der Gegenreformation und des Barock infolge von Rationalismus, Aufklärung und dem Aufstieg des naturwissenschaftlichen und technischen Denkens seinen ehemaligen Rang selbst bei den katholischen Christen eingebüßt hat. Den ersten Schlag gegen seine beherrschende Stellung hatten bereits bestimmte Humanisten der Renaissance und die Reformatoren des 16. Jahrhunderts geführt[7].

In den Religionen der Früh- und Hochkulturen begegnen heilige Menschen, in China, Indien oder Griechenland ebenso wie bei den Germanen, den Kelten oder den Ägyptern. Dieser religionsphänomenologisch nachweisbare Tatbestand zeigt, daß es in der Tiefenstruktur des christlichen Heiligen noch vor aller Eigenständigkeit und Besonderheit gegenüber den Heiligen der übrigen Religionen und vor aller Beeinflussung durch die gleichzeitigen Religionen seiner Umwelt eine Gleichartigkeit geben muß – eine Gleichartigkeit, die dann auch wieder ihre Entsprechung in der Verehrung seiner Anhänger findet. Aus dieser Hochschätzung und Verehrung der Vielen für den heiligen Menschen folgt, daß der Heilige in den Religionen der Völker, der sogenannten Naturreligionen ebenso wie der Offenbarungsreligionen, die eigentlich tragende Erscheinung der Religion darstellt. Der heilige Mensch ist zu seinen Lebzeiten und nach seinem Tod die Integrations- und die Identifikationsgestalt für die Vielen: Er ist der Führer der Geschlechter, Sippen und Völker in ihren irdischen Bedrängnissen, zu denen in den Religionen immer auch die Sorge für die Toten und damit mehr oder minder entfaltet die Sorge für das Jenseits zählen. Der heilige Mensch als der religiöse Ausnahmemensch erscheint den Vielen in seiner unmittelbaren oder weiteren Umgebung als eine bestimmte Weise, wie sich das Göttliche, die göttliche Macht, offenbart. Er stellt also in sich selbst eine der wirkmächtigsten Hierophanien dar[8]. Als Repräsentant der Gottheit mußte er deshalb bei den Vielen seiner Umgebung eine gottähnliche Bewunderung und Verehrung erfahren.

An diesem Punkt beginnen die Linien zwischen dem jüdischen und christlichen Heiligen einerseits und den heiligen Menschen der anderen antiken Religionen auseinanderzulaufen. Der Heilige kann in den Religionen der Völker nur dann sachgemäß verstanden werden, wenn wir ihn auf dem Hintergrund der jeweils geltenden Gottesvorstellung betrachten. Nicht von ungefähr trägt der Heilige seine Bezeichnung von dem Heiligen schlechthin, dem Göttlichen. Nur dem Göttlichen eignet wesensmäßig Heiligkeit. Alle Heiligkeit außerhalb des Göttlichen ist nur von ihm abgeleitet und geborgt. Zwischen der Vorstellung vom heiligen Menschen und der Gottheit besteht deshalb eine enge, ja eine unauflösbare Beziehung. Beide Vorstellungen wirken aufeinander ein, bedingen und beeinflussen einander. So bedingen Veränderungen im Gottesbild auch Veränderungen im Bild des Heiligen. Hier spielt vor allem der Problemkreis des Sittlichen hinein. Änderungen im Erkennen des sittlichen Handelns des Menschen bedingen Änderungen im Bild der Gottheit und des heiligen Menschen. Religionsgeschichtlich gibt es so viele Grundtypen von Heiligen wie es verschiedene Grundtypen innerhalb der Gottesvorstellungen gibt. Andererseits hängen Gottesvorstellung und Wirklichkeitsbild eng miteinander zusammen und bedingen ihrerseits einander. Eine Veränderung in der Erfahrung der Wirklichkeit muß zu Änderungen des Gottesbildes und des Bildes vom Heiligen führen. Dies gilt sowohl für die Selbstauffassung des jeweiligen Heiligen einer neuen religiös-ethischen Bewußtseinsstufe wie für die Vorstellung, die sich seine jeweilige Umwelt über ihn bildet.

Während sich die polytheistischen Religionen, die sogenannten Natur- und Volksreligionen des antiken Mittelmeerraumes, aufgrund ihrer Gottesvorstellung religionsgeschichtlich zusammenschließen, stehen ihnen in dieser Hinsicht die Offenbarungsreligionen der Juden, Christen und Muslime gegenüber. Der Monotheismus hier und der Polytheismus dort haben einen fundamentalen Unterschied zwischen dem Heiligen der polytheistischen Religion und dem Heiligen der Juden, Christen und Muslime hervorgebracht. Der Heilige der Heiden schillert eigentümlich zwischen Mensch und Gott. Auf diesen Sachverhalt weist bereits die fast terminologische Bezeichnung der Griechen hin, die vom göttlichen Menschen sprechen, vom ϑεῖος ἀνήρ[9], *während bei Juden, Christen und Muslimen der Heilige stets Mensch bleibt, mögen auch einzelne platonisch geprägte Religionsphilosophen der Juden und Christen wie die Alexandriner Philon, Clemens und Origenes eine Vergöttlichung des heiligen Menschen angenommen haben*[10].

Die einzige Ausnahme in der christlichen und vor allem der großkirchlichen Überlieferung bestätigt diesen grundsätzlichen Unterschied: Jesus Christus gilt hier als das Spiegelbild des einen transzendenten Schöpfergottes. Die Heilige Schrift des Neuen Testaments spricht gleichnishaft von ihm als dem Sohn Gottes[11]. Nach der Anschauung des Paulus und der Evangelisten kann deshalb Jesus Christus nicht der erste christliche Heilige sein, aber noch weniger ein Heros oder ein göttlicher Mensch im Sinne der Griechen, dessen Vater oder Mutter oder dessen Stammvater oder Stammutter eine bestimmte innerweltliche Gottheit war. Im Christentum blieb grundsätzlich die Überzeugung lebendig, und darin setzt es die Linie der israelitisch-frühjüdischen Überlieferung fort, daß Gott und Mensch voneinander durch eine tiefe Kluft geschieden sind. Vergöttlichung bei Juden und Christen bedeutet nicht Vergottung, wie sie Griechen und später auch Römer kennen[12]. Wer vom transzendenten Gott erwählt wurde und sich durch freies, gottgemäßes Handeln bewährt hat, kann zu Gott aufsteigen, sei es zu Lebzeiten durch Entrückkung wie Henoch oder Elias oder sei es nach dem Tod durch Himmelfahrt von Leib und Seele oder der Seele allein[13]. Immer bleibt der Heilige des Alten Testaments und des Christentums Mensch, Geschöpf, nie wird er Gott. Entsprechend steht auch das Gottkönigtum der Ägypter, Griechen und hellenisierten Römer dem Gottesgnadentum der Könige Israels und der christlichen Kaiser und Könige gegenüber[14].

Die andersartige Gottesvorstellung der Griechen und Römer erlaubte es hingegen, daß ein Mensch aufgrund der angenommenen Erwählung durch einen Gott und aufgrund von Handlungen, die diesem Gott gefielen, einem anderen Gott aber durchaus mißfallen konnten, zu einem neuen Gott neben den anderen aufsteigen konnte. So sind Herakles, Polydeukes, Asklepios, Dionysos und Romulus in den Rang von Göttern aufgestiegen. Selbst Hera, die Herakles zeit seines Lebens gehaßt und verfolgt hat, mußte ihn als neuen Gott anerkennen. In den genannten Fällen sprechen wir nicht von Heiligen, sondern von Heroen[15]. Der Heros ähnelt in seinem Wesen bereits mehr einem polytheistischen Gott als einem Menschen. Der Heros der mythischen Zeit kann aber auch als ein typologisch verwandter Vorgänger des göttlichen und des heiligen Menschen der geschichtlichen Epoche gelten. Gewissermaßen dürfen wir mit H. Leisegang bei dieser Gestalt des Heroen von einem Archetypos sprechen[16]. Heros und Held sind, bevor sie in der Geschichte auftreten, richtungs- und normweisende Vorbildgestalten innerhalb des Typenschatzes der menschlichen Seele.

Die Griechen kennen nach ihrer ältesten mündlichen und literarischen Überlieferung die Heroen als die Ausnahmemenschen, als die großen Menschen ihrer Vorzeit. Ihre im Vergleich etwa zu Ägypten kurze myth-historische Überlieferung sieht in den Helden der Ilias und damit des für sie geschichtlichen Trojanischen Krieges bereits Söhne von Göttern, seltener von Göttinnen. Die Abkunft von einem Gott oder einer Göttin ist hier bereits eine Grundbedingung für die Geltung als Heros. Daß dieser Weg zum Heroentum an diese Bedingung der Abstammung geknüpft ist, liegt am Glauben der Griechen dieser Zeit: Die genealogisch bestimmte Herkunft entscheidet über das Sein und Wirken eines Menschen[17]; nicht die Wahlfreiheit und die sittliche Bewährung sind dafür ausschlaggebend. Dieser neue Weg, zum Heros oder zum göttlichen Menschen zu werden, wird erst in späterer Zeit entdeckt. Erst der Sophist Prodikos von Keos (2. Hälfte des 5. Jh. v. Chr.) läßt den Heros Herakles eine persönlich verantwortete Entscheidung treffen, die für seine schließliche Gottwerdung von ausschlaggebender Bedeutung gewesen sein soll[18]. Die Wahl des Helden Paris ist damit noch nicht vergleichbar[19]. Paris bleibt Heros aufgrund seiner Geburt, welcher Göttin er auch von den dreien den Vorzug gegeben haben mag[20]. Vielmehr bestimmt in dieser Zeit des mythischen Bewußtseins die einzelne Gottheit, die einen Menschen zur Geliebten oder zum Geliebten wählt und mit ihm ein Kind zeugt oder von ihm empfängt, daß dieser und seine unmittelbaren Nachfahren als Heroen gelten. Wie der Mensch der vorgeschichtlichen

Frühzeit insgesamt sich und seine Handlungen als von geheimnisvollen und heiligen Kräften, die von außen auf ihn einwirken, bestimmt fühlte, so geht auch in diesem Fall die Fremdbestimmung der Selbstbestimmung voraus: Heroen sind für die Griechen der homerischen Zeit Söhne oder Töchter von Göttern.

Neben den Helden und Heldinnen galten als Söhne von Göttern auch die großen Dichter-Propheten, wie Orpheus und Homer, sowie die Seher, wie Melampus[21]. Diese bald kriegerisch, bald musisch und geistig tätigen Heroen gehören noch der mythischen Zeit an, bleiben aber nicht auf sie beschränkt. Für das Erleben der Griechen gehen mythische und geschichtliche Zeit bruchlos ineinander über. Deshalb wirken auch die mythischen Erlebnisinhalte weiter und prägen die Religion der geschichtlichen Epoche. So galt Alexander der Große vielen als der Sohn eines Gottes, gleichfalls einzelne Diadochen, selbst Platon und später Augustus[22]. Deutlich wirkt in diesem Glauben der geschichtlichen Zeit die aus dem Mythos stammende Vorstellung weiter, nach der eine Gottheit einen bestimmten Menschen erwählt und ihn mit besonderen Kräften ausstattet, dem Charisma des Helden und Königs oder dem Charisma der Dichtkunst, der Prophetie und Weisheit oder auch der Schönheit. Diese Erwählung zeigt sich oft bereits vor der Geburt. Die Mutter des zukünftigen heiligen Menschen wird von einem Gott besucht und empfängt von ihm; oft sieht sie in einem Traum die zukünftige Größe ihres Kindes voraus[23]. Stets ist das Bewußtsein vorhanden, daß der Gott unmittelbar und sinnlich erfahrbar in das Leben eines Menschen hineinwirkt, daß er aus Gnade den einen erwählt, den anderen aber übergeht[24]. Trotz des grundsätzlich andersartigen Gottesbildes der Juden und Christen hat diese Erlebnis- und Anschauungsform einer älteren Religiosität ihre Spuren auch bei ihnen hinterlassen. Die Geschichte vom Besuch Gottes bei Abraham und Sarah, vom Besuch des Engels bei Zacharias und Elisabeth sowie bei Maria sind nur die bekanntesten Beispiele[25].

Viele Heroen und göttliche Menschen der Griechen und Römer sind in die Erinnerung der beiden Völker als die großen Wohltäter eingegangen. Als Wohltäter, Retter und Heilbringer, als Lehrer und Führer, als Entdecker und Kulturbringer blieben sie im Gedächtnis[26]. Die Dankbarkeit der Vielen erschöpfte sich nun nicht in der Verehrung der toten Heroen, Helden und göttlichen Menschen, mag auch die Mehrzahl der erhaltenen Zeugnisse nur vom Kult toter Heroen sprechen. Insofern ist es zwar richtig, die Heroen als Empfänger eines mannigfach ausgebildeten Totenkultes zu bestimmen. Vor jedem Kult eines toten Heroen und göttlichen Menschen steht aber seit der Frühzeit der mediterranen

Hochkulturen die Erfahrung des lebenden Heroen und Helden als des Repräsentanten gottähnlicher, ja gottgleicher Macht. Das Erlebnis magisch-religiöser oder numinoser oder heiliger Macht steht am Anfang aller kultischen Verehrung, sei diese auf bestimmte Erscheinungen dieser Wirklichkeit bezogen, die zur Bildung einer Gottesvorstellung geführt haben, oder auf bestimmte außergewöhnliche Menschen, die durch ihr Sein und Wirken als Träger dieser heiligen Macht erschienen. Solange die Menschen fast ausschließlich magisch-religiös und nicht profan-wissenschaftlich die Wirklichkeit erfaßten, mußten sie rituell und kultisch ihre Verehrung ausdrücken. Alle heutigen Formen der Ehrung von Lebenden und Toten wurzeln in diesen ursprünglicheren, aus magisch-religiösem Erleben erwachsenen rituellen und kultischen Ehrungen.

Die bisherigen Darstellungen über Heiligenverehrung und ihre Entsprechung bei den Heiden haben zu wenig darauf geachtet, daß die Verehrung eines Heiligen bereits zu Lebzeiten einsetzt. Innerchristlich ist man zum Kult eines Heiligen aus mancherlei Gründen gelangt. Vor allem dürfte der Kult der Märtyrer hier stimulierend gewirkt haben; denn der Märtyrer gewinnt seine Heiligkeit erst durch seinen Tod. Die Meinung aber, daß die Märtyrer die ersten Heiligen der Christen waren, verkürzt die Fülle der in den ersten drei Jahrhunderten als heilig geltenden Personen. Der Heiligkeitstypus des Apostels und Missionars steht zeitlich vor dem Märtyrer, selbst auch in jenen Fällen, in denen ein Apostel oder ein Missionar zum Blutzeugen geworden ist. Entsprechendes gilt für die heiligen Asketen und Asketinnen, die nicht erst seit dem späten 3. Jahrhundert im Christentum auftreten. Gleiches trifft auf die Propheten und Prophetinnen zu, die zunächst ihre Umgebung für Heilige gehalten hat, auch wenn die Großkirche sie sehr bald mehr und mehr abgelehnt hat. Über die Gründe, die dazu in der Großkirche geführt haben, ist hier nicht weiter zu sprechen[27]. Festzuhalten ist nur, daß bereits in der Umgebung Jesu und vor allem seit dem Pfingsterlebnis mehrere Typen des charismatischen Menschen im Christentum begegnen[28]. Diese Menschen wurden aufgrund ihrer Kräfte und Wirkungen von ihrer unmittelbaren Umgebung entweder als Heilige verehrt oder als Unheilig-Dämonische oder als religiöse Betrüger verflucht, verfemt und verfolgt. Die Heiligen der einen Religion galten den Angehörigen einer anderen Religion oder Glaubensrichtung in der Regel als Unheilige, als dämonisch Zaubernde oder als Gaukler und Betrüger[29]. So widerfuhr dem Heiligen zu Lebzeiten von seiner engeren und ferneren Umgebung Verehrung oder Verfolgung oder beides. Nach den Evangelien ist das Leben Jesu selbst ein Beispiel hierfür. Unter religionsphänomenologischem Blickpunkt gehört auch Jesus zu den Heiligen, mag er diese auch vom Standpunkt der an ihn Glaubenden um ein Unendliches überragen[30].

Wie Jesus hatten die christlichen Heiligen der Urzeit bereits zu Lebzeiten durch ihre charismatischen Kräfte die Bewunderung der Vielen auf sich gelenkt. Daß es Charismata gibt, von denen mehr oder minder zuverlässige Quellen, vor allem die hagiographische Literatur, sprechen, kann nicht bezweifelt werden. Die moderne Erforschung des Okkultismus und der Parapsychologie liefert dafür den Beweis[31]. Alle Kräfte und Fähigkeiten, die dem durchschnittlichen Menschen abgehen und nur wenigen vorbehalten bleiben, wurden von den weitgehend nur magisch-religiös erlebenden und denkenden Menschen unmittelbar auf übernatürliche Verursachung zurückgeführt, auf göttlichen oder dämonischen Einfluß. Derartige Charismata waren die Kraft, zu segnen und zu fluchen, sowie Heil- und Strafwunder zu vollbringen, die Macht über die unbelebte und belebte Natur, die Ekstase mit den Folgen der Unempfindlichkeit vor allem gegen Feuer und Gift, die Schwerelosigkeit, die Zeit- und Raumüberlegenheit (Levitation und Bilokation), die Gabe der Clairvoyance, des Vorauswissens, der Herzenserkenntnis und der Prophetie, die Nahrungslosigkeit, der wunderbare Lichtglanz, der wundersame Wohlgeruch und die Unverweslichkeit, um die wichtigsten Begleiterscheinungen der Heiligkeit zu nennen.

Menschen, die diese Charismata aufwiesen, hat ihre Umwelt bewundert und zugleich gefürchtet. Dieses ambivalente Erleben gegenüber den heiligen Menschen entspricht dem Erleben gegenüber der heiligen Macht, wie dieses Rudolf Otto in seinem Werk ‚Das Heilige' beschrieben hat[32]. Ein derartiger charismatisch wirkender Mensch wurde für seine unmittelbare und weitere Umgebung zu einer Quelle der Erfahrung des Göttlichen. Alle, die in seiner Erscheinung und in seinen Taten den Einbruch des Göttlichen, die Hierophanie, erlebten, mußten ihm bereits zu Lebzeiten mit Ehrfurcht und Liebe, mit Dankbarkeit und Verehrung begegnen. Der Kult des heiligen Menschen war somit unmittelbar mit seinem Erscheinen und Wirken verknüpft. Ja, der lebende Heilige war die Bedingung dafür, daß er auch nach dem Tod weiter verehrt wurde.

Andererseits ist zuzugeben, daß im Erleben des magisch-religiösen Bewußtseins dem Tod selbst oft eine Kraft zugeschrieben wurde, welche die bereits bestehende Heiligkeit verstärkt oder Heiligkeit überhaupt erst bewirkt. So heiligte in Griechenland und Rom der Tod durch den Blitz[33]. In Ägypten galt der Tod in den Fluten des Nils, des Gottes Osiris, gleichsam als ein Wandlungsritual. Der dort Ertrunkene wurde wie ein Gott geehrt; man denke an den Liebling Kaiser Hadrians, Antinoos[34].

Auch der Tod gegen den auswärtigen Feind, der Heimat und heimische Götter bedroht, konnte zur Heiligkeit führen: Die in den Perserkriegen gefallenen Griechen wurden heroisiert und kultisch verehrt[35]. Auch anderen gewaltsam Getöteten oder frühzeitig Gestorbenen konnte bisweilen wunderbare und damit heilige Macht zugeschrieben werden[36]. Selbst vom gewöhnlichen Tod hat man zeitweise geglaubt, daß er geheime Macht und damit Heiligkeit verleihe. Eine ganz entscheidende Wurzel für die Blüte des Kultes der Heroen, der göttlichen Menschen und der jüdischen und christlichen Heiligen war der bei den Völkern des Mittelmeergebietes mit Einschluß der Germanen verbreitete Kult der Ahnen und der Angehörigen des eigenen Volkes[37]. Ein entwickelter Totenkult, wie ihn die antiken Volksreligionen kannten, hat den Grund für die spätere Blüte der Heiligenverehrung bei den christlich gewordenen Völkern bereitet. Diese wichtige Bedingung ließe sich durch Parallelen aus den christlichen Missionsgebieten in der Neuzeit weiter absichern.

Bevor die Verehrung der Griechen für ihre göttlichen Menschen erörtert wird, sei noch einmal an einem Beispiel auf die Bedeutung des Kultes eines lebenden heiligen Menschen hingewiesen. Dieses Beispiel ist recht bekannt, denn es steht in einer Schrift des Neuen Testamentes. Die Nachricht ist für das Verständnis des christlichen Heiligenkultes von großer Bedeutung, da sie die seelischen Bedingungen offenlegt, denen damals das Bewußtsein der breiten Volksschichten unterworfen war – Bedingungen, die von denen der Menschen unserer Gegenwart weit abliegen. Wie die Apostelgeschichte mitteilt, kommen Paulus und Barnabas bei ihrer Missionspredigt in Lykaonien nach Lystra und Derbe, verkünden das Evangelium und vollbringen Wundertaten. Lukas berichtet wörtlich: „Als die Volksmenge sah, was Paulus getan hatte (die Heilung eines Gelähmten), erhob sie ihre Stimme und rief auf lykaonisch: ‚Götter sind in Menschengestalt zu uns herabgekommen.' Sie nannten Barnabas Zeus und Paulus Hermes, weil er das Wort führte. Der Priester des Zeusheiligtums in der Stadt ließ Stiere und Kränze vor das Tor bringen und wollte mit dem Volk Opfer darbringen. Als die Apostel Barnabas und Paulus dies erfuhren, zerrissen sie ihr Oberkleid, sprangen unter das Volk, schrien und sprachen . . ." Darauf folgt eine stilisierte knappe Missionspredigt, die den jüdisch-christlichen Begriff des einen Schöpfergottes herausstellt – eben jenen Begriff, der für das Wesen der christlichen Heiligkeit von grundlegender Bedeutung ist[38]. Das Entscheidende dieser Nachricht ist die Tatsache, daß die einfachen Menschen jener Zeit aus sich und ohne jeden Vorbehalt den Wundertäter und Charismatiker mit göttlichen Ehren überhäufen. Die mythische Anschauung vom Erscheinen der Gottheit in Menschengestalt, die noch in der Abrahamsgeschichte vom Besuch Gottes oder der drei Engel bei der Terebinthe von Mamre nachwirkt, diese Anschauung vorgeschichtlicher Zeit, die bei den Griechen und Römern gut bezeugt ist, lebt im neutestamentlichen Zeitalter in Kleinasien weiter[39]. Das theologisch und philosophisch ungeschulte Volk war nicht nur schnell mit göttlichen Ehren für den menschlichen Wundertäter bei der Hand, sondern identifizierte ihn auch mit bestimmten, ihnen bekannten Göttern. Entsprechendes ließe sich auch für den großen, gottähnlichen Wohltäter zeigen, der oft zugleich eine politische Gestalt war. So wurde der Princeps Augustus noch zu Lebzeiten von den Passagieren eines Schiffes aus Alexandrien wie ein Gott kultisch verehrt[40]. Ein derartiger Kult des lebenden heiligen Menschen, der bei den Heiden zur Heroisierung, ja zur Vergöttlichung führen konnte, dürfte nicht so selten vorgekommen sein, mögen auch weit mehr Belege für den Kult der toten heiligen Menschen überliefert sein.

Bei der Frage nach dem Verhältnis, das zwischen dem Kult des heiligen Menschen im Heidentum und der Verehrung des christlichen Heiligen besteht, wird man zwischen der Zeit vor und nach Christus zu unterscheiden haben. In beiden Zeitabschnitten gibt es einen Kult des lebenden und des toten göttlichen bzw. heiligen Menschen. Die Bedeutung des Kultes dürfte aber bei den Heiden in nachchristlicher Zeit zugenommen haben. Einmal können wir beobachten, daß die magisch-religiöse Erfahrung in der Kaiserzeit gegenüber der profan-rational-wissenschaftlichen an Kraft zunimmt, und zwar selbst innerhalb der wissenschaftlich geschulten Kreise. Als beherrschende Philosophenschule treten in dieser Epoche die Mittel- und Neuplatoniker mehr und mehr hervor, und diese haben sich oft zugleich als Charismatiker und Theurgen betätigt[41]. Neben den Mittel- und Neuplatonikern stehen die Neupythagoreer. Aus ihrem Kreis kommen Wundertäter und Charismatiker, wie im 1. Jahrhundert v. Chr. Nigidius Figulus in Rom und im 1. Jahrhundert n. Chr. Apollonios aus Tyana[42]. Die wachsende Rivalität mit den Christen tat das ihre hinzu. Einzelne Heiden versuchten nicht nur rational durch wissenschaftliche Reden und Schriften die christliche Botschaft zu widerlegen[43], sondern das Christentum auch auf dessen eigenem Gebiet, dem Gebiet des pneumatisch gewirkten Wunders, zu überbieten. Diese Rivalität zum wachsenden Christentum hat in nachchristlicher Zeit den heidnischen Heiligen zwar nicht hervorgebracht, aber ihn in seiner gesellschaftlichen und kulturellen Bedeutung gesteigert.

Bevor wir die Zeit nach Christus betrachten, sei auf das griechisch-römische Altertum insgesamt und die vorchristliche Zeit insbesondere ein

Blick geworfen. Die Zersplitterung der Kulte, die mit der Vielzahl der Götter in den Naturreligionen gegeben ist, zeigt sich auch im Kult der toten göttlichen Menschen der Griechen und Römer. Hier wirkte keine hierarchisch gegliederte Glaubensgemeinschaft als Einheit stiftender Grund für die Verehrung der einzelnen heiligen Menschen. Nur wo eine lebenskräftige, überschaubare Gemeinschaft hinter dem als göttlich geltenden Menschen stand, blieb die Erinnerung an sein Wirken lebendig und konnte so der Gedenktag seines Geburtstages kultisch gefeiert werden. Dies war neben den Städten, die die Erinnerung an ihren mythischen oder geschichtlichen Gründerheros wach hielten, in erster Linie in den Schulen der Philosophen der Fall[44]. Den Schülern blieb der Schulgründer als nachahmenswertes Vorbild dauernd vor Augen. Die Göttlichkeit der Stadtgründer und der frühen Philosophen lag in ihrer geglaubten Erwählung durch den Gott und in ihrem wunderbaren Wissen und Wirken. Die Einsichten der Philosophen wurden zunächst ähnlich wie die Eingebungen der Dichter-Seher und Propheten oder die Entdeckungen der „ersten Erfinder" auf göttliche Mitteilung zurückgeführt. Einzelne Philosophen der frühen Zeit standen bewußtseinsmäßig noch zwischen magisch-religiöser Erfahrung und profan-wissenschaftlicher Erkenntnis. Einige von ihnen galten geradezu als Wundertäter, die Macht über die Naturgewalten und Krankheiten besaßen, wie Epimenides, Pythagoras, Empedokles und Demokritos[45].

Der Kult des Schulgründers, den man als inspiriert und damit als göttlich ansah, war nicht nur in den religiös gefärbten philosophischen Gemeinschaften üblich, wie bei den Pythagoreern, in der Schule Platons und des Aristoteles, sondern sogar in der Schule Epikurs. So verehrte Lukrez den Meister als einen göttlichen Menschen und als den einzigen wahren Heros[46]. Im Falle der Anhänger Epikurs triumphiert der Kult eines göttlichen Menschen über den Kult der Götter, der als Aberglaube in Epikurs Schule bekämpft wird.

Neben den Philosophen und zeitlich schon vor ihnen wurden auch die großen Dichter-Propheten, Seher und Arzt-Heiler von den Ihren als göttlich verehrt. Man denke an die Homeriden und Homer, der als Sohn einer Gottheit galt, an die Orphiker und Orpheus, an die Melampodien und Branchiden in ihrem Verhältnis zu Melampus und Branchos oder an die Hippokratiker und Hippokrates[47]. In einigen dieser Fälle schillert diese Verehrung für den mythischen oder den geschichtlichen Gründer und Archegeten zwischen dem Kult eines göttlichen Menschen und eines vergöttlichten Ahnen, des Archegeten. Die älteste Dichtkunst, Arztkunst und Prophetie wurden ebenso wie andere in späterer Zeit nur noch als profan bewertete Tätigkeiten, wie das Schmiedehandwerk und alle technischen Fertigkeiten, zunächst als geheimes magisch-religiöses Wissen im Familien- und Geschlechtsverband weiterüberliefert[48]. Dann aber verehrte der Nachfahre im Begründer seiner Kunst, seines Handwerkes, seiner Technik den eigenen Ahnen. Die Heroisierung der ersten Erfinder hat in Griechenland weite Verbreitung gefunden[49].

Zur Heroisierung führten bereits in vorgeschichtlicher Zeit herausragende Kraft, Klugheit und Schönheit, wie aus den homerischen Liedern zu entnehmen ist. Achill, Ajax und Diomedes, Odysseus, Paris und Helena mögen dafür als Beispiele stehen. Kraft und Gewandtheit des Leibes sowie Schönheit galten den Griechen als Gaben der Götter. Die Beschenkten schienen ihnen Lieblinge der Götter zu sein. So sehen wir, wie auch in geschichtlicher Zeit einzelne Wettkämpfer und einzelne schöne Menschen zur Ehre der Heroisierung gelangten. Wenn in den Augen der damaligen Menschen außergewöhnliche Körperkraft einen Menschen als Heros erscheinen ließ, wie noch im 1. Jahrhundert n. Chr. den Böoter Sostratos, den Lukian aus Samosata persönlich gekannt hat und der sich als ein zweiter Herakles aufführte[50], um wieviel mehr mußte dann außergewöhnliche politische und militärische Macht in der Hand eines einzelnen diesen als Liebling der Götter erscheinen lassen?[51] Hier liegen die Wurzeln für den Kult eines göttlichen Herrschers, für einen Kult, der gleichfalls zu Lebzeiten des betreffenden Herrschers begonnen hat und sich nach dessen Tod fortsetzte. Der Kult der heiligen Könige des Früh- und Hochmittelalters dürfte vom Kult der göttlichen Herrscher nicht ganz zu trennen sein. Das Problem „Antiker Herrscherkult und christliche Heiligenverehrung" kann aber an dieser Stelle nicht weiterverfolgt werden.

Nach diesem Überblick über die heidnische Zeit betrachten wir die Jahrhunderte, in denen das Christentum, gegliedert in Großkirche, Schismatiker und Häretiker, ferner die Gnosis und der Manichäismus das Gesicht der antiken Welt mehr und mehr verändert haben. Für die Ausbildung des Heiligenkultes innerhalb der Großkirche dürfte neben den innerchristlichen Gründen die Rivalität mit Heiden, Gnostikern und Häretikern einen wesentlichen Anreiz geboten haben. Neben den göttlichen Menschen der Kaiserzeit haben auch einzelne Gnostiker, die nicht selten zugleich Stifter einer bestimmten Glaubensrichtung waren, Göttlichkeit oder Heiligkeit für sich beansprucht. Auch wurden sie von den Ihren als heilig und sogar als göttlich anerkannt und verehrt. Dabei wird auch bei ihnen diese kultische Verehrung bereits zu Lebzeiten begonnen haben, ohne daß sich dies immer – vor allem wegen der schlechten Überlieferungslage – noch nachweisen ließe. Die Großkirche hat bekanntlich die Hinterlassenschaft der Gnostiker und der sogenannten Häretiker nicht nur theoretisch in Schrift und Predigt bekämpft, sondern auch durch die gezielte Vernichtung der Bücher jener Kreise[52]. Gewiß ist auch der umgekehrte Fall zu belegen, daß Häretiker die Schriften der sogenannten Rechtgläubigen vernichtet haben; aber der so angerichtete Schaden hat nicht zu einer Trübung der Erkenntnis der geschichtlichen Vorgänge geführt[53].

Eine Reihe charismatisch begabter Menschen aus Gnosis, Schisma und Häresie ist bekannt. Als erster soll Simon Magus Göttlichkeit für sich beansprucht haben. „Alle in Samaria", so berichtet die Apostelgeschichte, „groß und klein, hingen ihm an und sagten: ‚Dieser ist die Kraft Gottes, die man die Große nennt.' Sie hingen ihm an, weil er sie lange Zeit mit seinen Zauberkünsten im Bann gehalten hatte"[54]. Wenn die Apostelgeschichte von Zauberkünsten spricht, so ist dies die Denkvorstellung, die wir überall antreffen, wo Charismatiker verschiedener religiöser Prägung aufeinandertreffen: Der heilige Mensch wird jeweils von der religiösen Gegenpartei zum dämonisch Zaubernden oder zum religiösen Betrüger erklärt. Allerdings soll nicht verhehlt werden, daß es im Altertum auch bei Heiden, Juden und Christen religiöse Betrüger gegeben hat, die zeitweilig wie Heilige Verehrung erfuhren[55]. Auch der Nachfolger Simons, der Gnostiker Menander, wollte wohl mehr als nur ein heiliger Mensch sein[56]. Dositheos aus Samaria aber beanspruchte, der von Moses vorausgesagte Prophet und Messias zu sein[57]. Eine göttliche Verehrung erhielt auch Epiphanes, der Sohn des Gnostikers Karpokrates, in Same auf Kephallenia[58]. Die Elkesaiten verehrten ihren Sektengründer, den Propheten Elchasai[59]. Wenn sich Mani den Parakleten nannte, so beanspruchte er göttlichen Rang[60]. Seine Verehrung im Kreis der Seinen war die Folge. Hier würde es zu weit führen, sämtliche noch bekannten Namen von gnostischen Propheten und heiligen Menschen beiderlei Geschlechts aufzuzählen. Auch der Kult von Asketen und von Märtyrern ist bei Gnostikern zu erschließen[61]. Entsprechendes gilt für Schismatiker, wie Montanisten und Donatisten, und für Häretiker, vor allem Arianer und Monophysiten. Demnach können wir den Schluß ziehen, daß in vielen religiösen Gemeinschaften der Kaiserzeit sowie der Spätantike der Kult lebender und toter göttlicher und heiliger Menschen nachzuweisen ist.

Aus der Parallelität der Verehrung folgt auch oft eine gegenseitige Beeinflussung der Kultpraxis. Nach den Forschungen von Theodor Klauser zu diesen Fragen wird deutlich, daß der Totenkult der Heiden deutliche Spuren im christlichen Kult der Toten und damit auch der toten christlichen Heiligen hinterlassen hat[62].

In christlicher Zeit besteht zwischen den verschiedenen religiösen Gruppen eine starke Rivalität und Konkurrenz. Jede von ihnen möchte Anhänger gewinnen und möchte überzeugen. Das gilt für die Pythagoreer ebenso wie für die Mittel- und Neuplatoniker, die Christen der Großkirche, die Gnostiker und Manichäer sowie die Schismatiker und Häretiker. Diese Rivalität und Konkurrenz wurde vor allem in Wort und Schrift, in Predigt und Apologetik ausgefochten, dann in Verfolgung von andersdenkenden Minderheiten, in der Vernichtung ihrer Schriften, schließlich aber auch im Wunderwettstreit ihrer charismatischen Führer.

Mehrere Schriften berichten so vom Kampf zwischen Petrus und Simon Magus[63]. Dies war kein Einzelfall. Da die Überlieferung fast ausschließlich großkirchlich gefärbt ist, siegte nach ihr regelmäßig der rechtgläubige Heilige. Alle diese Kämpfe wurden in der Öffentlichkeit ausgetragen. Die Verehrer der jeweiligen Charismatiker waren auf dem Kampffeld und erlebten den Redekampf und Wunderwettstreit mit.

Infolge der wachsenden Christianisierung der heidnischen Antike trat an die Stelle von Vielheit, Zersplitterung und einer gewissen Toleranz, die in Griechenland größer war als in Rom, der Wille nach Vereinheitlichung im Denken, das heißt im Glauben. Als Propagandamittel nach außen und als Bindemittel nach innen bot sich der Kult der Heiligen an. Jede religiöse Gruppe verehrte ihren geistigen und geistlichen Gründer und Führer, der oft in einer Person Charismatiker und Amtsträger war. Die Neuplatoniker verehrten ihre „Heiligen" und wiesen, wie Porphyrios, Iamblichos und Eunapios, auf die wunderbaren Erlebnisse und Taten ihrer Lehrer hin[64]. Aber auch die Schismatiker und Häretiker besaßen ihre Heiligen, verehrten sie und verwiesen auf sie als die Garanten der Wahrheit und der Echtheit ihrer Glaubensdeutung. So haben die Montanisten die Gebeine ihrer Stifter, des Montanos und seiner Prophetinnen Maximilla und Priscilla, in Pepuza verehrt, bis die Gräber im 6. Jahrhundert von großkirchlichen Christen zerstört wurden[65]. Der Reliquienkult war, wie F. Pfister nachgewiesen hat, Heiden und Christen gemeinsam[66].

Der heilige Mensch war immer zugleich die charismatische und die sittliche Persönlichkeit, wobei, zumindest was die sittlichen Anschauungen betrifft, verschiedene Stufen sittlicher Wertsetzungen zu erkennen sind. Der heilige Mensch hat auch seinerseits aufgrund seiner eigentümlichen religiösen Erlebnisse zu einer Veränderung sittlicher Wertmaßstäbe beigetragen. Andererseits konnten heilige Menschen auch in sittlich geläutertem Umkreis wieder auf ältere Stufen der Sittlichkeit zurücksinken. Beispiele dafür bieten einzelne christliche Heilige, die vor Vergeltungs- und Straffluch nach dem Vorbild alttestamentlicher Gottesmänner nicht zurückgeschreckt sind[67].

Der christliche Heilige der ersten Jahrhunderte war nicht der gelehrte Theologe, sondern der asketisch-sittliche Charismatiker. Das Volk hat sich mehr vom Wundertäter als vom Theologen beeindrucken lassen. Daß auch der Märtyrer sich als Charismatiker fühlte und als solcher erlebt wurde, hat Karl Holl zeigen können[68]. Für das Verständnis des Altertums waren auch die Asketen beiderlei Geschlechts aufgrund ihrer geschlechtlichen Enthaltsamkeit mit einer magisch-religiösen Kraft und Weihe ausgestattet[69]. Der Kult eines Heiligen hatte beim Volk stets seinen tiefsten Grund im Wunder, sei es, daß man den Heiligen selbst in sich bereits als ein Wunder auffaßte, sei es, daß man ihn als Wundertäter zu Lebzeiten oder nach seinem Tod erlebte. Durch das Wunder wies der heilige Mensch auf die göttliche Macht hin, die als der geheime Urgrund in allen Erscheinungen der Welt erlebt wurde. Durch das Wunder aber zeigte sich der heilige Mensch als der Wohltäter und Retter der Vielen. In diesen Hinsichten, die das Volk am meisten spürte, unterschieden sich die göttlichen Menschen nicht von den christlichen Heiligen[70]. Nicht von ungefähr haben deshalb auch theologisch tiefer denkende Kirchenväter zahlreiche göttliche Menschen der Heiden nicht als Zauberer und Betrüger verworfen, sondern als heidnische Heilige ähnlich anerkannt, wie es das Alte Testament mit den von Gott erwählten Heiden getan hat, mit den Patriarchen vor Abraham bis zu Hiob und der Königin von Saba[71].

Die vorliegende Betrachtung hat unausgesprochen eine kaum übersehbare Zahl von Personen aus der mythischen Zeit und den geschichtlichen Epochen sowie Hauptströme des abendländischen Geisteslebens einbezogen. Fragen wir jetzt nach der Kontinuität und Diskontinuität bei der Verehrung der christlichen Heiligen, so ergibt sich folgendes Bild: Anders als in der heidnischen Antike haben vor allem die Kirchenschriftsteller und die Amtsträger der Großkirche immer wieder auf den fundamentalen Unterschied zwischen dem einzelnen Heiligen und der Quelle seiner Heiligkeit, dem transzendenten dreieinigen Gott, hingewiesen. Das christliche Volk wird oft ganz wie das heidnische Volk im heiligen Menschen einen gänzlich selbständig wirkenden Charismatiker erlebt und nicht immer zwischen Verehrung und Anbetung unterschieden haben. Diskontinuität zeigt sich bei den Christen vor allem darin, daß mit der Lehre Jesu eine neue Tugend entstanden war: die Demut[72]. Aus Demut weicht der christliche Heilige nicht selten der Verehrung zu Lebzeiten aus. Jesus entzog sich der Menge, die ihn zum König ausrufen wollte[73]. Einzelne christliche Heilige machten sich zum Narren um Christi willen, erduldeten ein Leben lang Verleumdung und taten alles, um nur nicht den Schein der Heiligkeit auf sich zu ziehen[74]. Derartige Formen einer Flucht vor der Verehrung durch die Mitwelt wären bei den göttlichen Menschen der Griechen und der Römer undenkbar gewesen. Ein weiterer Unterschied zeigt sich bei den Wunderheilern: Christliche Heilige vermieden es, für ihre Heilungen Honorare zu nehmen[75]. So zeigen viele christliche Heilige in ihrem Lebensvollzug, daß sie sich ganz als Gefäße der göttlichen Gnade und Kraft gefühlt haben, getreu dem Wort: *meritum meum miseratio Domini*[76].

Abkürzungen

ANRW Aufstieg und Niedergang der römischen Welt, Berlin.

LThK Lexikon für Theologie und Kirche, Freiburg i.Br.

RAC Reallexikon für Antike und Christentum, Stuttgart.

RE A. PAULY/G. WISSOWA u. a., Realencyclopädie der classischen Altertumswissenschaft, Stuttgart.

RGVV Religionsgeschichtliche Versuche und Vorarbeiten, Gießen/Berlin.

TRE Theologische Realenzyklopädie, Berlin.

WdF Wege der Forschung, Darmstadt.

Anmerkungen

[1] Th. BAUMEISTER, Art. Heiligenverehrung I, in: RAC 14, 1987, 96–150.

[2] W. DEN BOER, Les historiens des religions et leurs dogmes, in: Les études classiques aux XIXe et XXe siècles. Leur place dans l'histoire des idées (Entretiens sur l'antiquité classique 26), Vandœuvres/Genève 1980, 1–153.

[3] H. DELEHAYE, Sanctus. Essai sur le culte des saints dans l'antiquité (Subs. hag. 17), Bruxelles 1927; A. DIHLE, Art. Heilig, in: RAC 14, 1987, 1–63.

[4] H. CHADWICK, Art. Gewissen, in: RAC 10, 1978, 1025–1107.

[5] Zu diesem Thema bereitet der Verfasser eine Monographie vor.

[6] G. LANCZKOWSKI, Art. Heilige, Heiligenverehrung I (religionsgeschichtlich), in: TRE 14, 1985, 641–644.

[7] G. KRETSCHMAR, Die Theologie des Heiligen in der frühen Kirche, in: Aspekte frühchristlicher Heiligenverehrung (Oikonomia 6), Erlangen 1977, 77–125, 180–216.

[8] M. ELIADE, Die Religionen und das Heilige, Salzburg 1954, Nachdruck: Darmstadt 1976, Reg.: Hierophanien.

[9] L. BIELER, ΘΕΙΟΣ ANHP. Das Bild des „göttlichen Menschen" in Antike und Christentum 1+2, Wien 1935/36, Nachdruck: Darmstadt 1976; H.D. BETZ, Art. Gottmensch II (Griechisch-römische Antike und Urchristentum), in: RAC 12, 1983, 234–312.

[10] E. BENZ, Das Bild des Übermenschen in der europäischen Geistesgeschichte, in: DERS. (Hrsg.), Der Übermensch, Zürich 1961, 19–161, bes. 41–49.

[11] C. COLPE, Art. Gottessohn, in: RAC 12, 1983, 19–58; zum Johannesevangelium H. THYEN, Art. Ich-bin-Worte, in: RAC (im Druck).

[12] O. FALLER, Griechische Vergottung und christliche Vergöttlichung, Gregorianum 6 (1925), 405–435.

[13] G. STRECKER, Art. Entrückung, in: RAC 5, 1962, 461–476; A. SCHMITT, Entrückung, Aufnahme, Himmelfahrt (Forschung zur Bibel 10), Stuttgart 1973.

[14] J.R. FEARS, Art. Gottesgnadentum (Gottkönigtum), in: RAC 11, 1981, 1103–1159.

[15] F. DENEKEN, Art. Heros, in: W.H. ROSCHER, Mythologisches Lexikon 1, 2, 1886/90, 2441–2589; S. EITREM, Art. Heros, in: RE, 8, 1, 1912, 1111–1145; L.R. FARNELL, Greek hero cults and ideas of immortality, Oxford 1921, Nachdruck: 1970; A. BRELICH, Heros. Il culto greco degli eroi e il problema degli esseri semidivini, Roma 1958; H. VON GEISAU, Heroenkult, in: Der Kleine Pauly 2, 1967, 1103–1105; W. SPEYER, Art. Heros, in: RAC 15, 1988, 861–877.

[16] H. LEISEGANG, Der Gottmensch als Archetypos, Eranos-Jahrbuch 18 (1950), 9–45.

[17] W. SPEYER, Art. Genealogie, in: RAC 9, 1976, 1145–1268.

[18] Prodikos bei Xenophon, memor. 2, 1, 21–34 (H. DIELS/W. KRANZ, Die Fragmente der Vorsokratiker, griechisch-deutsch 2, Dublin/Zürich 1969, 313–316 = VS 84 B 2).

[19] Il. 24, 25–30 u.a.

[20] H. VON GEISAU, Art. Paris, Nr. 1, in: Der Kleine Pauly 4, 1972, 514–516.

[21] SPEYER, Genealogie (wie Anm. 17), 1156–1160.

[22] Ebd., 1164f.

[23] O. WEINREICH, Antike Heilungswunder (RGVV 8,1), 1909, 93f., Anm. 1; W. SPEYER, Die Zeugungskraft des himmlischen Feuers in Antike und Urchristentum, Antike und Abendland 24 (1978), 57–75, bes 63f. = DERS., Frühes Christentum im antiken Strahlungsfeld (Wiss. Untersuchungen zum NT 50), Tübingen 1989, 235–253, bes. 241f.; F. LANZONI, Il sogno presago della madre incinta nella letteratura medievale e antica, Analecta Bollandiana 45 (1927), 225–261.

[24] E. FASCHER, Art. Erwählung, in: RAC 6, 1966, 409–436.

[25] Gen 18,1–15; Lk 1,5–38.

[26] B. KÖTTING, Art. Euergetes, in: RAC 6, 1966, 848–860; W. FOERSTER, Art. σωτήρ, in: Theolog. Wörterbuch zum Neuen Testament 7, 1964, 1004–1012; K. THRAEDE, Art. Erfinder II (geistesgeschichtlich), in: RAC 5, 1962, 1191–1278, bes. 1194–1197.

[27] P. VIELHAUER, Die Prophetie, in: E. HENNECKE/W. SCHNEEMELCHER, Neutestamentliche Apokryphen 2, Tübingen [4]1971, 422–427.

[28] A. VON HARNACK, Die Mission und Ausbreitung des Christentums in den ersten drei Jahrhunderten, Leipzig [4]1924, Nachdruck: 1965, 129–170, 220–226.

[29] D.E. AUNE, Magic in early christianity, in: ANRW 2, 23, 2, 1980, 1507–1557, bes. 1523–1539; s.u. Anm. 55.

[30] BETZ (wie Anm. 9); COLPE (wie Anm. 11).

[31] H. THURSTON, The physical phenomena of mysticism, London 1952, deutsche Ausgabe: Luzern 1956; W. SCHAMONI, Wunder sind Tatsachen. Eine Dokumentation aus Heiligsprechungsakten, Würzburg/Linz ^{2}1976.

[32] R. OTTO, Das Heilige. Über das Irrationale in der Idee des Göttlichen und sein Verhältnis zum Rationalen, München 1917, Nachdruck: 1963; vgl. C. COLPE (Hrsg.), Die Diskussion um das „Heilige"(WdF 305), 1977.

[33] W. SPEYER, Art. Gewitter, in: RAC 10, 1978, 1107–1172, bes. 1124f.

[34] A. HERMANN, Art. Ertrinken, in: RAC 6, 1966, 370–409, bes. 375–380, 392–396.

[35] Thucydides 2, 34; 3, 58, 4; Pausanias 1, 32, 4; W. KIERDORF, Erlebnis und Darstellung der Perserkriege (Hypomnemata 16), Göttingen 1966, 24f.

[36] J. TER VRUGT-LENZ, Mors immatura, Diss. Groningen 1960.

[37] W.F. OTTO, Die Manen oder von den Urformen des Totenglaubens, Darmstadt 1958, Nachdruck: 1962; F. BÖMER, Ahnenkult und Ahnenglaube im alten Rom (Archiv für Religionswiss., Beih. 1), Leipzig/Berlin 1943; E. LUCIUS/G. ANRICH, Die Anfänge des Heiligenkults in der christlichen Kirche, Tübingen 1904, 14–48.

[38] Act 14,8–18.

[39] Gen 18,1f.; E. PAX, Art. Epiphanie, in: RAC 5, 1962, 832–909.

[40] Suet., vit. Aug. 98, 2; W. SPEYER, Das Verhältnis des Augustus zur Religion, in: ANRW 2, 16, 3, 1986, 1777–1805, bes. 1780. = DERS., Frühes Christentum (wie Anm. 23), 402–430, bes. 405. - Zum Ganzen Ch. HABICHT, Gottmenschentum und griechische Städte (Zetemata 14), München ^{2}1970.

[41] Th. HOPFNER, Art. Theurgie, in: RE 6A, 1, 1936, 258–270.

[42] A. DELLA CASA, Nigidio Figulo (Nuovi saggi 42), Roma 1962, 101–138; zu Apollonios BETZ (wie Anm. 9), 249–251.

[43] J.H. WASZINK, Art. Fronto: RAC 8, 1972, 520–524; St. BENKO, Pagan criticism of christianity during the first two centuries a. D., in: ANRW 2, 23, 2, 1980, 1055–1118; A. MEREDITH, Porphyry and Julian against the christians, ebd., 1119–1149.

[44] T.J. CORNELL, Art. Gründer, in: RAC 12, 1983, 1107–1145, bes. 1139–1145; A. STUIBER, Art. Geburtstag, in: RAC 9, 1976, 217–243, bes. 219f. – Zu Delphis Bedeutung für den Kult der Heroen DENEKEN (wie Anm. 15), 2489f.

[45] E. PFEIFFER, Studien zum antiken Sternglauben (Stoicheia 2), Leipzig/Berlin 1916, 93–103, zum Philosophen als Wettermacher.

[46] Lucr. rer. nat. 1, 733; 5, 49–51; A.St. PEASE zu Cic. nat. deor. 1, 43: venerari Epicurum; E. ACKERMANN, Lukrez und der Mythos (Palingenesia 13), Wiesbaden 1979, 141–180.

[47] SPEYER, Genealogie (wie Anm. 17), 1177–1180.

[48] Ebd., 1177; M. ELIADE, Forgeron et alchimistes, Paris 1956, deutsche Ausgabe: Stuttgart 1980.

[49] THRAEDE (wie Anm. 26).

[50] Lucian., Demon. 1.

[51] FEARS (wie Anm. 14).

[52] W. SPEYER, Büchervernichtung und Zensur des Geistes bei Heiden, Juden und Christen (Bibliothek des Buchwesens 7), Stuttgart 1981; N. BROX, Art. Häresie, in: RAC 13, 1986, 248–297, bes. 277–280.

[53] Ebd., 260–262.
[54] Act 8,9–11; Iustin., apol. 1, 26; dial. 120; G. KIPPENBERG, Garizim und Synagoge (RGVV 30), 1971, 347f., Reg: Stehender.
[55] W. SPEYER, Religiöse Betrüger. Falsche göttliche Menschen und Heilige in Antike und Christentum, in: Fälschungen im Mittelalter. Internat. Kongreß der Monumenta Germaniae Historica. München 1986 (MGH Schriften 33, 5), Hannover 1988, 321–343 = DERS., Frühes Christentum (wie Anm. 23), 321–343.
[56] Iustin., apol. 1, 26. 56; Iren., adv. haer. 1, 23, 5 (Sources chrétiennes 264, 320); KIPPENBERG (wie Anm. 54), 127.
[57] Eus., theoph. 4, 35 (GCS [Die griechischen christlichen Schriftsteller der ersten drei Jahrhunderte], Eus. 3, 2, 33*); KIPPENBERG (wie Anm. 54), Reg.: Dositheos; vgl. Deuteronomium 18,15.18.
[58] Clem. Alex., strom. 3, 2, 5, 2 (GCS, Clem. Alex. 2, 197).
[59] G.P. LUTTIKHUIZEN, The revelation of Elchasai (Texte und Studien zum Antiken Judentum 8), Tübingen 1985.
[60] Koptisches Psalmbuch: 130, 25f., ALLBERRY; G. WIDENGREN (Hrsg.), Der Manichäismus (WdF 168), 1977, 492.
[61] Eus., hist. eccl. 5, 16, 21; 7, 12; mart. Pal. 10, 3; K. KOSCHORKE, Die Polemik der Gnostiker gegen das kirchliche Christentum, Leiden 1978, 136f.
[62] Th. KLAUSER, Die Cathedra im Totenkult der heidnischen und christlichen Antike (Liturgiewiss. Quellen und Forschungen 21), Münster/W. ²1971, Reg.: Märtyrergedächtnistage, -grab, -kult.
[63] Pseudo-Clem., Rom. hom. 20, 12–23 (GCS, Pseudoklementinen 1, 275–281); recogn. 65, 1–67, 4 (ebd. 2, 366–368); Act. Petr. Apost. 4–32 (Acta Apost. Apocr. 1, 48–85, LIPSIUS/BONNET) u. a.
[64] C. ZINTZEN, Die Wertung von Mystik und Magie in der neuplatonischen Philosophie, Rhein. Museum 108 (1965), 71–100 = DERS., Die Philosophie des Neuplatonismus (WdF 436), 1977, 391–426.
[65] A. STROBEL, Das heilige Land der Montanisten (RGVV 37), 1980, 22–25.
[66] F. PFISTER, Der Reliquienkult im Altertum (RGVV 5, 1/2), 1909/12, Nachdruck:.1974, 607–626.
[67] W. SPEYER, Art. Fluch, in: RAC 7, 1969, 1160–1288, bes. 1253–1257; DERS., Der numinose Mensch als Wundertäter, Kairos, N.F. 26 (1984), 129–153, bes. 137–143 = DERS., Frühes Christentum (wie Anm. 23), 369–394, bes. 379–388.
[68] K. HOLL, Die Vorstellung vom Märtyrer und die Märtyrerakte in ihrer geschichtlichen Entwicklung, Neue Jahrbücher für das Klass. Altertum 33 (1914), 521–556 = DERS., Gesammelte Aufsätze zur Kirchengeschichte 2, Tübingen 1928, 68–102.
[69] E. FEHRLE, Die kultische Keuschheit im Altertum (RGVV 6), 1910, Nachdruck: 1966; J. SCHMID, Art. Brautschaft, heilige, in: RAC 2, 1954, 528–564.
[70] SPEYER, Der numinose Mensch (wie Anm. 67).
[71] J. DANIÉLOU, Les saints païens de l'Ancien testament, Paris 1956, deutsche Ausgabe: Stuttgart 1955.
[72] A. DIHLE, Art. Demut, in: RAC 3, 1957, 735–778.
[73] Joh 6,14f.
[74] L. RYDÉN, Bemerkungen zum Leben des heiligen Narren Symeon von Leontios von Neapolis (Studia Graeca Upsaliensia 6), Uppsala 1970.
[75] Mt 10,8; R. BOGAERT, Art. Geld, Geldwirtschaft, in: RAC 9, 1976, 870.
[76] Johannes XXIII., Geistliches Tagebuch, Freiburg i.Br. 1964, 300, 307.

Bernhard Kötting

Die Anfänge der christlichen Heiligenverehrung in der Auseinandersetzung mit Analogien außerhalb der Kirche

I. Die Grundlage: Gemeinschaft der Heiligen

Die christliche Heiligenverehrung erhielt manche Anregungen aus der religiösen Kultur und den Frömmigkeitsformen der Umwelt im gesamten Mittelmeerraum. Mit ihnen mußte sich das Christentum in den ersten Jahrzehnten und Jahrhunderten bei der Verkündigung auseinandersetzen. Dabei kam es wie bei allen kulturellen Begegnungen in allen Jahrhunderten bis auf den heutigen Tag zu Ablehnungen und Anpassungen – in dem speziellen Bereich der Heiligenverehrung zur Anpassung in den äußeren Erscheinungsformen, während die innere Begründung vom Glauben her neu gegeben wurde. Im Rückblick auf diesen Prozeß kommt zuweilen der Verdacht auf – weil im praktischen Vollzug die innere Gesinnung oftmals nicht deutlich in Erscheinung tritt –, daß zwischen der antiken, heidnischen Götteranrufung und der christlichen Heiligenverehrung kein Unterschied bestehe und daß diese sich aus jener geradlinig entwickelt habe.

Wenn wir heute von Heiligenverehrung sprechen, verstehen wir darunter im allgemeinen die Bezugnahme auf besondere verstorbene Mitglieder unserer Glaubensgemeinschaft. In den ersten Jahrhunderten unserer Zeitrechnung wurde das Wort „heilig" auch in der christlichen Verwendung in einem viel weiteren, umfassenderen Sinn verstanden. Die zugrundeliegenden griechischen und lateinischen Ausdrücke (ἅγιος, *sanctus*) bezeichnen zunächst nur Personen, die durch ihre Stellung oder ihr Amt aus der Gemeinschaft herausgehoben sind und die deshalb nicht ungestraft angegriffen oder verletzt werden dürfen. In diesem weiteren Sinn können unter „heilig" auch Gegenstände wie Statuen und Bilder oder Räume wie Tempel oder Grab verstanden werden. So kann Cicero die Senatoren als „Heilige Väter" (*sancti patres*) anreden (dahinter steht die Vorstellung, die in der katholischen Kirche heute noch bei der Anrede an den Papst als „Heiligen Vater" in Gebrauch ist).

In ähnlichem Sinn wird in der Kirche von frühester Zeit an von der „Gemeinschaft der Heiligen" gesprochen: eine Bezeichnung, die in das

Glaubensbekenntnis eingegangen ist. Der „Heilige" in eminentem Sinn ist darum der Messias, der Bote des absolut heiligen Gottes, Jesus Christus. Durch ihn ist eine neue Lebensgemeinschaft begründet. In die Verbindung mit ihm wird man durch Gottes Gnade gerufen; Christus ist das wahre Licht, während alle von Gott Gerufenen, auch die „Heiligen" in unserem heutigen durchgängigen Verständnis, nur „Scheinwerfer Christi" sind. Der sichtbare Berufungsakt Gottes in diese „Gemeinschaft der Heiligen" vollzieht sich in der Taufe. Alle auf Christus Getauften sind darum durch ihn und in ihm in einer neuen Gemeinschaft miteinander verbunden. Diese Verbindung im Glauben mit Christus kann der einzelne zwar durch die Auflehnung gegen Gott, durch die Sünde, verletzen und beschädigen, aber zerstören kann er sie nicht mehr. Das Ziel der Berufung durch die Taufe ist die Nachfolge Christi: „Wer mir nachfolgen will, nehme sein Kreuz auf sich." Wieweit es dem einzelnen gelingt, in seinem konkreten Leben diese Nachfolge zu vollziehen, das kann nicht zu allen Zeiten mit den gleichen Maßstäben und Werturteilen gemessen werden. So ist die Herausbildung von verschiedenen Heiligkeitstypen zu erklären.

II. Entfaltung der Heiligenverehrung

Aus dem Alten Testament konnte man die „Mittlervorstellung" entnehmen. Moses und Elias, die nach dem alttestamentlichen Bericht in den Himmel entrückt waren, galten in dieser Beziehung als besondere Vermittler. Ihre Wiederkunft sollte nach allgemeiner Überzeugung die messianische Zeit einleiten. Das ist sicher auch der Sinn des Verklärungsberichtes im Evangelium; man kann auch heraushören, daß die Mittlerfunktion der beiden Großen des Alten Testamentes auf Christus übergehen soll. Dann wurden auch die Glaubenszeugen der Makkabäerzeit in den Kreis der Mittler und Fürbitter aufgenommen. Alle konnten den Menschen als Helfer zur Seite stehen durch ihr Gebet am Throne Gottes, der dann als Mittler auch seine Engel herabzusenden vermochte. Ganz besonders trat aber im jüdischen Kult der Hohepriester als der amtliche Fürbitter für das Volk in Erscheinung. Die Einzigartigkeit und die Einmaligkeit des hohenpriesterlichen Wirkens Christi für die christliche Gemeinde ist grundgelegt in seinem Sühneopfer am Kreuze und wird sich herausstellen beim kommenden Gericht, bei dem sein Fürbittamt in das Richteramt übergehen wird, das der Vater ihm übertragen wird. Die dazwischen liegende Zeit – zwischen der Auferstehung Christi und seiner Wiederkunft – steht in den ersten Jahrzehnten kaum im Blickpunkt der Christen. Es bedarf keiner anderen Fürbitte mehr als der des Messias, der in den Himmel aufgefahren ist. Darum wird auch die jüdische Verehrung und Anrufung der Gerechten und Märtyrer zunächst nicht übernommen. Man spürt z.B. im Römerbrief (8,34) geradezu eine oppositionelle Haltung zur jüdischen Praxis. In den ersten Jahrzehnten der Kirche findet sich darum (trotz der ersten Blutzeugen, allen voran Stephanus) kein Zeugnis für eine Anrufung der Heiligen, obschon die spätere Entwicklung ihre Keime in den Worten der Schrift hat, mit denen das Verhältnis Jesu zu denen, die ihm nachfolgen, beschrieben wird. Verzögernd wirkte sich bei dieser Entwicklung aus, daß in den ersten Jahrzehnten die Erwartung alles beherrschte, der Herr werde bald wiederkommen, um die „Heiligen" in seine Herrlichkeit aufzunehmen. Als man in der Kirche nicht mehr mit der baldigen Wiederkunft des Herrn rechnete – also vom Anfang des 2. Jahrhunderts an –, stellte sich die Frage nach dem Aufenthaltsort der Verstorbenen. Die lange Wartezeit nagte an der Sicherheit der Hoffnung, daß Christus, der Erste der Auferweckten, alle, die auf ihn vertrauten, bald ebenso auferwecken und ins Reich des Vaters führen werde. Bald hatte sich die Ansicht durchgesetzt, daß die „Blutzeugen", die Christus bis in den Tod hinein nachgefolgt und sein Kreuz auf sich genommen hatten, ebenso wie er, der erste Zeuge, sofort nach ihrem Opfertod aufgenommen würden in die Herrlichkeit des Vaters. Wie den Herrn der Hades nicht festhalten konnte, so brauchten auch sie nicht wie die anderen Toten hinabzugehen in die Unterwelt; nur ihr Leib bleibe im Grabe. Erst nach der klaren theologischen Aussage, daß die Seele auch ohne den Leib am Throne Gottes weile, auch ohne den Leib im Besitz ihrer geistigen Fähigkeiten bleibe und daß die Einholung des Leibes nicht vergessen werde, sondern bei der Wiederkunft Christi geschehe, war die Grundlage für die Anrufung und Verehrung der Märtyrer gegeben.

Jesus Christus hatte seinen Jüngern gesagt: „Ihr sollt meine Zeugen sein bis an die Grenzen der Erde." Infolgedessen wurden in der christlichen Glaubensgemeinschaft alle besonders hervorgehoben, die für den Herrn Zeugnis abgelegt hatten. Das waren zunächst die Apostel, die in seinem Auftrag in die Welt hinausgingen. Von der Mitte des 2. Jahrhunderts an wurden aber auch die Blutzeugen, die ihr Leben hingegeben hatten, wenn sie durch ihr Wort oder ihr Leben den Auftrag Christi erfüllt hatten, als herausragende Heilige angesehen. Diese Männer und Frauen, die ihr Leben für Christus hingegeben hatten in der Verkündigung seiner Botschaft, wurden in eminentem Sinne als Zeugen oder jetzt – bei der

Verengung des Begriffes – als Märtyrer angesehen. Sie werden von der Mitte des 2. Jahrhunderts an kultisch verehrt und bald danach um ihre Fürbitte angerufen. Aus den vorhergehenden Jahrzehnten kennen wir wohl Blutzeugen, aber sie erfuhren noch keine kultische Verehrung. So kann man den Beginn des Märtyrerkultes als früheste Form der Heiligenverehrung in die zweite Hälfte des 2. Jahrhunderts datieren. Die kultische und private Verehrung haftete in den folgenden Jahrzehnten so sehr an der Vorstellung vom Blutzeugen (Märtyrer), daß der Titel „Märtyrer" später in einer Art „Heiligsprechung"auch bedeutenden Männern der früheren Zeit verliehen wurde, ohne daß sie den Zeugentod gestorben waren (z.B. Clemens von Rom, Irenäus); auch die Apostel, von deren Lebensausgang man nichts wußte, wurden so ausgezeichnet (mit Ausnahme von Johannes). Hier tauchte für die Entwicklung der Heiligenverehrung eine Schwierigkeit auf. Nach den Spätberichten des Alten Testamentes galten auch große Persönlichkeiten wie etwa die Makkabäer und die großen Propheten als „Heilige". Bei der Übernahme des ganzen Alten Testamentes in die Glaubensverkündigung der Kirche sah man sich vor die Frage gestellt, ob man auch alttestamentliche „Heilige" anrufen dürfe. Hier entschied Cyprian von Karthago (ep. 58), jüdische Heilige dürften wohl Vorbilder sein, aber sie könnten nicht angerufen werden, weil sie nicht durch die Taufe in die Gemeinschaft mit Jesus Christus aufgenommen seien. Über diese Frage gab es Auseinandersetzungen. So schreibt z.B. der Pilger Antoninus von Piacenza in seinem Pilgerbericht (30): „In der Patriarchen-Basilika in Mamre geht durch die Kirche eine Schranke; an der einen Seite treten die Christen ein, an der anderen Seite die Juden, um die heiligen Patriarchen zu verehren."

Die Anrufung des Märtyrers hatte im antiken Empfinden nach alter Tradition ihren Platz am Grabe. Die antike Vorstellung vom Grab als Haus des Toten blieb wirksam trotz der Darlegungen der Theologen, daß die Seele nicht im Grabe ruhe; diese Vorstellung führte zur Fixierung der seit langem bevorzugten Gedächtnistage, die auch in der christlichen Umwelt üblich waren. An bestimmten Tagen (3., 7., 40. Tag und Jahrgedächtnis) ging die Familie zum Grab besonders des Stammvaters der Familie, brachte dort Opfer und Gaben dar und verehrte diesen. Dieser äußere Brauch wurde von den aus dem Heidentum stammenden Christen beibehalten und insbesondere in der Feier des Jahrgedächtnisses entfaltet. Daß sich dabei innerhalb des Christentums alte heidnische Sitten und Gebräuche erhielten, hat im Christentum heftige Kritik erfahren, z.B. von Ambrosius und Augustinus. Sie wehrten sich dagegen, daß auch einige Christen an den Gräbern reine Festgelage machten.

Von diesen privaten Totenverehrungen hob sich der Heiligenkult entschieden ab. Schon von der Mitte des 2. Jahrhunderts an versammelte sich nicht nur die Familie und die engere Verwandtschaft, sondern auch die ganze Gemeinde am Grab des Heiligen und gedachte seiner. Das erste Beispiel nennt uns der Bericht, den die Gemeinde von Smyrna an die Nachbargemeinde von Philomelium gesandt hat:

„Wir schreiben euch von den Märtyrern und vom seligen Polykarp, der gleichsam durch das Siegel seines Martyriums die Verfolgung beendet hat... Als aber der Widersacher des Geschlechtes der Gerechten die Größe seines Martyriums sah und seinen von Anbeginn an untadeligen Wandel, und wie er gekrönt wurde mit dem Kranze der Unsterblichkeit, da ging er darauf aus, daß wir nicht einmal seinen Leib mitnehmen konnten, obgleich viele danach begehrten, die an seinem heiligen Fleische teilhaben wollten [erstes Zeugnis für Reliquienverehrung!]... Ihr habt uns um einen ausführlichen Bericht über diese Ereignisse gebeten, wir aber haben euch für den Augenblick das Wichtigste mitgeteilt. Wenn Ihr diesen Brief gelesen habt, dann sendet ihn auch an die fern wohnenden Brüder, damit auch sie den Herrn preisen, der sich aus seinen Knechten seine Auserwählten bestimmt... Jesus Christus, welcher der Sohn Gottes ist, beten wir an; den Märtyrern geben wir als den Jüngern und Nachfolgern des Herrn unsere gerechte Liebe, wegen ihrer vollendeten Treue zu ihrem König und Lehrer; denn wir wollen an ihrer Gemeinschaft teilhaben und ihre Mitjünger werden."

Deutlicher kann das eigentliche Wesen der christlichen Heiligenverehrung, nämlich die Nachfolge und Nachahmung Christi (*imitatio*), nicht ausgedrückt werden.

Als die Zahl der Christen in der ersten Hälfte des 3. Jahrhunderts, nach der Verleihung des Bürgerrechtes an alle freien Bewohner des ganzen Reiches, mächtig zunahm, stieg auch die Zahl der Blutzeugen; dabei stellte sich heraus, daß die römischen Bürger, die einen Anspruch darauf hatten, in einem privaten Prozeßverfahren beurteilt zu werden, nicht alle ein endgültiges Urteil erhalten hatten, als der Friede wieder eintrat. Sie kamen zurück in ihre Gemeinden und galten nun als *confessores*, Bekenner, die den Mut bewiesen hatten, Zeugnis für Christus abzulegen, aber keine Gelegenheit gefunden hatten, es in vollendeter Weise zu vollziehen. Sie galten nach ihrer Rückkehr als hoch Angesehene. Es wurde ihnen die Priesterwürde zugesprochen, auch ohne Handauflegung des Bischofs. Man berief sich dabei auf das Wort im Evangelium: „Wenn sie euch vor die Richter stellen, so spricht der Geist Gottes durch euch." Da man der Überzeugung war, daß der Geist Gottes nur einmal verliehen werden könne und diese direkte Verleihung vor dem mutigen Zeugnisablegen gleichwertig sei mit dem Geistempfang durch die Handauflegung des Bischofs, galten sie als Priester. Wenn sie Bischof werden wollten, diese *confessores*, dann bedurfte es der Handauflegung durch mehrere Bischöfe. Am Ende der Bedrängnis der Kirche unter Kaiser Decius (251) beispielsweise war die Zahl der aus dem Kerker heimgekehrten mutigen Bekenner so groß, daß sie nicht alle in der Gemeinde als Priester tätig sein konnten; sie erhielten darum den Titel *presbyter honoris causa* („Ehrenpriester").

III. Die Typen der Heiligen

Es kam die Zeit, da die Kirche Ruhe gewann. Die Idee der Nachahmung Christi, der Angleichung an den Herrn, als Weg zur vollendeten Heiligkeit, blieb erhalten. Es erhob sich die Frage, wie sie zu verwirklichen sei, da das Martyrium als Beweis des Vollbesitzes des göttlichen Geistes und seiner Liebe nicht mehr gefordert wurde. Nun wurde die Achtung, die man bisher den Konfessoren entgegengebracht hatte, den Führern und Angesehenen in der Gemeinde zuteil, den Bischöfen und Priestern. Man hatte sich schon während der Märtyrerzeit Gedanken über die Bewertung des Tugendstrebens derer gemacht, die nicht Blutzeugen wurden. So kann man bei Clemens von Alexandrien lesen: „Wenn das Bekenntnis zu Gott ein Zeugnisablegen ist, so ist jede Seele, die in der Erkenntnis Gottes einen reinen Wandel führte und in den Geboten gehorsam war, mit ihrem Leben und mit ihrem Reden eine Zeugin (Märtyrin), wie sie auch immer vom Körper scheiden mag, da sie das ganze Leben hindurch wie auch beim Scheiden aus ihm durch die Darbietung ihres Glaubens gleichsam ihr Blut vergoß." Mit solchen Gedanken war der Weg gewiesen zu einer Vergeistigung des bis dahin gültigen Märtyrerideals. Wie die Umwandlung des Vollkommenheitsideals sich vollzog, zeigt uns die Gegenüberstellung der Exegese des Gleichnisses von der 30-, 60- und 100fältigen Frucht aus der Zeit der Verfolgung und der nachfolgenden Periode. Bei Origenes, Sohn eines Märtyrers und selbst Konfessor, heißt es: „Die 30-, 60- und 100fältige Frucht in der Kirche sind die Witwen, Jungfrauen und die Märtyrer." 150 Jahre später sieht Hieronymus die Stufen dieses Gleichnisses verwirklicht im Stand der Jungfrauen (100fältige Frucht), der Witwen (60fältige Frucht) und der Ehegatten, die in erster Ehe leben (30fältige Frucht). Zu seiner Zeit hatte die Höchstbewertung des Martyriums nur noch theoretisches Interesse.

Nun war die Zeit gekommen, in der das Aszetentum den ersten Platz einnahm. Sich der Welt nicht gleichförmig zu machen (entsprechend den Worten der Hl. Schrift), den Leib zu züchtigen und in Botmäßigkeit zu bringen, die Dinge nicht so zu nehmen, als ob nicht das Lob der Jungfräulichkeit und der sonstigen Entsagung um Gottes willen das Höchste sei: all dies hatte schon in der Märtyrerzeit ein großes Echo in der Kirche gefunden. Auch in der Verfolgungszeit hatte man schon eine richtige aszetische Schulung gekannt. Alle heiligen Jungfrauen, die wir aus den ersten Jahrhunderten kennen, sind auch Märtyrinnen. Ihr hohes Ansehen, das sie nach dem Tod genossen, verdanken sie nicht ihrer Aszese, sondern der Hingabe ihres Lebens. Nun aber galt der Verzicht auf die Annehmlichkeiten des Lebens und der Gang in die Einsamkeit als Zeichen der besonderen Berufung. Die Aszeten wanderten aus den christlichen Gemeinden in die Stätten der Einsamkeit. Aus den Aszeten wurden die Anachoreten – in Ägypten zuerst –, die aber ihre Leistungen immer noch maßen an der Lebenshingabe der Märtyrer. Wir sind darüber unterrichtet, daß es damals Aszeten gab, die mit ihrem glühenden Verlangen nach der vollendeten Heiligkeit das Gemeinschaftsleben sprengten. Als z.B. Simeon der Ältere, der Stylit (= Säulensteher), während seines Aufenthaltes im Kloster so außerordentliche Formen der Aszese wählte, daß er während der ganzen Fastenzeit nichts aß und sich einmauern ließ, da baten die Brüder ihn, er möge das Kloster verlassen und sich in die Einsamkeit begeben. Die Aszeten in der Wüste lebten durchaus nicht alle in individueller Heiligkeitseigenbrötlerei. Das Stehen auf der Säule, das die Styliten betätigten, besaß eine außerordentliche Bedeutung für die Mission und die Unterweisung der Gläubigen. Auch sie wurden um ihre Fürbitte während ihres Lebens angerufen.

Die beiden Äußerungsformen der Heiligenverehrung sind am Ende des christlichen Altertums deutlich ausgeprägt. Die Heiligenverehrung gründet sich zunächst auf die Nachfolge (*imitatio*), die im Grunde genommen auf Jesus Christus hinzielt, während der Heilige nur auf dem Wege zu ihm ist und ein Vorbild sein kann, das möglicherweise erreicht wird, während Jesus Christus in seiner Heiligkeit der Verwirklichung oft unerreichbar bleibt. Der zweite Hauptgedanke ist der, daß der Heilige Vermittler unserer Gebete ist (*intercessio*). Er selbst kann unsere Bitten nicht erfüllen, aber sie weitertragen an den Hauptmittler Jesus Christus. Eine Schwierigkeit bei der Heiligenverehrung lag in den ersten Jahrhunderten darin, daß der in ihr gesetzte religiöse Akt zwar theologisch von der Gottesverehrung gesondert war, aber in der Ausdrucksform von ihr nicht sauber geschieden wurde: *adoratio* (heute = Anbetung) und *veneratio* (heute = Verehrung) konnten während des ganzen Altertums sowohl für die Gottes- wie für die Heiligenverehrung unterschiedslos gebraucht werden. Augustinus hat in seiner – was die Heiligenverehrung angeht – verworrenen Zeit deutlich gesagt: „Uns gelten die Märtyrer nicht als Götter, weil wir nur einen Gott kennen, wie die Märtyrer nur einen gekannt haben." Damit hebt er die christliche Heiligenverehrung deutlich von der antiken Götterverehrung ab.

Die Heiligenverehrung nahm im Abendland eine andere Entwicklung als im Morgenland. So entwickelten sich allmählich neue Heiligkeitstypen. Christus wurde unter dem Bild des „Hirten" dargestellt, und je länger er so vor den Augen der Gemeinde stand, um so mehr mußte bei den Gläubigen die Vorstellung beherrschend werden, daß eine besonders innige Ähnlichkeit zwischen dem „guten Hirten" Christus und ihrem jeweiligen Hirten, dem Bischof, bestehen müsse. In den großen Bischofsgestalten des 4. und der folgenden Jahrhunderte leuchtete den Christen eine Art der Zeugenschaft auf, die bisher noch nicht so deutlich hervorgetreten war (z.B. Ambrosius, Augustinus, Hilarius usw.). Die ersten Bischöfe, die als Nichtmärtyrer in der Kirche verehrt wurden, sind im Abendland Martin von Tours und im Morgenland Gregor Thaumaturgos. Der Wandel wird deutlich, wenn z.B. Johannes Chrysostomos in seinen Predigten sich oftmals mit dem Einwand auseinandersetzen mußte: „Wir sind doch keine Mönche!"

Wir können so feststellen, daß es in der Bewertung des Heiligkeitsstrebens richtige Wellenbewegungen in der Kirche gegeben hat; alle möglichen Typen haben sich inzwischen in der Heiligenverehrung ausgeprägt, aber bisher gibt es noch keine heilige Ehefrau. Das Leben in der Ehe gilt nicht als solch außergewöhnliche sittliche Leistung, daß wir unter den mit liturgischem Kult verehrten Heiligen Ehefrauen hätten, die als Heilige gelten, weil sie Ehefrauen und Mütter waren. Der Heiligkeitstitel der Frauen ist bisher noch „Märtyrer" (*martys*) oder „Jungfrau" (*virgo*) oder „Witwe" (*vidua*). „Ehefrau" fehlt und läßt noch ungeahnte Möglichkeiten offen für eine Zeit, in der – bei den Angriffen auf die untrennbare Ehe – das Leben als christliche Gattin mehr den Erweis der Heiligkeit zu erbringen vermag als zu anderen Zeiten die Entbehrungen in der Wüste.

In der religiösen Praxis glichen sich die Verehrung der Heiligen und ihre Anrufung in vieler Hinsicht den Gebräuchen der heidnischen Umwelt an. Deswegen bedurfte es immer einer klaren Darstellung durch die Theologen, worum es sich bei der Heiligenverehrung eigentlich handle. Augustinus sagt: „Von katholischen Christen wird kein Toter angebetet, sondern Gott allein, der alles geschaffen und ins Leben gerufen hat."

Und an anderer Stelle befaßt er sich mit dem Unterschied zwischen heidnischer Gottesverehrung und der christlichen Anrufung der Märtyrer: „Äußere Ähnlichkeiten bei den Wundern mögen bestehen; sie verrichten die Märtyrer nicht aus eigener Kraft, sondern durch Gottes Hilfe zur Stärkung des Glaubens, daß es nur einen Gott gibt."

Die außerordentliche Zunahme der Heiligenverehrung führte bald zu einer Normierung, um sie nicht ins Uferlose auswachsen zu lassen. Die erste bekannte Heiligsprechung vollzog Papst Johannes XV. an Ulrich von Augsburg, dem Lehrer Kaiser Ottos III. (993). Schon vorher hatte die Synode von Frankfurt (794) bestimmt, daß nur „anerkannte Märtyrer und Heilige" verehrt werden dürften. Seit Gregor IX. (1234) ist nur der päpstliche Stuhl zuständig für die Heiligkeitserklärung; das führte zur Unterscheidung von „Heiligen für die ganze Kirche" und „Seligen für örtliche Bistümer". Ein Verfahren für die Heiligsprechung wurde von Benedikt XIV. (1740–58) festgesetzt, das dann durch das Zweite Vatikanum und durch eine apostolische Konstitution von 1983 neu umschrieben wurde.

IV. Die Reliquienverehrung als Form der Heiligenverehrung

Da die Anrufung der Heiligen bei allen Sorgen und Nöten immer mehr zunahm im Vergleich zu der Nachahmung ihrer Tugenden, wollte man die handgreifliche Nähe der Heiligen, um sie um ihre Fürbitte angehen zu können. Deswegen gedachte man ihrer besonders an ihrem Grab. Dort ruhte ja ihr Leib, der für die Auferweckung bestimmt war. Deswegen suchten viele Christen nicht nur gelegentlich das Grab eines Heiligen auf, sondern sie trugen auch das Verlangen in sich, nach Möglichkeit in der Nähe eines verehrten Heiligen selbst begraben zu werden. Das bezeugen uns heute manche Inschriften, die die Erfüllung des Wunsches bekunden, bei den Heiligen (*ad sanctos*) bestattet zu sein. Das führte aber auch dazu, daß man von weit her kam, um sich in der Nähe eines Märtyrergrabes beisetzen zu lassen. Im Mittelalter brachte es diese Form der Heiligenverehrung zustande, daß z.B. in der Nähe des Petrusgrabes in Rom eigene Friedhöfe für die verschiedenen Nationen errichtet wurden. Der einzige, der bis heute erhalten geblieben ist, ist der Campo Santo Teutonico, der Friedhof für die Deutschen, in Rom. Dieses Verlangen, die Überreste des Heiligen in der Nähe zu haben, führte dann auch dazu, daß man nach der Öffnung des Grabes Reliquien in die Kirchen übertrug, um sie dort beim Gottesdienst in der Nähe zu haben.

Die Öffnung der Gräber war nach römischem Recht untersagt. Erst Ambrosius, der für sich das Recht in Anspruch nahm, wie ein Pontifex Maximus handeln zu dürfen, übertrug die Gebeine der Heiligen Gervasius und Protasius, die er entdeckt hatte, in die Bischofskirche. Er begründete sein Verhalten damit, daß die Leiber derer, die für Christus ihr Leben hingegeben haben, dort ruhen dürften, wo Christus sich erneut als Opfer für die Gemeinde darbringe.

So kam allmählich das Verlangen auf, daß jede Gemeinde Reliquien von echten Märtyrern in ihrer Mitte haben wollte. Nach der Ausdehnung des christlichen Glaubens in neue Missionsgebiete, wie etwa Gallien, Britannien und dann darauf Germanien, gab es viele Orte und Gemeinden, die nicht über einen Heiligen verfügten, der aus ihrer Mitte stammte. So kam es denn bald zur Reliquienübertragung aus den Grabstätten in die Gemeindekirchen. Kaiser Justinian verfügte dann, daß die Reliquien nur mit kaiserlicher Erlaubnis übertragen werden dürften. Daran hat man sich allerdings wenig gehalten. Da man in der damaligen Zeit der Überzeugung war, daß die meisten Gräber in den Katakomben in der Nähe Roms die Gebeine von Märtyrern enthielten, wurden diese Gräber weithin geöffnet und die Gebeine in die entferntesten Gebiete getragen.

Wenn man die Gründe für die Übertragung der Gebeine zusammenfassen will, so kann man sagen: (a) Dies geschah, um dadurch einen heidnischen Kult zu verdrängen (das ist z.B. geschehen in Byzanz/Konstantinopel, wo man den Kult der heidnischen Dioskuren durch die Gebeine von Cosmas und Damian verdrängte). (b) Man übertrug Reliquien weitbekannter Märtyrer nach der Art der Heroenübertragung in bedeutende Städte, damit sie deren Patronat übernahmen. (c) Unbekannte Märtyrer sollten aus dem bisherigen unwürdigen Grab herausgeholt und geziemend beigesetzt werden. (d) Man brachte die Gebeine in die Nähe des Altares der Stadtkirchen, um der Überzeugung zu entsprechen, daß das Opfer Christi und das Opfer seiner Nachahmer zusammengehören (erste Begründung bei Ambrosius).

Es gab allerdings auch einige Heiligengräber, von denen man keine Reliquien weggab, z.B. von Petrus und Paulus in Rom oder von Demetrios in Thessalonich. Es kam nun auch der Gedanke auf, daß die Gebeine mehrerer Märtyrer einen sichereren Schutz gewährten. Konstantin hatte für die Apostel in einer Kirche in Konstantinopel Kenotaphe errichtet. Unter seinem Sohn Konstantius wurden die Gebeine des hl. Timotheus, ein Jahr später die Gebeine der Heiligen Andreas und Lukas in die Kaiserstadt am Bosporus gebracht; die Kaiserstadt sollte nicht ohne Apostelgräber sein, wie Rom sie besaß. So kam es auch, daß man der Überzeugung war, es könne nur dienlich sein, die Reliquien von mehreren Heiligen zu besitzen. Das wurde ein Grund dafür, daß die Reliquien der Märtyrer von Sebaste, 40 an der Zahl, sehr begehrt wurden. Die Anrufung der Heiligen (*invocatio*) nahm gegenüber der Nachahmung (*imitatio*) im hohen Mittelalter so zu, daß es ein Anliegen wurde, für jede Not und für jedes Gebrechen einen bestimmten Heiligen als besonders zuständig anzusehen. Das quantitative Denken, daß das Besitzen der Reliquien von vielen Heiligen sehr erstrebenswert sei, und der andere Gedanke, daß ein bestimmter Heiliger eine besondere Zuständigkeit habe, führten zu einer solchen Kumulation, daß die echte christliche Heiligenverehrung dabei im wahrsten Sinne des Wortes verdunkelt wurde. Diese Assoziationen führten auch dazu, daß im Mittelalter geradezu solche Heilige bevorzugt wurden, die über eine reiche Legende verfügten, weil echte Quellen nicht vorhanden waren (z.B. Katharina, Cäcilia, Christophorus, Georg).

Da selbst nach der Öffnung der Gräber echte Reliquien nicht mehr in ausreichendem Maße zu erlangen waren, kam es bald in Übung, sich mit Berührungsreliquien zu begnügen. Das hl. Grab oder die hl. Stätte wurden aufgesucht, und man legte Gegenstände darauf, die man als Andenken, aber auch zugleich als Zeichen der Verbundenheit mit dem Heiligen wieder mitnahm. Solche Berührungsreliquien haben ihren Ursprung in Palästina, in Jerusalem. Von dort brachte man Gegenstände mit, die eine Verbindung mit Jesus Christus gehabt hatten, z.B. die Tücher, die er bei seinem Opfertod getragen hatte. Eine besonders geschätzte Teilreliquie war ein Stück des hl. Kreuzes, das Helena am Anfang des 4. Jahrhunderts in Jerusalem entdeckt hatte und das nun Ziel vieler Pilger wurde. Dieses Kreuz wurde besonders am Karfreitag, wie wir aus dem Pilgerbericht der Egeria vom Ende des 4. Jahrhunderts wissen, den Gläubigen zur Verehrung gezeigt. Daneben stand ein Kreuzwächter (Staurophylax), der die Aufgabe hatte, darauf zu achten, daß die Pilger, wenn sie das Kreuz küßten, nicht ein Stück abbissen, um es als heiliges Zeichen mitzunehmen. Solche Berührungsreliquien gab es von allen bedeutenden Heiligenverehrungsstätten. Die besondere Form bestand auch darin, daß man den verehrten Gegenstand nachzubilden versuchte, um die Ähnlichkeit mit dem Original herauszustellen. Über das Grab des hl. Martin in Tours wurden so viele Tücher gelegt, daß es dort eine Art Pilgerbüro gab. Man konnte dort ein Tuch abgeben und zugleich ein anderes, das bereits auf dem Grab des hl. Martin gelegen hatte, mitnehmen. Diese Übertragung der Reliquien hat die Heiligenverehrung weithin materialisiert und Anlaß gegeben, daß sie – etwa in der Reformationszeit – heftig kritisiert wurde.

Die Heiligenverehrung lieferte den Reformatoren ein Arsenal für ihre Angriffe. In dieser Situation befand sich das Konzil von Trient in einer Art Zweifrontenkrieg. Es mußte die Irrtümer der Reformatoren, die jede Heiligenverehrung ablehnten, weil ihrer im Neuen Testament nicht Erwähnung geschah, zurückweisen und zugleich die Mißbräuche im eigenen Lager korrigieren. Eine eigentliche Entscheidung konnte in dieser schwierigen Frömmigkeitsfrage nicht getroffen werden. So verfügte das Konzil, daß die Bischöfe und alle, die mit der Erziehung der Gläubigen zu tun haben, auf die Glaubenstatsache hinzuweisen hätten, daß die Heiligen mit Christus herrschten und daß es gut und nützlich sei, die Heiligen anzurufen und bei ihnen Zuflucht zu suchen, um von Gott durch Christus, der unser alleiniger Erlöser und Heiland ist, Wohltaten zu erlangen. Zurückgewiesen wurde die Meinung, es sei Abgötterei, die Heiligen um Fürbitte anzugehen. Die Heiligenverehrung ist aber kein kirchliches Gebot. Wenn ein Gläubiger sagt: „Ich wende mich nicht an die Heiligen, sondern ich gehe sofort zu Jesus Christus mit meinem Gebet, damit er mich erhöre", so ist gegen diese seine Einstellung im Hinblick auf die Heiligenverehrung nichts einzuwenden.

V. Wallfahrten als Ausdruck der Heiligenverehrung

Wallfahrten finden sich in allen Religionen. Der Glaube an die Bevorzugung bestimmter Orte für das außerordentliche Wirken Gottes oder der Götter gehört zu den Grundtatsachen der Religion überhaupt. Der Mensch stellt sich Gott vor nach seinem Bild und Gleichnis, und wie er sich selbst für seinen Aufenthalt einen Lieblingsplatz sucht, so nimmt er die gleiche Anschauung in seine Vorstellung von Gott und den Heiligen hinein. Heute denkt niemand mehr daran, von Entlehnungen und Abhängigkeit zu reden, wenn wir die gleichen Erscheinungen im Wallfahrtswesen bei den verschiedenen Völkern und Rassen feststellen. Daß es hier an bestimmten Orten zu Verdrängungen gekommen ist, wie etwa in Ephesus, ist nichts Besonderes.

Die christliche Wallfahrt nahm ihren Anfang dort, „wo seine Füße gestanden haben", dehnte sich dann aber in alle christlichen Länder aus, speziell zu den Stätten mit dem Grab eines vielverehrten Heiligen. Im großen Überblick ist festzustellen, daß es – wenn das Pilgermotiv die Erlangung der Fürbitte eines Heiligen ist – keinen Unterschied gibt zwischen lebenden und toten Heiligen; so sind z.B. zu den lebenden Säulenstehern in Syrien Hunderttausende von Pilgern gezogen, wie zu dem noch lebenden Bischof Martin von Tours oder vor einiger Zeit zu Therese von Konnersreuth. Wallfahrten zu Erscheinungsorten gehören, was die Häufigkeit angeht, in die neue Zeit.

Wallfahrten als Ausdruck der Heiligenverehrung beziehen sich im Westen vornehmlich auf das Grab, im Osten oftmals auf die Bilder von Heiligen (bei Marienwallfahrtsorten, wie etwa Kevelaer, auch im Westen). Bei den Wallfahrten zu Heiligengräbern ist das Pilgermotiv nicht so sehr die Nachahmung (*imitatio*) des Heiligen, sondern die Anrufung um Hilfe (*intercessio*). Als Ausdruck der Bitte und auch des Dankes spendet man Votivgaben und nimmt Andenken mit. Heutzutage sind es – unserer Technik entsprechend – meistens Bilder, aber in den ersten Jahrhunderten liebte man Gegenstände; so nahm man z.B. aus Ephesus „Manna" mit; das war Staub, den Johannes aus dem Grabe geblasen haben soll. Nach dem Bericht des Evangeliums nahm man an, daß er nicht sterben werde bis zur Wiederkunft des Herrn. Die Kunde von dem wunderbaren Quellen des Manna war zu Anfang des 5. Jahrhunderts schon von Augustinus in Nordafrika vernommen worden. Er sagt: „Es könnte jemand behaupten, der Apostel Johannes lebe, und sich darauf stützen, daß er in seinem Grabe, welches in Ephesus ist, vielmehr schlafe als tot daliege. Er könnte zum Beweise anführen, daß dort die Erde sprudle und gleichsam aufwalle." Ähnliches wird in den Thomasakten berichtet von König Misdai, der Staub vom Grab des Apostels mitnahm und damit seinen Sohn heilte. Vom Grab des hl. Demetrios in Thessalonich nahm man heilbringendes Wasser mit (vgl. Lourdes), das in die Nähe der Reliquien geleitet wurde. Im Mittelalter nahm man von diesem Grab Öl mit, so daß Demetrios den Namen *Myroblytos* erhielt. Vom Grab des hl. Menas in Ägypten brachte man Wasser in Ampullen mit. Solche Ampullen sind sogar in Westdeutschland gefunden worden. Vom Grab des hl. Martin in Tours nahmen die Pilger – sowohl als Andenken wie auch als Hilfsmittel bei Krankheiten – Staub mit.

Für die Verehrung der Heiligen, besonders für ihre Anrufung in besonderen Nöten, haben die Wallfahrten große Bedeutung.

Literatur

Th. BAUMEISTER, Art. Heiligenverehrung, in: Reallexikon für Antike und Christentum 14, 1987, 96–150.

DERS., Die Entstehung der Heiligenverehrung in der Alten Kirche, in: Heiligenverehrung – ihr Sitz im Leben des Glaubens und ihre Aktualität im ökumenischen Gespräch, hrsg. von G. MÜLLER, Freiburg i.Br. 1986, 9–30.
(In den beiden Beiträgen von Baumeister ist alle weitere Literatur enthalten.)

B. KÖTTING, Heiligkeit und Heiligentypen in den ersten christlichen Jahrhunderten, Diözesanpriester 1 (1949), 12–27.

DERS., Art. Heiligenverehrung, in: Handbuch Theologischer Grundbegriffe I, 1962, 633–641.

DERS., Der frühchristliche Reliquienkult und die Bestattung im Kirchengebäude (Forschungen der Akademie von Nordrhein-Westfalen 123), Köln/Opladen 1965.

DERS., Die Stellung des Konfessors in der Alten Kirche, Jahrbuch für Antike und Christentum 19 (1976), 7–23.

Aspekte frühchristlicher Heiligenverehrung (Oikonomia. Quellen und Studien zur orthodoxen Theologie 6), Erlangen 1977.

Harald Kleinschmidt

Formen des Heiligen im frühmittelalterlichen England

Konventionellerweise wird in der Forschung das Heilige unter dem Bedürfnis nach begrifflicher Klärung oder in dem Bemühen um Zuweisung von Heiligen zu bestimmten Ständen betrachtet. Zumal letztere Vorgehensweise scheint angesichts der Probleme einer Definition des Standesbegriffs wenig aussichtsreich. Daher sollen im folgenden das Heilige und die Heiligen nicht primär vom Begriff her und auch nicht auf den Begriff hin analysiert werden, sondern in erster Linie von den gesellschaftlichen Handlungen her, die den Heiligen zugewiesen wurden. Handlungen sind eine Kategorie der äußeren Form, und um solche äußeren Formen soll es im folgenden gehen.

Nachstehende Tabelle soll im Überblick verdeutlichen, wie die zeitliche Verteilung der Heiligen im vornormannischen England aussah, soweit exakte Daten zu ermitteln sind, und welche Standeszugehörigkeit festgestellt werden kann. Erst auf der Basis solcher Daten kann versucht werden, die den einzelnen Heiligen zugewiesenen Handlungen zu kategorisieren.

	Mönche	Bischöfe	Äbte	Könige/ Adlige	Summe
	57	61	52	26	196
Zahl der Patrozinien	21	272	135	179	607
(davon in Kirchen mit vornormannischer Bausubstanz	(1)	(13)	(5)	(6)	(25)
davon					
aus dem 7. Jh.	20	14	20	10	64
aus dem 8. Jh.	20	25	21	11	77
aus dem 9. Jh.	6	3	3	3	15
aus dem 10. Jh.	4	9	7	3	23
aus dem 11. Jh.	3	8	1	1	13

NB: Die fehlenden Zahlenwerte entstehen durch fehlende Datenangaben, die zur Zuweisung in die angeführten Kategorien nötig wären.

Die Zuweisung der als Heilige verehrten oder mit Attributen der Heiligkeit bedachten Personen englischer Herkunft in der vornormannischen Epoche zu bestimmten Gruppen, die ständisch definiert sind, läßt zwar gewisse Bezüge erkennen, erklärt jedoch das Phänomen des Heiligen nicht. Vielmehr ist davon auszugehen, daß es Personen gab, die als Heilige der Wirkmächtigkeit ihrer Handlungen wegen verehrt oder mit Attributen der Heiligkeit versehen wurden. Das ist im besonderen deswegen der Fall, da wir im frühmittelalterlichen England bei der Verehrung englischer Heiliger durchweg von lokalen Kulten auszugehen haben, was sich an der vergleichsweise geringen Zahl zeitgenössischer Viten sowie an der geringen Verbreitung dieser Heiligen unter den Kirchenpatronen, zumal den bereits zeitgenössisch erkennbaren, ablesen läßt.

Es sieht daher so aus, als seien nicht nur in der Hagiographie des frühen Mittelalters die häufig verwendeten Kriterien zur Beschreibung von Personen aus Handlungen abgeleitet, die als gesellschaftlich wirkmächtig betrachtet werden konnten. Das Handeln von Personen muß daher als wirkmächtig im Sinne sozialer Kommunikation betrachtet und für die Personenbeschreibung als relevante Kategorie anerkannt worden sein. Daraus folgt, daß es in der Anschauung frühmittelalterlicher Menschen Personen gab, die besonders wirkmächtig kommunikativ zu handeln in der Lage waren, und wir dürfen aufgrund der für die Personenbeschreibung von Heiligen vorwiegend benutzten deskriptiven Kategorien davon ausgehen, daß zu dieser Gruppe besonders wirkmächtig kommunizierender Personen neben Königen und Heerführern, Wahrsagern und Magiern auch die Heiligen zählten. Der Heilige ist also im Verständnis des frühen Mittelalters ein innerhalb des christlichen Kultes verehrter, besonders wirkmächtig kommunizierender Mensch.

Zu dem Kreis der wirkmächtig kommunikativ handelnden Personen gehörten in dieser Zeit auch und gerade Frauen. Sie spielten in der Kirche an den Stellen, an denen sie aktiv werden konnten, bis in das 9. Jahrhundert hinein eine bedeutende Rolle. Viele von ihnen waren als Äbtissinnen in zahlreichen Doppelklöstern Männern vorgesetzt, und unter den monastischen Heiligen sind sie stark vertreten: 30 Äbtissinnen und Nonnen zählten zu den Heiligen. Frauen wurden somit in der Heiligenverehrung des Frühmittelalters nicht nur nicht diskriminiert, sondern zuweilen sogar bevorzugt. Frauen waren auch im kirchlichen Bereich Korrespondenzpartnerinnen – z. B. für Papst Gregor I., Bonifatius und Alkuin, die von ihnen Rat und Hilfe erbaten und erhielten. In den Bekehrungsvorgängen nahmen Frauen wiederholt aktive und entscheidungsgebende Rollen wahr.

Das Ideal des wirkmächtig kommunikativen Handelns läßt sich schließlich auch aus einer Quellengattung erkennen, die besonders unter führenden Kirchenleuten im frühmittelalterlichen England sehr verbreitet war: Es handelt sich um die *admonitiones*, die Mahnschreiben, die z.B. Bonifatius und Alkuin an Laien und Kleriker versandten und mit denen sie unermüdlich, ja geradezu unverdrossen, die unnachlässige Verfolgung vorgegebener Ziele anmahnten.

Veränderungen seit dem 9. Jahrhundert

Zunächst ist festzustellen, daß der Handlungsraum der in der Kirche tätigen Frauen eingeschränkt wird. Wie Dagmar Beate Schneider in ihrer Cambridger Dissertation darstellte, geht die Zahl der Doppelklöster in England seit dem 9. Jahrhundert sehr stark zurück. Frauen erscheinen zwar noch als Äbtissinnen in Nonnenklöstern, aber verbleiben ohne darüber hinausgehenden Einfluß in Kirche und Gesellschaft.

Damit einher geht ein Wandel des Heiligenbildes. Askese und Vita contemplativa treten stärker hervor, ebenso die Erwähnung körperlicher Schönheit des Heiligen (z. B. in der Vita des Erzbischofs Oswald von York). Ein noch höherer Anteil der Heiligen als zuvor ist Träger eines Amtes: König, Erzbischof, Bischof. Von besonderer Aktivität im Sinne wirkmächtigen kommunikativen Handelns ist nur noch wenig zu spüren. Die heiligen Bischöfe und Erzbischöfe treten vornehmlich in Erscheinung als Kirchenreformer, d. h.: ihre Tätigkeit ist bezogen auf die Durchsetzung von Askese und Vita contemplativa in den Klöstern; die heiligen Könige treten hervor als weltabgewandte, zurückgezogene, ja linkische Gottesfürchtige und Förderer kirchlicher Einrichtungen wie Edward der Konfessor in der schon vor 1070 verfaßten Vita dieses Königs, oder sie sind Märtyrer im Kampf gegen Heiden. Auch dieser Kampf wird geführt mit geringer Aktivität der Könige: Am Beispiel Edmunds von Ostanglien, der sich bereitwillig und widerstandslos von den Dänen gefangennehmen und sich zur Zielscheibe für deren Pfeile machen läßt, wird ein in zumindest einigen wichtigen Punkten neues Heiligenideal deutlich (daneben jedoch bestehen offenbar ältere Traditionen fort, die an der Erwähnung eines Wolfs als desjenigen Tieres erkennbar sind, das den abgeschlagenen Kopf des hl. Edmund bewachte. Der Wolf ist das mit der königlichen Dynastie von Ostanglien assoziierte Tier, die unter dem Namen „Wuffingas" bekannt war). Dazu kommen noch zwei heilige Könige, deren Todesumstände unklar waren (Edmund von Wessex verstarb wahrscheinlich an den Folgen eines profanen Jagdunfalls 946, bei Edward dem Märtyrer ist nicht auszuschließen, daß er 978 an den Folgen eines Sturzes vom Pferd verstarb) und die dennoch als Märtyrer geführt und – zumindest im Fall des Letztgenannten – auch kultisch verehrt wurden. Man hat also gewissermaßen Opfer gesucht.

Hinzu kommt schließlich eine Zunahme der amtskirchlichen Kontrolle über die Heiligenverehrung. Während wir noch aus den ersten Jahren des 10. Jahrhunderts Belege für volksläufige Verehrung der Gebeine des hl. Edmund von Ostanglien finden (auf Münzen), wird seit den 60er Jahren des 10. Jahrhunderts in den Reformklöstern zunehmend der Heiligenkult amtskirchlich verwaltet. Zu zentralen Stätten der Heiligenverehrung werden in dieser Zeit die Klöster in Crowland, Thorney, Peterborough, Ramsey, Ely, St. Neots, Bury St. Edmunds, Pershore, Evesham, Amesbury, Glastonbury, Shaftesbury, Cerne, Milton Abbas, Wilton sowie Romsey; sie treten damit an die Seite der schon länger bestehenden Stätten der monastischen Heiligenverehrung in Winchester, Chertsey, Malmesbury, Abingdon, Barking und St. Augustine's, Canterbury. Selbstverständlich fanden diese Veränderungen, worauf ich schon hinwies, in zeitlichem Bezug auf die benediktinische Reform statt. Allerdings wäre es meines Erachtens verfehlt, von der chronologischen Parallelität auf eine Abhängigkeit des Wandels des Bildes vom Heiligen nur von der benediktinischen Reform zu schließen. Hingegen erscheinen mir beide Vorgänge Ausformungen eines weitergreifenden Prozesses der Durchdringung von Gesellschaft mit den Normen der christlichen Ethik (kirchliches Vokabular, Herrschertum, Familienstruktur). Jedenfalls erscheint die Aktivität der Heiligen seit dem späten 10. Jahrhundert auf den inneren Bereich der Kirche beschränkt, und dies gilt für Männer und Frauen in gleicher Weise.

Die Heiligen im frühmittelalterlichen England vor dem 10. Jahrhundert sind daher Ausformungen einer – wie ich sie gegen Otto nennen möchte – ganzheitlichen Rationalität und unterscheiden sich von anderen Menschen durch die Wirkmächtigkeit ihres kommunikativen Handelns. Es gab selbstverständlich neben den Heiligen im frühen Mittelalter andere Personengruppen, deren Handlungen mit vergleichbarer Wirkmächtigkeit ausgestattet waren (Könige, Heerführer, Wahrsager, Magier u. a.). Nur eine dieser übrigen Personengruppen wurde mit der der Heiligen gelegentlich kontaminiert: das waren die Könige. In der Zeit vor dem 10. Jahrhundert traten die heiligen Könige in England zu den kirchlich-monastischen Heiligen nicht oder nur kaum in Konkurrenz. Sie waren entweder Märtyrer – dann war ihre Rolle als heilige Könige vielleicht sekundär; wobei nicht übersehen werden darf, daß der Titel *Vir Dei* für heilige Könige nicht Verwendung gefunden zu haben scheint –, oder aber sie waren Förderer des christlich-katholischen Glaubens in der Bekehrungszeit.

Literatur
(soweit genannt)

Rudolf OTTO, Das Heilige. Über das Irrationale in der Idee des Göttlichen und sein Verhältnis zum Rationalen, München 1917, Neudruck: 1963.

Dagmar Beate SCHNEIDER, Anglo-Saxon Women in the Religious Life, Diss. (masch.) Cambridge 1985.

Weitere Angaben und die Quellennachweise in meinem ausführlicheren Beitrag in: Vom Bistum zum Kirchspiel. Entwicklung und Ausformung der Pfarrorganisation im Mittelalter (Dokumentation einer Wissenschaftlichen Studientagung der Akademie der Diözese Rottenburg-Stuttgart – Weingarten, 16.–20. November 1988) (in Vorbereitung).

František Graus (†)

Mittelalterliche Heiligenverehrung als sozialgeschichtliches Phänomen*

Vor die Aufgabe gestellt, sozialgeschichtliche Aspekte der mittelalterlichen Heiligenverehrung in einem Zyklus von Beiträgen vorzustellen, ist es nötig – sofern man sich nicht in Allgemeinheiten flüchten will –, sich Begrenzungen aufzuerlegen. So liegt es nahe, bei Erörterung sozialer Aspekte auf die volkstümliche Verehrung (den Kult) der Heiligen einzugehen – besonders im Spätmittelalter, als das Christentum zur wirklichen Volksreligion wurde mit all den Problemen, die diese Orientierung mit sich brachte (u.a. unter Beachtung der vielfältigen Interessen auch materieller Art). Ich möchte mich aus arbeitstechnischen Gründen im weiteren weitgehend auf die Hagiographie und besonders auf die sozialen Aspekte der Stilisierung von Heiligen beschränken, weil auf diesem Gebiet die soziale Problematik zuweilen klarer zur Geltung kommt als im eigentlichen Kult: Daß nicht mehr geboten werden kann als einige Streiflichter, wird niemanden überraschen, der sich den ungeheuren Umfang der mittelalterlichen Hagiographie vor Augen führt; zu kurz kommen zwangsläufig Eigenheiten einzelner legendarischer Umkreise, auf die in der neueren Literatur zu Recht hingewiesen wird[1].

Ausgangspunkt einer Betrachtung sozialgeschichtlicher Phänomene in der Hagiographie muß der Erwartungshorizont sein, von dem die Autoren der Legenden ausgingen, den sie bei ihren Zuhörern voraussetzten. Der Heilige ist der große Mittler zu Gott, durch seinen Charakter den Menschen nahestehend und zugleich großes, geradezu unerreichbares Vorbild; er/sie ist das Beispiel im Kampf gegen den Versucher, der den

---

* Angaben zu den einzelnen, im folgenden angeführten Heiligen sind zusammengestellt in der Bibliotheca Sanctorum, hrsg. vom Istituto Giovanni XXIII nella Pontifica Università Lateranense, Roma 1961–1989, und in Engelbert KIRSCHBAUM/ Wolfgang BRAUNFELS (Hrsg.), Lexikon der christlichen Ikonographie, Bde. 5–8: Ikonographie der Heiligen, Rom u. a. 1973–76. Weiterführende Angaben führe ich bloß in den Fällen an, wo auf Einzelheiten eingegangen wird. Zu den Legenden vgl. die Übersicht (mit Bibliographie) bei Sofia BOESCH GAJANO (Hrsg.), Agiografia altomedioevale, Bologna 1976., und im vorliegenden Band den Beitrag von Joachim KÖHLER (S. 175–200).

Menschen ständig zu Fall bringen will – von ihm/ihr erwartet man Belehrung, Unterweisung, aber vor allem Hilfe: zunächst natürlich auf religiösem Gebiet als Wegweiser eines Ideals des christlichen Lebens und als Garanten des ewigen Heils nach dem Tode. Die Heiligen können jedoch auch Dämonen bannen, Kranke heilen, zuweilen sogar Tote auferwekken; und ihre Verehrer (und dazu gehörten die Legendenverfasser selbst) haben unterschiedliche Anliegen: Hilfe bei Krankheit und bei Unglücksfällen des irdischen Lebens, die die Gläubigen betreffen und quälen, Beistand im Alltag, wozu man sich an den Heiligen wendet und dessen Hilfe erbittet. Daneben tauchen – geradezu zwangsläufig – Probleme auf, die das weltliche Leben der Gemeinschaft, das soziale Zusammenleben, betreffen: Der Heilige ist ein Heiliger der Kirche, oft Schutzpatron ihrer Institutionen, denen er verpflichtet ist; seine besondere Hilfe und sein Schutz gilt den Angehörigen eines Klosters, einer Stadt (man denke etwa an die Bindung Martins an Tours), einer Diözese (Lambert und Lüttich), eventuell ganzen Völkern (etwa Wenzel für Böhmen, Denis für Frankreich oder Eduard für England). Die Heiligen verfestigen Gemeinschaften – von religiösen Bruderschaften, die sich ihrer Verehrung widmen, bis hin zu Großgemeinschaften; erinnert sei etwa an die Bedeutung von Markus für Venedig[2]. Der Heilige muß sein Eigentum beschützen; zuweilen greift er dabei drastisch mit Strafwundern gegen Diebe seines Gutes ein, oder er gewährt seinen Verehrern im Kampf Schutz bzw. sogar den Sieg[3]. Die sozialen Funktionen dieser Berichte sind allgemein einsichtig.

Die Sozialproblematik taucht jedoch noch in mancherlei anderer Hinsicht auf: In der Gesellschaft, in der der Gläubige lebte, herrschte meist offene Gewalt und Ungerechtigkeit; der Böse schien nur zu oft zu triumphieren, der Herr straflos seine (und fremde) Untertanen zu verfolgen, einzukerkern und zu ermorden – und auch dabei wurden Heilige um Hilfe angefleht, ebenso wie in Zeiten der Hungersnot, wo Tausende starben, oder einfach in der alltäglichen Armut, die Leute dazu zwang, ihr Leben als Bettler zu fristen. Das Problem sozialer Ungerechtigkeit, dem man auf Schritt und Tritt begegnen konnte (und kann), war alt, und die Frage nach der Theodizee ist seit altersher eine Crux der Theologen verschiedenster Religionen. Man hat versucht, diese Probleme auf unterschiedlichste Art und Weise theoretisch zu lösen; nicht nur Armut und Reichtum waren sehr ungleich verteilt; man stellte sich auch immer wieder die Frage, warum eigentlich so viele Menschen unfrei seien, da ja ein Gott alle Menschen geschaffen habe, alle von einem Elternpaar, von Adam und Eva, abstammten und Christus für alle Christen am Kreuz gestorben sei[4]. Man konnte dabei auch auf die Kirche hinweisen, auf die Diskrepanz zwischen der verkündeten Lehre und dem vorgelebten Beispiel verweisen: ein Widerspruch, der im Spätmittelalter von verschiedensten Kreisen vorgetragen wurde, von orthodoxen und heterodoxen, und in dem Ruf nach der apostolischen Armut der Kirche gipfelte. Aus all diesen Diskrepanzen ergab sich eine Fülle von Fragen, die die Menschen im Mittelalter beschäftigten.

Die antagonistischen Einstellungen und Urteile über die menschliche Gesellschaft basierten meines Erachtens letztlich auf der Zwiespältigkeit der Grundlagen der traditionellen christlichen Lehre[5]: Auf der einen Seite stehen Annahme und Rechtfertigung weltlicher Herrschaft mit der Forderung, jeder Obrigkeit untertan zu sein[6], auf der anderen Seite die gleichzeitige Verherrlichung der Armut und eine spürbare Distanz zu jeglicher weltlicher Macht, die als potentielle Bedrohung angesehen wurde – eine Einstellung, die zu einer Relativierung des gesamten weltlichen (und damit auch sozialen) Bereiches führte. In einzelnen Epochen der Kirchengeschichte machten sich beide Strömungen unterschiedlich stark bemerkbar; sie wurden gefördert oder zurückgedrängt – vorhanden waren beide ständig. Es kann nicht meine Aufgabe sein, die zwei Strömungen der Lehre zu untersuchen; nur auf ihr Vorhandensein muß hingewiesen werden, weil sich die Hagiographie öfter in ihrem Spannungsfeld bewegt.

Die Hagiographen gaben für den sozialen Bereich zuweilen eigenständige Antworten, ausgehend von dem Erwartungshorizont ihres Publikums (dabei unterscheiden sich begreiflicherweise Legenden danach, ob sie für eine Klostergemeinschaft bestimmt sind oder ob sie sich – etwa am Fest des Heiligen – an alle Gläubigen wenden). Sie geben zuweilen anders gefärbte Antworten auf Fragen des sozialen Zusammenlebens als die „Amtskirche", die selbst herrschte und bedrückte, in ihrer Hierarchie stark aristokratisch geprägt und vor allem daran interessiert war, die Herrschaftszustände zu stabilisieren – weswegen sie den Hinweis auf die göttliche Gerechtigkeit im Jenseits nur zu oft dazu nutzte, jeden Widerstand gegen die weltliche und besonders gegen die geistliche Gewalt zu häretisieren. Daneben organisierte die Kirche aber auch eine Armenund Gefangenenfürsorge; und nie wurde man müde, auf die karitativen Verpflichtungen zur christlichen Milde aufmerksam zu machen, verband sie allerdings mit der Aufforderung an die Armen, mit ihrem Los zufrieden zu sein. Insgesamt überwog seit dem 4. Jahrhundert immer klarer (mit zeitlichen Schwankungen) die herrschaftliche Linie in der Tätigkeit und in der Lehre der Kirche; man predigte den Untertanen Demut mit dem Hinweis auf den künftigen himmlischen Lohn und drohte Sündern mit schaurigen Höllenstrafen bis in alle Ewigkeit.

Die Hagiographie polemisierte nicht gegen die herrschenden Strömungen: „Rebellische Legenden" (sofern sie nicht offen häretisch waren) wird man wohl vergeblich suchen[7]; dafür betonten Legendenschreiber Motive sozialer Art zuweilen anders als die restliche Literatur; sie werteten selbständig. Öfter erscheinen dabei soziale Motive in einem anderen Licht; die Legende stilisiert die Heiligen auch im sozialen Sinn. Bei der Verehrung der Heiligen begegnen einander kirchliche Initiative und Schutzstreben der einfachen Leute, die einen mächtigen Schützer(-Patron) brauchen bei ihrem Ausgeliefertsein an die übermächtigen Kräfte der Natur und der Gesellschaft[8]. Heilige sind Beschützer und Wundertäter, sie sind Repräsentanten der christlichen Milde – vorbildlich in ihrer Demut und in dem Verteilen von Almosen, die sie Armen zukommen lassen. Wenn die Prediger die Christen unermüdlich zur Mildtätigkeit aufriefen, so lebten die Heiligen diese beispielhaft vor. Sie befreien Gefangene, ohne Rücksicht darauf, ob diese schuldig oder unschuldig waren, lösten sie zuweilen unter Einsatz der eigenen Person[9] oder mit Verwendung des Kirchenschatzes; sie nahmen sich der Armen und Bedrückten auch gegen Machthaber an, heilten selbst den ärmsten Bettler, der sich vertrauensvoll an sie wandte, und straften Bösewichte ohne Ansehen der Person. Sie stehen prinzipiell über jeder weltlichen Macht, auch wenn sie ihr nur selten in den Arm fallen. In einem gewissen Sinn sind Heilige ein „Ausgleich" zu den „offiziellen" Stellungnahmen zu sozialen Fragen. Die Hagiographie ist der Versuch einer *besonderen* Art der Sinngebung des Geschehens; sie operiert vor allem mit dem Beispiel des Heiligen, auch mit seinen Wundern, und möchte in ihrem Anspruch zeitlos sein, ohne diesem Ideal gerecht werden zu können, da sich im Laufe der Zeit nicht nur die Heiligenideale wandeln[10], sondern weil auch der Anspruch auf Hilfe des Heiligen sozial mitbedingt ist, sich auf konkrete Menschen in gegebenen Gemeinschaften bezieht. Daher spielen soziale Momente immer eine Rolle – allerdings nicht zwangsläufig die Rolle, die wir unseren Erwartungen gemäß im Leben der Vergangenheit voraussetzen. Der Stellenwert des sozialen Umfeldes in den Jahrhunderten der Vergangenheit war nicht immer gleichbleibend.

Mit den Funktionen der Heiligen und ihrer Verehrung hängt zusammen, daß die Hagiographen eine eigene Art der Stilisierung ihrer „Helden" anwenden, wobei sie stark durch das biblische Vorbild und durch die Tradition geprägt sind. Der/die Heilige wird nach Heiligentypen[11] gestaltet, deren Ausformung sich sowohl von der epischen als auch von der volkstümlichen Stilisierung der Helden unterscheidet – eine Tatsache, auf die noch zurückzukommen sein wird.

Trotz aller hagiographischer Umgestaltung bleiben jedoch die Heiligen mit der konkreten Umwelt verbunden: Der/die Heilige ist in einem gegebenen Milieu geboren und wirkt in einer bestimmten Umgebung – durch diese Tatsachen ist sein/ihr Vorgehen unwillkürlich mitbestimmt. Besonders die Erwähnungen der Herkunft der Heiligen haben in der neueren, von soziologischen Fragestellungen beeinflußten Forschung wiederholt Beachtung gefunden, und man ist bestrebt, aus diesen Angaben weitreichende Schlüsse für die Sozialgeschichte zu ziehen. Dabei versuchte man – einem Zeittrend folgend – etwas wie eine Sozialstatistik der Heiligen (insbesondere nach ihrer Kanonisation) zu erarbeiten[12], wobei das Ergebnis war, daß ein Großteil der *sancti/sanctae* und *beati/beatae* „höheren Kreisen" entstammte (in Italien übrigens weniger als im transalpinen Bereich), daß folglich die herrschenden Gruppen „überrepräsentiert" waren, bei den Heiligen also etwas wie ein sozialer Selektionsprozeß festzustellen ist. (Für das Frühmittelalter tauchte in diesem Zusammenhang die zwar griffige, aber meiner Ansicht nach falsche Bezeichnung des „Adelsheiligen" auf[13].) – Weniger Beachtung fand dagegen die aufschlußreichere „Sozialstatistik" der Objekte der Wunder[14], die unmittelbarer die Zielrichtung der Legendenverfasser reflektieren als die Angaben über die Herkunft der Heiligen.

Da den Herkunftsangaben in der neueren Literatur so viel Aufmerksamkeit gewidmet und aus ihnen oft weitreichende Schlüsse für die Sozialgeschichte gezogen wurden, ist es nötig, bei einer Erörterung sozialer Aspekte der Heiligenverehrung auf diese These näher einzugehen. Hinzuweisen ist dabei zunächst auf den Umstand, daß bei einer beachtlichen Zahl von Heiligen jede Angabe über ihre Herkunft fehlt, ferner, daß bei einer Sozialstatistik die sehr ungleiche Bedeutung einzelner Kulte nicht in Rechnung gestellt wird, vor allem aber auf die Tatsache, daß weder die legendarische Stilisierung noch der Kult der Heiligen (gerade vom sozialen Standpunkt aus) mit der Herkunft identisch sind. Dazu einige Beispiele: St. Peter gehörte seiner Herkunft als Fischer nach zum „niederen Volk" – und doch wurde er als Apostelfürst verehrt, und er war der Heilige des Papsttums; allerdings lebte daneben Petrus auch in Erzählungen als nicht besonders kluger und standhafter Begleiter Christi auf Erdenfahrten und als Himmelspförtner weiter. Der *miles* Georg wurde im Hochmittelalter zum Ritter und zum Patron von Rittergesellschaften, im 14. Jahrhundert zum Patron Englands; zugleich war er aber ein Märchenheld, der die Prinzessin von dem Drachen befreite und ein ausgesprochener „Volksheiliger"[15]. Die merowingische Königin Balthildis († 680/1) war ursprünglich Sklavin; sie wurde als Herrscherin und als heilige Nonne verehrt[16]. Dagobert II. von Austrasien (676–679) war König, wurde als Opfer einer Verschwörung ermordet und als Märtyrer angesehen; in seinem dürftigen Lokalkult aber war er ein Heiliger der Bauern und Winzer. Elisabeth von Thüringen (1207–1231), deren Verehrung sich im 13. Jahrhundert schlagartig verbreitete, war ungarische Königstochter und Gattin des Landgrafen von Thüringen – und doch war gerade sie eine Repräsentantin der Armut und der extremen Demut, die vor dem Gepränge der höfischen Welt floh, in Hofkreisen verachtet wurde und im Dienst an Armen und Kranken den Sinn ihres Lebens fand; ihre Kanonisationsprotokolle zeigen eine „Volksnähe", wie sie kaum ein anderer Heiliger dieser Zeit hatte. Dabei war aber ihre Kanonisation doch eine hochoffizielle Angelegenheit[17], und zu ihren Attributen gehörte die Krone.

Diese Hinweise sollen erläutern, wie wenig aussagefähig letztlich Herkunftsangaben der Vitae für den Sozialgehalt der Legenden sind. Da die Bekenner (*confessores*) durch ihr Leben ihre Heiligkeit bezeugen, wurde immer wieder ihre Demut, ihre Bedürfnislosigkeit, ihre Armut und Askese betont und in den buntesten Farben ausgemalt – bis hin zu Schilderungen persönlicher Dienstleistungen der Heiligen für die Ärmsten der Armen, etwa für die Aussätzigen, die sie mit eigenen Händen waschen (Martin, Radegundis, Franziskus, Elisabeth u.a.m.); das Verrichten ekelerregender Arbeiten ist bei einem reichen, vornehmen Herrn oder bei einer edlen Frau verdienstvoller als bei einem armen Bauern oder bei einem Bettler. Obwohl es immer auch Heilige geringer Herkunft gab[18], nutzten die Hagiographen oft die Stilisierung des Unterschiedes zwischen hoher Herkunft und harter Askese zur Steigerung der Verdienste von Heiligen; sogar nachträgliche Nobilitierungen von Heiligen[19] kommen vor – eine Tendenz, in der sich die Heiligenlegende eng mit folkloristischem Gut berührt (erinnert sei etwa an ähnliche Tendenzen in Märchen und Sage).

Die soziale Stilisierung des/der Heiligen in der Legende unterscheidet sich von der adeligen Heroisierung des Helden in der ritterlich-höfischen Stilisierung grundlegend: dies ist vor allem mit aller Deutlichkeit an Gestalten abzulesen, bei denen man versuchte (aus Gründen, die hier nicht erörtert werden können), beide Charakteristiken miteinander zu verbinden und Ritter als Heilige ihr Leben beenden zu lassen. Als ein Beispiel dafür sei auf Renaus de Montauban (St. Reinoldus) hingewiesen[20], jenen Helden des feudalen Rebellenepos des ausgehenden

12. Jahrhunderts, der sein Leben als bedürfnisloser Taglöhner am Kölner Dom beendete und, als er – seiner Bedürfnislosigkeit wegen – von Maurern ermordet wurde, zum Märtyrer und Patron von Dortmund aufstieg. Beide Teile, Ritterroman und Heiligenlegende, sind dabei nur durch den gemeinsamen Namen ihres Helden verbunden; die Legende begnügt sich mit einem überaus dürftigen Hinweis auf die „Ritterkarriere" des Heiligen, wogegen im eigentlichen Rebellenepos nichts Heiligmäßiges zu entdecken ist. Legende und aristokratische Epik sind unterschiedliche Stilisierungsarten der „Helden" der Erzählung, die sich in einer Fülle von Einzelzügen ablesen lassen, bis hin zur unterschiedlichen Wertung von Gaben, die im höfischen Milieu nach der hohen Stellung der Empfänger vergeben werden, in der Legende dagegen der Armut des Empfangenden entsprechen. Der weltliche Held will Ruhm und Reichtum erwerben, der Heilige die himmlische Glorie; er flieht vor Ruhm und Ehre. Die Heldensage spielt sich im heroisch-höfischen Milieu ab, die Legende im kirchlichen, mit Vorliebe im monastischen Umkreis. (Es konnte gelegentlich natürlich zu Vermengungen der Stilarten kommen, wobei sich die Legende im allgemeinen als resistenzfähiger erwies.)

Eine beachtliche Zahl von Heiligen war – zumindest den Legenden nach – hoher Herkunft: große Herren oder edle Frauen, die aber allen Vorrechten, die ihnen diese Herkunft gewährte, entsagen mußten; sie verteilten ihr großes ererbtes Gut und lebten selbst wie Bettler – evtl. sogar, wie wohl im 5. Jahrhundert Johannes Calybita, unerkannt im eigenen Elternhaus oder, wie Sigiramnus von Longoretus (Saint Cyran), als Bettler unter Bettlern, ohne ihnen die Almosen wegzunehmen. Harte körperliche Arbeit ist für sie ein Mittel der Kasteiung, und so verrichteten sie die geringsten Knechts- und Magddienste; sie führten ein entsagungsvolles Leben, das in seiner Bedürfnislosigkeit die Entbehrungen der ärmsten Bettler übertraf. Der „Held" der Legende wird durch seine *Entsagung* zum Heiligen – und je härter die Askese, desto größer das Verdienst des Bekenners. Erst allmählich gingen die Hagiographen einen Kompromiß ein: So konnten etwa Könige[21] zunächst nur als Märtyrer heilig werden oder dann, wenn sie dem Königtum entsagt hatten und Mönche geworden waren. Im Hochmittelalter wurde Stefan, der König der Ungarn (997–1038), als Herrscher heilig, ebenso wie später Ludwig IX. (1226-1270), der heilige König von Frankreich – und das französische Königtum hat es vortrefflich verstanden, die Glorie von Heiligen königlicher Herkunft in politische Münzen umzuprägen[22]. Im allgemeinen blieben aber heilige Könige Einzelerscheinungen, genauso wie große Herren, die „in der Welt" verblieben. Selbst ihre Charakteristik ist dabei immer wieder Mönchsidealen angeglichen worden – eine Tatsache, von der man sich in der ältesten Vita dieser Art, in der Legende des Grafen Gerald von Aurillac († 909), überzeugen kann. Dieser Heilige verübte keine ritterlichen Heldentaten und kämpfte mit umgekehrten Waffen. Wenn ein Ritter heiligmäßig sein Leben beschließen wollte, mußte er dies als Büßer für das Blutvergießen und seine Verstrickung in die „Welt" in harter Askese tun – sofern er nicht als Märtyrer für seinen Glauben fiel.

Heilige Könige und Ritter blieben Randfiguren der mittelalterlichen Hagiographie, für die die Verherrlichung der Armut, der Demut und der Bedürfnislosigkeit „ihres" Heiligen ein stetes Charakteristikum blieb. Ein Zwiespalt grundlegenderer Art machte sich bei der Schilderung heiliger Bischöfe bemerkbar – eines Heiligentypus, der seinen Siegeszug in der Merowingerzeit antrat und dessen Hochblüte erst im Spätmittelalter dahinzuwelken begann. Der heilige Bischof lebte in seinem persönlichen Leben asketisch; er übertraf in typischen Mönchstugenden sogar vorbildliche Mönche – aber er war zugleich Kirchenfürst und als solcher einem kirchlichen Bischofsideal verpflichtet. Zwar konnte er seine Stellung dazu nutzen, seine Güte und Mildtätigkeit unter Beweis zu stellen: er speiste Arme und gab ihnen Almosen, er sorgte eigenhändig für Kranke, er kaufte Gefangene frei oder befreite sie auf wunderbare Art und Weise, er war die Stütze der Witwen und Waisen. Aber er mußte zugleich die Interessen seiner Kirche wahrnehmen, diese gegen Übergriffe verteidigen, auf die bischöfliche Würde achten. Beide Aspekte des bischöflichen Ideals reibungslos miteinander zu verbinden, war keine leichte Aufgabe. (Der älteste gallische Repräsentant dieses Typus, Martin von Tours, hatte noch behauptet, daß seine Wundermacht als Mönch einst größer war als nach der Annahme des Bischofsamtes[23]; doch blieb Martin für die Folgezeit der heilige Bischof von Tours, nicht der Mönch.) – Der heilige Bischof dominierte seiner Bedeutung nach das Früh- und Hochmittelalter; erst im Spätmittelalter, im Zusammenhang mit Veränderungen im kirchlichen Leben, begann sein Einfluß zu schwinden.

Vom sozialgeschichtlichen Standpunkt aus ist beachtenswert, welche sozial gefärbten Motive in der Hagiographie dominieren: Der/die Heilige entsagt allem Gut, oft verteilt er/sie es an Arme. Sein/ihr Leben ist durch Askese und harte, zuweilen demütigende Arbeiten gekennzeichnet. Er/sie wird für die weltliche Gesellschaft zu einer Art von Außenseiter, über den man sogar gelegentlich spottet. Wenn die Theorie für die Untergebenen Gerechtigkeit forderte, so predigte die Hagiographie Milde und Gnade ihnen gegenüber. Vor allem aber waren Heilige Wundertäter, und ihre Wunder – besonders Heilungen jeder Art – kamen auch gewöhnlichen Leuten zugute. Sie waren Helfer des einfachen Menschen in den Nöten des Alltags; an sie sollte man sich vertrauensvoll wenden, bei ihnen Hilfe suchen. Sie straften selbst hochgestellte Übeltäter ohne Rücksicht auf deren weltliche Macht; sie repräsentierten zuweilen die ausgleichende Gerechtigkeit und waren dadurch „volksnahe". (Allerdings wurden sie auf diesem Gebiet von Visionen übertroffen, die öfter in der Schilderung von Höllenstrafen Mächtiger schwelgten.) – Die Legenden bemühten sich folgerichtig meist um einen einfachen Stil (*sermo rusticus*); in ihrer Schwarzweißmalerei als Technik der Schilderung wollten sie bewußt Propagandaliteratur sein. Sie wollten für die Verehrung ihres/ihrer Heiligen werben, sein/ihr Leben und vor allem das Wirken nach dem Tode klar erscheinen lassen.

Dadurch wurden Heiligenlegende und Kult auch (und dieses „auch" muß nachdrücklich betont werden, da es noch andere Funktionen gab) zu einem „Ventil" bei den Ungereimtheiten und Ungerechtigkeiten des irdischen individuellen und gesellschaftlichen Lebens. Durch das Hervorheben oder das Herunterspielen von Motivketten wollte man in der Hagiographie – wie bei anderen Literaturgattungen auch – bestimmte Wirkungen erzielen. Zum himmlischen Patron flehte man in Armut, in Krankheit, bei Ungerechtigkeit und in der Gefangenschaft; seine wunderbare Hilfe sehnte man herbei und erflehte sie – eine Einstellung, die zwangsläufig zu Passivität im sozialen Bereich beitrug (dafür jedoch kaum ausschlaggebend war).

Hagiographie und Heiligenkult sind aber nicht einfach soziale Sedativa – sie sind zugleich, in einem gewissen Ausmaß, eine Möglichkeit der Artikulierung eigener Vorstellungen und Wünsche in sozialer Hinsicht. Die ins Auge springende, stark ausgeprägte hagiographische Stilisierung der unterschiedlichsten Heiligen, die scheinbare Monotonie und die immanente Tendenz zur Steigerung können nur zu leicht die Tatsache verdunkeln, daß es – vom Standpunkt der Sozialgeschichte her gesehen – unterschiedliche Heiligenkulte gab, wobei weniger die Person des/der Heiligen ausschlaggebend war als vielmehr die Ausformung seines/ihres Kultes und der Legende. So konnte der bereits erwähnte Georg sowohl als Ritterheiliger als auch als volkstümlicher Heiliger verehrt und selbst ein ursprünglich klar hochkirchlicher Heiliger wie Thomas Becket († 1170) in England zum volkstümlichen Helden werden. Ein Pauschalurteil ist unzulässig, und jeder Kult und jeder hagiographische Umkreis muß sozialgeschichtlich eigens untersucht werden – ein Unterfangen, das allerdings weit die Kräfte des einzelnen übersteigt.

Ich möchte daher bloß an einigen Beispielen versuchen aufzuzeigen, wie die Verehrung und wie die Hagiographie vorgingen, um sozial „volksnahe" Typen zu schaffen. Oft werden in diesem Zusammenhang Heilige geringer Herkunft angeführt, wie Bauern, Hirten, Diener und Mägde, die als Heilige[24] verehrt wurden. Bei näherem Hinsehen erweist sich dieser Typus jedoch meist als ausgesprochen „pseudovolkstümlich"; stark wird gerade bei diesen Heiligen der Gehorsam betont, das Leben und Wirken des/der Heiligen den üblichen Typen angepaßt. Bloß der von Bonifatius verketzerte Bischof Adelbert, der von seinen Anhängern noch zu Lebzeiten als Heiliger verehrt wurde, berief sich voll Stolz auf seine geringe Herkunft[25]. Wenn im allgemeinen die Erwähnung der Herkunft wenig für eine „Volksnähe" aussagt, so scheint es sich bei einer Gruppe von Heiligen anders zu verhalten, die ihre Heiligkeit dem Umstand verdanken, daß sie das Opfer von Verbrechen oder von Gewalttaten wurden, die man – zuweilen gegen den offenen Widerstand der Kirche – als Martyrium wertete. Ich möchte diese Gruppe als „merkwürdige Märtyrer" bezeichnen, eine Gruppe recht unterschiedlicher Zusammensetzung: Zu ihr gehören einige heilige Könige und Bischöfe genauso wie einfache Opfer von Unrecht und von Gewalt; gelegentlich konnte man selbst Leute, die im Rausch erschlagen wurden, als Märtyrer verehren – gegen den Einspruch der Kirche[26]. Für ihre Verehrung war entscheidend, daß sie Opfer von Gewalttaten waren.

An der Grenze zu diesem Typus des merkwürdigen Märtyrers steht der Regensburger Bischof Emmeram, dessen Vita ca. 772 Arbeo von Freising verfaßte. Emmeram wurde vom Bruder der Prinzessin Ota ermordet, weil man ihn (natürlich fälschlicherweise) beschuldigte, die Prinzessin geschwängert zu haben. Die Vita zeichnet sich durch eine Mischung von hagiographischen und folkloristischen Motiven[27] aus und bezeugt eine eigenständige Sagenbildung; sie verherrlicht den Bischof als schuldloses Opfer einer Gewalttat, ist jedoch stark kirchlich geprägt: der bischöfliche Rang des Opfers wird gehörig betont. Dies mußte nicht immer der Fall sein, und schuldlose Opfer konnten auch als Laien zu hochkirchlichen Heiligen werden, wie aus der Verehrung von Opfern sogenannter Ritualmorde ersichtlich ist. Die Ritualmordfabel kam zuerst im Mittelalter in England bei William von Norwich († 1144) auf, fand dann Verbreitung auf dem Kontinent und führte zur Verehrung einer ganzen Reihe[28] von Opfern vermeintlicher Ritualmorde, d.h. von Knaben, die angeblich aus rituellen Gründen von Juden ermordet wurden. (Die Fabel von Ritualmorden, ursprünglich auch Christen angelastet, ist systematisch als judenfeindliche Zweckfabel aufgebaut worden.) – Wenn zunächst in England der hochkirchliche Einschlag bei den Anfängen der Verehrung Williams noch unverkennbar ist[29], so wurde seit dem 13. Jahrhundert durch eine gezielte, vor allem von den Bettelorden getragene Agitation[30] die Ansicht von Ritualmorden recht populär, und es konnte in der Folgezeit zu spontanen „Volkskanonisierungen" vermeintlicher Opfer solcher Morde kommen, wie etwa 1343 in der Umgebung von Speyer[31], als das Gerücht aufkam, ein Einsiedler sei als Opfer eines Ritualmordes ums Leben gekommen. Bei diesen Heiligen war für die Verehrung nicht nur die Tatsache von Bedeutung, daß sie schuldlos umgekommen waren, sondern auch die Annahme, sie seien zur Schmach der Christen, ja Christi selbst, ermordet worden. (Bei William von Norwich ist in der Legende das Martyrium des „Heiligen" noch weitgehend der Passio Christi nachgebildet: ein Motiv, das später kaum mehr aufgenommen wurde.)

Es mußte jedoch nicht immer ein hochkirchlicher Grund für das Martyrium angeführt werden – zuweilen genügte die bloße Schuldlosigkeit des Opfers, um dieses zum Märtyrer zu deklarieren. So etwa wurde der irische Pilger Koloman 1012 in Stockerau bei Wien irrtümlich als böhmischer Spion aufgeknüpft und in der Folgezeit als Märtyrer verehrt (die Hauptstätte seiner Verehrung war allerdings das Kloster Melk). Der einfältige Marcadellus wurde schuldlos geköpft, weil er einen Dieb nicht verraten wollte; nach Caesarius von Heisterbach[32] ereigneten sich an seinem Grab Wunder, und zu seinen Ehren wurde eine Kirche erbaut. In diesen Fällen wurden Opfer der „Justiz" zu Heiligen; aber nicht nur Opfer von Justizirrtümern wurden als heilige Märtyrer verehrt – auch Opfer einfacher Raubmorde gelangten zuweilen zur Ehre der Altäre: So etwa der bereits erwähnte Merowinger Dagobert II., der – der Legende nach von seinem Taufkind aus Habgier ermordet – als Märtyrer verehrt wurde[33], ebenso wie der Bischof Desiderius und sein Diakon Reginfrid, die in den Vogesen von Räubern getötet wurden, oder Meinrad von Einsiedeln, den 861 zwei Räuber mit einer Keule erschlugen und der dadurch die Glorie des Märtyrers erwarb. Landelin von Ettenheimmünster wurde von einem Wildhüter ermordet, der befürchtete, der Einsiedler könne die Jagd beeinträchtigen, und so zum Märtyrer. Der burgundische Adlige Gangolf wurde 760 zum schuldlosen Opfer seiner buhlerischen Frau und ihres Liebhabers und dadurch genauso Märtyrer wie etwa im 14. Jahrhundert eine Frau, die von ihrem Gatten ermordet wurde[34] (der Mann wollte sich seiner Frau entledigen, um eine andere zu heiraten), oder die siebenjährige Regiswindis, die von ihrer Amme ermordet wurde. An ein Martyrium grenzt, was die Legende von der hl. Ida von

Toggenburg berichtet, für die die Hagiographie im 15. Jahrhundert das Motiv von der verfolgten Unschuld adaptierte, um ihr die Glorie der Heiligen zu verleihen.

In allen diesen Fällen waren es schuldlos Verfolgte oder Ermordete, die als Heilige verehrt wurden – d. h.: ihr Charakter als schuldloses Opfer war von ausschlaggebender Bedeutung. Sobald man ihre Vita aufzeichnete, schilderten die Verfasser natürlich den ganzen Lebensweg des/der Heiligen in hagiographischer Färbung als Musterbeispiel eines christlichen Lebens. Für die volkstümliche Auffassung stand aber das schuldlose Martyrium im Vordergrund des Interesses; dafür zeugt zumindest das wohl merkwürdigste Beispiel einer solchen Verehrung – die Verehrung eines Hundes als Märtyrer, von der im 13. Jahrhundert der französische Dominikaner Etienne de Bourbon[35] berichtete: Ein schuldlos getöteter Hund (er hatte das Kind des Burgenbesitzers gerade vor einer bösen Schlange gerettet) wurde von der bäuerlichen Bevölkerung als St. Guinefort verehrt – gewiß kein kirchlicher Kult, bloß eine volkstümliche Verehrung mit starkem Einschlag von sogenanntem Aberglauben, aber bezeichnend für die Einschätzung eines unschuldigen Todes als Martyrium.

Nicht immer mußten die Opfer schuldlos sein, und Gnadenerweise der Heiligen wurden oft Unschuldigen und Schuldigen zuteil. So etwa spielte bei Gefangenenbefreiungen meist die Schuld der Eingekerkerten keine Rolle, und der Heilige befreite durch seine Wundermacht auch Diebe und Räuber, die ihn reumütig um Hilfe anflehten. Besonders bei den spektakulären Galgenwundern[36] kommt dieser Zug zur Geltung. Der Heilige erhielt den Gehängten auf wunderbare Weise am Galgen am Leben und rettete ihn so vor dem sicheren Tode, Schuldige und Unschuldige – auch wenn es wohl kein Zufall ist, daß die verbreitetste Variante des Galgenwunders einen Pilger zu St. Jakob in Compostela anführt, der Opfer eines Justizirrtums war (er wurde zu Unrecht des Diebstahls beschuldigt).

Wie weit das Ignorieren der Schuld gehen konnte, ist aus den Marienmirakeln vom hingerichteten Raubmörder ersichtlich, der ein gottloses Leben führte, aber eine besondere Verehrung für Maria hegte: Er wurde schließlich gefangen und enthauptet – an seinem Grabe ereigneten sich in der Folgezeit Wunder; und wenn auch meines Wissens nirgends eine kultische Verehrung eines hingerichteten Räubers nachgewiesen ist (eine gewisse Ausnahme stellt St. Dismas dar, wie der reumütige Schächer der Passionsgeschichte geheißen haben soll), so schildern doch verschiedentlich mittelalterliche erbauliche Erzählungen (sogenannte Exempla) hingerichtete Räuber als Heilige[37]: ein Beweis, wie weit die Verklärung selbst von schuldigen Opfern der Justiz gehen konnte. In allen diesen Erzählungen wird die Rolle des Opfers betont; eine gewisse Skepsis gegenüber jeder weltlichen Gerechtigkeit scheint unverkennbar zu sein.

Bei einigen der Heiligen dieses Typs scheinen überdies soziale Motive in eigenartiger Weise auf – so etwa bei dem bereits erwähnten Renaus de Montauban (St. Reinoldus), der von seinen Genossen seines Arbeitseifers und der geringen Lohnforderung wegen ermordet wurde, oder bei St. Trudbert, einem heiligen Iren des 7. Jahrhunderts, der – einer Legende des 10. Jahrhunderts nach – im Münstertal bei Freiburg ein Opfer von Knechten wurde, die er mit Arbeiten bei der Rodung überlastete. Aber auch Männer, die bei dem Schutz ihrer Untertanen ums Leben kamen[38], wurden zu heiligen Märtyrern; auch dabei zeigt sich bezüglich sozialer Applikationen eine recht große Flexibilität hagiographischer Stilisierungen und Erzählungen. Gemeinsam bleibt allen diesen Varianten die Verherrlichung der Demut, die Glorifizierung der Opferrolle. Sobald dabei gewisse Grenzen überschritten wurden, waren es für die Hagiographen nicht mehr christliche Heilige, sondern Ketzer, oder es handelt sich um weltliche Erzählungen von edlen Räubern, die die Folklore verherrlichte – mancherorts bis in die Gegenwart hinein[39]. Als frühes Beispiel sei eine einschlägige Erzählung aus dem 6. Jahrhundert angeführt, wie sie in der ‚Fränkischen Geschichte' Gregors von Tours zu lesen ist[40]: Seinem Bericht nach gab sich ein Pseudoprophet in Gallien als Christus aus, hatte die Gabe der Wahrsagung und vollbrachte Wunderheilungen (all dies war jedoch Teufelswerk); er beraubte Reiche und beschenkte Arme und gewann so großen Zulauf des Volkes. Selbst nachdem er ermordet worden war, verehrten ihn seine Anhänger noch als Heiligen. In diesem Fall hat sich die volkstümliche Verehrung in den Augen der Hierarchie voll häretisiert. Analogien aus späterer Zeit scheinen nicht bekannt zu sein, wohl aber folkloristische Verherrlichungen edler Räuber, die die Reichen beraubten, um den Armen zu helfen (der bekannteste mittelalterliche Repräsentant dieses Typus ist wohl Robin Hood[41]). Wir gelangen mit diesem Beispiel an die Grenzen sozialer Stilisierung in der Hagiographie und merken wiederum, wie stark sich diese letztlich doch von folkloristischen Stilisierungen unterscheidet.

Bei dem Umfang der hagiographischen Literatur wäre es einfach, weitere Beispiele für eine sozial bedingte Gestaltung legendarischer Schilderungen anzuführen. Insgesamt bliebe wohl das Ergebnis, daß Hagiographen soziale Motive gelegentlich in einer besonderen Färbung zur Verherrlichung bzw. Idealisierung der Bedürfnislosigkeit und der Armut verwendeten; sie standen dabei im Spannungsfeld der Verteidigung der sozialen Realität ihrer Zeit einerseits und der idealen Anforderungen der christlichen Lehre andererseits. Die Heiligen waren die großen Mittler und Fürbitter bei Gott, Wundertäter, die dem einfachen Menschen in seinen Alltagsnöten halfen. Sie wurden als Verkörperung der Demut in Askese und Bedürfnislosigkeit geschildert und waren dadurch Repräsentanten einer eigenartigen „Sozialromantik", die die Einfachheit, die Demut, die Armut verherrlichte, diese als nachahmenswertes Beispiel darstellte und dadurch bemüht war, herrschende Antagonismen zu entschärfen. Zuweilen gingen Hagiographen und Kult einen Schritt weiter und artikulierten ihre Skepsis der herrschenden Sozialordnung gegenüber, verherrlichten Opfer schlechthin. Zuallererst aber war der/die Heilige Helfer auch einfacher Menschen im Alltag, eine Hoffnung bei allen Sorgen und Nöten, eine Möglichkeit der Zuflucht bei den Schwierigkeiten des sozialen Lebens, Vorbild zur Ausrichtung des ganzen Lebens auf ein Ideal im Jenseits.

Maßgebliche Ergebnisse für die Sozialgeschichte sind *nur* aus Untersuchungen einzelner legendarischer und kultischer Umkreise zu erlangen – ein Unterfangen, das für eine Einführung in die Fragestellung nicht ins Auge gefaßt werden konnte. So habe ich mich denn bemüht, an einigen Beispielen die Problematik und die Möglichkeiten von Untersuchungen der mittelalterlichen Heiligenverehrung als eines sozialgeschichtlichen Phänomens aufzuzeigen, als Anregung für weitere Forschungen auf dem weiten Gebiet der mittelalterlichen Hagiographie.

Anmerkungen

[1] Dazu für einen konkreten Umkreis F. GRAUS, Sozialgeschichtliche Aspekte der Merowinger- und Karolingerzeit. Die Viten der Heiligen des südalemannischen Raumes und die sog. Adelsheiligen (Vorträge und Forschungen 20), 1974, 131–176. Zu den Unterschieden zwischen italienischer und transalpiner Heiligenverehrung André VAUCHEZ, La sainteté en Occident aux derniers siècles du moyen âge d'après les procès de canonisation et les documents hagiographiques (Bibliothèque des Ecoles françaises d'Athènes et de Rome 241), Rome 1981, bes. 215ff. u. ö.

[2] Zu der Bedeutung allgemein Hans Conrad PEYER, Stadt und Stadtpatron im mittelalterlichen Italien (Wirtschaft – Gesellschaft – Staat 13), Zürich 1955.

[3] F. GRAUS, Der Heilige als Schlachtenhelfer. Festschrift Helmut Beumann, Sigmaringen 1977, 330–348.

[4] Dieser Gedanke taucht in der mittelalterlichen Literatur gelegentlich auf; prägnant etwa bei Eike von Repgow, Sachsenspiegel, Landrecht III, 42.

[5] Dazu ausführlich meine Stellungnahme in F. GRAUS, Pest – Geißler – Judenmorde. Das 14. Jahrhundert als Krisenzeit (Veröffentlichungen des Max-Planck-Instituts für Geschichte 86), Göttingen 1987, 94ff.

[6] 1 Petr 2,18: *Servi, subditi estote in omni timore dominis, non tantum bonis et modestis, sed etiam dyscolis.*

[7] Höchstens könnte man auf die Legendenbildung um Johannes Hus († 1415) bei den Hussiten und auf die Stilisierung von Opfern der Kirche zu Märtyrern durch Anhänger der Reformation hinweisen. Was soziale Motive anbetrifft, ist dabei allerdings keine Steigerung zu verzeichnen.

[8] Gegenüber älteren Ansichten, die im Heiligenkult eine bloße Fortsetzung des antiken Volkglaubens sahen, betonte Peter BROWN, Le culte de saints, Paris 1984 (Orig. 1981), die Eigenständigkeit des mittelalterlichen Heiligenkultes. Wenn man ihm wohl auch nicht in allem wird folgen können, hat er doch zu Recht auf die eigenständige Umformung alter Vorstellungen hingewiesen.

[9] So soll der heilige Bischof Paulinus von Nola als Sklave einem Vandalen als Ersatz für den einzigen Sohn einer Witwe gedient haben – Gregorii Magni, Dialogi III, 1 (hrsg. von Adalbert DE VOGUÉ [Sources chrétiennes 260], Paris 1979, 256ff.).

[10] Darauf wies (nach anderen) hin A. VAUCHEZ, La sainteté (wie Anm. 1), bes. 449ff. Es sei auch allgemein darauf verwiesen, wie viele frühmittelalterliche Heilige absolut keine Chance gehabt hätten, im 18./19. Jh. „heilig" zu werden (und umgekehrt).

[11] Heiligentypen der Merowingerzeit versuchte ich herauszuarbeiten in meinem Buch: Volk, Herrscher und Heiliger im Reich der Merowinger, Praha 1965; vgl. auch Joseph-Claude POULIN, L'idéal de sainteté dans l'Aquitaine carolingienne d'après les sources hagiographiques (Travaux du laboratoire d'histoire religieuse de l'Université Laval 1), 1975. Zum Typus des heiligen Herrschers Robert FOLZ, Les saints rois du moyen âge en Occident VIe–XIIIe s. (Subsidia hagiographica 68), Bruxelles 1984.

[12] Pitrim A. SOROKIN, Altruistic Love. A Study of American „Good Neighbours" and Christian Saints, Boston 1950; Katherine and Charles H. GEORGE, Roman Catholic Sainthood and Social Status, The Journal of Religion 35 (1955), 85–98; Pierre DELOOZ, Sociologie et canonisations (Collection scientifique de la Faculté de droit de l'Université de Liège 30), 1969; Donald WEINSTEIN/ Rudolph M. BELL, Saints and Society: Italian Saints of the Late Middle Ages and Renaissance, Memorie Domenicane, N.S. 4 (1973), 180–194; A. VAUCHEZ, La sainteté (wie Anm. 1), 215, 324ff. Beachtenswert ist, wie groß jeweils die Zahl der Heiligen ohne jede Herkunftsangabe ist (bei WEINSTEIN/BELL 30–32 %).

[13] Den Begriff „Adelsheiliger" führte, in Analogie zu den älteren „Ritterheiligen", ein: Karl BOSL, Der „Adelsheilige". Idealtypus und Wirklichkeit, Gesellschaft und Kultur im merowingerzeitlichen Bayern des 7. und 8. Jh., in: Speculum historiale. Festschrift J. Spörl, München 1965, 167–187. Meine ablehnende Meinung bereits in Sozialgeschichtl. Aspekte (wie Anm. 1), 165ff. Zu dem vermeintlichen Adelscharakter der Heiligen vgl. auch weiter unten.

[14] Dazu F. GRAUS, Die Gewalt bei den Anfängen des Feudalismus und die „Gefangenenbefreiungen" der merowingischen Hagiographie, Jahrbuch für Wirtschaftsgeschichte 1 (1951), 61–156; Pierre-André SIGAL, L'homme et le miracle dans la France médiévale, Paris 1985, 288–310.

[15] Der Drachenkampf taucht erst im 13. Jahrhundert auf. Neuere Zusammenfas-

sung bei Sigrid BRAUNFELS-ESCHE, Sankt Georg. Legende – Verehrung – Symbol, München 1976.

[16] Vgl. F. GRAUS, Volk (wie Anm. 11), 411ff.

[17] Helmut BEUMANN, Friedrich II. und die heilige Elisabeth in: Sankt Elisabeth, Sigmaringen 1981, 151–166.

[18] Als Beispiele seien genannt: Avitus von Orléans, Friardus von Vinduneta, Guido von Anderlecht, Isidor, Liutbirg, Marcellus, Mitrias, Portianus. Zur Herkunftsbestimmung der Heiligen F. GRAUS, Volk (wie Anm. 11), 361ff.; DERS., Sozialgeschichtl. Aspekte (wie Anm. 1), 146ff.

[19] F. GRAUS, Sozialgeschichtl. Aspekte (wie Anm. 1), 147. Das wohl bekannteste Beispiel einer nachträglichen Nobilitierung sind die Heiligen Drei Könige.

[20] Zu Renaus de Montauban F. GRAUS, Lebendige Vergangenheit. Überlieferung im Mittelalter und in den Vorstellungen vom Mittelalter, Köln/Wien 1975, 48–61.

[21] R. FOLZ, Les saints rois (wie Anm. 11).

[22] Vor allem in Frankreich; dazu A. VAUCHEZ, La sainteté (wie Anm. 1).

[23] Sulpicius Severus, Dial. II, 4 (Corpus Scriptorum Ecclesiasticorum Latinorum 1, 184). Zu den Bischöfen in der Merowingerzeit Georg SCHEIBELREITER, Der Bischof in merowingischer Zeit (Veröffentlichungen des Instituts für österreichische Geschichtsforschung 27), Wien/Köln/Graz 1983.

[24] Z.B. Mitrias, Portianus, Liutbirg, Isidor u.a.m.

[25] Michael TANGL (Hrsg.), Die Briefe des hl. Bonifatius und Lullus (MGH [= Monumenta Germaniae Historica] Epp. sel. 1, 1916), Nr. 59, 108–120: Concilium Romanum 745. Die Vita (nur der Angang wird angeführt) auf S. 114. Ein weiteres Beispiel eines „Untertanenstolzes" ist im 10. Jh. im Prolog der Vita Fridolini zu finden (MGH SS rer. Mer.3, 354; dazu F. GRAUS, Volk [wie Anm. 11], 283).

[26] So 1171–1180 in dem Schreiben Papst Alexanders III. an den Schwedenkönig Knut (J.P. MIGNE, Patrologia cursus completus, series latina 200, 1259–1261): *Denique quidam audivimus ... quod quidam inter vos sunt qui diabolica fraude decepti, hominem quemdam in potatione et ebrietate occisum, quasi sanctum, more infidelium, venerantur ... Cum etiamsi signa et miracula per eum plurima fierent, non liceret vobis pro sancto absque auctoritate Romanae Ecclesiae eum publice venerari.*

[27] Zu diesem Aspekt F. GRAUS, Volk (wie Anm. 11), 120ff.

[28] Zu den bekanntesten gehören Werner von Bacharach und Simon von Trier.

[29] M.D. ANDERSON, A Saint at Stake. The Strange Death of William of Norwich 1144, London 1964.

[30] Jeremy COHEN, The Friars and the Jews. The Evolution of Medieval Anti-Judaism, Ithaca/London 1982.

[31] Johannes von Viktring (hrsg. von Fedor SCHNEIDER, MGH SS in us. schol. 36, 1909/10, 232). Johannes berichtet: *Qui repertus et ad ecclesiam delatus maximis cepit miraculis choruscare.*

[32] Caesarius von Heisterbach, Dialogus miraculorum IV, 33 (hrsg. von Josephus STRANGE, Coloniae etc. 1851, Bd. 1, 384f.).

[33] Dies ist allerdings die Version der Legende, wohl aus dem 11. Jh. Der wahre Hintergrund des Mordes scheint eine politische Verschwörung gewesen zu sein.

[34] Johannes von Winterthur (hrsg. von Friedrich BAETHGEN und Carl BRUN, MGH SS NS 3, 1924, 252).

[35] Jean-Claude SCHMITT, Le saint lévrier. Guinefort, guérisseur d'enfants depuis le XIIIe siècle, Paris 1979. Als eine Art von Persiflage dieses Motivs kann das von Reinhart Fuchs getötete Huhn als wunderwirkende Märtyrin angesprochen werden: Heinrich der Glîchezâre, Reinhart Fuchs, V. 1489ff. (hrsg. von Karl-Heinz GÖTTERT, Stuttgart 1976, 98f.).

[36] F. GRAUS, Die Gewalt (wie Anm. 14), 125ff.

[37] Vgl. z. B. Caesarius von Heisterbach VII, 58 (wie Anm. 32: Bd. 2, 76ff.); Joseph KLAPPER, Erzählungen des Mittelalters in deutscher Übersetzung und lateinischem Urtext, Breslau 1914, Nachdruck: 1984, Nr. 67, 79.

[38] So etwa Germanus von Grandval-Münster oder St. Placidus – vgl. F. GRAUS, Sozialgeschichtl. Aspekte (wie Anm. 1), 150f.

[39] Dazu etwa Eric J. HOBSBAWN, Sozialrebellen. Archaische Sozialbewegungen im 19. und 20. Jh., Neuwied 1962 (engl. Orig. 1959).

[40] X, 25 – mit deutscher Übersetzung hrsg. von Rudolf BUCHNER (Ausgewählte Quellen zur deutschen Geschichte des Mittelalters. Freiherr-vom-Stein-Gedächtnisausgabe III, 2), Darmstadt [6]1974, 384ff.

[41] Maurice KEEN, The Outlaws of Medieval Legend, London [2]1977.

Felix Karlinger

Die „verfolgte Frau" und der „Freund der Armen" als apokryphe Heilige

Der Kanon der Heiligen ist so umfangreich, daß man meinen möchte, es bestünde keine Notwendigkeit im christlichen Raum, ihn um ahistorische oder geschichtlich zweifelhafte und nichtkanonisierte Gestalten zu vermehren. Es erweist sich jedoch, daß – zeitlich oder örtlich bedingt – entweder Vorstellungen sich im Volk verdichten können, die zur Darstellung drängen, oder aber Menschen von ebensolcher Originalität wie Frömmigkeit sich der Erinnerung des Volkes einprägen und nach ihrem Heimgang zu einem besonderen Vertrauen und einer ausgeprägten Verehrung überhöht werden können.

An zwei Typen unter den vielen Gruppen soll dies fragmentarisch gezeigt – oder besser: angedeutet – werden.

Die ungerecht behandelte und verfolgte Frau ist eine Erscheinung, die zweifellos in der Geschichte der Menschheit nur gar zu oft vorgekommen ist und deren Geschick viele Gemüter zu Recht bewegt hat. Ich will nicht auf das Alte Testament zurückgreifen, sondern mich auf Gestalten der vergangenen zwei Jahrtausende beschränken. Das Phänomen der verfolgten und flüchtenden Frau ist zunächst kanonisch mit dem Bethlehemitischen Kindermord und der Flucht nach Ägypten geprägt. Wenn es jedoch in Mt 2,13 noch deutlich heißt: „ein Engel des Herrn erschien dem Josef im Traum und sprach: ‚Steh auf, nimm das Kind und seine Mutter und fliehe nach Ägypten!'" – so ist in den Apokryphen (Protoevangelium des Jakobus 22,2) diese Szene bereits umgewandelt und entsakralisiert, indem die Mutter Jesu vom Kindermord hört und ihr Kind in einer Krippe unter Heu und Stroh versteckt. In Fortsetzung dieser Episode flieht die heilige Jungfrau in einer syrischen Legende von einem Engel geführt in die Wüste, während vom heiligen Josef gar nicht die Rede ist. Möglicherweise handelt es sich dabei um die Kontamination der Flucht aus Matthäus mit einem Bericht über die Flucht der hl. Elisabeth, der Mutter Johannes' des Täufers, aus dem Protoevangelium des Jakobus (22,3): „Elisabeth aber, als sie hörte, Johannes werde gesucht, nahm ihn auf und stieg hinauf ins Gebirge und sah sich um, wo sie ihn werde verbergen können; es war jedoch kein Versteck da. Da seufzte Elisabeth mit lauter Stimme und sagte: ‚Berg Gottes! Nimm Mutter samt

Abb. 1

Kind auf!' Denn Elisabeth konnte nicht (noch weiter ins Gebirge) hinaufsteigen. Und sogleich teilte sich der Berg und nahm sie auf. Und es schien für sie ein Licht durch den Berg hindurch; denn ein Engel des Herrn war bei ihnen, der sie behütete"[1].

Diese Szene ist so dicht und eindringlich, daß sie nicht nur zahlreiche orientalische Legenden beeinflußt hat, sondern daß sie auch schon frühzeitig in bildhafte Darstellungen umgesetzt werden konnte. Und im Gegensatz zur Abbildung der Flucht nach Ägypten, welche auf die verschiedenste Weise dargestellt worden ist, prägte sich die kanonisch nicht bezeugte Flucht der hl. Elisabeth in einer so festen und bestimmten Bildlichkeit aus, daß sich über ein Jahrtausend hinweg kein Detail geändert hat.

Aus dem 7. – oder vielleicht sogar 6. – Jahrhundert stammt ein Terracotta-Reliefteller aus dem syrischen Raum, der heute im Kloster Bobbio (Norditalien) aufbewahrt wird (Abb. 1)[2], während ein Bild des rumänischen volkstümlichen Malers und Zeichners Radu Zugravu aus der zweiten Hälfte des 18. Jahrhunderts stammt (Abb. 2)[3]. Die Streuung dieses Bildmodells in der europäischen Kunst und Volkskunst ist außerordentlich breit; sein Inhalt läßt sich auf die Sequenz kondensieren: ein

Soldat bedroht mit dem Schwert eine Frau mit einem Säugling auf dem Arm.

Aber neben diesem zunächst relativ einheitlichen Bildzentrum finden wir vom frühen Mittelalter an eine ganze Serie von Frauenschicksalen, denen nur Verleumdung, Verurteilung, Verfolgung und Flucht oder Aussetzung in einer Wüstenei gemeinsam ist. Als gemeinsam darf auch gelten: die Heiligkeit der betreffenden Frau – und zumeist auch ihres kleinen Sohnes.

Den meisten dieser Frauen wird ein Name beigegeben, ein nicht unbeträchtlicher Teil dieser Frauen bleibt anonym, aber nicht minder populär.

Bei aller Reserve gegenüber den Angaben alter Chroniken, die nicht als historische Werke im modernen Sinne gewertet werden dürfen, scheint es denkbar, daß eine der frühesten Erscheinungen unseres Motivs die bretonische Prinzessin Azénor, Tochter des Prinzen von Léon mit Namen Even, gewesen ist, deren Historizität ebenso im letzten unbezeugt bleiben muß wie die der bei uns besser bekannten Genovefa von Brabant. Chronik und Sage verlegen das Schicksal von Azénor in die

Abb. 2

Mitte des 6. Jahrhunderts, und ihr Sohn, der heilige Budoc, wird später als der dritte Bischof von Dol genannt[4]. Azénor wird einem Grafen Goëlo angetraut – ob er seinen Namen dann später dem bösen Golo des Genovefa-Stoffes gegeben hat, ist schwer zu sagen, scheint jedoch möglich – und von ihrer Stiefmutter mit Hilfe von bestochenen falschen Zeugen des Ehebruchs angeklagt. Die Stiefmutter – der verwitwete Vater von Azénor hatte nochmals geheiratet – „begehrte deren Mitgift", wie es in der Chronik heißt. Azénor wird verurteilt, kann jedoch – da sie schwanger ist – nicht hingerichtet werden, und so lautet das Urteil auf Aussetzung auf dem Meere. Diese erfolgt nach älteren Traditionen in einem Boot ohne Segel und ohne Steuer, nach späteren volkstümlichen Überlieferungen in einem Faß.

Das Urteil wird vollstreckt, und Azénor treibt hilflos auf dem hohen Meer, wo ihr ein Engel beisteht, der das Boot mit seinen Flügeln lenkt. Hier gabelt sich wiederum der Traditionsstrang: entweder noch auf dem Boot oder nach der Landung in Irland gebiert die Verfolgte ihren Sohn Budoc (wieweit für den Namen jener Heilige gleichen Namens eine Rolle gespielt hat, der um 400 auf der Insel Lavret in der Nähe von Bréhat ein Kloster gegründet hat, kann nicht entschieden werden[5]).

Nachdem die böse Stiefmutter sterbend ihre Verleumdung gestanden hat, machen sich der Prinz Even und der Graf Goëlo auf die Suche nach Azénor und dem Kinde. Sie beobachten die Meeresströmung und folgen ihr nach Norden, besuchen Großbritannien und Schottland und gelangen endlich nach Irland, wo sie die Vermißte finden. Graf Goëlo führt Frau und Sohn nach Amorique heim, stirbt jedoch während der Überfahrt, so daß Budoc danach von seinem Großvater Even erzogen wird. Budoc wird Priester und später als Bischof der Nachfolger des hl. Magloire.

Sowohl Budoc – in manchen kirchlichen Chroniken der Diözese Dol auch Buzok oder Beuzek geschrieben – wie seine Mutter sind von der Kirche nie kanonisiert worden, doch reicht ihre Verehrung beim Volk bis herauf in unser Jahrhundert, zumal Budoc (oder Budic) zum Patron der bretonischen Fischer und Seeleute geworden war. Zweifellos ist diese bretonische Sagenlegende älter als alle Versionen von verfolgten Frauen aus dem Karls-Kreis, auch wenn diese sich ursprünglich nicht um Karl den Großen, sondern um Karl Martell ranken und erst später auf den berühmteren Herrscher übertragen worden sind.

Die bretonische Form des Stoffes scheint sich nur an der Atlantik-Küste entlang ausgebreitet zu haben – Spuren finden sich ebenso heute noch im Baskischen wie im Portugiesischen[6] –, während sich im Fränkischen ein Typus der verfolgten Frau abspaltete, der sowohl das Motiv für die Verfolgung wie die Örtlichkeit der Aussetzung der Verfolgten verändert hat.

An die Stelle der Habgier tritt nun meist ein sexuelles Moment, wie es dem Azénor-Komplex fehlt – sieht man von der Verleumdung ab. Inzest-Wünsche sind es zumeist, welche die tragische Situation herbeiführen. Der eigene – verwitwete – Vater, der Bruder oder (in abgeschwächter Form) der Schwager bedrängen die Heldin, ohne erreichen zu können, daß sie sich ihnen hingibt.

Suchier[7] hat die verschiedenen einschlägigen Stoffe untersucht, die sich in der ‚Vita Offae Primi' und in der ‚Manekine' besonders klar zeigen und zu zahlreichen Behandlungen geführt haben. Wir brauchen hier nicht ins Detail zu gehen, sondern können uns darauf beschränken, auf den zweiten vom Azénor-Komplex abweichenden Zug zu verweisen: Aussetzung (oder Flucht) im Walde, wohin auch das Kind (die Kinder) gebracht oder wo es geboren wird.

Die Namen der verfolgten Frau lauten: Joi'e, Joyeuse, Jouine, Drida, Adalmira, Emare, Porcina, Uliva, Hélène, Constance, Crescentia, Florence, Leonor, Guglielma, Margareta, Stella, Sylvana und Genovefa. Manche dieser Namen tauchen nur lokal auf, andere sind über das halbe Europa verbreitet; die einen haben es zu volkstümlichen Patrozinien gebracht, und die Errichtung von Kirchen und Kapellen hat auch wiederum einen sehr starken – wenn auch örtlich begrenzten – Einfluß auf die Namensgebung der Kinder erreicht; während indessen andere wohl eine sehr starke Resonanz in der mündlichen Überlieferung finden konnten, sich jedoch kaum einen Ort persönlicher Verehrung schufen.

Für die Breitenwirkung bestimmter Gestalten unseres Typus war zweifellos von Bedeutung, wie weit sich auch Literatur oder Kunst ihrer angenommen haben. Seit dem ‚Miracle de la fille du roy de Hongrie'[8] und den italienischen Sacre rappresentazioni um ‚Uliva' und ‚Stella' bis herauf zu den geistlichen Opern des Barock hat nicht nur das Theater, sondern haben auch Volkstheater, Puppen- und Marionettenspiel viel zur Beliebtheit der verfolgten unschuldigen Frau beigetragen, die auch auf der Bühne im Rufe der Heiligkeit stirbt. Möglicherweise noch stärker war der Eindruck, den breite Kreise aus Volksbuch und Kolportagedrucken gewinnen mußten, zumal beide sich um den Eindruck bemühten, die Heldin ihres Berichts habe wirklich gelebt.

Daß dies bei Gestalten wie Genovefa der Fall ist, wird uns weniger überraschen, zumal die Legende als Lokalsage um eine Kirche entstanden zu sein scheint. Der Zug zu einer (Pseudo-)Historisierung gilt jedoch überraschenderweise auch für die anonymen Heiligen wie die ungenannte Tochter des Königs von Ungarn oder die Frau mit den abgehauenen Händen. So finden wir noch im vorigen Jahrhundert volksbuchartige Ausgaben wie ‚Historia maravillosa de la Hija del Rey de Hungría, escrita por Abemilart, quien la compuso para recreo y solaz de las gentes sobre una breve referencia á un códice provenzal, que dien fué hallado entre papeles curiosos pertenecientes al famoso Monasterio de San Cucufate de Valles'. Der breite Titel zeigt uns nicht nur die Funktion: Erbauung für das Volk, sondern er betont, die Geschichte, die höchst realistisch erzählt wird, in einem Codex des berühmten Klosters San Cucufate del Valles gefunden zu haben. Wenn die Ereignisse sich auch vor vielen Jahrhunderten zugetragen haben, so wollen sie doch als wirkliches Geschehen hingenommen sein.

Und wenn auch die Heldin selbst anonym bleibt – auch wenn berichtet wird, man habe ihr da und dort eine Kapelle gebaut –, so wird doch meist ihr heiliger Sohn – in Spanien wird vor allem der heilige Wilhelm[9] genannt – bezeichnet.

Zu unterscheiden wäre dabei zwischen jenen Erzählungen, in denen auch der Sohn ein apokrypher Heiliger ist, und solchen Berichten, in denen sozusagen die Vorgeschichte und Herkunft eines kanonischen Heiligen vermittelt werden soll. Dort jedoch, wo eine Gestalt historisch sicher verbürgt ist, muß noch lange nicht die Vorgeschichte der Wirklichkeit entsprechen.

Zum Retter unserer Heldin wird – wie wir beim Azénor-Stoff gesehen haben – ein Engel. Erst im späten Mittelalter und in der Renaissance wird der Engel abgelöst und entweder durch die Muttergottes oder – seltener – durch den hl. Josef oder den hl. Petrus ersetzt.

Der Engel wird nie näher bezeichnet; mit dem Namen eines bekannten Heiligen hingegen tritt auch die Heldin aus dem Dunkel des Ahistorischen für die Augen des Volkes heraus: Sie wird durch die Erscheinung der (oder des) Heiligen bezeugt und quasi legitimiert. Dies spielt eine um so größere Rolle, je weniger die Gestalt sonst quellenmäßig zu belegen ist. Und so kommt es dazu, daß das Motiv vom Mädchen ohne Hände[10] aus dem Bereich des Märchenhaften – in dem die Frage nach der Glaubwürdigkeit keine Bedeutung besitzt – gelöst und als Bild in Kirchen und Kapellen dokumentiert wird.

Als Beispiel hierzu wählen wir ein Bild aus einer rumänischen Kapelle. Es handelt sich um einen Ausschnitt aus einem Fresko der Kapelle der Eremitage Ighiabul (Abb. 3). Er zeigt, wie die heilige Maria einer gekrönten händelosen Frau, die vor ihren Zwillingen kniet, ein Paar Hände

Abb. 3

zureicht. Die anderen Bilder zeigen verschiedene Episoden der namenlosen Heiligen, die bei einem Eremiten Aufnahme gefunden hatte. Ganz ähnlich wird die Erzählung auch in Spanien überliefert.

In Rumänien ist jedoch nicht nur die Frau ohne Hände als Erzähl- und Bildmotiv belegbar, sondern seit dem 17. Jahrhundert[11] wurde auch der Genovefa-Stoff von Klöstern ausgehend verbreitet, so daß dort beide verfolgten Frauengestalten über mündliche Legenden zu apokryphen Volksheiligen werden konnten, deren Schicksale selbst noch berühmte Schriftsteller des 20. Jahrhunderts – wie Sadoveanu[12] – beschäftigt haben.

Im Raum der iberischen Halbinsel haben sich sogar in der Volksüberlieferung drei Ausformungen unseres Grundmotivs erhalten. So waren noch in den sechziger Jahren in Nordspanien und Nordportugal Erzählungen des Azénor-Typus zu finden[13], während die „Gräfin ohne Hände"[14] stärker im kastilischen und katalanischen Raum verbreitet war und Genovefa – soweit nicht in der Oraltradition, so doch als Volksbuch oder Groschenheft – auf der ganzen Halbinsel bekannt gewesen ist.

Die Intensität der Zuneigung oder gar Verehrung für die anonyme Heilige ist von Landschaft zu Landschaft sehr verschieden. In Sardinien galt sie vor allem als Zuflucht für bedrängte Mädchen oder für in Ängsten befindliche Frauen. Immer aber kommt darin die Vorstellung zum Ausdruck, daß, wer selbst viel gelitten, auch für das Leid und die Bedrängnis des Menschen größtes Verständnis besitzen müsse und, wer himmlische Hilfe erfahren habe, diese auch den irdischen Wesen zuwenden könne.

Eine völlig andere Komponente zeigt das Bild vom „Freund der Armen", auch wenn im Prinzip ähnliche Elemente des Volksglaubens anklingen. Der wesentliche Unterschied liegt nicht so sehr im Geschlecht des Helden, das diesen natürlich leichter einem männlichen Verehrerkreis erschließt, sondern in der sozialen Komponente. Handelt es sich bei der verfolgten Frau fast stets um eine Adlige, ja sogar um Kaiserinnen und Königinnen (*Imperatriz Porcina*), so ist der Freund der Armen in der Regel nur ein niedriger Mönch und oft einfacher Herkunft.

Selbstverständlich gibt es auch unter den „Helfern der Armen" hochgestellte – und kanonisierte – Heilige, wie St. Martin und St. Nikolaus; wir wollen uns jedoch einem Typus zuwenden, der vermutlich im Frühbarock populär geworden ist und seitdem in vielen Varianten um so mehr Resonanz gefunden hat, als sich in seiner Einstellung und seinem Verhalten auch ein ganz bewußter Kontrast zu den Reichen und Arrivierten findet.

Dieser Freund der Armen findet sich in den verschiedenen katholischen Landschaften – es gibt auch parallele Erscheinungen im Bereich der orthodoxen Kirche im Osten, auf die wir jedoch nicht eingehen können –, und besonders deutlich stoßen wir auf Spuren in Sardinien, Sizilien und Spanien. Hier vor allem nimmt der Heilige am deutlichsten Gestalt an.

In Cagliari (Sardinien) wurde noch zwischen den beiden Weltkriegen das Kreuz und der Rosenkranz eines heiligmäßigen Mönches aufbewahrt und gezeigt, der dort als Kapuzinermönch gelebt hatte. In Laconi (dem südlichen Inselzentrum) geboren, war er unter dem Namen *Fra Ignazio* im Kloster eingetreten und hatte teils in Cagliari, teils in verschiedenen kleinen Orten der Insel gelebt. Als der Berichterstatter 1955 sich nach der Reliquie des Fra Ignazio erkundigte, hieß es, die betreffenden Gegenstände seien noch vorhanden, doch könnten sie nicht vorgezeigt werden. Und ob für den „Diener Gottes" Fra Ignazio ein Seligsprechungsprozeß laufe, wollte der befragte Ordensbruder weder verneinen noch bejahen. Auch eine schriftliche Anfrage erhielt nur eine ausweichende Auskunft.

Von den verschiedenen Legenden, Fabeln und Schwänken, die über Fra Ignazio in Umlauf waren, hat Gino Bottiglioni[15] berichtet, und wir haben eine dieser Erzählungen auch ins Deutsche übersetzt[16]. Sie zeigt Fra Ignazio als ein Original, als einen schlichten Arbeitsbruder, der sich schlau zu helfen weiß. Zu den Aufgaben von Fra Ignazio gehörte es nämlich, alle Tage für den Konvent betteln zu gehen. Es wird erzählt, er sei am liebsten zu den einfachen Leuten gegangen, weil diese am gutherzigsten gäben. Dagegen hätte er es vermieden, einen gewissen Notar – mit Namen Franchino – aufzusuchen, weil (so das wörtliche Zitat) „er ein hartherziger Mensch war, der den Armen das Blut aussaugte".

Daß der Notar stets von Fra Ignazio übergangen wurde, habe ihn sehr gekränkt, und so habe er sich beim Prior des Kapuzinerklosters über die schlechten Manieren des Fra Ignazio beschwert. Der Prior habe dann – so hören wir – Fra Ignazio kommen lassen und wegen seines Verhaltens streng getadelt und ihm befohlen, gleich am nächsten Tag zum Notar Franchino zu gehen. Ignazio habe mit dem Kopf genickt und sich gehorsam gefügt. Er sei zum Notar gegangen, habe alles ihm als Geschenk Überreichte in seinen Sack gesteckt, sich tief verbeugt und sei gegangen. Jedoch beim ersten Schritt außerhalb des Hauses sei ein großer Blutstropfen aus dem Sack geronnen und auf die Erde gefallen – und so Schritt für Schritt den ganzen Weg zurück zum Kloster. Die Leute, die das sahen, hätten gedacht, der Sack sei voll frisch geschlachteten Fleisches. Das gleiche hätten auch die Mitbrüder im Kloster gedacht, doch als sie den Sack öffneten, sei kein Fleisch darin gewesen. – „Ja, woher kommt denn das Blut?" – „Habt keine Furcht", sprach Fra Ignazio, „dieses Blut rinnt aus dem Sack, weil dieses Almosen nicht aus dem Verdienst von Franchino stammt, sondern das Blut der Armen ist, das er ihnen aussaugt."

So endet diese sozialkritische und schwankhafte Episode, die in zahlreichen Varianten erzählt wird. Sie ist auch für Sizilien und Spanien belegt, wobei freilich der Name des Helden wechselt. In Sizilien soll sogar im 18. Jahrhundert der Held einer solchen Erzählung vor die Inquisition zitiert, dann aber wieder freigelassen worden sein[17].

Die Heimat dieser Gestalt zu eruieren, bleibt ein schwieriges Problem. Man darf wohl annehmen, daß das Motiv unabhängig an verschiedenen Orten aufgetaucht ist, wenn auch manches für eine mögliche Herkunft aus dem iberischen Raum spricht, wo es nicht nur besonders verbreitet ist, sondern auch mit mehr Details erzählt wird. Dort begegnen wir auch dem Zug, daß der betreffende Bettelbruder einen großen Teil der von ihm gesammelten Geschenke gleich wieder an Arme weitergibt. Von seinem Oberen deshalb getadelt, verspricht er demütig, in Zukunft alles ins Kloster zu bringen, wo auch die Armen ihren Anteil erhalten sollten. Mitbrüder beobachten jedoch, daß er weiterhin aus seinem Sack heraus an die Armen gibt. Nun wird vom Guardian ein Bruder beauftragt, dem bettelnden Bruder zu folgen und sich zu merken, was er unterwegs einnimmt und was er wieder verschenkt. Der betreffende Mitbruder tut, wie ihm befohlen, aber als dann der Guardian den Sack untersucht, stellt sich heraus, daß alle gespendeten Dinge trotz der Freigebigkeit des Sammlers darin sind. Sie haben sich auf wunderbare Weise verdoppelt, denn „wer den Armen gibt, erhält es zurück". Diese in Nordportugal aufgenommene Version[18] nennt ihren Helden Santo Ovídio. Nach Ansicht von Joseph Piel[19] verbirgt sich unter dieser Bezeichnung der hl. Auditus. Es ist aber ganz deutlich damit nicht der Bischof von Braga gemeint, sondern eine historisch nicht belegbare Gestalt.

Daneben begegnet der milde Klosterbruder – manchmal auch Pförtner eines Klosters, welcher das ganze Essen des Konvents verschenkt, und dennoch finden die Brüder eine reichliche Tafel – unter den Namen San Antonino, Santuino und ähnlich klingenden. Auch hier ist es unmöglich, einen unmittelbaren Bezug zu einem der kanonischen Heiligen, die unter dem Namen S. Antoninus laufen, herzustellen.

In Südspanien ist der mildtätige Bruder unter dem Namen *Fray Luis* bekannt[20]; und diese Ausprägung der Gestalt hat sich auch in fast allen Ländern Südamerikas durchgesetzt, wo sie in verschiedenen Lokalitäten angesiedelt und bis in unsere Tage tradiert worden ist. Die jüngsten Aufnahmen, die Carlos Bandy in Buenos Aires und in Paraguay mit dem Magnetophon aufgenommen hat, reichen ins Jahr 1979 herauf[21] und bezeugen die Vitalität dieser Vorstellung vom klösterlichen Freund der Armen.

Zum Bild des Bettelbruders, der sich weigert, die Häuser der Reichen zu betreten, kommt in Südamerika noch die Variante vom Nothelfer, der in kritischen Situationen auftaucht und aushilft. Die Geschichte kann dabei sich der Moderne anpassen und der Problematik und Thematik unserer Tage gerecht werden.

In einer Version aus Paraguay nimmt ein selbst armer Lastwagenfahrer einen Klosterbruder als Anhalter mit. Mitten im um diese Jahreszeit ausgetrockneten Chaco (Trockenwald) bleibt plötzlich das Lastauto mit einer Panne stehen, und es erweist sich, daß der Tank ein Loch hat und der Treibstoff ausgegangen ist. Der Bruder führt jedoch den Fahrer in den Chaco hinein und heißt ihn an einer bestimmten Stelle graben; und wunderbarerweise findet sich dort ein noch aus dem Chaco-Krieg stammendes Treibstofflager. Während der Fahrer die Kanister ausgräbt – und die nicht benötigten wieder ein –, „repariert" Fray Luis (ohne einen Schweißapparat oder irgendein Werkzeug!) den Motor.

Kollege Bandy, der die Erzählung aufgenommen hat, versichert, Erzähler wie Zuhörer hätten an die Wirklichkeit dieser Geschichte geglaubt. Dabei wird alles im Ton sehr nüchtern berichtet, und der Schluß lautet: „Wenn das alles stimmt, was du da erzählst – aber ich weiß, daß man dir glauben kann –, dann war das Fray Luis, der Selige. Er soll auch schon anderen Menschen in Armut und Verlassenheit geholfen haben.' – Ja, so war das damals, und ihr könnt sagen, was ihr wollt. Auf jeden Fall hat Enrique ein Riesenglück gehabt. Ich habe seine Geschichte nicht vergessen." (Der Übersetzer hat sich dabei erlaubt „Verlassenheit" zu schreiben; im Original steht ein kräftigeres Wort, das im Deutschen mit „Sch..." beginnt.)

Natürlich ist es sehr einfach, alles mit dem Aberglauben und der Unwissenheit lateinamerikanischer Mestizen zu erklären. Es bleibt doch erstaunlich, daß in einer Gestalt wie der des Fra Ignazio oder Fray Luis sich ein Wunschbild verdichten kann, das auch in der Verzweiflung noch Hoffnung und Vertrauen auf eine Hilfe aus dem Jenseits ermöglicht.

Daß es sich aber gerade in Gestalten personifiziert wie in dem eines selbst Armut vorlebenden Klosterbruders oder Wandermönches, bleibt weiter nicht verwunderlich, denn bis herein in unsere Tage (Prälat Holynskyj wußte noch von einem als Freund der Armen wirkenden ukrainischen Wandermönch in Galizien zu berichten) hat es – gottlob! – immer wieder Gestalten gegeben, die auf ihre – manchmal recht originelle – Art versucht haben, heilig zu werden.

Als typisch darf jedoch für die meisten dieser Gestalten gelten, daß ihnen ein besonderer Humor eigen ist, der sie ihre Wunder manchmal auf schier burleske Art und Weise wirken läßt. So etwa kommt der hl. Niketas einer armen Frau auf die folgende Weise zu Hilfe[22]:

„Einmal ist dem heiligen Niketas eine Frau begegnet, die beim Straßenbau gearbeitet und einen Karren Steine geschoben hat. – ‚Schenkt ihr mir um Gottes willen etwas?', hat sie der Heilige gefragt. Da hat sie aus ihrer Tasche ein kleines, altes Stück Brot gezogen: ‚Da, das ist alles, was ich habe.' – ‚Aber ihr schwindelt mich ja schön an!', hat der Heilige gesagt, ‚schiebt einen ganzen Karren voll frisches Brot, und gebt mir nur dieses alte Stückchen.' – ‚Nein, Herr, das sind ja nur Steine.' – ‚Nun, so will ich mir mit eurer Erlaubnis einen dieser Steine schmecken lassen', hat der heilige Niketas gesagt, hat sich einen Stein genommen und herzhaft hineingebissen.

Die Frau ist sehr erschrocken, denn im gleichen Augenblick hat sich der Stein in der Hand des Mannes in ein Brot verwandelt. Und wie sie ihren Karren angeschaut hat, da war der ganze Karren voll Brot. Wie sie sich aber bei dem Heiligen hat bedanken wollen, da war der verschwunden. – Der Frau aber hat es von da an an nichts mehr gefehlt."

Anmerkungen

[1] Wilhelm MICHAELIS, Die Apokryphen Schriften zum Neuen Testament, Bremen 1956, 90. – Verschiedene Varianten der Fluchtgeschichte in Volkserzählungen aus neuerer Zeit in: F. KARLINGER, Heilige Ereignisse – Heilige Zeiten. Weihnachtserzählungen aus der mündlichen Überlieferung, Wien 1988, 65–77.

[2] Aurelio DE SANTOS OTERO, Los Evangelios Apocrifos, Madrid 1963.

[3] Teodora VOINESCU, Radu Zugravu, Bucuresti 1978, 45.

[4] O. L. AUBERT, Légendes traditionelles de la Bretagne, Saint-Brieux 1953, 53. – Siehe auch F. KARLINGER, Genovefa und Azénor, in: Schönere Heimat, München 1953, 46.

[5] Henri POISSON, Histoire de Bretagne, Nantes ^{2}1954, 43.

[6] F. KARLINGER/M. A. ESPADINHA, Märchen aus Portugal, Frankfurt 1976, 95.

[7] Hermann SUCHIER, Über die Sage von Offa und Brido, Beiträge zur Geschichte der dt. Sprache und Literatur, 1877, 500. Gaston PARIS/Ulysses ROBERT, Miracle de la fille du roy d'Hongrie, Paris 1880.

[8] F. KARLINGER, Beobachtungen zur Filla del rey d'Hungria, Iberoromania 18 (1983), 64.

[9] Antoni Maria ALCOVER, Aplec de Rondayes mallorquines, Mallorca 1906, II, 252.

[10] AT 706 (A. AARNE/ST. THOMPSON, The types of the folktale, Helsinki ^{3}1961); KHM 31 (Jacob und Wilhelm GRIMM, Kinder- und Hausmärchen).

[11] F. KARLINGER/I. LACKNER, Romanische Volksbücher – Querschnitte zur Stoffgeschichte und zur Funktion ausgewählter Texte, Darmstadt 1978, 179.

[12] Mihai SADOVEANU, Măria-sa Puiul Pădurii, Bucuresti 1931.

[13] Sammlung Thordis von Seus-Wirwitz (unveröffentlicht).

[14] Harri MEIER/F. KARLINGER, Spanische Märchen, Köln 1961, 120.

[15] Gino BOTTIGLIONI, Leggende e tradizioni di Sardegna. Genève 1922, 108.

[16] F. KARLINGER, Inselmärchen des Mittelmeeres, Köln 1960, 230.

[17] Jorge LEVKOPOLI, Culto y Leyenda, Ciudad Bolivar 1949.

[18] Sammlung von Klara Rumbucher aus dem Jahre 1954 (unveröffentlicht).

[19] Joseph M. PIEL, Os nomes dos Santos tradicionais hispânicos na toponímia peninsular, Coimbra 1950, 21.

[20] Siehe Anm. 17.

[21] F. KARLINGER/H. PÖGL, Märchen aus Argentinien und Paraguay, Köln 1987, 153 und 157.

[22] F. KARLINGER, Rumänische Legenden aus der mündlichen Tradition. Fragmentarische Skizzen und exemplarische Texte, Salzburg 1990, 104.

Peter Dinzelbacher

Die „Realpräsenz" der Heiligen in ihren Reliquiaren und Gräbern nach mittelalterlichen Quellen

Bedeutung und Funktion der Reliquien

Als einer der angesehensten Kirchenfürsten seiner Zeit und bald nach seinem Tode meist verehrten Heiligen Englands, Bischof Hugo von Lincoln (1140–1200), sich einst in dem berühmten Benediktinerkloster Fécamp befand, verlangte es ihn, den dort als Reliquie aufbewahrten Armknochen der heiligen Maria Magdalena zu verehren. Da dieser aber fest in eine Seidenhülle eingenäht war und niemand der Umstehenden es wagte, diese zu öffnen, „ließ sich Hugo von einem seiner Notare ein Messerchen geben, trennte eilig die Fäden auf, zerschnitt die Hülle und führte den hochheiligen Knochen mit Verehrung an Mund und Augen. Da er aber vermittels bloßen Fingerdrucks nichts davon abzubrechen vermochte, nahm er ihn zuerst zwischen die Schneide-, dann zwischen die Backenzähne und brach flink mit kraftvollem Biß zwei Stücke aus ihm heraus ... Der Abt und die Mönche, die dem zuerst starr vor Staunen, dann aber wie toll vor Wut zusahen, brachen in Geschrei aus: ‚Oh, welch ein Frevel! Wir dachten, der Bischof hat zur Verehrung nach diesen Heiligtümern verlangt, und jetzt hat er sie wie ein Hund mit seinen Zähnen benagt!'" Das rührte Hugo überhaupt nicht, der die Knochensplitter mit einem Hinweis darauf behielt, damit erweise er den Heiligen vielmehr besondere Ehre, da er ja auch den allerheiligsten Leib des Erlösers mit Zähnen und Lippen zu sich nehme[1].

Man könnte vielleicht prima vista meinen, dieses Zitat stamme aus einer reformatorischen oder aufklärerischen Kritikschrift gegen den Reliquienkult. Dem ist nicht so; es stammt vielmehr aus einer absolut zuverlässigen zeitgenössischen Quelle, nämlich der Vita des hl. Hugo, die ein ihm besonders Vertrauter, in dessen Schoß er starb und der ein Augenzeuge des Vorfalls gewesen war – er selbst bekam diese Partikeln zur Aufbewahrung –, verfaßte. Sowohl die persönliche, verehrungsvolle Freundschaft des Autors zu Hugo als auch das Ziel des hagiographischen Werkes an sich machen es unmöglich, diese Episode als etwas anderes zu betrachten als eine zum Ruhme des Helden erzählte. An uns ist es, die

Fremdheit mittelalterlicher Einstellungen aus ihrer Zeit heraus zu verstehen, jene Fremdheit, die im epochenspezifischen Verhalten den leiblichen Überresten der Heiligen gegenüber wohl besonders auffällt, uns tatsächlich aber auf zahlreichen Gebieten des damaligen Lebens entgegentritt. Hier sind Traditionen abgerissen, die wir uns erst wieder zugänglich machen müssen, wenn wir die (in der jüngeren Forschung vielberufene) mittelalterliche Mentalität rekonstruieren wollen.

Wenden wir uns im folgenden der Einstellung mittelalterlicher Menschen den Reliquien gegenüber und der „Realpräsenz" der Heiligen in ihren Gräbern und Reliquiaren zu, dann muß vorausgeschickt werden, daß es uns dabei nicht um die Reflexionen der Theologen oder um die Direktiven der Kanonisten zu diesem Phänomen geht. Es geht um den praktischen Umgang mit den Heiltümern und um die konkreten Vorstellungen, die sich mit ihnen verbanden – mit einem Wort: es geht um den Vollzug mittelalterlicher Frömmigkeit.

Doch kehren wir zunächst zu Hugo von Lincoln zurück: Dieser Bischof war überaus eifrig im Sammeln von Reliquien seiner zukünftigen Standesgenossen. In Meulan hatte er, da die Zähne zu fest saßen, ein Teil des Nasenbeins aus dem Haupt des hl. Nikasius für sich herausgebrochen, „ein sehr hübsches Beinchen", *oscillum valde speciosum*, wie sein Biograph bemerkt[2]. In Peterborough schnitt er sich eine Sehne vom noch fleischbedeckten Arm des Martyrerkönigs Oswald ab[3]. Die dreißig bedeutendsten seiner Erwerbungen trug er in einem vier Finger breiten Sakramental-Ring (*anulum sacramentale*) an der Hand mit sich[4].

War dieses Verhalten des hl. Hugo nun eine ihm persönliche Eigenart und damit von wenig weitreichender Aussagekraft für seine Epoche? Ungeachtet des verständlichen Protestes der Fécamper Benediktiner, den man so mißverstehen könnte: keineswegs! Bereits die Sanktimoniale Aetheria, die im späten vierten oder frühen fünften Jahrhundert eine Aufzeichnung über ihre Pilgerreise ins Heilige Land verfaßte, berichtet, wie einzelne Fromme in Jerusalem bei der Darreichung des hl. Kreuzes zum Kuß versuchten, Teile davon abzubeißen, weswegen diese Reliquie besonders streng bewacht wurde[5]. Der hl. Eligius, Bischof von Noyon-Tournai, ließ 641 bei der Erhebung des Martyrers Quintinius von Vermand Zähne aus dessen Kopf ausbrechen, wobei die Kiefer zu bluten begonnen haben sollen[6]. Bischof Dietrich von Metz († 984) raubte einen Teil der Kette des hl. Petrus in Rom, indem er sie bei einer Ostension fest um seinen Arm wickelte und sich weigerte, sie anders als mit Verlust dieses Gliedes wieder herauszugeben, was man ihm als Vetter und Vertrautem des Kaisers doch nicht antun konnte[7]. Als Kaiser

Otto III. im Jahre 1000 die Grabkammer seines Vorgängers, Karls des Großen, hatte aufbrechen lassen, kleidete er den noch wenig Verwesten neu ein, schnitt ihm die Nägel, ersetzte seine fehlende Nasenspitze durch eine aus Gold, zog ihm aber auch eigenhändig einen Zahn aus und nahm des Kaisers alte Kleider sowie sein Brustkreuz mit sich[8]. Nachdem der Eremit Godric von Finchale 1170 verstorben war, nähten ihn die Mönche, wie im Mittelalter weithin Usus, fest in die Leichentücher ein und ließen nur die Füße frei, damit die am Aufgebahrten Vorbeidefilierenden diese küssen konnten. Da immer wieder Teile seiner Zehennägel als Reliquien erbeten wurden, schnitten sie mehr und mehr davon ab, bis die Füße zu bluten begannen. Doch dies gereichte einem der Mönche zum Heil, da er, als er das Blut von den Füßen abküßte, von chronischen Brechanfällen befreit wurde[9]. Als die hl. Elisabeth von Thüringen vier Tage aufgebahrt lag, bemächtigten sich viele, *corporis sanctitatem non ignorantes*, sich der Heiligkeit des Leibes wohl bewußt, nicht nur stückweise ihrer Kleidung, sondern schnitten auch ihre Hand- und Fußnägel, ja sogar ihre Brustwarzen und einen ihrer Finger ab und behielten sie als Reliquien, *pro reliquis ea servantes*[10]. Kaiser Karl IV. zögerte nicht, persönlich einen Finger des hl. Nikolaus für seine Sammlung zu zerschneiden, worauf die Reliquie zu bluten begann, was verschiedentlich als Omen in bonam und in malam partem ausgelegt wurde[11], usf.

Vielleicht ist aber folgende Szene besonders lehrreich, um die Mentalität der Zeit hinsichtlich der „Herstellung" von Körperreliquien kennenzulernen: Die hl. Maria von Oigniès († 1213) wurde eines Tages durch ein eigenartiges Geräusch in ihrer Kontemplation gestört. Als sie dem nachforschte, fand sie den Prior des Augustinerkonvents, in dessen Nähe sie als Sakristanin lebte, damit beschäftigt, mit einer Zange einem Toten, den er offenbar als Heiligen betrachtete, die Zähne auszuziehen. Der geistliche Herr erklärte der Begine: „Wenn du möglicherweise vor mir stirbst, werde ich mit dir ganz genau dasselbe machen, was ich eben mit ihm tue." Die Heilige erklärte sich jedoch nicht damit einverstanden, was der Prior mit einem ironischen Lachen quittierte. Als sie nun tatsächlich das Zeitliche gesegnet hatte, kam dieser Fromme, mit verschiedenen Werkzeugen ausgerüstet, auch zu ihrem Leichnam, „legte ihr Haupt nach hinten über sein Knie, packte ihr Kinn mit seiner Rechten und drückte ihr die Stirn mit Gewalt nach unten". Trotzdem gelang es ihm nicht, den Mund der Toten zu öffnen. Als auch der Einsatz eines „Messers und anderer Eisenwerkzeuge" nichts fruchtete, „warf er sich endlich vor ihr zu Boden und sprach mit flehentlicher Bitte so zu dem verehrungswürdigen Körper: ‚Ich bitte, daß du mir gestattest, einen Teil deiner Zähne zum Trost für meinen Schmerz zu erhalten. Du weißt doch selber sehr gut, daß ich mir dies zu deiner Ehre und deinem Ruhm zu tun vorgenommen habe!'... Und erstaunlich: schon öffnet der entseelte Körper, als ob er bei den Worten des Betenden zustimmend lächle, den Mund, und er spuckte freiwillig in die Hand des Priors Zähne, sieben an der Zahl, aus"[12]. Zu diesem Bericht ist zunächst zu bemerken, daß er von einem Zeitgenossen stammt, der ausdrücklich betont, seine Informationen über dieses Ereignis von Augenzeugen zu haben. Es handelt sich um den berühmten Kirchenschriftsteller Thomas von Cantimpré[13], der als Studiengenosse des Aquinaten, Lektor im Predigerorden und Verfasser zahlreicher, auch naturkundlicher Werke fraglos als hochgebildeter Mann anzusehen ist[14]. Warum schrieb er diesen hagiographischen Text? Keineswegs aus Lust am Makabren – ein Syndrom, das erst im Spätmittelalter nachweisbar wird –, sondern als Preis der Heiligen. Diese Episode soll zeigen, daß der Wille einer Heiligen auch in ihrem hilflosen toten Leib stärker ist als der eines gewöhnlichen Menschen, daß die Heilige wohlwollend die Bitten erfüllt, die geziemend an sie gerichtet werden, daß ihr Leib eine begehrte Reliquie war. Nicht im geringsten wird die Praktik an sich gerügt – Thomas trug ja selbst einen Finger der hl. Lutgart von Tongeren, den er ihr noch bei Lebzeiten abgebettelt hatte, um den Hals[15]; gerügt wird die fehlende Ehrfurcht bei ihrem Vollzug. Uns zeigt dieser Passus auch, daß man im Mittelalter darin quasi eine Laudatio eines Verstorbenen sah, wenn man seine Überreste zu Reliquien machte, und daß eben diese Trost zu spenden vermochten (entsprechend den Worten des Priors). Evident ist auch das „Weiterleben" des „entseelten Körpers", auf das wir noch zu sprechen kommen werden[16].

So ließe sich Bericht auf Bericht häufen; sogar der hl. Bernhard von Clairvaux vermochte es ja nicht, mit dem Messer einen Zahn des hl. Caesarius für sich herausbrechen zu lassen, bis er nicht gebetet hatte[17]. Aber genügt es nicht, sich der ununterbrochenen – legalen – Reliquienteilungen[18] zu erinnern: Voraussetzung für jede Weihe eines neuen Altars bis zum heutigen Tage (abgesehen von der Verwendung eines neu aufgefundenen oder eben verstorbenen Heiligen)? In einer katholischen Kirche muß jeder Altar in seiner Mensa ein Sepulcrum mit Reliquien besitzen (wodurch er zum Heiligengrab wird), um liturgisch funktionsfähig zu sein. Wiewohl in der christlichen Antike die Zertrennung der heiligen Leiber auch per Gesetz wiederholt abgelehnt worden war, war sie bereits am Beginn des Mittelalters gang und gäbe. Nur die ungewohnte Konfrontation mit Quellen, die konkret schildern, wie Teilungen der heiligen

Überreste in praxi vor sich gingen, löst vielleicht eine Empfindung von Fremdheit bei vielen Heutigen aus.

Diese Reliquienteilungen sind fraglos Beweis eines lebhaften Bedarfs an heiligen Überresten. Vordringlich war es oft, überhaupt einen Heiligen zu *besitzen* (*habere*), was man schon beanspruchte, wenn man auch nur einen Partikel seines Leibes erworben hatte[19]; von welchen Heiligen diese Reliquien stammten, blieb bisweilen sekundär. So gibt es einige Beispiele dafür, daß man absichtlich die Namen der Heiligen verheimlichte, deren Reliquien man verehrte, um einen Diebstahl nicht herauszufordern. „Mit solchen Praktiken war den Reliquien ihr ‚persönlicher' Charakter genommen, sie verkörperten nur mehr einen geistlichen Schatz, aber nicht Hilfen für das Gebet zu einem Heiligen"[20]. Man könnte fast von Orendismus sprechen.

Als Einhard überlegte, wie er zu Reliquien für seine neue Kirche kommen könnte, war es ihm nur wichtig, „irgend etwas an wahren Heiligenreliquien"[21] aus Rom zu bekommen, gleichgültig von welchem Martyrer oder Heiligen. Der zeitgenössische Biograph des heiligen Priesters und Erzdiakons Convoio († 868) drückt diese Einstellung in seiner Vita klar aus: Der Heilige brauchte für sein neugegründetes Kloster in Redon „den Leib *irgendeines* Heiligen, der für sie beim Herrn Fürbitte einlegen und ihnen Patron und Verteidiger sowohl in diesem Leben als auch im künftigen sein solle"[22]. Das kann nach mittelalterlicher Ansicht kein Heiliger so gut, wie wenn er auch faktisch vor Ort ist; und Convoio hatte das Glück, sich in Angers der Überreste des Bischofs Apothemius durch Diebstahl versichern zu können. Dieselbe Einstellung wird daraus deutlich, daß nach der Heiligsprechung des Franz von Assisi die Dominikaner spöttisch zu verstehen bekamen, sie müßten jetzt ebenfalls für einen Heiligen sorgen und sollten sie ihn aus Stroh machen müssen[23]. Die Echtheit der Reliquien war natürlich Voraussetzung für ihre Wirksamkeit; deshalb wurden sie nötigenfalls, wie vom 6. bis zum 12. Jahrhundert belegt[24], durch ein Feuerordal getestet[25] (der bekannteste Fall ist vielleicht der der in einer schwierigen Phase des 1. Kreuzzugs in Antiochia aufgefundenen Heiligen Lanze[26]). Seitdem aber im großen Umbruch des 12. Jahrhunderts mehr und mehr eine Intentionalethik an die Stelle der von der Gesinnung unabhängigen „Erfolgshaftung" getreten war[27], galten schließlich auch falsche Reliquien als wundermächtig, wenn ihnen nur echte Andacht entgegengebracht wurde[28] – was nicht heißt, daß man sich nicht trotzdem um Authentiken[29] bemühte. Dies erfolgte am sichersten durch eine direkte Offenbarung; manche Charismatikerin hat sich intensiv damit beschäftigt – wie speziell die hl. Elisabeth

Abb. 1: Büstenreliquiare von drei der 11.000 Jungfrauen der hl. Ursula, Mitte: 13., seitlich: 14. Jahrhundert. Köln, St. Andreas.

von Schönau, die die Gebeine der 11.000 heiligen ursulanischen Begleiterinnen vermittels zahlreicher Visionen namentlich identifizierte[30]. Ähnlich erkannte die hl. Maria von Oigniès ein ihr gezeigtes Haupt, zu dem der Titulus verloren gegangen war, als das des hl. Aiol (Aigulf)[31].

Es ist verständlich, daß unter diesen Umständen auch die Fälschung der kostbaren Überreste sowie der zugehörigen Wunder einträglich war und deshalb viel praktiziert wurde. Echte und falsche Reliquien wurden verhandelt[32] und gestohlen[33], was gleicherweise verboten war, erobert und verschenkt, was gleicherweise erlaubt war (man denke vor allem an die Beraubung der Kirchen von Konstantinopel 1204). Die Vergabe der Heiltümer konnte einem Staatsakt gleichkommen: König Karl III. von Frankreich sandte so z. B. an den deutschen König Heinrich I. 922 „zum Unterpfand ewigen Bündnisses und der Freundschaft eine Hand des wertvollen Martyrers Dionysius von Paris in Gold und Edelsteine eingeschlossen"[34]. Bei einem Herrschaftswechsel wurden bisweilen auch die wichtigsten Reliquien transferiert, und es gab sogar Diebstähle von Heiltümern, um politische Ansprüche zu begründen[35]. Die ökonomischen Aspekte der Reliquienverehrung sind gleicherweise nicht zu vernachlässigen, d. h. die nicht unbedingt mit dem Armutsgelübde in Einklang stehende Hochschätzung der einem wundertätigen Heiligen – also dem Kloster, das seine Reliquien besaß – geschenkten irdischen Güter. Dies wurde gelegentlich, so von Guibert von Nogent[36], auch deutlich ausgesprochen und verurteilt, wie ebenso der „Geldbeutel öffnende" Prunk der Schreine (Bernhard von Clairvaux)[37].

Hinter all diesen Phänomenen – der Jagd nach Heiltümern, den Geschenken an sie, ihrer politischen Bedeutung usw. – stand die feste Überzeugung, es sei eben nicht hinreichend, irgendwo zu einem Heiligen im Himmel zu beten, sondern man müsse sich dem auf Erden verbliebenen Pfand (*pignus* wird oft als Bezeichnung für Reliquie gebraucht) seines Wirkens physisch möglichst nahe befinden. Bereits der hl. Papst Gregor I. hatte es in seinen ‚Dialogi'[38] eigens als ein Glaubensverdienst (*fidei meritum*) bezeichnet, anzunehmen, daß man auch an einem Platz erhört werden könne, wo kein heiliger Leib ruhe; dort wo die Seligen in ihren Reliquien körperlich anwesend seien, gebe es ohnehin keinen Zweifel daran.

Welche *Funktionen* hatten die Überreste der Heiligen für den mittelalterlichen Menschen? *Heilung* und *Schutz* sind zweifelsohne die hauptsächlichen Güter, die vom Besitz von Reliquien oder von der Wallfahrt zu ihnen erwartet wurden. Anderen Elementen, wie etwa der Erhöhung des Prestiges oder der Vermehrung der Einnahmen, kommt daneben, im ganzen gesehen, eher sekundäre Bedeutung zu.

Es erübrigt sich, hier etwas von den Wundern der Heiltümer zu berichten; Pierre-André Sigal hat ihre verschiedenen Aspekte kürzlich kompetent und eingehend dargestellt[39]. Wenn ein Kranker vor dem Grab des Heiligen übernachtete, schreibt ein englischer Chronist des 12. Jahrhunderts, „dann floh die Krankheit, als ob sie die Gegenwart des Heiligenleibes abschrecke, und wagte sich nicht mehr an den Mann heran"[40]. Diese Worte fassen das Wesentliche und lassen sich für das gesamte Mittelalter verallgemeinern, wobei man noch die zahllosen anderen Wunder miteinbeziehen muß, die nicht in Krankenheilung, sondern in Rettung aus bedrängten Situationen (Gefangenschaft, Schiffbruch, Kampf...) bestehen. Krankenheilung war aber zweifelsohne die vorrangig erwartete Tätigkeit der Heiligen[41].

Kaum viel weniger wichtig war jedoch auch die unheilabwehrende Funktion, und das sowohl im irdischen Leben als auch nach dem Tode. Nach einer Urkunde König Karls des Einfältigen hatte er die Reliquien der hl. Walpurgis *pro tutamento totius regni*, „zum Schutze des ganzen Reiches", zu sich geholt[42]. Widukind von Korvey legt dem französischen Gesandten, der eine goldgefaßte Hand des hl. Dionysius als Geschenk nach Deutschland brachte, das Bekenntnis in den Mund: „Seitdem uns der berühmte Martyrer Vitus zu unserem Schaden und eurem dauernden Frieden verlassen hat" (er war 836 nach Korvey transferiert worden), bleibe dem von den Normanneneinfällen erschütterten Westreich einzig Dionysius als Trost[43]. Das Heil eines ganzen Landes wird so mit der physischen Präsenz eines heiligen Leibes verknüpft gedacht.

Häufiger bezeugt ist der persönliche Schutz: Als Apotropaia wurden Reliquien wie Amulette am Körper getragen – eine Praxis, die u. a. aus dem Mainzer Krönungsordo von ca. 960 erhellt, der sagt, daß die den König geleitenden Bischöfe „die Reliquien der Heiligen um den Hals hängen haben"[44]. Der hl. Thomas schrieb in seiner ‚Summa theologiae', sie „zum Schutz um den Hals zu hängen oder sonst irgenwie zu tragen" sei legitim[45]. Wenn das Konzil von Braga 675 den Bischöfen verbot, sich mit ihren Reliquienschätzen am Hals prunkend umhertragen zu lassen, als ob sie selbst Reliquiare wären[46], dann wurde damit wohl eher die *pompa* und der Bezug auf die Selbstdarstellung kritisiert als der apotropäische Gebrauch.

Illustrieren wir nur einen der vielen Aspekte: Zu den Unheil abwehrenden Aufgaben der Reliquien zählte auch ihr Einsatz im Krieg[47]. Sie wurden z. B. unter dem Helm getragen[48] oder in die Kleidung eingenäht[49], wie es vom Seidenhemd Dietrichs von Bern in dem Epos ‚Rabenschlacht' heißt: *Dar in vier heiltuom lâgen Versiglet alle zît, Diu sîn vil vaste phlâgen, Swenne er reit in den strît*[50]. Wir finden sie in Waffen eingelassen, etwa in den Schwertknauf oder -griff[51] (in der Ritterepik wurde u. a. das Schwert Durenal des hl. Roland[52] gerühmt, das der Held vor seinem Tode vergeblich zu zerbrechen versuchte, denn „im vergoldeten Knauf sind viele Reliquien: der Zahn des hl. Petrus und vom Blut des hl. Basilius, Haare meines Herrn, des hl. Dionysius[53], von der Kleidung der hl. Maria"[54]). Doch auch in ihren Reliquiaren wurden sie in den Kampf mitgenommen (die Karolinger führten üblicherweise den Mantel des hl. Martin *ad adiutorium victoriae* in ihren Feldzügen mit sich[55], und Herzog Wilhelm ritt 1066 bei Hastings in die Schlacht mit Reliquien um den Hals, Reliquien im Fingerring, Reliquien in seinem Tragaltar[56]), auf den Mauern belagerter Städte herumgeführt (so bei der Belagerung von Chartres durch die Normannen 911 die Tunika der Madonna[57]; ähnlich hielten sie Feuersbrünste von einer Stadt fern, wenn sie um diese herumgetragen wurden[58]), an Vor- und Achtersteven von Kriegsschiffen angebracht (wie von dem norwegischen König Sverre [† 1202] bezeugt[59]) usf. Bisweilen konnten Reliquien auch pazifistisch wirken: Einhard berichtet, wie sich Todfeinde vor ihnen versöhnten[60], und sowohl Belagerer als auch Belagerte erwiesen 1127 den Reliquien, die aus der zur Festung gewordenen Donatuskirche in Brugge geborgen wurden, die Ehre eines kurzen Waffenstillstandes[61].

Im Rechtsleben waren die heiligen Leiber und andere Reliquien ganz unverzichtbar, da sie vor Betrug schützten, indem auf sie vor allem die Eidesleistung erfolgte, wenigstens seit Karl der Große dies durch ein Kapitulare festgelegt hatte[62]. Die Heiltümer mußten dabei gewöhnlich mit der Hand berührt, auch in den Schoß oder auf den Kopf gelegt werden[63]. Abgebildet sind solche Szenen z. B. auf dem Teppich von Bayeux (nach 1066: Harold schwört, den Normannenherzog Wilhelm als englischen König anzuerkennen)[64] oder auf dem Reichenauer Markusschrein (2. Hälfte 14. Jh.: Eid und Heißwasserprobe des venezianischen Kaufmanns zur Bekräftigung der Echtheit dieser von ihm gestohlenen Reliquien[65]). Auch bei Rechtsstreitigkeiten taten sie gute Dienste: Die Mönche eines Klosters nahmen nicht selten den Heiligen in seinem Reliquiar mit und setzten ihn dem Gegner oder Richter vor die Nase, wie – der bekannteste Fall – der Konvent von Stablo in einem Streit mit dem hl. Anno von Köln († 1075) seinen Patron, den hl. Remaclus, zu den Verhandlungen nach Aachen und Lüttich mitbrachte. Als man ihm den Schrein auf den Tisch stellte, beugte sich auch ein Heinrich IV. und restituierte eine umstrittene Abtei wieder[66].

Sogar die Gestaltung eines Bauwerkes konnte von der Schutzfunktion der Reliquien abhängen: „In Fulda wurde unter [dem heiligen[67]] Abt Eigil († 822) die Frage diskutiert, ob das neue Klostergebäude an die Südfront der Kirche anschließen oder an der Westseite errichtet werden sollte; man entschied sich für die zweite Möglichkeit, weil auf diese Weise die Mönche die schützenden Kräfte, die von dem Körper [sic!] der Heiligen ausgehen, in größerer Nähe hatten"[68]. Es gibt Beispiele für den Usus, Reliquien in Baufundamente einzulassen, so in St. Albans und in Abington[69]. Auch die Errichtung von Ringkrypten geschah, um den Gläubigen zu ermöglichen, „sich ohne Störung des Gottesdienstes den Reliquien zu nähern"[70]. Der dämonenvertreibende Klang der Kirchenglocken verstärkte sich noch, wenn man in die Glockenspeise Reliquienteilchen eingegossen hatte[71].

Apotropäisch wirkten die Heiltümer auch ins Jenseits hinein: Einerseits dadurch, daß man sich ihres Schutzes beim Jüngsten Gericht sicher wähnte, wenn man sich in ihrer Nähe (*ad sanctos*) bestatten ließ, da die heiligen Toten ja bei der Auferstehung an ebendiesen Orten ihre neuen Leiber bekommen mußten. Auch wenn man sich beim Grab eines Heiligen zur letzten Ruhe betten lassen konnte, nahm man noch Reliquien mit sich ins eigene Grab. Der hl. Bernhard von Clairvaux etwa gab Anweisung, ihn mit der Kapsel der Reliquien des Apostels Thaddäus auf der Brust zu begraben, denn „Glaube und Verehrung hatten ihm den Wunsch eingegeben, am Tage der allgemeinen Auferstehung mit diesem Apostel vereint zu sein"[72]. Diese Überzeugung geht auch aus einem jüngst aufgefundenen Zettel hervor, den ein Kanoniker von St. Kunibert in Köln im 2. Viertel des 13. Jahrhunderts in das zahlreiche Reliquienteilchen bergende Sepulcrum des Hochaltars seiner Kirche gelegt hatte und auf den er geschrieben hatte: „Ich, Konstantin, demütiger Priester und Kanoniker dieser Kirche, habe diese Reliquien zusammengesammelt, damit sie mich am Jüngsten Tage zur ewigen Ruhe führen"[73]. Die Reliquien, und nicht die Heiligen!

Andererseits halfen die Heiltümer in der anderen Welt durch ihre Verbindung mit dem Ablaßwesen des Spätmittelalters. Hier lag ein Hauptgrund für die fanatische Sammelleidenschaft vieler Gemeinschaften und einzelner Großer der Geschichte[74]. Es sei etwa an den heiligen König von Frankreich, Ludwig IX., erinnert, an Kaiser Karl IV., dessen Schwiegersohn Herzog Rudolf IV. von Österreich, Kardinal Albrecht von Brandenburg, Kurfürst Friedrich den Weisen von Sachsen... Ein bürgerlicher Reliquienjäger, der auch als Schriftsteller bekannte Nürnberger Nikolaus Muffel, wurde 1469 gehängt, da er Geld aus der öffentlichen Kasse der Reichsstadt veruntreut hatte, um damit seine Reliquiensammlung so zu vervollständigen, daß er für jeden Tag des Jahres das Gebein eines besonderen Heiligen besaß[75]. Anfang des 16. Jahrhunderts konnte man durch die Vermittlung der in Wittenberg aufgehäuften Reliquien immerhin 2.000.000 Jahre Ablaß erwerben und in Halle sogar 40.000.000[76]. So hat man die Reliquien nicht unzutreffend „parcelles de l'au-delà" in dieser Welt genannt[77].

„Realpräsenz"

Wenn die obigen Beispiele aus nur einigen Bereichen des Lebens schon die kaum zu überschätzende Wichtigkeit des Reliquienbesitzes oder der Pilgerschaft zum Ort ihrer Aufbewahrung gezeigt haben, so wird dies nur verständlich, wenn man sich mit einer im Mittelalter immer wieder anzutreffenden Vorstellung vertraut macht, nämlich der, daß der Heilige tatsächlich in seinen Reliquien, d. h. in seinem Reliquiar oder Grab, gegenwärtig ist. Um die Konkretheit dieser Vorstellung – aus mittelalterlicher Perspektive: dieses auf Erfahrung beruhenden Wissens – zu unterstreichen, verwende ich hier den aus der Eucharistielehre übernommenen Terminus „Realpräsenz".

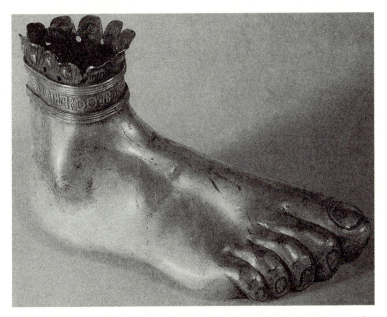

Abb. 2: Fußreliquiar des hl. A(da)llard, italienisch, 14. Jahrhundert. Paris, Musée de Cluny.

Wir können uns diesem Phänomen vielleicht etwas nähern, wenn wir betrachten, wie sich mittelalterliche Menschen Reliquien gegenüber betragen haben. Ein – wie ich meine – charakteristisches Beispiel dafür sind Haltung und Verhalten der Mönche von Durham, die im Herbst 1104 den Leib ihres Patrons Cuthbert für die bevorstehende Translation zu erheben hatten, nachdem die neue Kathedrale weitgehend fertiggestellt worden war. Schon das Öffnen des äußeren Schreins, so ein Augenzeuge[78], war von wiederholtem Zögern und von Angst begleitet, ohne daß sie sich entschließen konnten, auf die Enthüllung des heiligen Leichnams zu verzichten. Als sie auf den Holzsarg stießen, „fielen sie gemeinsam zur Erde nieder und beteten flehentlich, daß der sel. Cuthbert durch seine Interzession den Zorn des allmächtigen Gottes von ihnen abwende, wenn sie diesen ob ihrer Unbesonnenheit vielleicht verdient hätten. Sie empfanden Freude vermischt mit Furcht, weil sie zwar den Frevel wegen ihrer Kühnheit fürchten mußten, doch wegen der Gewißheit einer so wichtigen Gabe unermeßliche Freude empfingen . . . So schien es ihnen fast eine Verwegenheit, die Geheimnisse des heiligen Leibes, um sie tiefer zu erforschen, mit Händen zu berühren, was, wie sie meinten, die folgende göttliche Rache keineswegs unbestraft lassen würde." Nach langem Zaudern brachte man es doch über sich, den Sarg zu öffnen. „Sie waren nämlich von Verlangen und Liebe ergriffen, zu *schauen* und zu *berühren* , was sie liebhatten, aber im Bewußtsein ihrer Sünden stieß sie die Furcht zurück, dies zu wagen. So schwankten sie unschlüssig zwischen diesen beiden, daß sie kaum wußten, was sie eher wollten." Als dann endlich der Heilige doch unversehrt vor ihnen lag, „wurden sie von ungeheuerem Schrecken ergriffen und wagten nicht, das sich vor ihnen auftuende Wunder anzuschauen, sondern zogen sich etwas weiter zurück. Unter unablässigen Kniebeugen begannen sie, sich mit den Fäusten auf die Brust zu schlagen und oft auszurufen, Augen und Arme zum Himmel gestreckt: ‚Herr, erbarme dich unser, erbarme dich!' Einer berichtete dem anderen, was er gesehen, als ob jener es nicht gesehen hätte. In ganzer Länge niedergestreckt, ganz mit Tränen überströmt, flehten sie den Herrn mit den sieben Bußpsalmen an, daß er sie nicht in seiner Wut züchtige und nicht in seinem Zorn strafe." Wie groß war die Freude, als der Körper Cuthberts aus seinem Sarg, in dem jede leere Stelle mit weiteren Reliquien vollgestopft war, erhoben war: „Welch Lob und Frohlokken, als sie endlich diesen Schatz himmlischer Gnade vor Augen hatten, im Vergleich zu dem ihnen alles Gold wertlos ward. Nichts mehr schien ihnen zu fehlen, als sie den wie lebend gegenwärtig schauten, durch den ihnen die göttliche Großmut sowohl die Grundlage des hiesigen Lebens als auch die Freude des künftigen zukommen lassen sollte"[79] (übrigens eine sehr bezeichnende Formulierung zur Funktion des Reliquienbesitzes).

Es war also eine Mischung aus Sehnsucht und Scheu, Gier und Angst, mit der man an den unverwesten Leib oder seine Überreste herantrat: Empfindungen, wie sie für das Verhalten des „homo religiosus"[80] dem gegenüber, was die lateinische Sprache ambivalent mit *sacrum* bedeutet, vielfach kennzeichnend sind. Die Mönche des hl. Cuthbert benehmen sich ihrem Patron gegenüber wie gegenüber einem Wesen, das ebenso anlockt wie Angst einflößt, das einem Gutes tun, genauso aber Vernichtung bringen kann. Die miteinander widerstreitenden Gefühle nehmen um so mehr zu, je größer die körperliche Nähe zu dem Leib in seinem Sarg wird (um die Spannung zu lösen, müssen sie sich erst einmal eine Zeitlang zurückziehen, ehe sie endgültig das Holz durchdringen). Es muß also an diesem Ort etwas oder jemand präsent sein, der wie ein Lebender und Machtvoller so oder so reagieren kann[81].

Man könnte hier viele analoge Beispiele für diese ambivalenten Gefühle bringen; sogar der im Umgang mit den Überresten der Heiligen ja nicht übertrieben skrupulöse Hugo von Lincoln hielt es doch für ratsam, zuerst einmal zu beichten und die Absolution zu empfangen, ehe er die halbe Hand und die drei Finger Johannes des Täufers, die in Bellay aufbewahrt wurden, entblößte und küßte, was, wie betont wird, seit Jahren niemand mehr gewagt hatte[82].

Es bedarf aber gar nicht des indirekten Schlusses auf die reale Präsenz der Heiligen in ihren Gräbern oder Reliquienbehältern: Zahlreiche Visionen und Erscheinungen in den Vitae sanctorum, besonders aber in den Miracula post mortem, zeigen ganz deutlich, daß der Heilige als diese Stätten richtiggehend bewohnend vorgestellt wurde. Der hl. Petrus Damiani beschreibt die um 973 erfolgte Bekehrung des künftigen Patriarchen der Kamaldulenser, des hl. Romuald, folgendermaßen: Romuald und ein Vertrauter befanden sich in der Kirche S. Apollinare in Classe vor Ravenna; Romuald hatte versprochen, Mönch zu werden, falls er den Heiligen mit eigenen Augen sehen dürfe. „Zur Zeit des ersten Hahnenschreies schauten sie beide klar, wie der sel. Apollinaris unterhalb des Altares herauskam, den man in der Mitte der Kirche zu Ehren der sel. Jungfrau Maria errichtet sieht, und zwar von dort, wo sein Porphyrgrabmal liegt." In sonnenhellem Glanz umwandelte er das Kircheninnere, um alle Altäre zu inzensieren, „und nachdem dies vollbracht war, wandte er sich sogleich dorthin zurück, von wo er herausgekommen war". So auch die zweite Nacht...[83].

Im Mirakelbuch des hl. Martin von Tours wird erzählt, was einem durch die Reliquien des Bischofs geheilten Blinden widerfahren war: „Jemand öffnete meine Augen, und nachdem er mir die Sehkraft wiedergegeben hatte, ging er, wie ich sah, in jenen großen, schönen Schrein hinein.' Und der Glückliche zeigte mit ausgestreckter Hand auf den Schrein und die Stelle, wo hinein er jenen verschwinden gesehen hatte"[84].

Nachdem die sel. Johanna Maria von Maillé († 1414) den aus seinem Silberbehälter entnommenen Schädel einer der 11.000 Jungfrauen der hl. Ursula „nach gewohnter Weise" geküßt hatte, erschien ihr von dort plötzlich ein Jüngling, der vor ihr niederkniete und sie küßte. Daraus erkannte die Mystikerin, daß es sich um das Haupt eines Mannes handeln müsse, wer es aber war, wurde ihr nicht geoffenbart[85].

So konnte auch ein nicht beachteter Heiliger auf sich aufmerksam machen: In den um 1200 verfaßten Miracula des hl. Autbert von Cambrai († 699) wird erzählt, wie mehrere vom Antoniusfeuer Befallene gleichzeitig träumten, daß „aus einem alten Reliquiar ein wunderschönes Lamm herauskam, welches einen jeden küßte, um dann wieder dorthin zurückzukehren, woher es gekommen war". Als man das Behältnis öffnete, fand man „ebendort nichts anderes als die herrlichen Reliquien des seligsten Konfessors Autbert, und zwar das Kinn und jenen Teil des Antlitzes, worin sich die unteren Zähne befinden, zusammen mit einer entsprechenden Authentik"[86]. Der (ungewöhnlicherweise) als Lamm erschienene Bischof hatte natürlich mit seinem Kuß die Kranken geheilt.

Außerordentlich häufig sind Krankenheilungen am Grab eines Thaumaturgen mit einer Vision oder Erscheinung im Schlaf verbunden, da ja die Inkubation im Mittelalter nahezu genauso üblich war wie in der Antike[87]. Ein Beispiel gibt ein Wunder des hl. Zisterzienserabtes Robert von Newminster († 1159). An die Eisenringe bei seinem Grab im Fußboden des Kapitelsaals war, wie bei dieser Sorte von Hilfesuchenden üblich, ein Geisteskanker mit Stricken angebunden worden. Dieser tobte so heftig, daß er sogar seinen ihn bewachenden Bruder kräftig biß, der sich daraufhin erschöpft in eine Ecke des Raumes zurückzog und einschlummerte – um den Kranken beim Erwachen entfesselt am Grab des Heiligen zu finden. Dieser hatte ihn geheilt und befreit, und zwar, wie der Mann erzählte, indem er ihm erschien: „Er kam aus dem Grab hervor, löste meine Stricke, ermahnte mich aber, künftig besser zu leben. Dies getan, kehrte er in das Grab, aus dem er gekommen war, zurück"[88].

Gleich mehrere Heilige intervenieren so in einer Mirakelsammlung des hl. Privatus: „un prêtre souffrant de fièvres vit, en rêve, une tête sortir d'un reliquaire, se poser sur la sienne, puis rentrer dans le coffret. D'un deuxième coffret sortit un bras qui se posa sur le bras du malade puis revint à sa place. De même, un deuxième bras et, à la suite, toutes les parties du corps sortirent de différents coffrets. Au réveil, le malade se retrouva guéri"[89].

Eine der Glasscheiben mit dem Leben Thomas Beckets in Canterbury (um 1220) zeigt eben diese Situation, wie der Heilige gerade mit dem halben Leib aus seinem Schrein herauskommt, unter ihm der Träumende[90].

Die nämliche Vorstellung, daß der Heilige dort ist, wo seine Reliquien sich befinden, ja, daß seine Wirkmacht überhaupt von deren Existenz auf Erden abhängt, bezeugt auch folgende Erzählung: Als der Sarg mit der Leiche des Erzmartyrers Stephanus zu Schiff nach Konstantinopel unterwegs war, schreibt der sel. Erzbischof Jakob von Voragine nach Augustinus, versuchten die bösen Geister der Luft, es auf hoher See untergehen zu lassen. Stephanus erschien sogleich den verzweifelten Matrosen und beruhigte das Meer. „Aber die Stimmen der bösen Geister in den Lüften schrieen, ,O Sathan unser Fürst, verbrenne das Schiff, denn unser Feind Stephanus ist darin'. Da sandte der Fürst der Teufel fünf böse Geister, daß sie das Schiff anzündeten; aber die Engel des Herrn versenkten sie in die Tiefe des Meeres"[91]. Die Logik der Teufel ist hier die Logik der Legendenerzähler: Wenn der tote Körper des Heiligen im Meer verschwunden oder verbrannt worden wäre, wäre er machtlos – also wird seine gesamte Wirkkraft nur in seinen Gebeinen lokalisiert, ohne daß seine himmlische Existenz irgendwie bedacht würde. Der Heilige ist hier identisch mit seinen Reliquien, in denen er „real" präsent ist.

Die Reliquien der Heiligen können sich auch wiederbeleben. Der Leib des Wundertäters ist quasi latent, d. h. bei besonderer Gelegenheit, handlungsfähig wie ein Lebender. Das illustriert eine andere Geschichte aus dieser Sammlung: Ein gewisser Abt hatte versprochen, die Überreste einer der 11.000 Jungfrauen der hl. Ursula in einem Silberschrein beizusetzen, begnügte sich aber bloß mit einem hölzernen. „Da geschah es eines Nachts, ... daß die heilige Jungfrau leiblich von dem Altar stieg, ... und zum Schrecken der Mönche vor aller Augen mitten durch den Chor von dannen ging. Der Abt lief zu dem Schrein und fand ihn leer." Die enttäuschte Jungfrau war nämlich an ihren ursprünglichen Ruheplatz zurückgekehrt[92].

Sie sind eben nicht richtig tot, die Körper der Heiligen, wie u. a. jene Legenden lehren, nach denen ein heiliger Leichnam in seinem Grab zur Seite gerückt sei, um einem nachkommenden anderen Heiligen Platz zu machen: Als der Erzmartyrer Stephan bei seinem Gefährten Laurentius bestattet werden sollte, wollte dieser „gleichsam seine Freude erzeigen über die Ankunft seines Bruders und rückte auf die andere Seite des Grabes und gab ihm die Mitte frei"[93]. Ähnliches wird in der Legende vom hl. Johannes Eleemosinarius († 619/20) überliefert[94]. Als der hl. Bischof Hildefonsus von Toledo die Martyrin Leocadia besonders feierte, erhob sich diese aus ihrem Grab und ließ sich von ihrem Verehrer umarmen. Dieser rief sofort nach einem Messer, „um etwas von ihr dazubehalten, es in Gold oder Silber zu legen"[95], wie die altfranzösische Bearbeitung von Gautier de Coincy sagt. Allerdings konnte der Bischof nur ein Teilchen des Gewandes abschneiden, ehe sich die Heilige wieder zurückzog[96]. Oder man denke an die Berichte von Schreinen, die „freundliche Laute als Gruß an einen Heiligenkollegen von sich" geben, wie der Lambertus- und der Domitiansschrein[97]. Oder jenes Mirakel der hl. Gertrud von Nivelles, deren entseelter Leib aus dem Schrein eine Hand emporreckte, um die Symbole einer Schenkung zu sich zu nehmen, worauf sich das Scrinium wieder schloß[98]. Auch die hl. Birgitta von Schweden erlebte Ähnliches, indem ihr der Apostel Thomas, vor dessen Reliquiar in Ortona sie betete, „ohne daß es jemand berührt hätte, aus dem Reliquiar selbst" einen Beinsplitter von sich überreichte[99].

Neben den Visionen und Legenden, deren Quellenwert für die Mentalitätsgeschichte unumstritten sein dürfte, manifestiert sich die „Realpräsenz" des Heiligen in seinem Reliquiar besonders deutlich auch im liturgischen Bereich, nämlich im Usus der *humilatio*, der demütigenden Bestrafung der Reliquien[100]. Dieser Versuch, das Eingreifen eines Heiligen zu erzwingen, erfolgte in geordnet-liturgischer Form folgendermaßen: Ein Konvent, der z. B. durch einen Feudalherrn in seinen Besitzrechten geschmälert worden war, ohne daß die Klosterpatrone dies verhindert hätten (wie es ihre Pflicht gewesen wäre), erhob in seiner Kirche den zeremoniellen *clamor*, die Anrufung Gottes gegen jene himmelschreiende Sünde mit den Worten des Psalmisten. Die in ihren Reliquiaren präsenten Heiligen wurden von den Altären gehoben und auf den Boden gestellt, wo sie verblieben, bis die Mönche für das Unrecht Genugtuung erhalten hatten. Als Druckmittel wurde ihnen für diese Zeit auch der Verkehr mit den Gläubigen entzogen, indem die Tore der Kirche mit einer Ausnahme versperrt wurden und die Schreine oder Grabmäler mit Dornen um- und bestreut wurden, so daß es unmöglich war, sich den Reliquien, d. h. dem Heiligen, zu nähern, ihn in der Ostension zu zeigen oder ihn zu berühren. War die Klostergemeinschaft wieder versöhnt, indem z. B. der Schuldige als Büßer Abbitte vor den Reliquien getan hatte oder ihn der Heilige mit Verletzung, Krankheit oder Tod gezüchtigt hatte, wurden die Heiltümer voll Freude wieder in ihre übliche Position erhöht und den Umwohnenden wieder der Zutritt zu ihnen gestattet. Neben dieser wahrhaft realen Demütigung der Heiligen, die über ein Jahr andauern konnte, gab es denselben Brauch beschränkt auf die Zeit des *clamor*. Hierbei tritt ein anderer Aspekt in den Vordergrund, der genauso die Vorstellung einer Präsenz des Verewigten in seinem Reliquiar voraussetzt: nämlich, daß dieser zusammen mit den auf den Boden hingestreckten Mönchen vermittels desselben Demutsgestus Gott um Vergeltung anflehe. Diese Dramatisierung der Erniedrigung, die der Konvent durch seine Feinde erfahren hat, erinnert aber gleichzeitig an die monastischen Buß- und Strafpraktiken, speziell an die *disciplina* (Auspeitschung), die ja vielfach bei (in Kreuzform) ausgestrecktem Körper *am Boden liegend* vollzogen wurde[101].

Es gibt natürlich auch immer wieder spontane, nicht liturgisch gestaltete Manifestationen enttäuschter Gläubiger gegen den Heiligen in seiner irdischen Ruhestatt: Handlungen, deren Voraussetzung genauso die Überzeugung von der angesprochenen „Realpräsenz" bildet. In Saint-Calais-sur-Anille stürzten sich einmal einige Bauern, die von ihrem Feudalherrn ausgebeutet wurden, nachdem sie sich geziemend mit Fasten und Geschenken vorbereitet hatten, auf den Altar, in dem sich die Reliquien des hl. Carileffus befanden, zogen die Decke herunter und begannen auf den Stein einzuprügeln, indem sie den Heiligen anriefen: „Warum verteidigst du uns nicht, heiliger Herr? Warum kümmerst du dich nicht um uns, sondern schläfst?" Dies wirkte, denn binnen kurzem stürzte der bewußte Adlige vom Pferd und brach sich das Genick[102]. „Thus the peasants beat their saints, just as they would beat a reluctant beast of burden, to awaken him and force him to do his job"[103].

Man sollte jedoch solche Äußerungen nicht vorschnell als typisch für das „Volk" beurteilen, denn auch geweihte Herren konnten durchaus so konkret werden: Bei einer Prozession mit den Reliquien des hl. Ywius, eines Diakons des hl. Cuthbert, kam man in ein Nonnenkloster, wo es dem Heiligen so gut zu gefallen schien, daß seine Träger ihn auf keine Weise mehr von diesem Ort wegtragen konnten. „Sie schrieen, heulten, zerrissen ihre Kleider, rauften sich die Haare aus, wrangen die Hände und schlugen auf das Reliquiar ein wie Balaam auf sein Maultier"[104]. Schließlich blieb ihnen nichts anderes übrig als ihren störrischen Patron samt Schrein an die offenbar frömmeren Schwestern zu verkaufen. Als der Schrein des hl. Benedikt in St.-Benoît-sur-Loire einmal beraubt wurde, stürzte sich der zuständige Kustos mit einem Stock auf ihn und beschimpfte den unaufmerksamen Heiligen unter Schlägen in heftiger Weise[105].

Für gewöhnlich bestrafte man einen Heiligen, wenn er seiner mit der Annahme von Gebeten und Votivgaben eingegangenen Verpflichtung, Wunder zu wirken, nicht nachkam. Bisweilen ist jedoch auch der umgekehrte Fall bezeugt: Als der hl. Stephan von Thiers 1124 gestorben war, ereigneten sich an seinem Grab in Grandmont so viele Wunder, daß der einsetzende Pilgerstrom die Ruhe des dortigen Konvents zu stören begann. Da wandte sich der Prior mit folgenden Worten an den Heiligen: „Wir sind durchaus nicht neugierig auf deine Wunder, wir glauben auch so genugsam an deine Heiligkeit. Hüte dich also, künftig solche Wunder zu vollbringen ... Wenn du aber etwas anderes machst, dann sagen wir dir, daß wir deine Gebeine von hier herausholen und in den Fluß werfen werden!"[106] Schwerlich ist die Bindung der thaumaturgischen Macht des Heiligen an seine Überreste auf Erden und seine Anwesenheit in ihnen deutlicher zu fassen.

Dem entspricht im Umgang mit den Heiligen die Bestrafung ihres Bildes, d. h. des mit ihm – ungeachtet aller theologischer Unmöglichkeit – identischen oder unlöslich verbundenen Heiligen. Denn die *humilatio* wurde genauso mit den *imagines sanctorum* vollzogen[107], wobei aber zu bedenken ist, daß diese ja oft als Reliquienbehälter dienten[108]. Wie solche Körperstrafen funktionierten, konnte man z. B. in der weitverbreiteten ‚Legenda aurea' nachlesen. Sie enthält die Geschichte von dem Bild des hl. Nikolaus von Myra, das von einem Juden als Wächter in seinem Haus aufgestellt worden war. Nachdem dieses aber dennoch ausgeraubt wurde, geißelte er das Bild heftig. Da blieb dem armen Heiligen nichts anderes übrig, als „voll von Striemen und rot von Blut" den Dieben zu erscheinen, die darob so erschraken, daß sie alles zurückerstatteten, worauf sich der Jude natürlich bekehrte[109].

Auch in der Sprache manifestierte sich die Gleichsetzung der eigentlich im Himmel weilenden Heiligen mit ihren Reliquien. Eine häufige mittelalterliche Schwurformel war etwa: „So helfe mir Gott und diese Reliquien der Heiligen"[110] (nicht aber: „und diese Heiligen"); Geschenke wurden gegeben „aus Ehrfurcht vor dem Leib des vorgenannten Apostels und den anderen Reliquien"[111] (nicht aber: „vor dem Apostel und den anderen Heiligen"); umgekehrt sagte man, daß ein Reliquiar der ursulanischen Jungfrauen an ihrem Fest die Opfernden ihrerseits „küßt"[112]. Der Einzug der Reliquien ist der *adventus sanctorum*[113]. Nicht der Heilige, sondern sein Haupt wirkt Wunder: *Caput ... Kartaginem ... pervenit, in qua obtime nunc requiescit et multa miracula facit*[114]. Ein Kloster hat einen Leib, zu dem Kranke und Gesunde oft barfuß pilgern: *le moustier a un cors saint, / Saint Eloy, ou malade et sain / Vont souvent nus piez*[115]. Als Jakob von Vitry die Nachtwachen der hl. Maria von Oigniès († 1213) vor den Reliquienschreinen schildert, sagt er: „diese Reliquien feierten ein nächtliches Fest mit ihr und applaudierten sozusagen ihrer Wache"[116], nicht aber: „die Heiligen ...". „Oh heiliger Leib, hilf mir!", schrie ein in die Rhône gestürzter Kaufmann, um vom hl. Peter von Luxemburg gerettet zu werden[117]. Formulierungen wie *ad corpus sanctum orare* („zu dem heiligen Leib beten") sind bezeugt[118].

Schließlich wurden die Reliquien, wenn sie bei einer Translation an ihre künftige Ruhestätte gelangten, mit *maiestas vestra* angeredet, wurde ihnen dasselbe Zeremoniell wie höchstgestellten Persönlichkeiten zuteil: das des *adventus*. Dieser bestand u. a. aus dem feierlichen Auszug der Stadtbewohner den Reliquien entgegen und dem Lob der *virtus* der an-

Abb. 3: Einzug Bischof Balduins in Trier 1308, die Geistlichkeit kommt ihm mit Reliquien (Stab des hl. Petrus, Reliquienkästchen) entgegen, lavierte Zeichnung, um 1340. Koblenz, Landeshauptarchiv, Balduineum 1, f. 2a.

kommenden Heiligen, die in die *aula*, ihren Thronsaal, d. h. die Kirche, einziehen[119]. Ihrerseits zogen die Reliquien ja auch den in ihre Stadt einreitenden Fürsten in feierlicher Prozession entgegen (wie z. B. im ‚Codex Balduineus' um 1330 illustriert[120]). In ihren Kirchen konnten wichtige Reliquien einen Kultus erfahren, wie sonst nur das Sanctissimum. Das Haupt des hl. Johannes Baptista wurde im 12. Jahrhundert in Angely von einer Hundertschaft Mönche Tag und Nacht liturgisch verehrt: *caput sanctissimum a centeno monachorum choro die noctuque veneratur*[121].

Aber allein schon die Existenz des Wallfahrtswesens[122], also das Sich-Begeben an den Ort der heiligen Überreste, genauso wie die Prozession als das Mitführen von ihnen, also das Hinbewegen der Reliquien an den Ort, wo sie wirken sollen, zeigen, daß in der Praxis mittelalterlicher Heiligenverehrung der im Jenseits Weilende durch ein festes Band mit seinen sterblichen Resten verbunden blieb. Gewiß konnte er auch an anderer Stelle eingreifen, direkt aus dem Himmel heraus, wie zahllose auf schriftlichen Mirakula und Exempla beruhende Darstellungen der gotischen Malerei beweisen, wo der Heilige aus einem Wolkenband heraus erscheint[123], aber viel wahrscheinlicher war ein Erfolg des Gebetes doch, wenn er körperlich anwesend war, d. h.: wenn seine Reliquien präsent waren oder wenn man wenigstens versprach, diese körperliche Nähe nachzuholen, indem man eine Wallfahrt an seine Ruhestätte gelobte. Sicher war dies der folgenreichste Aspekt der mittelalterlichen Reliquienverehrung, der zur Entstehung von Kirchen und Kapellen, von Straßen und Hospizen führte und der auch Voraussetzung für jene Mentalität war, aus der heraus die weltgeschichtliche Bewegung der „bewaffneten Pilgerfahrten" ins Heilige Land, der Kreuzzüge, entstand.

Vielleicht kann man die mittelalterliche Einstellung mit den Worten des Verfassers der ‚Miracula S. Martialis' wiedergeben, der 1388 nach der Wunderheilung eines sterbenden Kindes schrieb: „Wie sollen denn die Glieder des Martial nicht durch den *leben*, der der Weg, die Wahrheit und das Leben ist, wenn sie selbst Tote auch in diesem Leben lebendig machen?"[124]

Anteil haben an der Heiligkeit des Toten

Was steht hinter diesem Verlangen nach physischer Nähe? Seit frühchristlicher Zeit[125] strebte man danach, wenn möglich, in der Nähe der Ruhestätte eines Heiligen oder eines Altars mit bedeutenden Reliquien begraben zu werden. Bischof Eadbert von Lindisfarne († 698) ließ sich gleich in ebendem Grab bestatten, in dem bereits der Leib des hl. Cuthbert ruhte, wobei dessen Sarg unmittelbar über ihn gelegt wurde[126]. Kaiser Karl III. ließ die Arme verschiedener Heiliger aus dem Reichsschatz nehmen und „zum Schutz von Seele und Leib" in einem Altar an seinem Grab bergen, wie er in einer miteingeschlossenen Urkunde bekanntgab[127]. Keineswegs hätte er, so kommentiert im 12. Jahrhundert der Kanzler der französischen Könige, Abt Suger von St.-Denis, vor diesem „heiligen Altar" auch noch sieben ewige Lichter gestiftet, „wenn er nicht höchste Hoffnung für Leib und Seele vermittels dieser Plazierung der heiligen Reliquien gehegt hätte"[128]. Suger selbst begründete seinen Wunsch nach unmittelbarem Körperkontakt mit seinen „so bedeutenden und so heiligen Reliquien" damit, daß er dadurch Stärkung und Schutz erwarte[129]. Mittels körperlicher Nähe wird also Partizipation an der Heiligkeit des Toten gesucht, und zwar Partizipation insofern, als der Heilige, wie er den Angriffen der Dämonen im Leben siegreich widerstanden hat, so sie auch im Jenseits nicht zu fürchten braucht und daher gegen sie zu schützen vermag. Die Heiligenverehrung des Mittelalters kann nicht ohne ihren Kontrapart, die Dämonenfurcht, richtig eingeschätzt werden[130]. Partizipieren will man aber auch an der erprobten Rechtfertigung des Heiligen als (frühmittelalterlich:) getreuen Vasalls des Himmelsherrn, als (spätmittelalterlich:) Gottesfreundes, der beim Gericht über seine Seele nicht für zu leicht befunden und in die äußere Finsternis geschickt wird, sondern als Gerechter ewige Belohnung erwarten darf. Dieser gerechtfertigte (frühmittelalterlich:) „Mann" (feudalsprachlich: *homo*) Gottes kann aber auch seinen eigenen Vasallen oder Diener beim Gericht über dessen Seele bittend vor dem Zorn des Himmelsherrn beschützen, dieser gerechtfertigte (spätmittelalterlich:) *gotzminnaere* darf auch Fürbitte bei den Wunden und der Liebe Jesu für seinen *friunt* einlegen.

Berühren und *Schauen* sind nun primär die beiden Verhaltensweisen, mit denen man sich einen Anteil an der Heiligkeit eines toten Gottesknechtes oder -freundes zu sichern suchte[131]. Konnte Papst Gregor der Große noch schreiben, in Rom sei es ein Sakrileg, wenn jemand den Leib eines Heiligen berühre[132], so hielt sich im Mittelalter zwar die Scheu davor, doch bekam die Sucht danach fast immer Oberhand. Suger von St.-Denis sagt in diesem Sinn von sich selbst, schon seit langem habe er sich in der Sehnsucht verzehrt (*rapiebar*), die Arme der heiligen Jakobus, Stephanus und Vinzentius zu sehen und zu küssen, die in einem Altar seiner Abteikirche verschlossen waren. Aus dieser Erhebung machte er ein großes Fest, dessen Bedeutung aus der Anwesenheit zahlreicher Erzbischöfe und Bischöfe hervorgeht[133].

Den Körper oder die Gebeine eines Heiligen wollte jeder berühren: Der hl. Ambrosius schilderte bereits, wie sich die Menge zu den Überresten der aufgefundenen Martyrer Gervasius und Protasius drängte: „Wie viele Kleidungsstücke werden auf die hochheiligen Reliquien geworfen, eben vermittels der Berührung heilend! Alle freuen sich, den Rand des Leinenstoffs zu berühren – und wer ihn berührt, der wird geheilt (*et qui contigerit, salvus erit*)"[134]. Fast wie ein Automatismus wirkt diese Formulierung.

Als Godric von Finchal zu Grabe getragen wurde, gingen die Mönche von Durham mit seiner Leiche prozessionsartig durch die Klostergebäude und die Kirche, wobei die Scharen herbeiströmten, um ihn nach Möglichkeit zu berühren: *quicunque ad ejus contactum contingere poterant, certatim singuli confluebant*, so daß die Träger kaum vorwärts kommen konnten[135]. Wo immer möglich, versuchte man, sich unter die Bahre zu werfen, auf der der Leib eines Heiligen bzw. seine Reliquien umhergetragen wurden. Ein Verehrer des hl. Hugo von Lincoln, dem es gelungen war, zu diesem Zweck die dessen Beisetzung begleitende Menge zu durchbrechen, formulierte es etwa folgendermaßen: „Dir danke ich, Vater des Erbarmens und Gott aller Tröstung, daß Du Dich meiner erbarmt und mich so sehr getröstet hast, daß ich meinen so vieler Sünden schuldigen Leib mit dem heiligsten Leib Deines Dieners vereinen konnte, was ich in dieser Welt vor allem anderen ersehnt habe, und daß es mir erlaubt war, mich ihm zu nähern, der Dir treu diente"[136].

Analog dazu waren viele Reliquiare oder Schreine von Heiligen etwas erhöht aufgestellt oder ihre Gräber mit einer Luke versehen, um das Durchkriechen zu erlauben und so dem Verlangen nach einer möglichst intensiven körperlichen Nähe entgegenzukommen[137]. Ein Beispiel für ersteres bietet eine Miniatur der Verkündigung des Jean Fouquet († 1477/81) im Stundenbuch des Etienne Chevalier (Chantilly, Musée Condé), als eines für ein „Schlupfgrab" sei etwa das des hl. Otto von Bamberg in der dortigen Klosterkirche St. Michael (um 1430)[138] genannt. Mit kleineren Reliquiaren wurden die Pilger vom Priester berührt. So heißt es in einem 1506 gedruckten Handbuch für Pfarrer, diese sollten bei der Heiltumsweisung sagen: *gond herzu mit andacht und lassent euch mit dem heiligtumb bestrichen, umb das der lieb heilig uwer guter fursprech oder furminder gegen got sey* [139].

Völlig üblich war als intensivste Form des leiblichen Kontaktes das vielfache Küssen[140] (*deosculari*) der Reliquien, Statuen und Gräber, wie es heute noch bei Ikonen und Bildern in der Ostkirche und den romanischen Ländern der Brauch ist. Es konnte sogar in richtiggehendes Beißen ausarten[141]. Wer es sich leisten konnte, trug natürlich Reliquienpartikeln dauernd am Körper mit sich[142]. Wo der Heilige in sein Grab eingeschlossen war, wurde wenigstens dieses umarmt (*amplexari*[143]).

Was das *Sehen*, die Schaufrömmigkeit, betrifft, so kam ihm im ganzen Mittelalter die feierliche „Weisung" der Reliquien, ab dem Hochmittelalter auch die Gestaltung ihrer Behältnisse entgegen. Wenigstens seit dem 7. Jahrhundert sind Reliquienostensionen bezeugt[144]. Die heiligen Gebeine wurden dabei „nackt", d. h. ohne Umhüllungen[145], aus ihren Schreinen, Kapseln und Bursen genommen, herumgezeigt und geküßt. So wies z. B. 1151 der Bischof von Cambrai die Gebeine der hl. Aldegunde von Maubeuge zur andächtigen Betrachtung: „er trennte einen der Füße mit der unverweslichen Haut von ihrem Körper, hob ihn hoch und zeigte ihn allen Umstehenden"[146]. Bisweilen errichtete man dazu eigene Gerüste vor der Kirche (etwa für die Benediktsreliquien in Fleury)[147], deren Nachfahren die Brüstungen und Erker für die Heiltumsweisungen („Heiltumsstuhl") darstellen. (Im Hochmittelalter hatte man sich bei großem Andrang noch mit Zelten begnügt[148].) – Trotz des Verbotes von 1215 war die Ostension auch im Spätmittelalter nicht unüblich: In dem Bericht von einer Weisung der Reliquien des hl. Martial im Jahre 1388 heißt es, „die Mönche öffneten wie üblich die kostbaren Gefäße und Behälter, in denen das kostbare Haupt selbst geborgen ist, damit es nackt für alle Pilger zu sehen war"[149]. Bei der Nürnberger Heiltumsweisung ermahnten die Ausrufer: *Die stück wollet mit solcher andacht sehen Das euch genad und seligheit davon bekommen!*[150]

Daß dieses „Mana" der heiligen Überreste an ihre körperliche Präsenz gebunden war, zeigt auch der Brauch, bei Neuerwerbungen von Gütern oder Kirchen die Reliquien aus der Kirche der künftigen Eigentümer zur Inbesitznahme dorthin zu tragen[151]. Es konnte jene Kraft auch an allen Orten gelten, an denen die Reliquien des Heiligen je geweilt hatten. Der hl. Cuthbert von Durham, dessen Leib von den Mönchen seiner Stadt auf ihrer Flucht vor den Normannen an verschiedene Plätze verbracht werden mußte, hatte generell verboten, daß je eine Frau in eine seiner Kirchen eintrete. Es genügte schon, wenn sie versuchte, nur den zugehörigen Friedhof zu durchqueren, um sofort dem Wahnsinn zu verfallen und zu sterben, wie mehrere Fälle bestrafter Tabuübertretung zeigten[152]. Daher blieben von allen Kirchen, in denen seine Reliquien einmal aufgebahrt gewesen waren, Frauen strengstens ausgeschlossen. Auch an andere, topographisch genau bestimmte Grenzen, in deren Zentrum sein Leib ruhte, konnte die Kraft eines Heiligen so gebunden sein: Ein Steuereintreiber Wilhelms des Eroberers wurde von demselben Heiligen schnell dazu gebracht, sein Gebiet wieder zu verlassen, indem er ihm in der Nacht erschien und ihn mit einem Bischofsstab durchbohrte[153]. Seitdem war der Mann schwerkrank, solange er sich innerhalb der Grenzen des Bistums befand, überschritt er diese aber, so erlangte er sofort seine Gesundheit wieder[154]. Es handelt sich dabei um regelrechte Tabubezirke, was die nicht seltenen Geschichten zeigen, nach denen Tiere, die nur zufällig z. B. ein bei einer Prozession umhergetragenes Reliquiar berührten, sogleich bestraft wurden, wie jener Hahn, der es mit dem Verlust seiner Stimme und seines Flugvermögens büßte, sich auf den Schrein des hl. Marius gesetzt zu haben[155].

Umgekehrt ist dieser Bezirk für die Verehrer des Heiligen aber auch von Heil erfüllt: Eine Blinde vermag auf der vom hl. Bénézet in Avignon auf wunderbare Weise gebauten Brücke zu sehen, geht sie aber von ihr weg, dann wird sie wieder blind; erst als sie sich über ein Jahr dort aufgehalten hat, ist sie endgültig gesund[156] usw.[157] Um ihre Heilung nicht wieder zu gefährden, lassen sich manche Menschen für den Rest ihres Lebens direkt bei dem Sanktuarium nieder, wo sie von ihrer Krankheit befreit wurden[158].

Wiewohl die Versicherung der Präsenz des Wundertäters vermittels Berühren und Anschauen der Gebeine, der sonstigen Reliquien und der Grabmäler der Heiligen das ganze Mittelalter hindurch als Bedürfnis der Gläubigen nachgewiesen werden kann, erfolgte doch im Hochmittelalter eine deutliche Schwerpunktverlagerung hin zum Visuellen, wie an der Entwicklung der Behausung der heiligen Überreste, des Reliquiars, abzulesen ist.

Die frühmittelalterlichen *Reliquiare* verbergen ihren Inhalt vollkommen – sei es in Stein versenkt, sei es in einer numinosen, oft von Gold und Edelsteinen strotzenden Umhüllung. Das Heiltum ruht „in höchster Feierlichkeit, jedem Begreifen, jedem persönlichen Eindringen entrückt... in der kostbaren Hülle"[159]. Die Form steht in keinem Zusammenhang zur Reliquie; es handelt sich um Kapseln oder Kästchen, sie ahmen ein Haus bzw. einen Sarkophag nach, oder es ist eine Tasche wie bei den Bursenreliquiaren. Wiewohl diese Typen auch weiterhin in Gebrauch blieben, entwickelte sich doch ab der Karolingerzeit der Usus, Reliquiare so zu gestalten, daß daraus der Inhalt ersichtlich wird. Der Finger des hl. Dionysius, auf den Eide geschworen wurden, ruhte wenigstens seit dem 9. Jahrhundert in einem handförmigen Behältnis[160], Kopf- und Büstenreliquiare werden seit dem 10. Jahrhundert genannt[161] und existierten mindestens seit dem neunten[162], plastische, figürliche Reliquienbehälter (*imagines*) entstanden seit der Jahrtausendwende[163], Armreliquiare ab der 2. Hälfte des 11. Jahrhunderts[164] usw. Die körperliche Präsenz des Verehrten selbst kam so besonders deutlich zum Ausdruck: „Die Aachener Karlsbüste sollte die Hirnschale Karls des Großen aufnehmen. Die Anordnung der Schädelreliquie unterhalb der Haarkalotte der Büste läßt die Reliquien zur ‚realen' Schädeldecke des in der Büste gegenwärtigen Kaisers werden. Reliquie und Reliquiar, Form und Gehalt bilden eine unlösbare Einheit"[165]. Die Realistik wurde noch dadurch gesteigert, daß eben diejenigen Reliquien, mit denen sich Karl tatsächlich hatte begraben lassen, der Büste so um den Hals gehängt wurden, wie man sie an der Leiche des heiligen Herrschers bei der Graberöffnung durch Otto III. vorgefunden hatte[166].

Besonders greifbar war diese Einheit von Bild und Urbild oder von Symbol und Gemeintem bei denjenigen Statuen und Bildern, die gleichzeitig Träger von Reliquien waren, wie schon die berühmte Sitzfigur, die „Maiestas", der hl. Fides von Conques[167]. Oder man stellte die Heiligen in plastischer Gestalt auf das Reliquiar, wie z. B. eine Statue der Madonna über der Mariens Haare enthaltenden Kristallkugel eines aus Grandmont stammenden Ostensoriums thront[168]. Deutlich ist hierbei die Analogie zu Plastiken des Gekreuzigten, dessen Realpräsenz in ihnen dadurch erreicht wurde, daß sie gleichzeitig als Tabernakel für das Sanctissimum dienten, wie u. a. der Gero-Kruzifix im Kölner Dom oder der Imervard-Kruzifix im Braunschweiger Dom, die im Hinterkopf ein Repositorium für die Eucharistie besitzen[169]. Funktionsäquivalent ist ein spätgotischer Christus im Elend ebendort, der in der Brust eine mit grünem Glas geschlossene Öffnung aufweist, in der (permanent oder nur am Gründonnerstag?) die geweihte Hostie deponiert wurde[170]. Vergleichbar sind auch Skulpturen der *sedes sapientiae*, der thronenden Madonna mit dem Jesuskind, die genauso als Behältnisse für geweihte Hostien dienten[171]. Sogar Vesperbilder mit dieser Funktion sind erhalten[172]. Daß aber auch gemalte Heiligendarstellungen zu Reliquiaren werden konnten, zeigt die Folge von 130 Brustbildnissen, die Theodorich Zelo für die Kreuzkapelle Karls IV. (allerdings unter byzantinischem Einfluß) auf Burg Karlstein schuf. Jedes dieser Bildnisse trug auch eine Reliquie des dargestellten Heiligen[173].

Bekanntlich entwickelt sich analog dazu (ab etwa 1100) auch der Usus, auf der Grabplatte nunmehr den Verstorbenen nicht nur epigraphisch zu nennen, sondern auch im Relief oder in Ritzzeichnung darzustellen, was natürlich für die Gräber der Heiligen genauso gilt[174]. Auch hier ist der Inhalt also quasi plastisch nach außen getreten; die Stellung des Begrabenen wird durch den Nimbus von der gewöhnlicher Toter unterschieden. Beispiele wären etwa das Grab der heiligen[175] Königin Plectrudis († 725) aus der 2. Hälfte des 12. Jahrhunderts in der von ihr gegründeten Kölner Marienkirche im Kapitol[176] oder das etwas frühere des sel. Konrad († 1145) im Stift Mondsee (Oberösterreich). Seit dem ausgehenden Mittelalter verwendete man Totenmasken, um das Bild des Bestatteten noch lebensechter zu gestalten.

Im Spätmittelalter nahm die Zahl der „redenden Reliquiare" rapide zu, und da nun das Kunstwerk selbst für seinen Inhalt „sprach", wurden die Inschriften auf ihm im Unterschied zum hohen Mittelalter selten[177]. Es wurde nicht nur die Reliquie oder die Ganzfigur des Heiligen im Reliquienbehälter anschaulich, sondern es war bisweilen gleich seine Biographie auf Bildfeldern abzulesen, wie z. B. beim Sergius-und-Bachus-Sarkophag von 1179 im Castello Vecchio in Verona, dessen Reliefe synchronoptisch die Geschichte der Martyrer erzählen, oder wie beim Aachener Karlsschrein, der auf acht Seitenflächen Szenen aus der Vita und der Legende des heiligen Kaisers wiedergibt[178], oder ähnlich am Kölner Heribertsschrein[179]. Parallel dazu wurden auch auf Grabmonumenten wichtige Lebensstationen der Heiligen sichtbar, wie z. B. an Riemenschneiders Tumba für Heinrich II. und Kunigunde im Bamberger Dom[180].

Freilich wären diese Gestaltungen der Reliquiare[181] ohne paränetischen Nutzen geblieben, wären sie sozusagen als reiner Gottesdienst innerhalb des Altares verschlossen geblieben. Kastenaltäre mit durchbrochenen Wänden, die wie der in St. Stephan in Regensburg (10. Jh.?) den Blick nach innen gestatteten, scheinen keine besonders praktikable Lösung gewesen zu sein. Vielmehr stellte man die Heiltümer wenigstens seit der Karolingerzeit[182] mehr und mehr auf den Altar, wobei sich gleichzeitig der Standort des Liturgen änderte: nunmehr zelebrierte er mit dem Rücken zur Gemeinde. Aus der Eingliederung der Reliquiare in einen Altaraufsatz, das Retabel, entwickelten sich später die (liturgisch keineswegs erforderlichen) Altaraufbauten wie namentlich die sogenannten Flügelaltäre der Spätgotik[183].

Gegen Ende des Hochmittelalters verbreitet sich aber auch der Usus, das geschlossene Reliquiar durch eine Öffnung aufzubrechen, so daß die darin liegenden Gebeine etc. sichtbar wurden[184]. Das konnte durch ein Fenster bewerkstelligt werden, das man in ein älteres Reliquiar einschnitt[185] oder durch einen mit einem Kristall[186], seltener mit Glas[187] verschlossenen Oculus[188]. Diese Öffnungen konnten von beachtlicher Größe sein; bei einer Büste einer ursulanischen Jungfrau aus der Multscher-Werkstätte ist so fast der ganze Oberkörper fünfeckig geöffnet, bei einem Ritterheiligen aus der Umgebung des Michel Erhart nahezu der ganze Brustpanzer kreuzförmig ausgeschnitzt[189]. Sonderbildungen waren Reliquiare, in denen ihr Inhalt gänzlich sichtbar wurde, da er in Kristall- oder Glaszylindern (Ostensorien) oder auch Bechern und Ampullen[190] aufbewahrt wurde[191]. Türchen und Klappen[192] zeigen allerdings, daß die Reliquien doch auch herausnehmbar bleiben sollten. Vom Barock bis zur Neogotik hat diese Art der Reliquienunterbringung[193] in der Form von ganz aus Glas gemachten Sarkophagen und Knochenreliquiaren weite Verbreitung gefunden; manche Kirchen weisen ganze Schauwände auf, die so mit Gebeinen, oft von zweifelhaften Katakombenheiligen[194], besetzt sind (z. B. St. Nikolaus, Waldaufkapelle, in Hall in Tirol).

Diese Änderung hat einerseits einen Grund in einem äußerlichen Anlaß, nämlich dem Verbot des für die religiöse Praxis allgemein so bedeutenden IV. Laterankonzils (1215), *ut antiquae reliquiae extra capsam*

Abb. 4: Armreliquiar des hl. Lukas mit Glaszylinder, neapolitanisch, 1337/38. Paris, Louvre.

nullatenus ostendantur[195], „daß alte Reliquien keinesfalls außerhalb ihres Behälters gezeigt werden sollen". Mit der Vorschrift wollte man den Ärgernis erregenden Verkauf von Reliquien erschweren, traf aber auch die herkömmliche Ostension, um derentwillen Reliquiare oft leicht zu öffnen waren, wie z. B. die aufklappbare Kästchenform des Armreliquiars Karls des Großen[196] zeigt. Üblicherweise waren die Reliquien wohl *manibus velatis*, mit nach byzantinischem Ritus bedeckten Händen, vorgewiesen worden[197], wie es auch bei Translationsdarstellungen zu sehen ist[198]. Da dies nun nicht mehr erlaubt war, fügte man die angesprochenen Öffnungen ein, um die Kostbarkeiten wenigstens schauen zu können. So baute man z. B. im 1180–1230 entstandenen Kölner Dreikönigsschrein unter Verzicht auf Teile des vorgesehenen ikonographischen Programms vielleicht damals[199] eine trapezförmige, durchgitterte Platte zur Einsichtnahme ein[200]. Andere Reliquiare erhielten Greiflöcher zur Berührung[201]. Doch haben lokale Kirchenversammlungen, etwa eine Synode in Ofen 1279, das Vorzeigen der Reliquien wieder gestattet[202]. Auch weist eine Bestimmung wie in der ‚Primera partida', einem Gesetzestext König Alfons' X. von Kastilien und León († 1284), in der es heißt, „die Reliquien sollen sehr gut bewacht und eingeschlossen werden, damit sie niemand stehlen noch nehmen kann, um sie anzusehen oder unter irgendeinem anderen Vorwand, ohne daß ihre Wächter zustimmen"[203], darauf hin, daß sie also mit Genehmigung der Küster schon zur Verehrung dem Schrein entnommen werden durften.

Die neuen Schaureliquiare müssen aber noch mehr als Ausdruck einer sich ändernden Mentalität verstanden werden. Denn z. B. die im 14. Jahrhundert so beliebten Bergkristallzylinder sind bereits einige Jahre vor 1215 zu finden[204], so daß dem Lateranum nur ein fördernder Einfluß auf eine ohnehin schon im Gange befindliche Wandlung zukommen dürfte. Auch ist zu bedenken, daß ja die Konzilsväter teilweise bereits Gewünschtes und Geübtes nur in kirchenrechtliche Verbindlichkeit brachten. Erich Meyer hat die Entwicklung als Wandlung eines Abstandes zwischen verehrendem Menschen und Reliquie interpretiert. In der Frühzeit war zwischen Mensch und Heiltum weiter Abstand – ein Befund, der sich u. a. in der unüberbrückbaren Distanz zwischen Charismatiker, Gott und Heiligen in den frühmittelalterlichen Visionsaufzeichnungen bestätigt[205]. Auch aus der Offenbarungsliteratur seit dem 12. Jahrhundert, aus dem dort beschriebenen Verhältnis von Seher und Personen der anderen Welt, erhellt klar, wie die Sphäre des Numinosen nun menschlichem Maßstab angepaßt wird, indem Jesus und die Heiligen als Geminnte und Freunde bis zur Intimität vertrauten Umgang mit besonders Begnadeten pflegen[206].

Die Befrachtung der hochmittelalterlichen Schreine mit einem reichhaltigen Figurenschmuck und erzählenden Relief- oder Emailfeldern ist mit einer „Minderung des magischen Gehalts" verbunden. Das im 12. Jahrhundert aufkommende Statuettenreliquiar „lenkt die Aufmerksamkeit auf die ganze Person des Heiligen und bekundet eine vergeistigtere Art der Verehrung" – die, muß hinzugefügt werden, erst durch die im Prinzip naturnachahmende Tendenz der Gotik im Unterschied zur Typik der Romanik „humanisiert", auf menschlichen Maßstab gebracht wird. „Vielleicht darf man sagen: Im frühen Mittelalter spricht Gott zum Menschen, nun beginnt der Mensch, zu Gott zu sprechen." Dies wird dann fast peinlich deutlich, wenn die Reliquie nur mehr zum Attribut des Heiligen herabsinkt, wie etwa bei einigen Christophorusreliquiaren, wo der Knochen als Stab fungiert, auf den der das Wasser Durchwatende sich stützt, oder bei Ganzfiguren der Maria Magdalena, die ihre Reliquien demonstrativ in Händen hält[207]. Auch die silbernen St.-Georgs-Reliquiare aus der Werkstatt Bernt Notkes sind Beispiele in diesem Sinn: eigentlich sind es kleine Rundplastiken des heiligen Drachentöters, an deren Sockel zusätzlich eine verglaste Reliquienkapsel angebracht ist, die den Aufbau der Treibarbeiten eher stört[208]. Noch weiter geht diese Entwicklung bei dem Prunkreliquiar Karls des Kühnen für die Lütticher Lambertuskirche, wo der Fürst selbst die Reliquie in der Hand trägt. „Zum ersten Mal wird ... gezeigt, wie der Mensch darüber verfügt", wird gezeigt, „daß das Profan-Menschliche und Persönliche in den Bereich des Heiligen eingedrungen ist, indem es sich am Kultgerät selbst handelnd und von der Reliquie Besitz ergreifend darstellt"[209]. Dies ist freilich nur eine Tendenz, die nicht für alle spätmittelalterlichen Objekte gilt; das in der Schatzkammer des Domes von Padua befindliche Ostensorium mit einem Teil der Kapuze des hl. Bernhardin von 1450/66 hat den Schauzylinder mit der Berührungsreliquie als Mittelpunkt seines vielgegliederten Aufbaus, währenddem der Heilige selbst eher attributiv als seitliche Figur erscheint[210]. Diese Schaufreudigkeit konnte bisweilen etwas Spielerisches an sich haben, wie bei den sogenannten kinetischen Reliquiaren, die um eine Achse gedreht werden konnten, um einerseits die Reliquien unter gemugelten Kristallen, andererseits Szenen aus der Vita des Heiligen zu zeigen. Das bekannteste Beispiel ist ein vierpaßförmiger, bald nach dem Tod des Heiligen entstandener Reliquienbehälter des Franz von Assisi im Louvre[211].

Abb. 5: Statuenreliquiar des hl. Georg, um 1480, Bernt Notke zugeschrieben. Lübeck, Elbing-Museum.

Die Betonung des Schauens ist sicher ein besonders wichtiges Charakteristikum der spätmittelalterlichen Frömmigkeit. Anton Legner hat sie am Beispiel eines eiförmigen Kristallreliquiars, in dem eine ganze Hand der hl. Attala gezeigt wird, folgendermaßen beschrieben: „Man schaut die ehrwürdige Reliquie durch die Klarheit des Kristalls, der sich als reinster Lichtstoff mit der heiligen Hand verbindet. Ein Fascinosum ohnegleichen liegt in dieser Klarsichthülle des Heiltums. Aus dem in der Erde verborgenen geschlossenen Schrein werden die irdischen Überbleibsel erhoben in das strahlende Licht der Ostentatio. Im Verismus der verehrten Hand und in ihrer Verklärung durch das sie umschließende durchsichtige, mit reichster Edelsteinallegorese erfüllte dauerhafte Material bildet sich zwischen Reliquie und Kristall eine hauptsächlich seit dem frühen 13. Jahrhundert zu beobachtende wunderbare Symbiose"[212].

Man muß die Sichtbarmachung der „Realpräsenz" der Heiligen in den nunmehr durchsichtigen Reliquienbehältern im Zusammenhang mit analogen Phänomenen betrachten, die alle auf die Betonung der visuellen Komponente in den Frömmigkeitspraktiken seit dem endenden Hochmittelalter verweisen. Die wichtigste vergleichbare Entwicklung zeigt sich in der Eucharistieverehrung: Seit dem späten 12. Jahrhundert wurde der Leib Christi in der Messe der Anschauung der Gläubigen durch die Elevation der Hostie ausgesetzt, seit dem 13. Jahrhundert auch sein Blut durch die Elevation des Kelches[213]. Seit dieser Zeit entwickeln sich auch die Sakramentshäuschen zur Aufbewahrung und Verehrung der konsekrierten Hostie[214], die dazu im 14. und 15. Jahrhundert auch während und außerhalb der Liturgie ausgesetzt wurde[215]. Wie die Reliquien war bei den häufiger werdenden Prozessionen[216] auch das Sanctissimum in der Monstranz ausgestellt. Nicht zufällig wurden die Reliquienostensorien auch als *monstrantia, tabernacula* oder *ciboria*[217] bezeichnet. Sie waren ja die Vorbilder für die erst im 14. Jahrhundert entwickelten Hostienmonstranzen[218]. Zu erwähnen wäre auch der demonstrative Zeigegestus der spätmittelalterlichen Plastiken und Bilder des Schmerzensmanns auf seine Wunden hin oder die sogenannten „Röntgenbilder", die Jesus und Johannes in den schwangeren Leibern ihrer Mütter sichtbar werden lassen[219]. Generell tritt übrigens das Bild, besonders auch das wundertätige, mehr und mehr neben die Reliquie[220].

Eben da man im ausgehenden Mittelalter vermittels des Anschauens der heiligen Überreste in ihren Behältnissen bereits Ablässe erwerben konnte[221], zeigt sich auch hier die heilsame Wirkung der „visuellen Frömmigkeit". Genauso reichte es ja aus, einmal am Tage das Sanctissi-

Abb. 6: Christus auf der Rast, Holzplastik mit Hostiensepulcrum, um 1500 (?). Braunschweig, Dom.

mum[222] oder das Bild des hl. Christophorus gesehen zu haben, um einem unbußfertigen Tod – die große Furcht des spätmittelalterlichen Menschen – vorzubeugen. (Dies ist der Grund, warum dieser heilige Riese so oft in ganzer Größe auf die Außenwände spätgotischer Kirchen gemalt wurde[223].) – Sicher hat die spezielle Situation in der Zeit des Schwarzen Todes (1348/50) diese flüchtigste Form der Devotion gefördert[224], keinesfalls jedoch hervorgebracht; weitere Reaktionen auf die Pest, welche in ähnlicher Weise einen schon im Gang befindlichen Prozeß intensivierten, kann man auch auf anderen Gebieten, so in der Ikonographie des personifizierten Todes und des tötenden Gottes, feststellen[225].

Anteil haben an der Heiligkeit des Lebenden

Nun muß man dieses so heftige Verlangen nach körperlicher Nähe zu den Resten der Heiligen auch unter der Perspektive der Fortsetzung des

Versuchs betrachten, sich unter den Schutz und Schirm eines lebenden Charismatikers zu stellen. Dies ist gewiß nur eine Komponente der Reliquienverehrung, da ja meist keine persönliche Beziehung zu dem verehrten Toten bestand, von dem man oft durch Jahrhunderte getrennt war. Doch gibt es auch eine Form dieser Devotion, die auf dem Kontakt mit dem faszinierenden Lebenden beruht. Außergewöhnliche Frömmigkeit und die Begabung mit Charismen wie dem Wirken von Wundern oder dem Empfang von Offenbarungen haben bei zahllosen religiösen Persönlichkeiten (nicht nur) im mittelalterlichen Christentum schon zu ihren Lebzeiten den Ruf der Heiligkeit begründet. Martin von Tours, Bernhard von Clairvaux, Robert von Knaresburgh[226], Hildegard von Bingen, Franz von Assisi, Ludwig von Anjou[227], Birgitta von Schweden, Katharina von Siena[228] und so viele andere sind schon lange vor ihrem Tode und erst recht vor einer Stellungnahme durch das bischöfliche oder päpstliche Lehramt von ihren Zeitgenossen als Heilige bezeichnet und verehrt worden.

Bereits bei den Männern und Frauen, die vor der Anerkennung des Christentums durch den römischen Staat für ihren Glauben hingerichtet wurden, scheint die Verehrung in der Zeit ihrer Einkerkerung und ihrer Martern, also noch vor ihrem Tode, begonnen zu haben. Ein Zeuge für diese Mentalität ist der Dichter Prudentius († nach 405), der im ‚Peristephanon' beschreibt, wie sich die Menge dem noch lebenden, aber bereits gefolterten Archidiakon Vinzentius gegenüber verhält: „Der eine küßt die von den Doppelhaken der Schergen in den Körper gerissenen blutigen Furchen ab, ein anderer freut sich, sein purpurnes Blut aufzulecken, in dessen Tropfen viele ihr Leinengewand eintauchen, um es als heiligen Schutz im Hause für ihre Nachkommen aufzubewahren"[229]. Der Blutzeuge liefert also schon während seines Martyriums heil-kräftigen Trank und apotropäische Berührungsreliquien. Natürlich kann Prudentius das so nicht gesehen haben, denn der Martyrer starb in der diokletianischen Verfolgung[230], doch hat er offensichtlich ähnliche Szenen erlebt. Auch später galt das Blut eines Martyrers als heilkräftig: Als Karl der Gute von Flandern 1127 von aufsässigen Ministerialen ermordet wurde, scheint er sogleich als Glaubenszeuge betrachtet worden zu sein, und Kranke beschmierten sich mit seinem noch von der Leiche herabtropfenden Blut[231].

Üblich war es, daß man versuchte, sich eines Anteils an der Heiligkeit eines Thaumaturgen zu bemächtigen, indem man mit oder ohne dessen Zustimmung Kontaktreliquien zu bekommen suchte. Über den hl. Bernhard erfahren wir z. B. anläßlich seines Besuches in Mailand, daß die enthusiasmisierten Massen nicht zurückgehalten werden konnten, ihm Fäden und Fetzen aus der Kleidung zu reißen, um damit ihre Kranken zu heilen. „Was er berührte, hielten sie für heilig, und von der Berührung oder vom Gebrauch solcher Gegenstände versprachen sie sich eine heiligende Wirkung"[232]. Der schon genannte hl. Godric von Finchale wurde schon zu Lebzeiten von vielen verehrt. Als ihn einmal ein Zisterzienserabt mit einem Begleiter besuchte, überkam diesen das Verlangen, ein heiliges Andenken, *memoriam illius sanctitatis*, mitnehmen zu können. „So fiel sein Blick endlich auf das Antlitz des Gottesmannes, und er sah, daß eines seiner Barthaare etwas seitlich herabhing. Da er meinte, dieses sei ihm ohnehin ausgefallen, streckte er langsam seine Hand vor, als ob er seinen Bart streicheln wollte, und begann, das Haar an sich zu ziehen. Als der Gottesmann das bemerkte, tadelte er den Bruder milde und fragte ihn, was er denn mit diesem Haar anstellen wolle. Doch dieser antwortete: ‚Mein Herr und Vater, billigt mir diese Haare, die dir herabhängen und von selbst aus euerem Bart ausgefallen sind, als Segenszeichen zu, weil es mir sehr süß und schön erscheint, eine Erinnerung an euch zu haben.'" Godric lehnte nicht etwa empört ab, sondern freute sich darob, gab seine Zustimmung und befahl, seine Haare „sehr gut aufzuheben und sehr ehrenvoll aufzubewahren", da sie wohl noch von Nutzen sein würden. Tatsächlich wird dieser Mönch ein Jahr später von einer unheilbaren Krankheit befreit, indem er eine dieser Reliquien in einem Becher Wasser zu sich nimmt. Keineswegs handelt es sich bei dieser Erzählung um eine hagiographische Fabel, denn der Berichterstatter, der Beichtvater Godrics, kannte diesen Vorfall von jenem Zisterzienser selbst und hatte ihn sich durch andere Zeugen bestätigen lassen[233]. Ähnlich verfuhr Godric bei anderer Gelegenheit mit seinem ebenfalls wundertätigen Gürtel[234]. Bemerkenswert ist, wie die Sicherheit der eigenen Heiligkeit einen mittelalterlichen Menschen dazu bewegen konnte, noch bei Lebzeiten seine eigenen Körperreliquien zu verschenken; allerdings war Godric mit prophetischen Fähigkeiten begabt, so daß es ihm nicht auf eine etwaige bischöfliche oder päpstliche Kanonisation anzukommen brauchte. Dem von ihm als Irrlehrer und Vorläufer des Antichrists eingekerkerten Adalbert hatte dagegen der hl. Bonifatius eben die Vergabe seiner Haare und Nägel als Reliquien zum Vorwurf gemacht[235].

Auch die hl. Maria von Oigniès verhielt sich dergestalt, als sie einem Kranken erlaubte, ihr gleich ein ganzes Büschel Haare als Reliquien auszureißen, die auch sofort ihre Wirkung taten[236]. Und obgleich die hl. Elisabeth von Thüringen tatsächlich eine demütige Frau war, die sich be-

Abb. 7: Wunder, die durch Anrufung der hl. Hemma, deren Gürtelreliquie auf dem Altar liegt, bei Unfällen, Krankheit, Besessenheit, Schwangerschaft bewirkt werden; gefaßtes Holzrelief, um 1500. Gurk (Steiermark), Dom.

mühte, ihre Charismen eher zu verbergen (so wissen wir z. B., daß sie Visionen hatte; aber sie erzählte deren Inhalt im Unterschied zu recht vielen anderen Heiligen aus Bescheidenheit nicht weiter), war sie sich doch ihrer Heiligkeit und künftigen Verehrung als Heilige so gewiß, daß sie bisweilen, auf ihre Kleider deutend, zu ihren Zofen sagte: „Ihr handelt klug, meine Damen, wenn ihr jetzt diese Stoffe aufhebt, denn dann, meine ich, ist es nach meinem Tod nicht nötig, sie erst zu suchen, wenn ich eine Heilige sein werde und der Herr durch mich Wunder wirken wird"[237]. Tatsächlich sind wenigstens ihr Unterkleid und ihre Bußtunika als sekundäre Reliquien erhalten[238].

Bisweilen baten sich Verehrer eines heiligmäßig lebenden Menschen bei ihm noch vor dessen Tod nicht nur ein Haar, sondern einen Körperteil als Reliquie aus. So der Beichtvater der hl. Lutgard von Tongeren († 1246), der hochgelehrte Dominikanertheologe Thomas von Cantimpré. „Als eines Tages der Bruder Thomas Lutgard besuchte, sagte sie ihm mit einem strengen Blick: ‚Ich habe gehört, mein Lieber, daß du schon jetzt vorhast, mir nach meinem Tod eine Hand abzuschneiden. Ich wundere mich doch sehr, was du mit meiner Hand zu tun gedenkst.' Jener antwortete heftig errötend: ‚Ich glaube, daß mir deine Hand zum Heil von Seele und Leib gereichen wird, wenn ich sie bekommen kann, wie ich möchte.' Da lächelte jene heiter, wie sie war, und indem sie den Ringfinger ihrer Rechten auf das Fensterbrett legte, sagte sie: ‚Das genügt dir völlig, wenn du diesen Finger nach meinem Tode haben kannst.'" Tatsächlich schnitt ein *devotissimus iuvenis* ihrer Leiche diesen Finger ab und extrahierte ihr außerdem 16 Zähne (ihre Kleider hatten ihre Mitschwestern sogleich nach dem Tode *pro reliquiis maximis* verteilt). Thomas bemühte sich nun intensiv um den Finger, bekam ihn von der Äbtissin jedoch erst, als er versprach, die Vita der Seligen zu schreiben[239]. Dieses Vorgehen wird u. a. mit einem Verweis auf die Passio des Martyrers Hadrian gerechtfertigt, dessen Gattin Natalie ihm bereits während seiner Folter, als er noch bei Besinnung war, einen Arm abschnitt oder abschneiden ließ, mit dem sie sich auf die Flucht begab[240]. „Sanct Adriani Hand ... bewahrte sie zu Häupten ihres Bettes, denn sie war der Trost ihres Lebens"[241]. Ein Freund des Thomas, der Kardinalbischof Jakob von Vitry († 1240), hatte ähnlich seinem tiefst verehrten Beichtkind, der hl. Maria von Oigniès, nach dem Tode einen Finger abgeschnitten, den er in Silber gefaßt um den Hals trug und dem er seine Errettung vor dem Ertrinken zuschrieb. Er schenkte ihn schließlich dem damaligen Kardinalbischof von Ostia und späteren Papst Gregor IX. gegen seine blasphemischen Anfechtungen[242].

Diese Überzeugung besonders frommer Menschen von der Reliquienfähigkeit ihres Körpers läßt sich vielleicht bis zum Martyrer Saturus († 203) zurückverfolgen, der sterbend den Ring eines Soldaten in sein eigenes Blut tauchte, um ihn ihm als Andenken mitzugeben[243]. Die vielleicht älteste Anspielung auf die Verwandlung von Gebrauchsobjekten in Berührungsreliquien im Christentum scheint eine Bemerkung Tertullians († 220) in seinem Mahnschreiben an seine Gattin zu sein, wo er auf die Frauen anspielt, die sich zum Kerker eines Martyrers schleichen, um dessen Fesseln zu küssen[244].

Nicht immer konnte ein Heiliger allerdings mit solchen Wünschen einverstanden sein, zumal wenn es die Gesamtheit seines thaumaturgischen Leibes betraf. Gelegentlich führte dieser nämlich zu sündhaften Gedanken: Der Mönch, der dem hl. Guthlac von Croyland († 714) regelmäßig die Tonsur schnitt, fühlte sich ernsthaft versucht, ihn mit seinem Rasiermesser zum Martyrer zu machen, damit der Ort seines Todes eine reich beschenkte Gnadenstätte werden sollte[245]. Und nachdem der hl. Romuald von Camaldoli († 1027) beschlossen hatte, nach Monte Cassino umzusiedeln, versuchten die Einwohner in der Umgebung seiner Apenninenklause einfach, ihn zu ermorden, um ihn, „weil sie ihn nicht als Lebenden zurückhalten konnten, wenigstens als toten Leichnam zu besitzen, damit er das Patrozinium über ihr Land übernehme"[246]. Der einzige Weg, den Romuald fand, um zu entkommen, war, sich wahnsinnig zu stellen[247].

Lag ein schon zu Lebzeiten als Heiliger Verehrter im Sterben, scheute man kein Mittel, ihn auch gegen seinen Willen bei sich zu behalten. Bekannt ist, wie der hl. Franziskus auf seiner letzten irdischen Reise von Siena nach Assisi Umwege durchs Gebirge machen mußte, um sich nicht von den schon auf seine Reliquien wartenden Perugianern fangen zu lassen. Unter der Bedeckung von Soldaten seiner Heimatstadt gelangte er nach Assisi, nur um dann dort im goldenen Käfig des von Wachposten umstellten Bischofspalastes festgehalten zu werden, statt – wie es sein Wunsch war – in Portiunkula sein Ende erwarten zu dürfen. Erst kurz vor seinem Tode gestattete man ihm doch noch die Rückkehr in die ihm so liebe Kapelle[248].

Man wollte also einen heiligen Leib verfügbar haben – sei es lebendig oder tot. Wie sehr eine Heilige noch zu Lebzeiten „verfügbar" gemacht werden konnte, hat Carozzi am Beispiel der sel. Begine Douceline († 1274) gezeigt (Analoges ließe sich anhand der Biographien mehrerer spätmittelalterlicher Charismatikerinnen nachweisen): Adelige Damen und Herren provozierten ihre Ekstasen, um ihre Hände und Füße küssen zu können, da sie in diesem Zustand empfindungs- und bewegungsunfähig war, sich also gegen keine Zudringlichkeit wehren konnte. Man legte den Kopf unter ihre Füße, um sich von Schmerzen heilen zu lassen. Immer wieder prüfte man mit Nadelstichen und siedendem Blei, ob die Entraffungen auch nicht gestellt waren. „Douceline est réduite à l'état d'objet entre les mains de ses tortionnaires, à la fois objet de dévotion et de persécution ... Ce que recherchent ces dévots ou ces tourmenteurs c'est à beneficer d'un contact corporel bienfaisant avec la sainte"[249].

Huizinga hat einprägsam geschildert, wie sich der erkrankte König Ludwig XI. von Frankreich der Präsenz eines wahrhaften und lebendigen Heiligen zu seinem Schutz versicherte, nämlich des hl. Franz von Paula († 1507)[250]. Der Heilige konnte durch keine Bitten der weltlichen Gewalten, sondern erst durch das Breve Papst Sixtus' IV. vom 11. Juli 1483 dazu bewegt werden, von Kalabrien an das Krankenlager des Königs zu ziehen. Aber seine Reise zeigte deutlich, daß Ludwigs Verhalten keine Besonderheit war: Überall wurde der barfüßige Wundermann umdrängt, der König von Neapel versuchte, ihm Gold, und der Papst in Rom, ihm die Priesterweihe aufzudrängen – beide vergebens. Kaum war Ludwig gestorben – der Heilige hatte ihn nicht heilen können oder dürfen – klammerten sich die Regentin Anna und der Nachfolger, Karl VIII., an ihn, so daß er bis zu seinem Tode in der Fremde ausharren mußte[251].

Schlimmer war noch die Situation der sel. Lucia von Narni († 1544). Die 1496 im Alter von 20 Jahren in Viterbo Stigmatisierte wollte der greise Herzog Herkules I. von Este unbedingt in seiner Residenz in Ferrara haben, was die Viterbeser allerdings verhinderten, indem sie vor Lucia die Stadttore verschlossen. Ein langer diplomatischer Kampf begann, wobei der Papst mehrfach Viterbo mit dem Interdikt bedrohte, wenn sie die Schwester nicht ziehen lassen würden. Jene drohten ihrerseits, Lucia eher zu töten und als Reliquie zu behalten. Bestechungsgelder erlaubten der Seligen nach zwei Jahren, nach Ferrara zu fliehen, wo ihr ein luxuriöses und mit wichtigen dominikanischen Reliquien versehenes Kloster errichtet wurde. Sie sollte sich nur kurz darüber freuen können, denn als ihre Stigmen zu bluten aufhörten, was wohl als Beweis ihrer Sündhaftigkeit gedeutet wurde, verlor sie jedes Renommee und mußte in schlimmen Zuständen dahinvegetieren[252].

Natürlich schätzte man auch andere Lebewesen, die mit einem solchen Menschen irgendwie in Berührung gekommen waren: Dem Maulesel des sel.[253] Kreuzzugspredigers Peter von Amiens riß man bei lebendigem Leib die Haare als Reliquien aus dem Fell[254], und nicht anders erging es dem Reittier des hl. Bernhardin[255].

Es ist bekannt, daß die Gläubigen jedesmal, wenn ein im Ruf der Heiligkeit Verstorbener aufgebahrt wurde, in geradezu hysterischer Gier versuchten, Teile des Leibes oder der Kleidung als Reliquien nach Hause mitzunehmen. In diesem Augenblick war der bereits im Leben als Thaumaturg oder Prophet Geschätzte endgültig und ganz zur Reliquie geworden. Bereits erwähnt wurde das Schicksal der sterblichen Überreste der hl. Elisabeth[256], und man könnte noch viele analoge Beispiele bringen. Beim Tod der Douceline war es nötig, Truppen mit gezogenem Schwert vor ihrer Leiche zu postieren, denn ganz Marseille war auf den Beinen, „den heiligen Körper zu sehen und zu berühren". Man brachte Messer mit, um die Gewänder der Heiligen zu Reliquien zu zerschneiden (sie mußte dreimal neu bekleidet werden), raufte mit den Franziskanern herum, die die Aufgebahrte bewachten, versuchte mit seinem Paternoster, Ring oder Hut die Leiche zu berühren... „Nur mit Mühe konnten die Bewaffneten, die sie mit Schwertern und Streitkolben nach Kräften verteidigten, verhindern, daß man den heiligen Leib selbst aus großer Devotion zerstückelte"[257]. „Vue par le regard des autres, la vie de Douceline a son aboutississement dans une transformation de l'être humain en relique. Quand elle est en état d'extase, l'insensibilité est le signe que son âme est ailleurs et que le corps est momentanément disponible en tant qu'objet du désir. Après la mort, le processus est mené à son terme et la ville peut se l'approprier définitivement"[258]. – Solches ist, wie gesagt, kein Einzelfall: Auch etwa die Leiche der 1360 verstorbenen seligen Florentiner Dominikanertertiarin Villana de' Botti mußte während der siebenunddreißig Tage ihrer Aufbahrung in Santa Maria Novella immer wieder neu bekleidet werden, da ihr Habit von den reliquiensuchenden Andächtigen immer wieder zerrissen wurde[259]. So ging es auch mit den Bahren, die bei der Bestattung eines präsumptiven Heiligen Verwendung fanden; sie wurden, wie auch das Stroh und die Polster, in kleinste Stückchen zerbrochen und verteilt (z. B. bei der Grablegung des sel. Peter von Luxemburg 1347)[260]. Da nimmt es nicht wunder, wenn ganz vorsichtige Prälaten dafür sorgten, daß eine Translation nachts und im geheimen vonstatten ging, wie es 1242 in Paris bei der Überführung der Reste der hl. Genoveva der Fall war, weil man „den ungezügelten Ansturm des Volkes" und die Reliquiensucht der Adligen und Kleriker fürchtete[261]. Schließlich wurden ja auch die Träger von Reliquien gegen ihren Willen da und dort zurückgehalten[262].

Diese sogenannte „andächtige Beraubung" mag generell mit der Verwendung von Leichenteilen in der Magie – namentlich die Überreste von Hingerichteten spielten in der Volksmedizin eine große Rolle – verwandt sein[263], wesentlich ist doch die Möglichkeit, sich so des Heiligen – als Person und Phänomen – konkret zu versichern. Man kann auch den Brauch des Abbrechens oder Abreibens von Teilen der Steinplatte vom Grabe eines darunter liegenden Heiligen unter dem Aspekt der Weiterführung dieses Verhaltens sehen (ohne das Motiv der Partizipation am numinosen Ort zu vergessen). Manchmal – wie etwa bei der seligen stigmatisierten Mystikerin Elisabeth von Reute († 1420) – führte das zur frommen Zerstörung der Begräbnisstätte[264].

Oft kam es zu regelrechten Kämpfen um den Besitz eines im Ruf der Heiligkeit verstorbenen Menschen: Als der als Einsiedler in Knaresburgh lebende Robert Flower 1218 auf dem Sterbebett lag, kamen die Zisterzienser der nahen Abtei Fountains und boten ihm ihren Habit an, entsprechend dem weitverbreiteten Brauch, in der Kutte eines Ordens zu sterben und bestattet zu werden, um sich damit der Hilfe des mächtigen Ordenspatrons im Jenseits zu versichern[265]. Robert lehnte dies jedoch ab. Kaum hatte er freilich das Zeitliche gesegnet, „eilten die von Fountains wiederum herbei und zogen ihm ihren Habit an ... außerdem ... versuchten sie, seinen Leib mit Waffengewalt zu rauben und bei sich im Kloster zu bestatten. Ihnen widerstand jedoch eine nicht geringe Zahl Bewaffneter aus dem Ort Knaresburgh... Schließlich kehrten die aus Fountains traurig nach Hause zurück"[266].

Es liegen zahlreiche Quellen vor, die von ähnlichen Situationen beim Tod eines Heiligen berichten[267] – neuerliche Beweise für den uns nicht nachvollziehbaren Wert der *divinum spirantia... ossa*[268]. Um die Leiche des walisischen Heiligen Beuno (und einiger anderer Wundertäter) sollen sich drei Kontrahenten gestritten haben, bis ein Wunder salomonisch entschied. Als nämlich alle einschliefen, fanden sie beim Erwachen drei Leiber vor sich, und beglückt zog jeder von dannen[269]. Dies ist Legende, aber bezeichnend für die Mentalität der Zeit. Die Geschichte kennt Analoges: Um den Leib des 1127 ermordeten seligen Grafen Karl wäre fast zwischen den Bürgern seiner Heimatstadt Brugge und den ihnen zu Hilfe geeilten Gentern ein Kampf ausgebrochen, da ihn letztere auf verschiedene Weise zu entführen suchten, nachdem ihnen Mönche eines ihrer Klöster dafür 100 Silbermark geboten hatten. Gekommen waren die Genter allerdings, um mit denen aus Brugge die Mörder des Grafen zu bestrafen[270]. – Als der größte Theologe des Mittelalters 1274 in der Zisterzienserabtei Fossanuova in Latium gestorben war und man – es war zwar erst März, doch der riesige Leib drohte schnell in Verwesung überzugehen – das Fleisch von seinen Knochen (oder richtiger: Reliquien) abgekocht und das Haupt vom Skelett getrennt hatte, verwahrte man dieses im nahegelegenen Piverno unter fünf Schlössern versperrt, so sehr fürchtete man die Entwendung dieses „Pfandes" vor allem durch seine Ordensgenossen. Wenn allerdings Thomas nicht dem Abt drohend im Traum erschienen wäre, hätte er ihn überhaupt heimlich in seiner Kapelle behalten[271]. Je einen Schlüssel besaßen der Abt und der Kellerer des Klosters, drei weitere drei Optimaten der Stadt. „Niemals zeigte man das Haupt, wenn nicht wenigstens 40 Bewaffnete aus der Stadt präsent waren"[272]. Die weiteren Geschicke der Knochen des Heiligen, die von den Mönchen versteckt, von der Universität Paris, italienischen Adligen und anderen für sich gefordert wurden, sind nicht weniger charakteristisch[273].

So gibt es ein nahtloses Übergehen von der realen Präsenz des lebenden zur Realpräsenz des toten Heiligen bei seiner Klientel.

Hoch- und Volksreligion

Mit Vorliebe wird die mittelalterliche Reliquienverehrung ob ihrer ausgesprochen sinnlichen Essenz als Domäne der Volksreligion dargestellt, was sie nicht war: Denn einerseits erfolgte die schon übliche Billigung des liturgischen Gebrauchs der Reliquien durch offizielle kirchliche Entscheidungen, wie etwa auf dem V. Konzil von Karthago 401, das vorschrieb, daß alle Altäre, die ohne Körper oder Reliquien eines Martyrers errichtet worden waren, vernichtet werden sollten[274] (vgl. auch das II. Konzil von Nikaia 787[275]), womit der Grund gelegt war für die auch heute gültige zentrale Bestimmung, daß kein katholischer Altar ohne Reliquien liturgisch funktionsfähig ist. Man könnte hier also von einem Einfluß der Volksreligion (analog etwa zur Entstehung des Fegefeuerdogmas[276]) nur insoweit sprechen, als diese liturgische Praktik nicht theologisch präkonzipiert worden war, sondern eher nur theologisch sanktionierte, was bereits Usus war. Usus aber nicht in der Laienfrömmigkeit, sondern in der Praxis der Amtskirche, und bereits in der christlichen Antike von Intellektuellen wie Gregor von Nazianz und Johannes Chrysostomos gebilligt[277].

Auf der Ebene der theologischen Reflexion war man sich freilich auch im Mittelalter dessen bewußt, „daß es besser ist, im Herzen die Beispiele der Heiligen nachzuahmen, als Säckchen mit ihren Gebeinen mit sich herumzutragen", wie der sel. Alkuin von York schrieb[278], bzw. „daß die Reliquien nicht um ihrer selbst willen, sondern um der Ehre der Heiligen willen verehrungswürdig sind", so wie die Heiligen selbst nicht um ihrer selbst willen, sondern wegen der Gottesgnade groß sind, um den hl. Petrus Venerabilis von Cluny zu zitieren[279]. Weder Alkuin noch Petrus verzichteten aber in der Praxis auf das Sammeln und Verehren von Reliquien. Freilich sind die Schriftgrundlagen schmal; im Neuen Testament ist wohl nur jener Passus aus der Apostelgeschichte (19,11 f.) deutlich, wo während des Aufenthalts des hl. Paulus in Ephesos schon seine Schweißtüchlein hinreichen, Krankheiten und böse Geister zu vertreiben[280].

Dafür empfingen gelegentlich Heilige Revelationen über die Wichtigkeit des Reliquienkultes. So Elisabeth von Schönau († 1164) für die Mönche von Deutz bei Köln, deren Abt sie sogleich brieflich die Worte des ihr erschienenen Engels mitteilte: „Es nützt jenen Mönchen und ist ihnen notwendig, daß sie sich um so mehr bemühen, den Leibern der Heiligen mit Ehre und Liebe zu dienen, je mehr sie von ihnen sammeln und bei sich aufbewahren können ... Wenn sie tun, was ich sagte, mögen sie gewiß sein, daß jene wertvollen Martyrer beim Herrn für sie interzedieren und ihnen in jedem Notfall helfen werden. Wenn sie es aber nicht tun, werden sie Anklage und Beschwerde gegen sie erheben"[281]. Der heiligen schwedischen Mystikerin Birgitta († 1373) wurden mehrere Offenbarungen zuteil, in denen Christus selbst die Reliquien als seinen Schatz bezeichnet, der seiner Obsorge anheimgestellt ist[282]; dies gilt unabhängig davon, „ob sie verwest oder neu sind, ob zu Staub und Asche zerfallen oder nicht... Die höchste Freude meines Herzens ist es, allen den ewigen Lohn zu erstatten, die die Wallfahrtsorte besuchen und die Reliquien ehren"[283]. So war durch Privatoffenbarungen sichergestellt, was – jedenfalls nach den Evangelien – dem Religionsstifter kein Anliegen war.

Zum zweiten läßt sich aber sonderlich aus der Personengeschichte des Mittelalters zeigen, daß sehr zahlreiche Angehörige der geistlichen und weltlichen Eliten (wenn nicht überhaupt ihre Mehrzahl) den heiligen Reliquien nicht nur die ihnen zustehende Verehrung zollten, sondern sie geradezu fanatisch sammelten. Einige Namen von vielen wurden hier bereits genannt[284].

Es sei noch daran erinnert, daß einer der elitärsten Intellektuellen des ausgehenden Mittelalters, der für die Volksreligion keinerlei Sensibilität besaß, nämlich der Kardinal Nikolaus Cusanus, der heftig (mit Exkommunikation) gegen alle Bräuche und Bilder bei der Heiligenverehrung vorging, die ihm irgendwie abergläubisch erschienen, selbst nicht zögerte, in Hildesheim das Haupt des hl. Gotthart mit Kuß zu verehren[285]. Man muß schon zu einem so radikalen Intellektuellen wie Eckhart gehen, dessen Ausnahmestellung im mittelalterlichen Denken niemand bezweifeln dürfte[286], um einen Satz zu lesen wie: *wan diu sêle ein crêatûre ist, sô sol si sich werfen ûz ir selber und sol ûzer ir werfen alle heiligen und unser frouwen*[287]. Das ist innerhalb von Eckharts Mystik, innerhalb seines „religiösen Nihilismus"[288], freilich nur ein relativ unwesentlicher Schritt zum völligen Freiwerden der Seele, predigt er doch sogar: *sô biten wir got, daz wir gotes ledic werden*[289]. Daß der Meister die Frage nach der Reliquienverehrung nur mit der Gegenfrage *Liute, waz suochet ir an dem tôtem gebeine? War umbe suochet ihr niht daz lebende heiltuom, daz iu mac geben êwigez leben?*[290] beantworten konnte, entspricht unseren Erwartungen. Es war nicht der Reliquien- oder Heiligenkult, derentwegen seine Doktrin der päpstlichen Verurteilung anheimfiel, aber wer immer im Mittelalter die Verehrungswürdigkeit der Reliquien oder die Wirksamkeit der Fürbitten der Heiligen leugnete, konnte nur ein Ketzer sein. Ein Heiliger wie Bernhardin von Siena war da viel behutsamer, indem er zwar die herkömmlichen Reliquien lobte, als „besonders schöne Reliquie, die am Herzen Christi lag", aber seine Lehre pries[291]. Es waren nicht die *illitterati* und *idiotae*, das ungelehrte Volk, für das diese Devotion kennzeichnend gewesen wäre, es war – hier darf diese verallgemeinernde Formulierung wohl einmal angewandt werden – „der mittelalterliche Mensch" in jeder seiner Ausprägungen, für den sie einen sehr realen Faktor seiner Existenz bedeutete. „Sur ce point S. Thomas d' Aquin ne pensait pas autrement que le paysan le plus ignorant, même s'il justifiait la croyance commune par des arguments théologiques qui n'étaient guère accessibles à ce dernier"[292]. Worin allerdings ein Unterschied lag, das war in der Bereitschaft, auch an Reliquien zu glauben, die sich nicht im Schatz einer etablierten Kirche befanden, sondern von dubiosen Ablaßhändlern umhergeführt wurden – Chaucers ‚Pardoner's Tale' zielt darauf ab[293], daß man solches nur vor dem ungelehrten Volk mit Erfolg tun konnte.

Das „Fremde" im mittelalterlichen Verhalten

Die oben zitierten Quellen, ein winziger Ausschnitt aus dem noch vorhandenen Material, dürften hinreichend gezeigt haben, daß der Reliquienkult eine zentrale Komponente in der Religiosität des Mittelalters war (wobei es mir legitim erscheint, hier das Gemeinsame dieser so uneinheitlichen Epoche zu betonen[294]). Heute dagegen haben wohl nur sehr wenige Menschen im Bereich der westlichen Kultur, auch unter den durchaus orthodox Gläubigen, eine persönliche Beziehung zu den leiblichen Überresten der Heiligen. Wenn überhaupt, dann ist diese Beziehung auf den Heiligen im Himmel selbst gerichtet, ohne daß die Vermittlung der Reliquien dafür konstituierend wäre. Dies zeigt sich etwa daran, daß auch oder gerade wirklich Gläubige in unserem Jahrhundert nur selten Reliquien mit sich herumzuführen wünschen, wie es der spanische Staatschef General Franco († 1975) stets mit einer Hand der hl. Teresa von Ávila zu tun pflegte[295]. Ein solches Verhalten scheint doch als „survival" eingestuft werden zu müssen, d. h.: es ist Ausnahme und stößt weitestgehend auf Unverständnis, währenddem es im Mittelalter genau umgekehrt gewesen wäre[296]. Es wäre interessant, etwas über die sozioreligiöse Herkunft der Frauen zu wissen, von denen es heißt, sie hätten Papst Johannes Paul II. beim Handkuß gekratzt, und: „sie rissen sich als Reliquie buchstäblich ein Stück Haut unter die Nägel"[297].

Auch das Andauern oder Wiedererstarken der Wallfahrten widerspricht der Ausnahmequalität solcher Nachrichten nicht, da (abgesehen davon, daß es ja jetzt vor allem Marienwallfahrten sind, die nicht Reliquien, sondern Gnadenmadonnen gelten) diese nicht mit der Berührung oder Betrachtung der Reliquien an einem bestimmten Ort motiviert werden, sondern mit der Bußleistung durch die Mühen des Weges an sich, dem Zusammensein mit Gleichgesinnten, dem Erlebnis des Nichtalltäglichen usw.[298] Selbstverständlich existieren heute im Leben der katholischen Kirche die Reliquientraditionen des Mittelalters weiter: bei Altarweihen, bei Prozessionen, bei Heiltumsweisungen (z. B. in Aachen). Aber weder die Vorstellung von der Präsenz des Heiligen in seiner Grabstätte noch das Bedürfnis nach einem derartig intensiven körperlichen Kontakt, wie anhand der mittelalterlichen Quellen beschrieben, werden sich – ungeachtet einiger Relikterscheinungen – bei der ganz überwältigenden Mehrzahl heutiger Gläubiger in Europa nachweisen lassen[299]. Schwerlich auch würden gegenwärtig Reliquien von der Art des Schamhaares des hl. Markus[300] oder der Exkremente des hl. Johannes Columbini[301], wie sie im Mittelalter Verehrung fanden – nicht unlogischerweise, wenn man den Reliquienkult generell akzeptiert –, von den Kirchenoberen ausgestellt werden. Auch in einer so stark traditionsgebundenen Religiosiät wie der katholischen hat die Reaktion auf Reformation, Aufklärung, Rationalismus und Säkularisierung ungeachtet mancher Anachronismen ein vom mittelalterlichen weit abweichendes Frömmigkeitsempfinden geschaffen, und dies vorrangig durch die veränderte Katechese des kirchlichen Lehramtes.

Eine wesentliche Komponente der mittelalterlichen Reliquienverehrung war die Prävalenz des Sinnlichen, des Körperlichen. Die Reliquien wurden nicht als Signifikant für etwas Überirdisches, die Existenz der Heiligen im Himmel, erfahren (wozu übrigens die Theologie wenigstens seit den Viktorinern durchaus katechetisch verwertbare Möglichkeiten geboten hätte). Vielmehr oszilliert ihr Wesen, in der Terminologie der Ethnologie gesagt[302], zwischen dem quasi orendistischer Kraftzentren, von denen ein unerschöpfliches Fluidum ausgeht (apotropäische Verwendung in Amuletten, Waffen usw.), und dem animistischer Sakralgegenstände, die sozusagen den – notwendigen! – Kontaktpunkt zwischen Irdischem und Überirdischem darstellen (Verfügung über den Leib impliziert Verfügung über die Seele, wie bei dem Beispiel aus Grandmont; die Heiligenerscheinungen unmittelbar aus dem Reliquiar). Dies läßt sich nach Vauchez auf die Heiligenverehrung schlechthin ausdehnen: „Avant d'être une qualité de l'âme ou un état spirituel, la sainteté dans la mentalité commune, est d'abord une énergie (*virtus*) qui se manifest à travers un corps"[303]. Phänomenologisch ist so das Wirken der christlichen Reliquien und das der magischen Gegenstände in anderen Religionen nicht zu unterscheiden: die Heilskraft wird am besten durch körperlichen, wenigstens visuellen Kontakt übertragen[304].

Unter Berücksichtigung einer Reihe anderer Gegebenheiten, die wohl in diese Richtung interpretiert werden müssen, u.a. der auf die Zerstörung gerichteten Formen der körperlichen Askese zur Erlangung seelischen Heils[305], des weitgehenden Mangels an Distanz zu den vitalen Körperfunktionen, einer Distanz, die erst in einem spät- und nachmittelalterlichen „Prozeß der Zivilisation"[306] entwickelt wurde, etc., darf geschlossen werden, daß ein hauptsächlicher Grund unseres Eindrucks von der Fremdheit des Mittelalters generell in einem anderen, unmittelbareren Verhältnis der damaligen Menschen zum Körper liegt. Dabei täuscht diese Formulierung, da es sich in diesem Bereich nicht um ein reflektiertes Verhältnis, sondern um eine gelebte Einheit handelt, die wir aber nicht mehr deskriptiv wiederherzustellen vermögen. Diese prägte aber auch die intellektuelle Reflexion, wie z. B. aus der von den Gelehrten der Zeit realistisch konzipierten Auferstehungstheologie erhellt – ich erinnere an die von den Scholastikern, selbstverständlich auch von Thomas, vollkommen ernsthaft diskutierten Fragen, ob Nägel und Haare auch auferstehen werden (sie werden) oder welche Körpergröße die Verklärten haben werden (voll ausgewachsen)[307].

Wenn man bedenkt, wie viele Distanzierungsschichten sich im „Prozeß der Zivilisation" zwischen uns und eine Kultur gelegt haben, deren materielle Existenzgrundlage und materielle Kultur ja weitestgehend auf körperlicher Arbeit aufgebaut waren, der eine auf Beobachtungen basierende und außerreligiöse Erklärungen anbietende Psychologie (unbeschadet der Existenz einer philosophisch-theologischen Seelenlehre) fehlte, die von einem weitgehend einheitlich religiös bis magisch geprägten, wenn auch gradualistisch differenzierten Weltbild bestimmt war, dann mag uns die psycho-somatische Einheit der Heiligenverehrung des Mittelalters etwas verständlicher geworden sein. Schließlich kennen wir gewisse säkularisierte Reliktformen – die sogenannten „weltlichen Reliquien" von der Uniform Napoleons und der Leiche Lenins bis zur Kleidung der Beatles – bis zum heutigen Tag[308].

Abkürzungen

AB   Analecta Bollandiana, Bruxelles 1882ff.

AS   Acta Sanctorum, ed. J. BOLLANDUS et alii (Auflage nach Jahreszahl).

BS   Biblioteca Sanctorum, a cura dell'Istituto Giovanni XXIII, Roma 1961ff.

CC   Corpus Christianorum, Turnhout 1953ff.

DThC   Dictionnaire de théologie catholique, Paris 1930ff.

HDA   Handwörterbuch des deutschen Aberglaubens, Berlin 1927ff.

Index Fredric C. TUBACH, Index Exemplorum, Helsinki 1969.

LcI   Lexikon der christlichen Ikonographie, Roma 1968ff.

LexMA Lexikon des Mittelalters, München 1977ff.

LThK   Lexikon für Theologie und Kirche, Freiburg i. Br. 1957ff.

MGH   Monumenta Germaniae Historica, Hannover 1826ff.

OE   Ornamenta Ecclesiae (Katalog), hrsg. von A. LEGNER, Köln 1985.

PL   Patrologiae cursus completus, series latina, hrsg. von J.-P. MIGNE, Paris 1844ff.

RS   Rolls Series. Rerum Britannicarum medii aevi scriptores, London 1858ff.

Staufer   Die Zeit der Staufer (Katalog), hrsg. von R. HAUSHERR, Stuttgart 1977ff.

Abgekürzt zitierte Literatur

Stephan BEISSEL, Die Verehrung der Heiligen und ihrer Reliquien in Deutschland bis zum Beginn des 13. Jahrhunderts, Freiburg i. Br. 1890.

DERS., Die Verehrung der Heiligen und ihrer Reliquien während der zweiten Hälfte des Mittelalters, Freiburg i. Br. 1892.

James BENTLEY, Restless Bones: The Story of Relics, London 1985.

W. BONSER, The Cult of Relics in the Middle Ages, Folklore 73 (1962), 234–256.

Joseph BRAUN, Die Reliquiare des christlichen Kultes und ihre Entwicklung, Freiburg 1940.

R. VON DOBSCHÜTZ, Reliquien, LcI 3, 1971, 538–546.

Heinrich FICHTENAU, Zum Reliquienwesen des früheren Mittelalters, in: DERS., Beiträge zur Mediävistik I, Stuttgart 1975, 108–144.

Marie-M. GAUTHIER, Straßen des Glaubens. Reliquien und Reliquiare, Aschaffenburg 1983.

Patrick J. GEARY, Furta sacra, Diss. Yale 1974 (als Buch: Princeton 1978).

DERS., La coercion des saints dans la pratique religieuse médiévale, in: La Culture Populaire au Moyen Age, hrsg. von P. BOGLIONI, Montréal 1979, 154–160.

DERS., The Saint and the Shrine, in: Wallfahrt kennt keine Grenzen, hrsg. von L. KRISS-RETTENBECK und G. MÖHLER, München 1984, 265–273.

DERS., Humilation of Saints, in: Saints and their Cults, hrsg. von St. WILSON, Cambridge ²1985, 123–140.

Uwe GEESE, Reliquienverehrung und Herrschaftsvermittlung. Die mediale Beschaffenheit der Reliquien im frühen Elisabethkult, Darmstadt 1984.

Ernst G. GRIMME, Goldschmiedekunst im Mittelalter. Form und Bedeutung des Reliquiars von 800 bis 1500, Köln 1972.

Heinrich GÜNTER, Psychologie der Legende, Freiburg 1949.

Klaus GUTH, Guibert von Nogent und die hochmittelalterliche Kritik an der Reliquienverehrung, Ottobeuren 1970.

Martin HEINZELMANN, Translationsberichte und andere Quellen des Reliquienkultes, Turnhout 1979.

Nicole HERMANN-MASCARD, Les reliques des saints, Paris 1975.

Bernhard KÖTTING, Reliquienverehrung, ihre Entstehung und ihre Formen, Trierer Theologische Zeitschrift 67 (1958), 321–334.

R. KROOS, Vom Umgang mit Reliquien, in: OE III, 25–49.

J. LEIPOLD, Reliquien und Reliquienverehrung, Evangelisch-lutherische Kirchenzeitung 6 (1952), 165–167, 182–184.

E. MEYER, Reliquie und Reliquiar im Mittelalter, in: Eine Gabe der Freunde für Carl G. Heise, hrsg. von E. MEYER, Berlin 1950, 55–66.

E. RICHTER, Die „andächtige Beraubung" geistlicher Toter als volksglaubenskundliches Phänomen, Bayerisches Jahrbuch für Volkskunde 1960, 82–104.

Pierre SAINTYVES, En marge de la Légende Dorée, Paris 1931.

P. SÉJOURNÉ, Reliquies in: DThC XIII/2, 1937, 2312–2376.

Hermann SIEBERT, Beiträge zur vorreformatorischen Heiligen- und Reliquienverehrung, Freiburg 1907.

Pierre-A. SIGAL, L'homme et le miracle dans la France médiévale, Paris 1985.

E. A. STÜCKELBERG, Geschichte der Reliquien in der Schweiz, Zürich 1902/08.

Islwyn G. THOMAS, The Cult of Saints' Relics in Medieval England, Diss. London 1974.

André VAUCHEZ, La sainteté en Occident aux derniers siècles du moyen âge, Roma 1981.

Benedicta WARD, Miracles and the Medieval Mind, London 1982.

Anmerkungen

[1] Magna Vita S. Hugonis 5, 14: *a quodam notario suo scalpellum arripiens, fila festinanter dissecuit, atque inuolucrum illud dissuens, sacratissimum os ori et oculis suis reuerenter applicuit. A quo dum impressione digitorum nil quiuisset excutere, prius incisiuos deinde molares dentes apposuit, quorum uiribus duas inde citius portiones abrupit quas dextere ista scribentis intulit . . . Cernentes uero hec abbas et monachi, iampridem stupentes et pauidi, nunc uero seuientes et irati, exclamant, „O, o, proh nefas! Credebamus episcopum uenerationis obtentu expetisse hec sacra reuerenda, et ecce ritu canino hec dentibus tradidit lanianda."* (Hrsg. von D. L. DOUIE und H. FARMER, London 1961f., I, 169f.).
Die in den Fußnoten abgekürzt zitierten Titel sind in der Bibliographie S. 159–162 aufgelöst.

[2] Magna Vita 5, 13 (ed. cit., 153f.).

[3] Ebd., 5, 14 (ed. cit., 170).

[4] Ebd., 5, 14 (ed. cit., 167f.).

[5] 37,2: *quidam fixisse morsum et furasse de sancto ligno* (Sources Chrétiennes 296, 286); vgl. LexMA 1, 191f.

[6] Vita 2, 6 (MGH SS rer. Merov. 4, 699).

[7] Sigbert von Gembloux, Vita 1 (MGH SS 4, 473ff.).

[8] GRIMME, 170f.

[9] Vita 310f. (J. STEVENSON [Hrsg.], Reginaldus Dunelmensis, Libellus de vita et miraculis S. Godrici, London 1847, 328f.).

[10] Caesarius von Heisterbach, Vita Elyzabeth 30 (hrsg. von A. HUYSKENS, Publikationen der Gesellschaft für rhein. Geschichtskunde 43 [1937], 379f.).

[11] Ferdinand SEIBT, Karl IV., München 1978, 393.

[12] Suppl.: *„si te ante me mori contingerit, nihil cum isto facio, quod tecum quoque defuncta non faciam" . . . caput illius super genus supinatum deposuit, sicque mento ejus dextera apprenso, sinistra vero frontem deorsum cum virtute retorsit . . . cultellum & ferramenta alia adhibens cum nil proficeret . . . prostratus humo, supplici prece corpus reverendum affatur: „. . . Rogo . . . ut me patiaris dentium tuorum partem in solatium mei doloris accipere. Et tu quidem nosti, . . . id . . . ad tuum honorem & gloriam facere disponebam" . . . Mira res! . . . ecce corpus exanime, quasi verbis precantis arridens, os aperit, & sponte sua in manu Prioris septem numero dentes excussit.* (AS Jun. 4, 1707, 672).

[13] BS 8, 1019.

[14] Vgl. LThK 10, 139.

[15] S. u. S. 149f.

[16] S. u. S. 129f.

[17] Vita I[a] S. Bernardi 4, 1, 1 (PL 185, 322D). Die Situation und das Vorgehen ähneln sehr dem eben Beschriebenen, ohne daß eine Abhängigkeit gegeben sein dürfte; vielmehr ging man eben so (wie auch anders?) bei Reliquienteilungen vor.

[18] Vgl. HEINZELMANN, 20ff.

[19] KÖTTING, 326.

[20] FICHTENAU, 112, vgl. 130.

[21] *aliquid de veris sanctorum reliquiis*, Einhard, Translatio et Miracula SS. Marcellini et Petri 1,1 (MGH SS 15, 240).

[22] Vita 2, 8: *corpus sancti qui intercederet pro eis ad Dominum Jesum Christum essetque eis patronus ac defensor tam in hoc saeculo quam in futuro* (hrsg. von L. D'ACHERY und J. MABILLON, Acta SS OSB, Paris 1668ff., IV/2, 184–222).

[23] Stephan von Bourbon, A. LECOY DE LA MARCHE (Hrsg.), Anecdotes historiques d'Etienne de Bourbon, Paris 1877, 322.

[24] HERRMANN-MASCARD, 134ff.

[25] Beispiele: Peter BROWE, Die eucharistischen Wunder des Mittelalters, Breslau 1938, 75ff.; GEARY, Furta, 62; WARD, 62; LOOMIS (wie Anm. 58), 92 (die Reliquien der Heiligen Viktor und Camphon sollen dabei selbsttätig aus dem Feuer gesprungen sein; wohl Verwechslung mit dem hl. Viktor von Campbon, vgl. BS 12, 1252f.).

[26] St. RUNCIMAN, The Holy Lance found at Antioch, AB 68 (1950), 197–209.

[27] Odon LOTTIN, Psychologie et Morale aux XIIe et XIIIe siècles, Gembloux [2]1957ff.

[28] Guibert von Nogent (GUTH, 92); Caesarius von Heisterbach, Dial. mir. 8, 70.

[29] Zu diesen vgl. HEINZELMANN, 85ff.

[30] Ed. cit., 123ff.

[31] Jacob von Vitry, Vita 91 (ed. cit., 567F).

[32] Beispiele: GAUTHIER, 17ff.

[33] GEARY, Furta, pass.

[34] Sigbert von Gembloux, Chron. a. a. 922 (MGH SS 6, 346). Vgl. weiters R. MICHALOWSKI, Le don d'amitié dans la société carolingienne et les „Translationes sanctorum", in: Hagiographie, Cultures et Sociétés, IVe–XIIe siècles, Paris 1981, 399–416.

[35] THOMAS, 332ff.

[36] GUTH, 82ff.

[37] Apol 12, 28: *Auro tectis reliquiis signantur oculi, et loculi aperiuntur* (Opere di San Bernardo, a cura di F. GASTALDELLI, Milano 1984ff., I, 210).

[38] 2, 38, 2f. (Sources Chrétiennes 260, 246ff.). Die Verfasserschaft Gregors ist z. Zt. umstritten.

[39] SIGAL, pass.; vgl. meine Besprechung in: Historische Zeitschrift 243 (1986), 174–176.

[40] Symeon von Durham (?), Mir. 14: *quasi praesentia Sancti corporis exterrita pestis aufugit, nec ultra hominem tangere aliquatenus praesumpsit* (hrsg. von Th. ARNOLD, RS 75/2, 347).

[41] SIGAL, 288ff.

[42] Zit. HEINZELMANN, 34.

[43] Rer. Sax. 1, 33: *postquam nos deseruit insignis martyr Vitus ad nostram perniciem vestramque perpetuam pacem* (Ausgew. Quellen zur dt. Geschichte des Mittelalters 8, 64).

[44] *habentes sanctorum reliquias collo pendentes* (GRIMME, 24).

[45] 2, 2, q. 96, a. 4, 3: *collo suspendere vel qualitercumque portare ad suam protectionem*. Vgl. weiters SIEBERT, 54.

[46] SÉJOURNÉ, 2346.

[47] HERRMANN-MASCARD, 217ff.

[48] SCHULTZ (wie Anm. 50) II, 55.

[49] STÜCKELBERG I, LXXXVII.

[50] 652 (zit. Alwin SCHULTZ, Das höfische Leben zur Zeit der Minnesinger II, Nachdruck: Osnabrück 1965, 99²).

[51] GRIMME, 56f.; SCHULTZ, 15. Dies hing auch mit der Verchristlichung der Waffe als Garant des Schwurs zusammen; vgl. Franco CARDINI, Alle radici della cavalleria medievale, Firenze ²1982, 69f.

[52] In BS XI, 303ff., mit Gefährten als Heiliger geführt.

[53] Bischof von Paris, Patron der französischen Könige und Krieger.

[54] Chanson de Roland, 2345ff.: *En l'oriet punt asez i ad reliques: La dent seint Perre et del sanc seint Basilic, E des chevels mun seignor seint Denise, Del vestement i ad seinte Marie* (hrsg. von A. HILKA, Halle ³1948, 64).

[55] Walafrid Strabo, De exord. et increm. rer. eccl. 32 (MGH Cap. 2, 351).

[56] John HEWITT, Ancient Armour and Weapons in Europe I, Nachdruck: Graz 1967, 18ff., dort weitere Beispiele.

[57] Ebd. - Andere Beispiele bei FICHTENAU, 120f.

[58] C. G. LOOMIS, White Magic, Cambridge (Mass.) 1948, 30.

[59] MOLLAND in: Kulturhistorisk Leksikon för Nordisk Medeltid 14, 1969, 53.

[60] Translatio 2, 8 (ed. cit., 247).

[61] Galbertus von Brugge, Passio Karoli comitis 35 (hrsg. von James B. ROSS, Toronto 1982).

[62] MGH Cap. I, 118; vgl. GEARY, Furta, 37f.

[63] Jacob GRIMM, Deutsche Rechtsaltertümer II, Nachdruck: Darmstadt 1983, 546, 556f.; vgl. GEARY, Furta, 37f.; Claudius VON SCHWERIN, Rechtsarchäologie, Berlin 1943, 23.

[64] Simone BERTRAND, La tappezzeria della regina Matilde a Bayeux, Milano 1969, 58.

[65] DOBSCHÜTZ, 541.

[66] KROOS, 41f. Andere Beispiele bei FICHTENAU, 118ff.

[67] A. ZIMMERMANN rechnet ihn unter die Heiligen (BS 4, 967), wogegen ihm dieser Titel in LThK 3, 742, und LexMA 3, 1725, nicht zuerkannt wird.

[68] H. LIEBESCHÜTZ, Wesen und Grenzen des karolingischen Rationalismus, Archiv für Kulturgeschichte 33 (1951), 17–44, 29f.

[69] THOMAS, 318.

[70] H. CLAUSSEN, Krypta, in: LThK 6, 652.

[71] STÜCKELBERG I, 60, 79.

[72] Vita I^a 5, 2, 15 (PL 185, 360D).

[73] *Ego constantinus. humilis sacerdos huius ecclesie. Canonicus. has reliqias congregaui. ut in nouissimo die .me. perducant.ad . eternam . Requiem* (OE 2, 79ff.). (Die Übersetzung des Folgenden, S. 79, verwechselt *hoc* mit *illo*.)

[74] S. u. S. 155f.

[75] Emil REICKE, Geschichte der Reichsstadt Nürnberg ..., Nürnberg 1896, 443ff.

[76] GUTH, 148.

[77] Jean-C. SCHMITT (Hrsg.), Les saints et les stars, Paris 1983, 6.
[78] WARD, 62. – Zu den in Durham aufbewahrten Reliquien s. THOMAS, 73ff.
[79] *Pariter ergo corruentes in terram, orabant suppliciter, ut sua beatus Cuthbertus intercessione iram a se Omnipotentis Dei averteret, si hanc aliquatenus ex praesumptione meruissent. Inerat eis gaudium mixtim cum pavore, quia etsi ex audacia timuissent offensam, ex certitudine tamen tanti muneris ingentem conceperant laetitiam . . . Unde ad ipsa sacri corporis secreta altius perscrutenda manus admovere videbatur temeritatis, quam, ut putabant, sectura divinitus ultio nullo modo relinqueret impunitam . . . Inerat namque illis ex amore desiderium videndi atque tractandi quod dilexerant, sed ex conscientia peccatorum timor illos ne id auderent repellebat. Ita inter haec duo dubii pendebant, ut paene nescirent quid magis vellent . . . pavore percelluntur ingenti, et paulo longius recedentes, non ausi sunt quod patebat intueri miraculum. Coeperunt flexis crebro genibus pectora pugnis tundere, et, oculis cum manibus in altum levatis, saepius inclamare, „Miserere nostri, Domine, miserere." Interdum id quod singuli viderant, ac si non vidissent, sibi vicissim nuntiare. Prostrati toto tandem corpore, lacrimis ubertim fluentibus, septem poenitentialibus psalmis supplicant Dominum, ne in furore suo eos argueret, neque in ira sua corriperet . . . Quae laudes exultationis, cum jam ante oculos hunc gratiae caelestis haberent thesaurum, in cujus comparatione omne illis viluit aurum! Jam sibi nihil defuturum reputabant, cum inpraesentiarum quasi viventem cernerent, per quem sibi largitas divina et praesentis vitae subsidia et futurae gaudia conferret* (Symeon von Durham, Mir. 7, ed. cit., 250ff.). Der Bericht orientiert sich stilistisch etwas an der von Beda erzählten früheren Translation des Heiligen (Vita 43, hrsg. von B. COLGRAVE, Two Lives of S. Cuthbert, Oxford ²1985, 292), ohne deshalb etwas von seiner Authentizität zu verlieren.
[80] Vgl. John A. SALIBA, „Homo religiosus" in Mircea Eliade, Leiden 1976.
[81] Auch das vor Translationen allgemein übliche dreitägige Fasten (THOMAS, 330) ist ein Zeichen des Respektes vor dem mächtigen Toten.
[82] Vita Magna 5, 14 (ed. cit., 172f.).
[83] Vita 2: *circa gallicinium noctis beatus Apolenaris, his duobus manifeste videntibus, exiit de sub altari quod in medio ecclesie ad honorem b. virginis Marie cernitur esse constructum . . . illinc videlicet ubi marmor porfireticum iacet . . . et hoc facto statim unde exierat rediit* (Fonti per la storia d'Italia 94, 1957, 17).
[84] De cultu S. Martini ap. Tur. 8: *Quidam oculos meos aperuit, qui post redditum mihi lumen me vidente capsam istam grandem et speciosam intravit. Et manu protensa capsam et quo intrare illum viderat gratulabundus demonstrabat* (AB 3 [1884], 234).
[85] Proc. inform. pro canoniz. 5, 57: *caput est osculata solito more, et inde apparuit sibi quidam juvenis* (AS Martii 3, 1865, 755D).
[86] S. Autberti de mir. 2, 1: *de veteri quadam capsa . . . agnum quendam pulcherrimum exeuntem, qui . . . singulos osculatus, locum unde exierat reptere videbatur . . . nil aliud quam praeclaras beatissimi confessoris Autberti reliquias invenerunt ibidem cum indicio litterarum, mentum scilicet et partem illam facium, in qua dentes subteriores consistunt* (AB 19 (1900), 209).
[87] SIGAL, 134ff.
[88] Vita S. Roberti Novi Monasterii 12: *egrediens de tumba, qui veniens vincula mea solvit, sed et admonuit ut deinceps emendacior viverem. Quibus peractis, regressus est in tumbam unde venerat* (AB 56 [1938], 357f.).

[89] SIGAL, 139[144]. Die Edition des Textes war mir leider nicht zugänglich.
[90] Abgebildet bei WARD. In den Mirakeln des Heiligen finden sich wohl mehrere Traumerscheinungen von ihm, jedoch keine präzise Schilderung dieses Vorgangs.
[91] Die Legenda aurea des Jacobus de Voragine, übers. von R. BENZ, Heidelberg [8]1975, 535 (Benz beansprucht S. XXXVII auf die ältesten Handschriften zurückgegangen zu sein, womit er Vorzug vor den lateinischen Ausgaben verdiente). Vgl. Bibliotheca Hagiographica Latina 2, Nr. 7857f. (Augustinus, De mir. S. Stephani).
[92] Ed. cit., 811f.
[93] Legenda aurea, ed. cit., 536.
[94] GÜNTER, 121; desgleichen LOOMIS, 92, über einen Freund Austells (?).
[95] *n'en retiegne aucune chose / Por metre en or ou en argent* (De Sainte Léocade, hrsg. von Eva VILAMO-PENTTI, Helsinki 1950, vs. 148f.).
[96] Grundlage ist die Legende des Bischofs aus dem 8. Jahrhundert, vgl. BS 7, 1187.
[97] KROOS, 39.
[98] Ebd., 38, 48[275].
[99] Rev. 7, 4: *nullo tangente, de ipsa capsa Reliquiarum* (Ausgabe München 1680, 580EF). Vgl. auch die sprechenden Reliquien Rev. Extr. 59 (ed. cit., 776L).
[100] GEARY, coercion, pass., und DERS., Humilation, pass., der Beispiele für das 11. und 12. Jahrhundert sowie ein Verbot dieses Usus aus dem 13. bringt. STÜCKELBERG I, CVII, erwähnt noch ein Beispiel aus Solothurn von 1311.
[101] GOUGAUD (wie Anm. 265), 179 f.; BS 3, 1304.
[102] Ganz ähnlich verhielt sich eine Frau am Altar des hl. Benedikt in Fleury (GEARY, Humliation, 135).
[103] Ebd., 136.
[104] AB 56 (1938), 274.
[105] De miraculis S. Benedicti 26, in: PL 124, 929f.
[106] Vita 55: *Non ducimus curiositate, ut tua miracula videre velimus; satis tuae credimus sanctitati. Cave igitur de caetero, ea miracula facias ... Quod si aliter feceris, dicimus tibi ... quia ossa tua inde extrahemus, et spargamus in flumen* (PL 204, 1030). Dasselbe wird vom hl. Bernhard von Clairvaux (Vita I[a], 7,58, PL 185, 448AB) und vom sel. Petrus Petroni berichtet (Lothar SCHLÄPFER, Das Leben des hl. Bernhardin von Siena, Düsseldorf 1965, 217).
[107] GEARY, Humilation, pass.
[108] S. u. S. 138f.
[109] Ed. cit., 32f.; vgl. Index, Nr. 3471.
[110] *Sic me Deus adiuvet e istae sanctorum reliquiae!* (HERRMANN-MASCARD, 261).
[111] *ob reverentiam praedicti Apostoli & aliarum reliquiarum* (HERRMANN-MASCARD, 294f.).
[112] KROOS, 31.
[113] Einhard, Transl. 1, 8 (ed. cit., 243).
[114] Liber iiiius S. Jacobi 8 (hrsg. von Jeanne VIELLEARD, Le guide du pélerin de Saint-Jacques de Compostelle, Mâcon [5]1978, 36).
[115] Dit de Moustier, vs. 70ff. (hrsg. von A. JUBINAL, Nouveau Recueil de Contes, Dits, Fabliaux II, Paris 1842, 104).
[116] Vita 34: *eadem Reliquiae noctem festam cum ea ducentes, et custodi suae quasi applaudentes* (AS Jun. 5, 1867, 555A).
[117] Zit. VAUCHEZ, 505[13].

[118] KROOS, 43ff.
[119] HEINZELMANN, 66ff.
[120] Kaiser Heinrichs Romfahrt, hrsg. von Franz-Josef HEYEN, München 1978, 54f. (2a).
[121] Liber iiiius S. Jacobi 8 (ed. cit., 62).
[122] Vgl. mit umfangreicher Bibliographie: Wallfahrt kennt keine Grenzen, hrsg. von L. KRISS-RETTENBECK und G. MÖHLER, München 1984.
[123] Ein schönes Beispiel bietet der Zyklus des Lebens des hl. Augustinus Novellus von Simone Martini in Sant'Agostino zu Siena, wo der Heilige sich mehrfach aus den Wolken herabstürzt, um seine Rettungstaten zu vollbringen (Gianfranco CONTINI/Maria C. GOZZOLI, L'opera completa di Simone Martini, Milano 1970, 96f., Nr. 24., T. XLVIIff.).
[124] 3: *Quomodo enim per eum qui via, veritas et vita est, Martialis membra non vivunt, qui ipsos mortuos vivere etiam in hac vita praebent?* (AB 1 [1882], 416). Vgl. weiters HEINZELMANN, 51[25].
[125] Bernhard KÖTTING, Der frühchristliche Reliquienkult und die Bestattung im Kirchengebäude, Köln 1964.
[126] Beda, Vita 43 (ed. cit., 293) = Symeon von Durham, Hist. Dun. Eccl. 1, 11 (ed. cit. 1, 37).
[127] *ad tuitionem animae et corporis de theca imperiali eas sibi assumi et penes se reponi imperiali edicto assignaverit* (Erwin PANOVSKY [Hrsg.], Abbot Suger on the Abbey Church of St.-Denis and its Art Treasures, Princeton ²1979, 70).
[128] *nisi maximam spem et corporis et animae in sanctarum reliquiarum repositione credidisset* (ed. cit., 70).
[129] *tantarum et tam sanctarum reliquiarum protectione muniri appetens, eas videre, eas deosculari, si Deo displicere non timerem, gratantissime multo temporum processu rapiebar* (ed. cit., 68).
[130] Vgl. Peter DINZELBACHER, Die Realität des Teufels im Mittelalter, in: Der Hexenhammer, hrsg. von P. SEGL, Köln 1988, 151–175; DERS., Der Kampf der Heiligen mit den Dämonen, in: Settimane di studio del Centro italiano di studi sull'alto medioevo 36 (1989), 647–695.
[131] KROOS, 39. Bzgl. des Grabes der hl. Elisabeth von Thüringen spricht GEESE, 88ff., sogar von „Berührungsriten".
[132] Ep. 4, 30 (PL 77, 702; MGH Ep. I, 264ff.).
[133] Wie Anm. 127.
[134] Ep. 22, 17: *Quanta indumenta super reliquias sacratissimas et tactu ipso medicabilia reposcuntur. Gaudent omnes extrema linea contingere, et qui ...* (PL 16, 1067C).
[135] Vita 312 X(ed. cit., 330).
[136] Vita Magna S. Hugonis 5, 18: *Gratias ago tibi, Pater misericordiarum et Deus totius consolationis, quia misertus es mei, et in tantum consolatus es me ut, quod in hoc mundo super omnia concupiui, corpori sanctissimo serui tui corpus meum tot peccatis obnoxium quiuissem adiungere et ei qui fideliter seruiuit tibi meruissem approximare* (ed. cit., 222).
[137] Eine weitere Komponente bei diesem Brauch war die Vorstellung, Krankheiten könnten so abgestreift werden; vgl. HDA 2, 477–504, bes. 485ff.
[138] Georg BECK, Der hl. Otto von Bamberg, Bamberg 1962, 37.
[139] Zit. BEISSEL II, 93. Zum „gegen Gott" vgl. die Interzessio Christi und Marias (DINZELBACHER [wie Anm. 225], 87f., 91ff.).

[140] HERRMANN-MASCARD, 213f.; KROOS, 30ff.; zahlreiche Beispiele in der zitierten Vita Magna S. Hugonis, c.5, 13f.

[141] SIGAL, 37.

[142] Vgl. die S. 122 genannten Beispiele.

[143] Z.B. Liber S. Jacobi 4, 8, ed. cit., 38.

[144] HERRMANN-MASCARD, 206ff.

[145] Ebd., 214.

[146] *unum de pedibus corio inputrescibili . . . a corpore segregavit et sustulit et omnibus adstantibus ostendit* (AS Jan. 2, 1643, 1050).

[147] GEARY, Furta, 65f. Andere Beispiele bei BEISSEL II, 124f.

[148] Miracula S. Viviani (AB 8 [1889], 271).

[149] Miracula S. Martialis 60: *religiosi more solito aperientes cupas sive vasa pretiosa quibus reconditur ipsum pretisoum caput, ut nudo pateret omnibus peregrinis* (AB 1 [1882], 438).

[150] Heiltumsbuch von 1487 (SIEBERT, 58)

[151] TÖPFER (wie Anm. 161), 54ff.

[152] Symeon von Durham (?), Hist. Dun. Eccl. 1, 7ff., 3, 11 (ed. cit. 1, 58ff., 94f., vgl. 309).

[153] Zu den Strafwundern vgl. SIGAL, 276ff.; DERS. (wie Anm. 155), pass.; F. PIJPER, Middeleeuwsch Christendom: De Heiligen-Vereering, 's-Gravenhage 1911, 217ff.; M. GOODICH, Miracles and Disbelief in the Late Middle Ages, Mediaevistik 1 (1988), 23–38.

[154] Symeon von Durham (?), Hist. Dun. Eccl. 3, 20 (ed. cit., 107).

[155] P. SIGAL, Un aspect du culte des saints: le châtiment divin . . ., Cahiers de Fanjeaux 11 (1976), 39–59, 43. Besonders gefährlich soll die Berührung der Grabplatte des hl. Johann von Nepomuk im Prager Veitsdom gewesen sein (MATSCHE [wie Anm. 193], 111).

[156] Peter DINZELBACHER, Die Jenseitsbrücke im Mittelalter, Diss. Wien 1973, 186f. Hier kommen Reliquien (Bénézet war in einer Brückenkapelle bestattet) und Heiligkeit der Brücke zusammen; zu Letzterer vgl. DERS., Il ponte come luogo sacro nella realtà e nell'immaginario, in: Luoghi sacri e spazi della santità, hrsg. von S. BOESCH-GAJANO und L. SCARAFFIA, Torino 1990, 51–60.

[157] Ein weiteres Beispiel bei GEARY, Furta, 176. Vgl. auch H. DELEHAYE, Loca sanctorum, AB 48 (1930), 1–64.

[158] Z. B. Einhard, Transl. 3, 15 (ed. cit., 254).

[159] MEYER, 58.

[160] BRAUN, 62, 383.

[161] Ebd., 65, 413, 416; Bernhard TÖPFER, Volk und Kirche zur Zeit der beginnenden Gottesfriedensbewegung in Frankreich, Berlin 1957, 50f.

[162] DOBSCHÜTZ, 539.

[163] BRAUN, 66, 434ff.

[164] Ebd., 389, vgl. 61.

[165] GRIMME, 72.

[166] GRIMME, 22.

[167] Literatur: GAUTHIER, 197[114].

[168] OE 3, 145.

[169] A. LEGNER, Bildkunst der Annozeit, in: Monumenta Annonis (Katalog), Köln 1975, 133–146, 136; DERS. in: OE 2, 214f.; Staufer, Nr. 462; Johannes TAUBERT,

Farbige Skulpturen, München 1978, 28f.; H. DÜNNINGER, Zur Frage der Hostiensepulcren und Reliquienrekondierungen in Bildwerken, Jahrbuch für Volkskunde, NF 9 (1986), 72–84.

[170] Uwe WESTFEHLING, Die Messe Gregors d. Gr., Köln 1982, 78ff.

[171] Ebd., 128.

[172] TAUBERT (wie Anm. 169).

[173] Karel STEJSKAL, Karl IV. und die Kultur und Kunst seiner Zeit, Praha ²1978, 129ff.; SEIBT (wie Anm. 11), 396.

[174] Kurt BAUCH, Das mittelalterliche Grabbild, Berlin 1976.

[175] BS 10, 968f.

[176] OE 2, 334f.

[177] BRAUN, 691.

[178] GRIMME, 71.

[179] OE 2, 314ff.

[180] BS 4, 395f.

[181] Der Vollständigkeit halber erwähne ich auch die Reliquiare in Gebäude- bzw. Kirchenform (seit dem Hochmittelalter), die das himmlische Jerusalem verkörpern; eigentlich der sinnvollste Platz für Reliquien von Heiligen, die ja ebendort weilen. Vgl. z. B. GRIMME, 79ff.

[182] Vgl. das Pastoralschreiben Papst Leos IV. (847–855): *Super altare nihil ponatur nisi capsae et reliquiae et quattuor evangelia* (PL 115, 678).

[183] Vgl. J. EMMINGHAUS, Altar, in: LexMa I, 1978, 461–464.

[184] BRAUN, 409f., 433.

[185] Z. B. ebd., 390, 408.

[186] Ebd., 100, 382, 384.

[187] Ebd., 52, 109.

[188] Früher kam dies nur bei Reliquien des Heiligen Kreuzes vor (GRIMME, 940).

[189] Kataloge des Ulmer Museums I, Ulm 1981, 58, 159.

[190] Ebd., 52f.; oft waren es eingeführte Stücke, vgl. z. B. J. PHILIPPE, Reliquaires médiévaux de l'Orient chrétien en verre et en cristal de roche conservés en Belgique, Bulletin de l'Institut archéologique liégois 86 (1974), 245–289.

[191] BRAUN, 302ff., 405.

[192] Ebd., 409, 415f., 444; OE 2, 261ff. u. ö.

[193] Nicht zu verwechseln mit den seit dem 18. Jahrhundert verfertigten Sekundärleibern, vgl. MATSCHE, Sekundärleiber des hl. Johann von Nepomuk, Jahrbuch für Volkskunde, NF 6 (1983), 106–148.

[194] Vgl. A. FRUTAZ, Katakombenheilige, in: LThK 6, 24–26.

[195] 62, zit. nach: DThC VIII/2, 2664. Vgl. GUTH, 138ff.

[196] GRIMME, 68.

[197] Daß sich aber wenigstens Gesalbte nicht scheuten, die Reliquien auch mit bloßen Händen zu berühren, zeigt sich an den entsprechenden Szenen der Malereien an der Südwand der Karlsteiner Marienkirche, auf denen Karl IV. sich und andere Herrscher beim Hantieren mit Reliquienpartikeln hat darstellen lassen (STEJSKAL [wie Anm. 173], Abb. 91).

[198] Beispiele bei HEINZELMANN, 50²³.

[199] Beim Fehlen gesicherter chronologischer Angaben zur Entstehung des Schreins kann dies natürlich nur eine Vermutung sein.

[200] GRIMME, 138; OE 2, 216ff.

[201] OE 2, 242.
[202] GUTH, 141f.
[203] Ley 63: *E todas estas reliquias . . . deuen seer muy gardadas e encerradas de tal manera que no las pueda ninguno furtar ni tomar pora ueerlas ni dotra guisa, sin plazer de aquellose las han en guarda* (hrsg. von J. A. A. BONET, Valladolid 1975, 58).
[204] Vorausgesetzt, die stilkritischen Datierungen der entsprechenden Werke stimmen, stammen die ältesten aus der Zeit um 1200 (OE 3, 145f.).
[205] Peter DINZELBACHER, Vision und Visionsliteratur im Mittelalter, Stuttgart 1981, 146ff., 237f.
[206] Ebd., 150ff., 238ff.
[207] CAROLUS-BARRÉ (wie Anm. 261), 1110[122].
[208] Walter PAATZ, Bernt Notke, Wien 1944, T. 84f.
[209] MEYER, 58ff.
[210] S. Antonio 1231–1981 (Ausstellungskatalog), Padova 1981, 134f., Nr. 94.
[211] GAUTHIER, 138f., 149f.; OE 3, 163, 167f.
[212] OE 3, 149.
[213] Peter BROWE, Die Verehrung der Eucharistie im Mittelalter, Nachdruck: Rom 1967, 28ff., 39ff.; Historia de la Espiritualidad I, Barcelona 1969, 644–659.
[214] LThK 9, 244.
[215] BROWE (wie Anm. 213), 141ff.
[216] Ebd., 89ff.
[217] BRAUN, 55.
[218] Ebd., 379f.
[219] Beispiele bei Gregor M. LECHNER, Maria Gravida, München 1981.
[220] Vgl. W. PÖTZL, Bild und Reliquie im hohen Mittelalter, Jahrbuch für Volkskunde, NF 9 (1986), 56–84.
[221] A. MAYER, Die heilbringende Schau in Sitte und Kult, in: Heilige Überlieferung, Ausschnitte aus der Geschichte . . . I. Herwegen dargeboten, Münster 1938, 234–262, 248.
[222] BROWE (wie Anm. 213), 58ff.
[223] Ebd., 252ff.; LexMA 2, 1938–1941.
[224] MAYER (wie Anm. 221), 249.
[225] Peter DINZELBACHER, Die tötende Gottheit: Pestbild und Todesikonographie als Ausdruck der Mentalität des Spätmittelalters und der Renaissance, Analecta Cartusiana 117/2 (1986), 5–138.
[226] Vita 4 (ed. cit., 380).
[227] VAUCHEZ, 508ff.
[228] Peter DINZELBACHER, Das Wirken der Mystikerinnen in Kirche und Staat: Hildegard, Birgitta, Katharina, in: Religiöse Frauenbewegung und mystische Frömmigkeit im Mittelalter, hrsg. von P. DINZELBACHER und D.R. BAUER, Köln 1988, 265–302.
[229] 5, 337ff.: *Ille ungularum duplices / sulcos pererrat osculis, / hic purpurantem corporis / gaudet cruorem lambere. / Plerique uestem linteum / stillane tingunt sanguine, / tutamen ut sacrum suis / domi reseruent posteris* (hrsg. von M. CUNNINGHAM, in: CC 126, 1966, 305f.).
[230] M. SABBADINI, Storia e legenda nel Peristephanon di Prudenzio, Riv. di Studi Classici 20 (1972), 32–53, 187–221; 21 (1973), 39–77.

[231] Walter von Therouanne, Vita Karoli 30f. (MGH SS 12, 537–561).

[232] Vita I^a 2, 2, 9: *omnia sancta, quae ille tetigisset, judicantes, et se tactu eorum vel usu sanctificari* (PL 185 , 274B).

[233] Vita 249: *Itaque in faciem viri Dei tandem intorquens oculum, de barba illius diffluum conspicit dependere pilum, quem quia dissolutum dependere credidit manu lenius admota, quasi barbam ipsius complanaturus, pilum ipsum ad se contrahere coepit. Quod vir Dei advertens, fratrem illum blande coercuit, scitans ab illo quidnam operis de pilo illo facere proposuisset. At ille, „Domine", inquit, „pater, hos pilos tibi decidentes et lapsos de barba vestra spontanee, concedito mihi pro benedictione, quia dulce admodum et gratum mihi videtur aliquid memorabile de rebus vestris habere."... „Video ut capillos illos tibi carius conserves, honestiusque reponas"* (ed. cit., 263f.).

[234] Ebd., 258 (ed. cit., 273).

[235] Ep. 59 (MGH Epp. sel. 1, 112).

[236] Nicolaus, Suppl. ad vitam 6 (AS Jun. 5, 1877, 574EF).

[237] Caesarius von Heisterbach, Sermo de transl. 2: *Vos, domine, si modo servaretis panniculos istos, puto, quod prudenter faceretis, quia tunc non esset necesse post mortem meam illos querere, quando sancta ero et Dominus per me miracula facturus est* (ed. cit., 383).

[238] Sankt Elisabeth (Katalog), Sigmaringen 1981, 387ff., 547ff.

[239] Vita 3, 19: *Cum qua vice venisset Frater Thomas pedictus ad Lutgairdem predictam, dixit illa, vultu serioso intuens illum: „Audivi, karissime, quod manum post mortem michi abscindere iam disponis. Tu autem quid de manu mea facere cogitas, multum miror." At ille, rubore perfusus: „Credo" , inquit, „quod in bonum anime et corporis mei tua michi manus obveniet, si eam consequar ut intendo." Tunc illa, sereno, ut erat, vultu subridens et auricularium digitum dextre manus in superliminari fenestre deponens, „Satis", inquit, „tibi sufficit, cum digitum istum post mortem meam habere potueris"* (G. HENDRIX [Hrsg.], Primitive versions of Thomas of Cantimprés Vita Lutgardis, Cîteaux 29 [1978], 153–206, 174).

[240] Vgl. BS 9, 762ff.

[241] Leg. aur., ed. cit., 692f.

[242] Thomas von Cantimpré, Supp. (AS Jun. 4, 1707, 673A, 674); ders,. Vita Lutgardis 19 (ed. cit., 174).

[243] Passio Perpetuae 21 (hrsg. von C. VAN BEEK, Nijmegen 1936).

[244] CC 1, 388f.

[245] Felix, Vita 21 (hrsg. von B. COLGRAVE, Cambridge 1956).

[246] Petrus Damiani, Vita 13: *quia eum non poterant retinere viventem, haberent pro patricinio terre, vel cadaver exanime* (Ed. cit., 35).

[247] Nach einem katalanischen Legendenlied soll der Martyrer Eudald (BS 4, 1252, oder 5, 142f.?) tatsächlich von einer Menge, die sich seiner Reliquien bemächtigen wollte, zerrissen worden sein (D. DE COUCELLES, Le corps des saintes dans les cantiques catalans de la fin du Moyen Age, Médiévales 8 [1985], 43–56, 51).

[248] P. CUTHBERT, Der hl. Franz von Assisi, Stuttgart 1931, 368ff.

[249] C. CAROZZI, Douceline et les autres, Cahiers de Fanjeaux 11 (1976), 251–267, 256ff.

[250] Johan HUIZINGA, Herbst des Mittelalters, Stuttgart ^{11}1975, 261ff.

[251] BS 5, 1163ff.

[252] DE GANAY (wie Anm. 259), 450ff.; BS 3, 547f.

[253] BS 10, 694.
[254] Guibert von Nogent, Gesta Dei per Francos 2, 4 (PL 156, 704f.).
[255] SCHLÄPFER (wie Anm. 106), 134.
[256] S. o. S. 117.
[257] Vida 13: *per vezer e per toquar lo sant cors ... A penas pogron li armat gardar, que defendian amb espazas e am massas, aitant cant plus podian, que·l sant cors non talessan per gran devocion* (hrsg. von R. GOUT, Paris 1927, 219ff.).
[258] CAROZZI (wie Anm. 249), 261.
[259] M. C. DE GANAY, Les bienheureuses dominicaines, Paris ³1924, 170.
[260] KROOS, 26.
[261] Jacques de Dinant, Tractatus de translat.: *plebis ... concursus immoderatus ... ne praelati et nobiles de minutis ossibus ... aliquid ... extorquere niterentur* (zit. L. CAROLUS-BARRÉ, Saint Louis et la translation des corps saints, in: Études d'histoire du droit canonique dedis à G. Le Bras II, Paris 1965, 1087–1112, 1110ff.).
[262] Z. B. Einhard, Transl. 4, 8 (ed. cit., 258).
[263] RICHTER, 97f.
[264] Paul SCHURER, Die sel. Gute Betha von Reute, Reute 1962, 82.
[265] Vgl. Louis GOUGAUD, Dévotions et pratiques ascétiques du moyen âge, Mardesous 1925, 129ff.; ohne Kutte wird ein Mönch nicht in den Himmel eingelassen: DINZELBACHER (wie Anm. 205), 32.
[266] Vita 24: *occurrerunt Fontanenses et eum habitu suo induerunt ... Insuper ... corpus rapere et secum in monasterio humare vi et armis studuerunt. Sed illis utique multitudo non minima castri Knareburgensis restitit armatorum ... Tandem autem Fontanenses tristes ad propria sunt reversi* (hrsg. von P. GROSJEAN, AB 57 [1939], 397f.).
[267] SAINTYVES, 445–519. Vgl. auch GÜNTER, 266; GEARY, Furta, 193f.; BS 1, 14ff. usw.
[268] Paulinus von Nola, Carm. 19, 303 (Corpus scriptorum ecclesiasticorum latinorum Vindobonense 30, 128).
[269] BS 3, 151.
[270] Galbertus von Brugge, Passio Karoli comitis 43, 50 (ed. cit.).
[271] Wilhelm von Tocco, Vita 11, 67 (AS Mart. 1, 1668, 679B).
[272] M.-H. LAURENT, Un légendier dominicain, AB 58 (1940), 28–47, 42f. Von VAUCHEZ, 504, als authentische Quelle betrachtet.
[273] Vgl. die Zusammenfassung in: Vies des Saints III, hrsg. von P. BAUDOT und P. CHAUSSIN, Paris 1941, 164ff.
[274] SÉJOURNÉ, 2346.
[275] DThC XI/1, 425.
[276] Jacques LE GOFF, La Naissance du Purgatoire, Paris 1981; vgl. meine Besprechung in: Ons Geestelijk Erf 61 (1987), 278–282.
[277] HERRMANN-MASCARD, 28ff.
[278] Ep. 290 (MGH Ep. 4, 448).
[279] Serm. 4 (PL 189, 1004). Vgl. weiters SÉJOURNÉ, 2355ff.
[280] Bei der apologetisch vielzitierten Stelle von der Heilung der blutflüssigen Frau (Mt 9,20ff. etc.) ist es nach Christi eigenem Wort eben nicht der von ihr berührte Mantel, sondern ihr Glaube, der sie geheilt hat.
[281] Ep. 6: *Expedit fratribus illis et necesse habent, ut quanto amplius sanctorum corpora apud se congregant, et iuxa se locant, tanto amplius studeant honorifice et*

amabiliter eis ministrare ... si ... fecerint, que dixi, certum habeant, quoniam preciosi illi martires interpellabunt pro eis coram domino, et in omni necessitate eis subvenient. Si autem non fecerint, accusationem et querelam facient adversus eos (Die Visionen der hl. Elisabeth ..., hrsg. von F. W. E. ROTH, Brünn 1884, 142). Vgl. Peter DINZELBACHER, Die Offenbarungen der hl. Elisabeth von Schönau, Studien und Mitteilungen zur Geschichte des Benediktinerordens 97 (1986), 462–482.

[282] Rev. 4, 114: *curam habeo de reliquijs amicorum meorum, quae thesaurus meus sunt* (ed. cit., 348B).

[283] Rev. 7, 4: *Reliquiae, & corpora amicorum, sive putrida sunt, vel recentia, sive conversa sint in cinerem, & pulverem, sive non, ipsa sunt certissime thesaurus meus ... Summa delectatio cordis mei est omnibus visitantibus loca Sanctorum, & honorantibus reliquias eorum ... retribuere aeterna praemia* (ed. cit., 580AC).

[284] S. o. S. 124.

[285] Edmond VANSTEENBERGHE, Le cardinal Nicolas de Cues, Paris 1920, 98f.

[286] Agobard von Lyon († 840) hat in seiner Aberglaubenskritik den Reliquienkult ausgenommen, wiewohl man in der Sekundärliteratur oft anderes liest. In seiner Schrift gegen die Bilderverehrung (De pict. 36) zitiert er die erwähnten Beschlüsse des Konzils von Karthago ausgesprochen zustimmend (CC CM 52, 180); vgl. auch GUTH, 17ff.; LexMA I, 216f.

[287] Pred. 76 (Deutsche Mystiker des 14. Jahrhunderts II, hrsg. von F. PFEIFFER, Leipzig 1857 = Aalen 1962, 241). In der kritischen Ausgabe von QUINT noch nicht erschienen.

[288] Friedrich HEER, Meister Eckhart, Predigten und Schriften, Frankfurt 1956, 42.

[289] Meister Eckhart, Die deutschen Werke, hrsg. von J. QUINT, Berlin 1958ff., II, 493.

[290] Spruch 8 (hrsg. von PFEIFFER II, 599); nach der systematischen Darstellung von Adolf LASSON, Meister Eckhart, der Mystiker, Berlin 1868, 324, die einzige Stelle, wo Eckhart dieses Thema erwähnt.

[291] SCHLÄPFER (wie Anm. 106), 170.

[292] VAUCHEZ, 501. In diesem Sinne auch TÖPFER (wie Anm. 161), 38ff.

[293] THOMAS, 16f.

[294] Während bis zur Mitte des 13. Jahrhunderts Wunder vor allem am Grab geschehen, werden sie danach häufiger „à distance" (VAUCHEZ, 521ff.). Trotzdem bleibt die Wichtigkeit des unmittelbaren Kontakts zu den Reliquien bestehen, da Pilgerfahrten zu ihnen gelobt werden, um ein Wunder hervorzurufen oder um sich für ein stattgehabtes zu bedanken.

[295] HERRMANN-MASCARD, 416.

[296] Ich übersehe nicht, daß die in dieser Epoche geprägten Formen der Reliquiendevotion mit manchen Veränderungen wenigstens bis zur Aufklärung und zum Josephinismus blühten – als der hl. Alphonso Rodriguez SJ 1616 starb, behängten ihn seine Mitbrüder mit ihren Rosenkränzen, um seine Heiligkeit darin zu speichern (RICHTER, 99) –, doch ist die Frage nach der Kontinuität in die Neuzeit hinein hier nicht zu behandeln.

[297] So die Illustrierte STERN 40/17 vom 15.04.1987, 68.

[298] Vgl. die das heutige Wallfahrtswesen betreffenden Aufsätze in dem genannten Band (s. Anm. 122).

[299] Auch hier ist – wie bei fast allen Frömmigkeitspraktiken – zweifellos ein Un-

terschied zwischen dem mediterranen und dem nördlichen Kulturkreis zu machen.

[300] RICHTER, 92.

[301] WEINSTEIN/BELL (wie oben S. 17[20]), 149.

[302] Die Termini nach Pfister, in: HDA 7, 681–685.

[303] 499. Übereinstimmend äußert sich SIGAL, 35f.

[304] Es wäre zu untersuchen, ob es nicht in den germanischen Seelenvorstellungen Analogien (nicht Kontinuitäten) zum Einwohnen der Kraft noch in den Überresten der Toten gibt; bisweilen wird man auch an die Wiedergänger erinnert; vgl. noch H. FEHR, Die gerechte Vergeltung in Diesseits und Jenseits, in: Wirtschaft und Kultur. Festschrift für A. Dopsch, Baden 1938, 591–603, 596f.

[305] Es genüge, eine Maxime des hl. Bartholomeus von Farne († 1194) zu zitieren: *Omnia turpia his corporibus inferre debemus, si ea ad perfectum animae candorem perducere volumus* (Vita 9, RS 75/1, 1882, 302). Eine Geschichte der Asksepraktiken des Mittelalters fehlt meines Wissens; vgl. immerhin O. ZÖCKLER, Aszese und Mönchtum II, Frankfurt 1898. Einige instruktive Beispiele finden sich bei Peter DINZELBACHER, Körperliche und seelische Vorbedingungen religiöser Träume und Visionen, in: I sogni nel medio evo, a cura di T. GREGORY, Roma 1985, 57–86, 67ff. Über den zugrundeliegenden *contemptus mundi* vgl. LexMA 3, 186–195.

[306] Norbert ELIAS, Über den Prozeß der Zivilisation, Nachdruck: Frankfurt 1976; Materialien zu Norbert Elias' Zivilisationstheorie, hrsg. von P. GLEICHMANN u.a., Frankfurt 1977/84.

[307] DThC 3/2, 1893ff.

[308] Vgl. RICHTER, 95ff.

Joachim Köhler

Die mittelalterliche Legende als Medium christlicher Verkündigung

Das Interesse am Mittelalter hat in den letzten Jahren zugenommen. Historische Ausstellungen erfreuen sich großer Beliebtheit. Der Büchermarkt wird mit Veröffentlichungen historischen Inhalts überflutet. Historische Romane werden zu Bestsellern. Im alltäglichen Leben gewinnt das Alte, das Antike, das Vergangene, immer mehr an Wert. Die historischen Stadtkerne werden restauriert, moderner Verputz wird abgeschlagen, das Fachwerk wird herausgehoben, der neue Anstrich wird gleich mit einer Patina versehen.

Wie ist die Faszination, die vom Mittelalter ausgeht, zu erklären? Wird die Geschichte zum Fluchtort, zur heilen Welt, zur verborgenen Nische, um der Unsicherheit der Gegenwart und der Bedrohung durch die Zukunft zu entgehen?

Zugänge zum Mittelalter

Ist es überhaupt möglich, ins Mittelalter zurückzukehren? Was wissen wir vom Geist des Mittelalters? Einen Weg hat Ernst Benz, der Herausgeber der ‚Legenda aurea' des Jacobus de Voragine, gegeben. Seine Antwort lautet: Kein heutiges Lehrbuch mit noch so vielen Daten und Schilderungen führt uns in den Geist des Mittelalters ein, sondern nur ein Buch jener Zeit selbst, das wir lesen. Und er fügt hinzu: „Denn hier ist dieselbe Kraft am Werk, die die Dome gewölbt hat: im Zusammentragen unzähliger Materien, in der Freude am riesenhaften Aufbau, im Überspannen der Räume, in der Fähigkeit zum Bändigen, Abschließen, Krönen. Und bei allem Erkenntnisumfang ist diese Weltansicht kein Wissen gewesen, das etwa nur der Besitz einer abgesonderten gebildeten Kaste gewesen wäre: sie war Leben, täglich gegenwärtiges Leben; sie ward Gestalt für jeden Tag des Jahres; sie prägte sich jedem ein in dauernder Wiederkehr: durch die Feste und liturgischen Feiern des Kirchenjahres. Das ist der Sinn des Heiligenkalenders gewesen: nicht nur das Gedächtnis einiger Märtyrer und Bekenner zu begehen, sondern die Seele des Menschen ewig in Berührung zu halten mit dem großen Heilsgeschehen, das sich von der Schöpfung an bis zum jüngsten Gericht symbolisch in dem Reich Gottes und des Teufels abgespielt hat und abspielen wird. Dazu gehört nicht nur die heilige Legende, sondern auch die weltliche Sage, nicht nur die Lehre der Kirchenväter, sondern auch die Zauberei und verbotene Kunst der heidnischen Meister – Überlieferung aus allen Weltaltern: aber immer auf den einzelnen Menschen bezogen, immer aufs Heil seiner Seele gewendet. Ein Buch, das diese ewige Vergegenwärtigung alles geistig und leiblich Vergangenen im kultischen und liturgischen Leben des Mittelalters darstellte, müßte uns wahrhaft in den Geist des Mittelalters führen. Ein solches Buch hat es gegeben: es ist die Legenda aurea des Jacobus de Voragine"[1].

Es scheint ein einfaches zu sein, ins Mittelalter zurückzukehren, um sich zu erholen von der Hektik und Auseinandersetzung im Alltag, von der erdrückenden Vielfalt der Meinungen und vom willkürlichen Handeln vieler, von der Zusammenhanglosigkeit und Sinnlosigkeit des Lebens, wie sie oft in der Gegenwart erfahren werden. Wer sich tatsächlich auf das Abenteuer der Lektüre mittelalterlicher Legenden einläßt, der wird dem Kosmos, der sich hier auftut, zunächst einmal hilflos gegenüberstehen. Absonderliches und Mirakelhaftes, Wunderbares und Abstruses wird da berichtet. Teufel und Dämonen treten in Scharen auf und bedrohen die Heiligen. Wilde Tiere stellen sich in den Dienst der Heiligen. Traumvisionen und Erscheinungen bringen die Lösung in den vertracktesten Situationen. Mit besonderer Vorliebe werden Grausamkeiten bis ins Detail geschildert. Drastisch und realistisch werden die Praktiken der Henker ausgemalt, die den Heiligen zum Märtyrer machen. Vielleicht hat Johann Wolfgang von Goethe an diese bizarre Welt der Legenden gedacht, als er in den ‚Xenien' seine Abscheu gegenüber der Kirchengeschichte artikuliert hat:

„Mit Kirchengeschichte was hab ich zu schaffen?
Ich sehe weiter nichts als Pfaffen;
Wie's um die Christen steht, die Gemeine,
Davon will mir gar nichts erscheinen.
Ich hätt auch können Gemeinde sagen,
Ebensowenig wäre zu erfragen.
Glaubt nicht, daß ich fasele, daß ich dichte;
Geht hin und findet mir andere Gestalt!
Es ist die ganze Kirchengeschichte
Mischmasch von Irrtum und von Gewalt"[2].

Der moderne Mensch durchstreift unbefangener als Goethe diesen Kosmos. Umberto Eco, den Rat von Ernst Benz befolgend, hat sich durch die Lektüre mittelalterlicher Autoren „den Rhythmus und die Unschuld ihrer Erzählweise"[3] angeeignet und auf diese Weise auch für andere einen Zugang zu der Welt des Mittelalters freigelegt. Im Nachwort zum Kommentar über den Apokalypsenkommentar des Abtes Beatus von Liébana, welches er in der Nachschrift zum ‚Namen der Rose' wieder abgedruckt hat, gesteht er: „Wie man's auch dreht und wendet, ich gelangte zur Forschung, indem ich symbolische Wälder durchstreifte, darinnen es Greife und Einhörner gab, indem ich die spitzzinnigen und quadratischen Bauformen der Kathedralen mit den exegetischen Spitzfindigkeiten in den Vierkantformeln der Summulae verglich, indem ich zwischen Notre Dame und zisterziensischen Kirchen vagabundierte, freundlich plaudernd mit gebildeten und gespreizten Cluniazensermönchen, beargwöhnt von einem schwerfälligen und rationalistischen Aquinaten, in Versuchung geführt von Honorius Augustoduniensis mit seinen phantastischen Geographien, aus denen man nicht nur erfährt, *quare in pueritia coitus non contingat* (warum im Knabenalter der Coitus nicht gelingt), sondern auch, wie man zur Verlorenen Insel gelangt und wie man einen Basilisken fängt, ausgerüstet nur mit einem Taschenspiegel und einem unerschütterlichen Glauben an das Bestiarium ... So ist das Mittelalter zwar nicht mein Beruf, wohl aber mein Hobby geblieben – und meine stete Versuchung, denn ich sehe es überall durchscheinen in den Dingen, mit denen ich mich beschäftige, die nicht mittelalterlich erscheinen und es doch sind"[4].

Wer sich mit der Leidenschaft eines Umberto Eco dem Mittelalter nähert, für den scheiden Fluchtversuche in die Vergangenheit aus. Diese Leidenschaft entlarvt die politischen und religiösen Schwärmer, die im Mittelalter die heile Welt sehen und die die Krisen der Gegenwart mit mittelalterlichen Versatzstücken und Collagen zu überwinden versuchen. Die politischen Schwärmer träumen von einem homogen christlichen Abendland, weil sie die Wirklichkeit einer pluralistischen Gesellschaft nicht zur Kenntis nehmen wollen und weil sie den Anforderungen dieser Gesellschaft nicht gewachsen sind. Die religiösen Schwärmer sehen in der wirklichen oder vermeintlichen Glaubensglut des Mittelalters die Rettung der Welt von heute; durch eine Rückkehr zu diesem Glauben wollen sie alle Säkularisierungen beseitigen. Schließlich gibt es noch die supersensiblen Zeitkritiker, die zwar in das Mittelalter nicht zurückkehren wollen, die aber behaupten, daß die Christen den gegenwärtigen Krisenzustand der Welt verursacht hätten, weil ihr mittelalterlicher Glaube den Fortschritt und die Ausbeutung der Natur gefördert habe.

Von der Homogenität des Mittelalters zu reden, verbieten die Ketzerprozesse und die Scheiterhaufen dieser Epoche. Glaubensglut und Gottinnigkeit des Mittelalters werden zu oft ausgespielt, um geistesgeschichtliche Phänomene, die durch die Aufklärung heraufgeführt wurden, zu desavouieren. Die Aufklärung als geistesgeschichtlicher Prozeß ist nicht mehr rückgängig zu machen, auch wenn es Hierarchen noch so sehnlich wünschten. „Das Ende der Vorsehung"[5], wie es Carl Amery prognostiziert hat, ist immer noch nicht eingetroffen. So wichtig darf sich der Mensch nicht nehmen. Neben Innozenz III. steht der *poverello*, der Arme von Assisi.

Wer sich von Umberto Eco die Augen öffnen läßt, der fällt schwärmerischen Interpretationen des Mittelalters nicht mehr zum Opfer. Wer sich, wie Eco, der mittelalterlichen Welt aussetzt, deren Ideen und Gedanken aufnimmt, der wird betroffen von der Fülle, Buntheit, Vielfalt, Widersprüchlichkeit und Gegensätzlichkeit mittelalterlichen Lebens, betroffen von der Macht und Ohnmacht der Menschen, von den theologischen Höhenflügen und von der entwaffnenden Naivität. Wer sich von den vielfältigen Erfahrungen, wie sie nur im Mittelalter gemacht werden können, treffen läßt, der wird hellhörig, der wird sensibel, der wird vorsichtig, bescheiden, ja demütig, wenn es darum geht, geschichtliche Erfahrungen in praktikable Lösungen umzusetzen. Die Geschichte bietet keine eindeutigen Lösungen, aber „die Geschichte liefert das ungeheure, alle Zeiten umfassende Erfahrungsmaterial für den Nachweis alles dessen, was der Mensch zu leisten vermag, wieviel von ihm erwartet werden kann und was seine Kraft übersteigt. Sie kann ein Heilmittel gegen mutlose Resignation sein angesichts der Beispiele der Unermüdlichkeit menschlicher Bemühungen und menschlichen Strebens – sie bleibt aber gegenüber utopischen Hoffnungen auf eine vollkommene Welt eine heilsame Macht der Skepsis, indem sie den Menschen daran erinnert, daß er sich niemals aus der Wirklichkeit der Geschichte in die reine Utopie flüchten kann"[6].

Annäherung an die mittelalterliche Legende

In diesem Sinne, und nur in diesem Sinne, wollen wir uns dem Phänomen der Heiligenlegende des Mittelalters nähern. Am Ende wird keineswegs eine Theorie oder eine Lehre stehen. Nicht einmal Bausteine für eine Lehre vom Heiligsein werden zur Verfügung gestellt. Vielleicht brechen ein paar Fragen auf, die den Dogmatiker veranlassen könnten, Theorien vom Heiligsein zu überdenken. Das Dickicht der Heiligenlegenden des Mittelalters ist unüberwindlich. Vielleicht gelingt es, eine Bresche in dieses Dickicht zu schlagen. Allein die Methoden und die Motive, wie man das Dickicht angehen sollte, können sehr verschieden sein. Oft sind nicht einmal die einfachsten Handgriffe angewandt worden. František Graus hat im Rahmen der hier dokumentierten Tagung eine sozialgeschichtliche Schneise geschlagen[7]. Man müßte die mittelalterlichen Heiligenlegenden unter formalen Gesichtspunkten sortieren und sie formgeschichtlich voneinander abgrenzen. Die Sisyphusarbeit einer motivgeschichtlichen Zuordnung hat Heinrich Günter angefangen[8]. Wer die ‚Acta Sanctorum' kennt, der wird ahnen, daß für derartige Unternehmen eine Generation von Forschern nicht ausreicht.

Man wird darauf hinweisen müssen, daß die Welt der Heiligen des Mittelalters umfassender und reichhaltiger ist, als sie sich in der Legende präsentiert. Die Heiligenverehrung, aus der die Legende hervorgeht, ist vor allem in der Liturgie verankert. Im Stundengebet der Kirche und in der Meßfeier wird der Heiligen gedacht, in den zahlreichen liturgischen Gebeten wird ihre Fürsprache angerufen. Hymnen und Sequenzen auf Heilige sind unermeßlich. Kalendarien, Martyrologien, Passionalien zeugen von dem Reichtum und der Vielfalt der Formen der Heiligenverehrung. Altäre, Kapellen und Kirchen werden den Heiligen geweiht. Zünfte, Bruderschaften und religiöse Genossenschaften verehren sie als Patrone. Schauspiele wählen den Stoff aus dem Leben der Heiligen. Prozessionen und Wallfahrten führen zu den Orten, wo Heilige oder deren Reliquien verehrt werden. Mirakelbücher erzählen die Wunder, die sich an den Stätten der Heiligen ereignet haben. Der Kult im weitesten Sinne erfüllt die Legende mit Leben und verleiht dem Wort der Legende Wirkmächtigkeit. Die Legende wird zum Medium, womit das Geschehen, das sich im Kult, an heiligen Orten und in der Liturgie abspielt, propagiert wird. Die Legende wird zum Medium der Verkündigung des Glaubens. Mit Hilfe der Legende wird Propaganda für den Glauben gemacht[9]. Diese Propaganda hat ihre Geschichte. Es wird notwendig sein, die Entwicklung von der Alten Kirche her aufzuzeigen. Ein Überblick macht deutlich, daß die Legende ein brauchbares Instrumentarium ist, um Machtansprüche anzumelden und durchzusetzen. In einem zweiten Teil sollen dann einige Fälle beschrieben werden, wie dieses Instrumentarium der Legende bewußt eingesetzt wird, um Verhaltensweisen und Bewußtsein der Gläubigen zu verändern. Dies soll anhand einiger Texte geschehen: ein mühsames Unterfangen. Es lohnt sich aber, weil vor allem im Vergleich der Texte aus verschiedenen Zeiten die Veränderung im Denken und im Verhalten sichtbar gemacht werden kann. In einem dritten Teil soll dann der Versuch unternommen werden, Konsequenzen zu ziehen aus dem Umgang mit mittelalterlichen Legenden und für eine weitere Beschäftigung mit diesen. Es soll gefragt werden, ob es sich lohnt, dem Rat von Ernst Benz und Umberto Eco zu folgen, um sich der Welt des Mittelalters auszusetzen. Diese Anstrengung wird man nicht mehr als eine Flucht aus der Gegenwart bezeichnen können.

I. Die propagandistische Funktion der Legende
Ein geschichtlicher Überblick

Die Entstehung der Heiligenverehrung ist im allgemeinen bekannt[10]. Sie hat ihren Ursprung im Kult der Märtyrer. Seit dem 2. Jahrhundert wurde im Westen des Römischen Reiches und seit dem 3. Jahrhundert im Osten die Eucharistie an den Gräbern berühmter Märtyrer gefeiert. Später wurden über diesen Gräbern Kirchen und Altäre errichtet. Reliquien und Bilder wurden Gegenstand der Verehrung. Der Kult, die Verehrung vor Ort, wurde zum Antrieb für die literarische Fassung der Märtyrerschicksale. Sehr früh, und das ist für die Entwicklung der Heiligenverehrung entscheidend, wurden die Akten und Protokolle der Prozesse von siegesfreudigen und erzähllustigen Legenden überwuchert. Außerordentliches, das in den Märtyrerakten sichtbar wurde, konnte zum Anknüpfungspunkt der frommen Phantasie werden. Oder aber man schloß an das Außergewöhnliche der Märtyrerakten fremde Wunderberichte an. An der Legende der heiligen Perpetua ließe sich aufzeigen, daß höchste psychische Spannung, die den Ablauf des Martyriums begleitet hat, sich bereits in den Märtyrerakten als außergewöhnliches Phänomen niedergeschlagen hat. Autosuggestion als Folge der kaum überstandenen Geburt ihres Kindes ist ein solcher konkreter Ansatz. Hier knüpft die Legende an.

Wunder kommen in den Märtyrerakten nur selten vor. Zum Wunder in den Legenden kam es erst, als spätere Geschlechter, die den Verlauf der Martyrien nicht mehr aus dem Augenschein kannten, mit der Phantasie die Märtyrerakten ausschmückten. Vorgegeben waren die Fakten der Passion: Verhaftung, Verhör, Tortur, Urteil, Hinrichtung. Die Phantasie der Legende hat diese Voraussetzungen ins Maßlose gesteigert und ausgeschmückt. Der Scheiterhaufen der Märtyrererzählung wurde zum

Schaumirakel. Traum und Vision wurden zur leibhaftigen Erscheinung. In dieser Phase wurden alttestamentliche und apokryphe Bilder und Vorstellungen nachgeahmt und mechanisch in die Legende übernommen. Die wunderbare Errettung vor dem Feuertod hat im Buch Daniel ihr Vorbild. Die Logik der Massen übernimmt dieses Motiv in die christliche Legende und sagt: wenn Christus vor dem Feuer retten kann, dann kann er auch vor anderen Elementen und Gefahren retten. Damit war der Phantasie keine Grenze mehr gesetzt. In den Märtyrerakten war die Folter Ausdruck satanischer Grausamkeit. Die Peiniger erfanden immer neue Qualen. Die Phantasie der Legende setzt diesen Ausuferungen die absolute Unverletzlichkeit des Märtyrers gegenüber. In der Legende kommt es zu wunderbaren Errettungen, Himmelskundgaben, Erscheinungen, aber auch zu Erdbeben. Zur Weiterbildung der Legende aus den Märtyrerakten genügte der leiseste Anstoß, um die Phantasie in Schwung zu bringen.

Die Heimat der Märtyrerlegende war der Orient. Bevor sie im Abendland literarisch überarbeitet werden konnte, mußte sie vom Osten in den Westen übertragen werden. Diese Übertragung entsprach den Bedürfnissen der westlichen Missionskirche. Heidnische Kultstätten wurden durch die Missionare in Verbindung mit orientalischen Märtyrern gebracht. Das Ansehen der Missionskirche im Westen hing davon ab, ob man von den Heiligen, die man an heidnischen Kultstätten lokalisierte, auch etwas zu erzählen wußte. Kult und Legendenbildung gingen Hand in Hand. Unbedenklich wurden orientalische Legendenstoffe übernommen und den Bedürfnissen der Missionskirche angepaßt. Lokale Interessen führten zu Neubildungen und zur Steigerung alter Motive. Erst sehr viel später, als die Missionare im Umfeld der politischen Expansion, d. h. im militärischen Schutz der fränkischen Könige, missionierten, konnten sie es sich leisten, in einem Kraftakt dem heidnischen Kult den Garaus zu machen. Damit aber bin ich der Entwicklung der Legende weit vorausgeeilt. Zuvor muß ich erklären, wie neben den Märtyrern die Bekenner zum Gegenstand der Verehrung und damit zum Stoff der Legende werden konnten.

Die Verehrung der Bekenner und die Entstehung der Bekennervita sind das Produkt der Zeit, die Kaiser Konstantin heraufgeführt hat. „An die Stelle des blutigen Martyriums trat beim neuen Geschlecht der Kampf mit dem eigenen Fleisch, das Sich-los-Ringen der Seele von den Leidenschaften, ein Kampf auf Leben und Tod mit den das Heil gefährdenden Mächten. Der Heilige der neuen Zeit ist der Asket, der Mönch"[11]. Hier vollzieht sich, vor allem durch die Übertragung der

Mönchsvita vom Orient ins Abendland, eine Wandlung. Während der Typos der Mönchsvita menschlich bleibt, wird das Bild vom Mönch mit der räumlichen und zeitlichen Entfernung immer unschärfer. Es wird immer mehr dem Bedürfnis nach dem Außerordentlichen und nach dem Wunderbaren angepaßt.

Die Verehrung der Heiligen hat etwas mit der Macht zu tun, die die Heiligen dem einzelnen oder der Gemeinde beweisen konnten. Im Petruskult und in der Petrusmystik des Mittelalters begegnet uns dieses Machtdenken. Die Petrusverehrung war vor allem bei den Angelsachsen verbreitet. Sie beruhte auf anderen religiösen Vorstellungen als etwa die Martinusverehrung bei den Franken. Der Petruskult der Angelsachsen war die Fortsetzung ihres Totenkultes. In der Sorge um das, was nach dem Tod geschieht, war es wirkungsvoller, die Macht des Himmelspförtners anzurufen, der alle anderen Heiligen und vor allem die Ahnen, die man ehedem verehrt hatte, in den Schatten stellte. Man wünschte nicht nur auf Erden am Leben des Heiligen teilzuhaben, wie man die Intentionen des Martinuskultes interpretieren könnte, nein, man wollte auch nach dem Tod zu den Glücklichen gehören, denen Gott seine Gunst zuwandte. Das Bedürfnis des Winfried-Bonifatius, sich streng an den römischen Bräuchen auszurichten, ist ein Ausdruck der Petrusverehrung. „Wer voller Intensität jeden Schritt mit dem künftigen Leben nach dem Tod in Zusammenhang brachte, der sah sich veranlaßt, wegen jeder Kleinigkeit mit Petrus und dessen Nachfolger Verbindung aufzunehmen"[12].

Wenn man die Verbindung des heiligen Bonifatius mit Rom mit den Rechtsvorstellungen des 19. Jahrhunderts interpretiert, so ist kaum zu begreifen, was Bonifatius damals für Anfragen nach Rom richtete – z. B., ob das Sakrament ungültig sei, wenn der Priester, im Latein unsicher, die Endungen der Worte durcheinandergebracht habe. Oder, ob man das einst für heidnische Opfer bestimmte Fleisch essen dürfe, wenn man ein Kreuz darüber geschlagen habe. Oder, ob man das Fleisch von Pferden, Krähen, Störchen oder rohen Speck zu sich nehmen dürfe. Oder, was man mit Tieren zu tun habe, die von tollen Wölfen oder Hunden angefallen worden seien. Man möchte annehmen, als Bischof hätte Bonifatius selbständiger entscheiden können. Er aber richtete sich nach dem Grundsatz: „Weil ich des apostolischen Stuhles Knecht und Bote bin, sei mein Wort hier und euer Wort dort eines"[13]. Diese Mentalität ist nur auf dem Hintergrund der Petrusmystik zu begreifen.

Den Bezug von Heiligenverehrung und Macht der Heiligen kann man vor allem an der Art und Weise, wie Papst Gregor VII. den heiligen Petrus verehrt hat, studieren. Auffallend sind die kriegerischen Neigungen dieses Papstes. In den ersten Jahren seines Pontifikats, ab 1073, kam es zu Konflikten mit Robert Guiscard, dem Herrscher des Normannenreiches in Süditalien. Man stritt um die Rechte und Besitzungen des *Patrimonium Petri*, der Herrschaft des Kirchenstaates. Auf der Fastensynode von 1074 wurde Robert Guiscard exkommuniziert. Gregor VII. wollte ein Heer zusammenstellen. Er richtete an Wilhelm von Burgund einen Hilferuf: „Der heilige Petrus werde die Soldaten belohnen", versprach er. Das Unternehmen scheiterte, bevor es in Angriff genommen werden konnte. Einen Feldzug des Papstes gegen Philipp I. von Frankreich hat Abt Hugo von Cluny verhindert. Gregor VII. wollte deshalb zu militärischen Mitteln greifen, weil er nicht einverstanden war, wie der König von Frankreich die Investitur von Bischöfen praktizierte. Die umfangreichen Kreuzzugspläne des Papstes wurden wegen der Konflikte mit König Heinrich IV. zunichte gemacht. In einem Schreiben an Heinrich IV. finden wir folgende Argumentation: Wir sollen – im Anschluß an 1 Joh 3,16 – das Leben für die Brüder hingeben. Das Leben für den Nächsten zu opfern ist konsequente Nachfolge Jesu. Der Feldzug in den Orient sei richtig verstandene Nachfolge Jesu. Gregor VII. konnte deshalb die Soldaten als *miles sancti Petri* bezeichnen. Das ist zwar ein älterer Begriff, der ursprünglich die Geistlichen im Dienste des Kirchenstaates bezeichnete; von Gregor wurde dieser Dienst für den Apostel im militärischen Sinn umgedeutet. Der einzelne Krieger war der *fidelis sancti Petri*.

Im Denken dieses Papstes hatte der heilige Petrus eine große Bedeutung. Gregor VII. hatte einen festen unerschütterlichen Glauben, daß Petrus das Geschick eines jeden Christen entscheidend beeinflussen könne. Petrus war der Himmelspförtner (Mt 16,18), bei ihm war der wahre Glaube zu finden (Lk 22,32). Man konnte sich Petrus zum Schuldner machen, wenn man für die Kirche oder für den Kirchenstaat tätig war. Gregor VII. war fest davon überzeugt, daß er als Papst in all seinen Handlungen mit dem Apostelfürsten eine Einheit bilde. Was dem Papst an Botschaften zugeschickt werde, das gelange gleichzeitig an Petrus. Während der Papst die Sätze eines Schreibens überfliege oder die Stimme der Redenden höre, erkenne Petrus zeitgleich mit seinem Blick, aus was für einem Herzen das Schreiben oder die Rede hervorgingen. In einem Brief schrieb Gregor einmal: „Wir wollen, wir befehlen es, daß deine Erhabenheit häufig unsere Mandate und Ermahnungen vor ihre Augen legt und sie oft beim Lesen und Anhören überdenkt. Du kannst zwar sicher eleganter Geschriebenes auf den Seiten der Bücher finden, die Heilige verfaßt haben, aber diese unsere Briefe sind an dich gerichtet von uns und vielmehr vom heiligen Petrus"[14].

Wir wissen, daß Gregor VII. keine Scheu kannte, aus der Nähe, die Petrus mit dem Papst verband, Folgerungen zu ziehen. Einige Sätze aus dem ‚Dictatus Papae', einer Sammlung von Sentenzen und Ansprüchen, die Gregor VII. erhoben hat, mögen das belegen[15]:

„Der römische Bischof wird, wenn er gesetzmäßig gewählt ist, unzweifelhaft durch die Verdienste des heiligen Petrus geheiligt."
„Die römische Kirche hat niemals geirrt und wird nach dem Zeugnis der Schrift in Zukunft niemals irren."
„Er selbst darf von niemandem gerichtet werden."
„Des Papstes Füße müssen alle Fürsten küssen."

In der Heiligenverehrung ist die Verbindung von Macht der Heiligen und Gebrauch dieser Macht recht deutlich geworden. Die Heiligenlegenden waren weitgehend ein Mittel, diese Macht zu instrumentalisieren.

II. Bewußtseinsveränderungen durch die Legende

Aus dem geschichtlichen Überblick über die Heiligenverehrung und darüber, wie diese einen schriftlichen Niederschlag in der Legende erfahren hat, können wir, ehe wir uns einigen Texten aus mittelalterlichen Legendensammlungen zuwenden, bereits einige Voraussetzungen artikulieren. In den Legenden begegnet uns in erster Linie das Denken dessen, der die Legenden verfaßt hat. Wenn es sich um einen individuellen Autor handelt, müssen wir damit rechnen, daß er ganz bestimmte Ziele mit den Legenden verfolgt. Wenn es sich um den Niederschlag eines kollektiven Bewußtseins handelt, müssen wir den Trend dieses Bewußtseins eruieren.

Die Analyse der Legenden, die an einigen Beispielen vorgenommen werden soll, hält sich in ihrem ersten Teil an Hans Hattenhauer[16], der als Rechtshistoriker an der Lösung von Konfliktfällen interessiert war und nach den angewandten Rechtsmitteln Ausschau hielt. Die Legenden, die er ausgewählt hat, führt er in ihrer literarischen Form – verblüffend einfach – auf zwei Elemente zurück. Jede seiner auserwählten Legenden enthält einen Konflikt und die Lösung des Konflikts. Die Lösung wird durch das Eingreifen des Heiligen, meist durch ein Wunder, bewirkt. In den Legenden, die Hattenhauer ausgewählt hat, werden Konflikte der missionierenden Kirche des Westens mit den germanischen Rechtsvorstellungen aufgegriffen. Die Konflikte sind nicht immer eindeutig datierbar, zumal Legendenerzähler solche Konflikte als Erzählstoffe verwenden, wenn sie längst nicht mehr historisch sind.

Text 1:
Wunderbericht aus dem Leben des heiligen Quentin[17]

„Um fromme Herzen zu erbauen
Vernehmt dies löbliche Wunder
Von einem Dieb, der einem Priester
Dessen Pferd aus dem Stall stahl.

Der Priester, der den Diebstahl bemerkt,
Geht und erhebt Klage
Beim Vogt von Sanct Quentin,
Der seine Knechte hinter dem Dieb herschickt.

Der Dieb, der so verfolgt wird, wird,
Damit er über den Diebstahl Kundschaft gebe,
Mit dem gestohlenen Pferd gefunden,
Ergriffen und gefangen abgeführt.

Aus Furcht, daß es nicht richtig sei,
Wenn wegen dieser Sache ein Urteil ergehe,
Wendet sich der Priester an den Vogt
Und bittet, daß er dem Dieb die Untat vergebe.

Aber der Vogt als wahrhaftiger Richter
Will dies dem Priester nicht gewähren,
So daß jener zu den Gebeinen des Heiligen seine Zuflucht nimmt
Mit der Bitte, daß er ihm helfe.

Indessen wird der Dieb verurteilt,
Am Galgen gehenkt zu werden,
Wohin er schmählich geführt wird,
Damit er seine Untat büße.

Als er dort von Rechts wegen aufgehängt wird,
Brechen alsbald Kette und Schlinge
Auf wunderbare Weise
Und er fällt lebend zu Boden.

Als dies dem Vogt kund getan wird,
Vollstreckt er das Urteil nicht weiter.
Der Dieb aber geht und sagt Dank
Dem Heiligen Quentin, der ihn bewahrt hat."

Der heilige Quentin (Quintinus) war ein Märtyrer des 3. Jahrhunderts, der die Gegend von Amiens missioniert hat, dort von einem grausamen Präfekten verhaftet und nach schweren Folterungen in Augusta Veromandorum, dem späteren St. Quentin, enthauptet wurde. Die Reimlegende ist in frühneufranzösischer Sprache abgefaßt. Sie ist im Zusammenhang mit einem Bildteppich zu sehen, der dem 15. Jahrhundert angehört und diese Wundergeschichte zum Inhalt hat (heute im Musée Cluny in Paris).

In der Legende wird ein Rechtsfall dargestellt, eine Todesstrafe, die nicht vollstreckt wird. Die Ausgangssituation ist alltäglich. Einem Pferdedieb wird der Prozeß gemacht. Er wird zum Tode verurteilt, weil Pferdediebstahl im germanischen Recht ein todeswürdiges Verbrechen war. Dieses Verbrechen konnte nur durch eine Strafe gesühnt werden; nur dadurch wurde die Rechtsordnung wiederhergestellt. Die Konfliktsituation entsteht dadurch, daß dem Priester Bedenken gegenüber der Vollstreckung des Urteils kommen. Es geht ihm nicht darum, ob das Urteil zu Unrecht ergangen ist; sein Zweifel richtet sich gegen die überlieferte Rechtsordnung. Seine Bitte vor dem Richter zielt auf das Problem, ob man einem Übeltäter die gerechte Strafe erlassen kann. Für den Richter besteht dieser Konflikt nicht. Für ihn ist die Begnadigung ein Verstoß gegen die Ausübung seines Amtes. Der Konflikt wird insofern noch verschärft, als der Richter nicht begreifen will, daß der Priester mit seinem Ansinnen letztlich ein Interzessionsrecht der Kirche durchsetzen will. Die Interzession des Priesters kann die Vollstreckung des Urteils nicht verhindern. Der Dieb wird gehängt. Die Sühneautomatik der alten Rechtsordnung trifft nicht ein. An dieser Stelle steht das Wunder. Der Anspruch der Kirche, die Begnadigung, hat sich gegenüber der alten Rechtsordnung durchgesetzt. Durch die Legende wird kundgetan, daß das Interzessionsrecht der Kirche und das Mittel der Begnadigung vom weltlichen Recht anerkannt werden.

Text 2:

Das Wunder des heiligen Eparchius, eines Klausners zu Angoulême[18]

„Es starb damals auch Eparchius, ein Klausner zu Angoulême, ein Mann von ausgezeichneter Frömmigkeit, durch den Gott viele Wunder tat... Eine große

Menge Volks kaufte er mit Spenden der Frommen aus der Gefangenschaft los; oft bannte er durch das Zeichen des Kreuzes das Gift gefährlicher Pusteln, vertrieb durch sein Gebet böse Geister aus den Besessenen und gewann durch seine milden Worte die Richter, den Schuldigen zu verzeihen – er befahl es ihnen mehr, als er sie bat. Denn so gewinnend war seine Rede, daß sie es ihm nicht verweigern konnten, wenn er sie um Nachsicht ansprach. Einst wurde einer wegen eines Diebstahls zum Galgen abgeführt, der auch wegen vieler anderer Verbrechen, Räubereien und Mordtaten von den Einwohnern schwer angeklagt war; sobald Eparchius dies vernahm, schickte er einen seiner Mönche ab und ließ den Richter bitten, er möchte jenem Verbrecher das Leben belassen. Da aber das Volk tobte und schrie, wenn dieser begnadigt würde, sei es um die ganze Gegend und den Richter selbst geschehen, so konnte dieser ihn nicht loslassen. Inzwischen wurde der Verbrecher auf den Bock gespannt, mit Ruten und Knütteln geschlagen und zum Galgen verurteilt. Da dies der Mönch betrübt dem Abte meldete, sprach dieser: ‚Gehe hin und habe von fern acht, denn wisse, den, welchen der Mensch nicht losgeben wollte, wird uns Gott durch seine Gnade schenken. Wenn du ihn aber wirst vom Galgen fallen sehen, so nimm ihn sogleich in Empfang und führe ihn in unser Kloster.' Der Mönch tat, wie ihm geheißen. Der Abt aber warf sich auf die Knie zum Gebet, und so lange flehte er unter Tränen zum Herrn, bis der Querbalken und die Ketten brachen und der Aufgeknüpfte zu Boden fiel. Alsbald nahm ihn der Mönch in Empfang und brachte ihn unversehrt vor den Abt. Der dankte Gott, ließ den Grafen kommen und sprach: ‚Du hattest bisher immer gütig auf meine Bitten gehört, teuerster Sohn, warum warst du heute so hartnäckig, mir den Menschen nicht loszugeben, um dessen Leben ich dich bat?' Jener antwortete: ‚Gerne höre ich auf dich, heiliger Priester; aber es tobte das Volk, und ich konnte nicht anders, denn ich fürchtete einen Aufstand wider mich.' Da sagte der Abt: ‚Du hast mich nicht erhört; Gott aber hat mich in Gnaden erhört, und den du dem Tode überliefert hast, hat er in das Leben zurückgerufen. Siehe, da steht er unverletzt vor dir.' Bei diesen Worten fiel jener Mensch dem Grafen zu Füßen, der ganz erstaunt war, den lebend vor sich zu sehen, den er in der Angst des Todes verlassen hatte. Dies habe ich aus dem Munde des Grafen selbst gehört."

Eparchius aus Périgueux kam 538 nach Angoulême und gründete dort als Priester eine Klosterzelle, die im 9. Jahrhundert in die Abtei St.-Cybard umbenannt wurde. Sie war eine typische Klostergründung des Frühmittelalters.

Bei dem Wunderbericht handelt es sich um eine Wanderlegende, die Gregor von Tours, um 580, bereits gekannt und in seine ‚Historia Francorum' aufgenommen hat.

Zunächst ist eine gewisse Parallelität zu Text 1 festzustellen. Ein Dieb wird rechtmäßig verurteilt. Doch jetzt ist es nicht der Richter, der sich gegen die Herausgabe und Begnadigung des Verbrechers sträubt, sondern die Masse des Volkes. Schließlich versagen auch hier die Vollstreckungswerkzeuge auf wunderbare Weise.

Im Unterschied zu Text 1 handelt es sich hier nicht um einen einfachen Dieb, sondern um einen Schwerverbrecher. Der Richter wird durch das Volk genötigt, das Urteil zu vollstrecken. Für den Richter mit spätantiker Bildung ist die Begnadigung unproblematisch, zumal die Kirche darum bittet. Das Problem, das hier ansteht, ist: wie kann man gegen den Willen des Volkes begnadigen, wenn das Volk in der Begnadigung einen Skandal sieht und die Folgen der Begnadigung fürchtet. Letztlich fürchtet das Volk den Zorn der unbefriedigten Gottheit. Es schreckt vor Mordandrohungen gegenüber dem Richter nicht zurück. Mit der Legende wird das christliche Freilassungsrecht gegenüber dem Volk legitimiert, das noch heidnischem Denken anhängt.

Text 3:
Begnadigungswunder des heiligen Eparchius[19]

„Als ein gewisser Bauer namens Redemptus einen Topf Honig sich zurückgestellt hatte und der ihm von einem Dieb gestohlen worden war, suchte er heimlich und fand auch den Dieb. Als die ganze Angelegenheit vor dem Grafen Ramulf öffentlich vorgetragen wurde und der schwer gefolterte Dieb sowohl diese wie auch andere größere Übeltaten zugab, befahl der obengenannte Graf, daß er unter allen Umständen erhängt werden solle. Der heilige Mann aber bat um das Leben des Diebes mit den Worten, daß der Mann nicht um dieser Sache willen den Tod verdiene. Er vermochte aber auf keinerlei Weise das zu erlangen, worum er so sehr bat. Da rief er einen der Brüder, den Presbyter Gratian, wie wir von ihm selbst gehört haben, und befahl ihm, daß er zusammen mit den Kranken und Pflegebefohlenen des Klosters am Stadttor den Ausgang der Sache abwarte. Als aber der Elende gehenkt wurde, und als sie ihn schon dem Tode übergeben zurückgelassen hatten, zerbrach der am Galgen Gehenkte den Galgenbalken gänzlich und wandte sich, von den hindernden Fesseln befreit, im gewaltigen Lauf zur Stadt. Als das der Graf sah, befahl er den Reitern, daß sie ihn auf ihren Pferden verfolgten und ergriffen, bevor er die Schwelle der Kirche betreten konnte. Als aber auf diesen Befehl eine große Schar losritt, begab es sich wunderbarer Weise, daß sie alle vor dem Angesichte des Grafen auf dem Wege entkräftet hinsanken und ihn nicht ergreifen konnten. Jener aber wurde von den Pflegebefohlenen des Klosters aufgenommen und behielt sein Leben unverletzt, da er durch die Gebete des Gottesknechtes Eparchius gerettet worden war."

Der Konflikt, der durch das Wunder gelöst wird, ist anders gelagert, als in den Fällen zuvor. Die Schuld ist erwiesen. Durch Folterungen sind andere Untaten zum Vorschein gekommen. Der Heilige bekommt wegen des Strafmaßes Bedenken. Die Strafe ist zu hoch. Aus Rechtsgründen muß der Übeltäter vor dem Hängen bewahrt werden. Die Interzession ist hier weniger schwierig, als wenn man sich nur auf Milde und Gnade beruft. Aber das alles nützt nichts. Unter allen Umständen muß nach Ansicht des Richters der Dieb gehängt werden. Von rechtlicher Argumentation ist bei ihm nichts zu erkennen; der Wille des Richters bestimmt das Schicksal des Verbrechers. An diesem Willen scheitert der Gottesmann. Es ist also kein Konflikt gegenüber dem alten Recht. In der Befreiung ist auch kein Eingriff Gottes erkennbar. Man kann die Befreiung menschlich erkennen. Der Befreite tut das einzig sinnvolle, wenn er flieht, um einer neuen Verurteilung zu entgehen. Erst auf der Flucht in die Kirche (Asyl) ereignet sich das Wunder, welches ihn wirklich befreit. Die Legende bringt eine Klärung auf der Ebene des ethisch orientierten Rechtsdenkens. Sie klärt die Frage: Hat der Täter die Strafe subjektiv verdient oder nicht? Auf alle Fälle soll die Antwort der subjektiven Entscheidung des Richters entzogen werden.

Text 4:
Wunder aus dem Heiligsprechungsprozeß des Bischofs Petrus von Luxemburg[20]

„Befragt sagt er (sc. der Zeuge), daß er selbst ein Joch Rinder, die dem Herrn Bertrand Cur de Monrove aus der Diözese von Die gehörten, geraubt habe; und zwar deshalb, weil jener Bertrandus Cur die Feinde des besagten Herrn (d. h. seines weltlichen Herrn), des Herrn Bischofs von Die aufgenommen habe. Als er die besagten Rinder zur Stadt Die getrieben habe, sei er durch das weltliche Gericht der besagten Stadt Die ergriffen worden. Er habe alsbald eingestanden, daß er die vorgenannten Rinder geraubt habe. Auf sein Geständnis, sagt er, hätten die Richter das Urteil gesprochen, daß er gehenkt werden solle. Da er aber gehört habe, daß er gehenkt werden solle, habe er sich dem Herrn Kardinal von Luxemburg geweiht, damit dieser ihn vor solchem Tode bewahre. Nach diesem Gelübde hätten sie ihn zum Galgen geführt. Und als er am Fuße des Galgens gestanden habe und das besagte Gelübde wiederholt habe, sei der Henker die Leiter zwei oder drei Stufen hinaufgestiegen, damit er ihn an dem Galgen aufknüpfe. Aber beim Hinaufsteigen sei die Leiter in zwei oder drei Stücke gebrochen. Da hätten die Gerichtsreiter ein großes Getümmel untereinander erhoben und seien hin und her gestürmt. Wie er glaube und der festen Zuversicht sei, sei er wegen dieses Wunders vom Tode errettet worden. Nach einigen Tagen, nachdem die Sache an einen anderen Gerichtshof verwiesen worden sei, sei er nicht noch einmal in gleicher Weise verurteilt worden und so dem Tode gänzlich entkommen."

Petrus von Luxemburg wurde am 20. Juli 1369 in Ligny-en-Barrois geboren. Er war Kanoniker in Paris und Cambrai und Archidiakon von Dreux und Brüssel. 1384 wurde er zum Bischof von Metz und zum Kardinal ernannt. Aus politischen Gründen verzichtete er 1385 auf sein Bistum. Seit 1386 lebte er in Avignon ein Leben der Buße und der Hingabe für die Armen. Er starb am 2. Juli 1387 in Villeneuve-les-Avignon. 1527 wurde er seliggesprochen.

Der Hintergrund dieser Legende ist eine Privatfehde. Herrschaften bekämpfen sich, um sich gegenseitig zu ruinieren. Der Rechtfertigungsgrund des Schadentrachtens (= *rapere*) wurde vom Gericht nicht anerkannt. Da kein Priester da ist, muß sich der Delinquent selber helfen. Er setzt sein Leben ein, das Höchste, was ihm noch verblieben ist, und weiht es dem Heiligen. Die Initiative zur Erlangung der Gnade geht vom Verurteilten aus. Das kirchliche Interzessionsrecht wird verselbständigt und zu einem Instrument gemacht, das ohne die Anwesenheit eines Wundertäters verwirklicht werden kann. Der Heilige greift von Ferne ein. Das Wunder ruft Schrecken und Panik hervor. Die Vollstreckung des Urteils kann nicht fortgesetzt werden. Das Verfahren wird zunächst nicht eingestellt. Aber das andere Gericht sieht in dem Brechen der Leiter einen Hinderungsgrund zur Vollstreckung des Urteils.

Die Texte 1 bis 4 zeigen verschiedene Konflikte zwischen kirchlichen oder christlichen Denkweisen und weltlichen Rechtsvorstellungen. Durch die Legende wurden alte Rechtsvorstellungen überwunden.

Die Beeinflussung der Gläubigen durch die Legende des Mittelalters ist vielfältig und bezieht sich nicht nur auf die rechtliche Ebene. Frömmigkeitsvorstellungen und Mentalitäten wurden massiv durch die Legende beeinflußt. Die folgenden Beispiele sollen das belegen.

Text 5:
Legenda aurea: „Von Sanct Elisabeth"[21]

„Elisabeth ist gewesen des hochberühmten Königs von Ungarn Tochter. Sie war von Geschlecht gar edel, aber noch viel edler an Glauben und Frömmigkeit, und hat ihr edel Geschlecht mit gutem Beispiel erhöhet und hat es mit Wundern erleuchtet und geziert mit der Gnade der Heiligkeit. Der Schöpfer der Natur erhob sie unterweilen über die Natur; denn ob das Mägdlein gleich in königlicher Lust erzogen ward, so verschmähte sie doch der Kinder Spiel oder wandelte es zu Gottes Ehre; aufdaß offenbar werde, wie sie von ihren jungen Tagen an in Einfalt lebte und mit Demütigkeit gar süßiglich anhub. Darnach begann sie guter Studien zu pflegen und verschmähte die Spiele der Eitelkeit, sie floh die Glückhaftigkeit der Welt und wollte allein zunehmen in der Andacht Gottes. Da sie kaum fünf Jahre alt war, verharrte sie mit ihrem Gebet in der Kirche also lang, daß ihre Gesellinnen und Mägde sie kaum mit Mühe mochten daraus bringen. Also sahen auch ihre Mägde und Gespielen, wie sie ihrer eine in des Spieles Schein zu einer Kapelle trieb, damit es sich ihr möchte fügen, daß sie in die Kirche träte; und ging hinein und bog ihre Knie oder streckte sich ganz auf den Boden. Und ob sie gleich die Kunst von den Buchstaben noch nicht verstund, so breitete sie doch in der Kirche das Buch Psalterium oft vor sich aus und stellte sich als ob sie läse, aufdaß niemand in solcher Andacht sie möchte irren ...

Nachdem sie ihren jungfräulichen Stand also weislich regiert und mit Unschuld hatte durchlaufen, geschah es, daß sie zu ehelichem Stande sollte kommen; dazu zwang sie ihres Vaters Gebot. Also sollte sie dreißigfältige Frucht empfangen, da sie den Glauben der Dreieinigkeit gehalten hatte mit den zehn Geboten. So gab sie sich denn zu der Ehe, wenngleich wider ihren Willen; und wollte nicht der Wollust dienen, sondern allein ihres Vaters Gebot vollbringen; auch wollte sie Kinder gebären, die sie aufziehen möchte zu Gottes Dienst. Und ob sie gleich unter dem Gesetz ehelichen Lebens gehalten war, so empfand sie doch nimmer sündliche Lust. Das wird daraus offenbar, daß sie in die Hände des Magister Conradus ein Gelübde tat, daß sie ewiglich in Keuschheit wollte leben, so es geschähe, daß ihr Gemahl vor ihr stürbe. Also ward sie vermählt dem Landgrafen von Thüringen, als ihrer königlichen Herrlichkeit geziemte und Gottes Wille war; denn sie sollte daselbst viele Menschen zu Gottes Minne führen und die Unwissenden erleuchten. Und ob sie gleich ihren Stand verwandelte, so verwandelte sie doch ihren geistlichen Vorsatz nicht. Sie lebte in großer Andacht und Demut wider Gott, und war sich selber gar streng und enthaltsam, wider die Armen aber war sie von großer Milde und Barmherzigkeit ...

Nun begehrte Sanct Elisabeth, daß ihr Gemahl seine Waffen möchte führen zur Beschirmung des Glaubens und überkam ihm mit heilsamen Rat, daß er hinfuhr in das heilige Land. Aber als der fromme Landgraf daselbst war, da gab er seinen Geist zu Gott, daß er die Frucht seiner Werke empfahe; denn er war edel in reinem Glauben und fromm in rechter Demut. Also nahm sie mit Ernst ihren witweglichen Stand an sich, aufdaß sie nicht um den Lohn witweglicher Enthaltsamkeit möchte betrogen werden, sondern sechzigfältige Frucht empfange, da sie die zehn Gebote hielt und übte die sechs Werke der Barmherzigkeit. Da aber nun der Tod ihres Gemahl kund ward ..., da ward sie von etlichen Vasallen ihres Gemahls geschuldigt, wie sie ihr Gut verstreut und verschwendet hätte, und ward mit Schimpf aus ihrem Lande gar ausgetrieben, aufdaß ihre große Geduldigkeit offenbar würde und auch ihre Sehnsucht nach der Armut würde erfüllt, die sie lange hatte getragen."

Elisabeth von Thüringen wurde 1207 als Tochter des Königs Andreas II. von Ungarn und seiner Gemahlin Gertrud von Andechs auf der Burg Saros Patak/Ungarn geboren. Aus politischen Gründen wurde sie als Kind mit dem späteren Landgrafen Ludwig IV. von Thüringen verlobt und am Hof von Thüringen erzogen. Mit 14 Jahren heiratete sie und schenkte in den kurzen Ehejahren ihrem Gemahl drei Kinder. Ludwig IV. starb auf dem Kreuzzug 1227. Von ihrem Witwengut errichtete Elisabeth in Marburg ein Franziskanerhospital. Sie verzehrte sich in einem aufopfernden Dienst an den Armen und Kranken und starb am 17. November 1231. 1235 wurde sie heiliggesprochen.

Der Text der ‚Legenda aurea' betont das Außerordentliche, das sich bereits in der Kindheit zeigte. Daß sie sich nicht wie andere Kinder dem Spiel hingab, wird beschrieben, sondern daß sie schon als Kind auf Gott hin lebte. Der jungfräuliche Stand wird nur widerwillig aufgegeben. Auch im ehelichen Leben empfand sie „nimmer sündliche Lust". Bereits in der Ehe macht sie ein Keuschheitsgelübde für den Fall, daß ihr Gemahl vor ihr stürbe. Es war der Wunsch der jungen Frau und Mutter, daß ihr Gemahl die Waffen ergreife. Der Tod des Gemahls gibt ihr die Möglichkeit, ihr eigenes Leben zu verwirklichen.

Wenn man weiß, daß Elisabeth von Thüringen im Sinne franziskanischer Spiritualität gelebt hat, so erkennt man deutlich die Verhaltensmuster, die in dieser Legende propagiert werden. Sie weisen in eine andere Richtung.

Text 6:
Das Leben der heiligen Hedwig[22]

„Die Dienerin Gottes selbst wurde im zarten Alter von zwölf Jahren mit dem mächtigen Herzog Heinrich von Schlesien und Polen vermählt. Diesen hochgesinnten Mann nahm sie, eine andere Sara, in der Furcht des Herrn und nicht aus Begierlichkeit zum Ehegemahl. Man sagte, daß sie bei der Eingehung der Ehe mehr den Willen ihrer Eltern als ihren eigenen erfüllt habe. Dieses zeigte sich in der Folge besonders deutlich darin, daß sie sich selbst zur Enthaltsamkeit verpflichtete. Denn sie bemühte sich, durch das heilige Eheband verpflichtet, gemäß der Lehre des Apostels dieses Bündnis in Ehren und ihren Bund in jeder Hinsicht makellos zu bewahren und die Gesetze und Rechte des Ehestandes auf das genaueste zu befolgen. Wohl hoffte sie durch Kindergebären ihr ewiges Heil sicherzustellen; trotzdem wünschte sie sehr, durch die Keuschheit Gottes Wohlgefallen zu erringen, und verpflichtete sich deshalb mit Zustimmung ihres Gemahls zur Enthaltsamkeit, soweit der Ehestand es erlaubte. Fühlte sie, daß Gott sie gesegnet habe, so blieb sie voll Ehrfurcht der Wohnung ihres Gatten und dem ehelichen Umgang fern und hielt daran fest bis nach der Geburt des Kindes.

Die Beobachtung dieses heiligen Gesetzes und dieser löblichen Gewohnheit begann sie von ihrer ersten Mutterschaft an, die eintrat, als sie 13 Jahre und 13 Wochen alt war; davon ließ sie nicht ab, bis zu der Zeit, wo der Kindersegen aufhörte."

Walter Nigg schreibt über Hedwig von Schlesien: Was sie „mit ihrer Familie erlebte, war beinahe eine mittelalterliche Buddenbrooks-Geschichte"[23]. Von diesem düsteren Hintergrund weltgeschichtlicher und familiärer Schicksale ist in den Heiligsprechungsurkunden der hl. Hedwig und der hl. Elisabeth von Thüringen, die eine Nichte der Hedwig war, nichts und in den Viten nur sehr wenig zu lesen.

Die Predigt des Papstes Klemens IV. bei der Heiligsprechungsfeier Hedwigs aus dem Jahre 1267 hält sich an ein lehrmäßiges Schema[24]:

„So hatte die heilige Frau Sankt Hedwig gar reiche Frucht auf den Acker Gottes gebracht. Darum werden auch die Gläubigen eingeladen, sie zu loben und zu preisen; denn es steht geschrieben: ‚Loben sollen sie an den Toren ihre Werke.' Nun gibt es vier Tore, in welchen ihre Werke lobesam erhoben werde können: Das Tor der Buße, das Tor der Barmherzigkeit, das Tor des Lebens, das Tor des letzten Krieges und Streites."

Die Wirklichkeit sah anders aus. Wenn wir die Familiengeschichte dieser Frauen lesen, werden wir bald in die Niederungen menschlichen Lebens und in den Teufelskreis von Schuld und Versagen hineingeführt. Die elterliche Burg Andechs über dem Ammersee, die auf eine bewegte Geschichte zurückblicken konnte, fiel noch zu Hedwigs Lebzeiten der völligen Vernichtung anheim. Der Grund: Zwei Brüder Hedwigs, der Bischof Ekbert von Bamberg und Graf Heinrich von Andechs wurden beschuldigt, an der Ermordung König Philipps von Schwaben beteiligt gewesen zu sein. Die Nachricht von der Zerstörung der Burg muß auf Hedwig im fernen Schlesien wie ein Strafgericht Gottes gewirkt haben. Das Schicksal ihrer Schwester Gertrud war nicht weniger tragisch. Sie war mit König Andreas II. von Ungarn verheiratet. Aus dieser Ehe ging Elisabeth hervor, die mit dem Landgrafen von Thüringen verheiratet werden sollte. Die Mutter Gertrud hatte nichts von dem, weshalb man ihre Tochter Elisabeth rühmte. Gertrud von Andechs konnte sich in Ungarn nicht anpassen und war von unersättlicher Raffgier. Der ungarische Adel empörte sich gegen Gertrud; sie wurde das Opfer von Mörderhänden. Hedwigs Schwester Agnes sorgte dafür, daß düstere Nachrichten zu Schwester und Nichte gelangten. Der französische König Philipp II. hatte seine rechtmäßige Frau verstoßen. Bald darauf begegnete ihm die stolze Agnes von Andechs, die er zu seiner Frau machte. Der Papst erkannte diese Ehe nicht an. Rom belegte ganz Frankreich mit dem Interdikt, das heißt: das gesamte religiöse Leben Frankreichs wurde für ungültig erklärt. König Philipp war gezwungen nachzugeben. Er mußte

Agnes von Andechs, die ihm inzwischen zwei Kinder geboren hatte, verstoßen. Agnes überlebte diese Tragödie nicht; sie starb aus Liebesgram.

Mit diesen Schicksalsschlägen, die nur Schuld und nochmals Schuld offenbaren, mußten Hedwig und Elisabeth fertig werden. Und sie wurden damit fertig, indem sie den Teufelskreis von Schuld und Versagen aufbrachen, indem sie in diesem menschlich-allzumenschlichen Bereich neue Maßstäbe des Handelns setzten, und zwar unter Protest, provokativ, nicht nur verbal, sondern mit Zeichen, mit persönlichem Einsatz. Hedwig und ihre Nichte Elisabeth gehörten der franziskanischen Bewegung der Armut und Gewaltlosigkeit an. In der Legende der Hedwig wird berichtet, daß ihr Lehrmeister der Heilige Geist gewesen sei. Das ist ungeheuerlich: Hedwig als Repräsentantin der Geistkirche, der *ecclesia spiritualis*. Viele Aktionen und Aktivitäten, die die Legende als Ausfluß der Heiligkeit dieser Frauen darstellt, wurden als außergewöhnlich hochstilisiert, weil dadurch Protest und Provokation abgeschwächt werden konnten. Die Geschichte und das Menschliche in der Geschichte können das Heilige – oder sagen wir besser: den Einbruch des Göttlichen – signalisieren.

Text 7:
Das Leben Kaiser Heinrichs von dem Biographen Adalbert[25]

„Daß Heinrichs Freigebigkeit Gott gegenüber keine Grenzen kannte, das beweist der Besitzstand der Bamberger und vieler anderer Kirchen. Natürlich, denn er brauchte ja niemandem etwas zu hinterlassen, da er nur Gott zum Erben hatte. Denn Kinder dem Fleische nach hatte er nicht und erwartete er nicht, da es ganz gewiß ist (*certissime conprobatum est*), daß er die, die in den Augen der Welt seine Frau war, Kunigunde, nie erkannt, sondern wie eine Schwester geliebt hat . . .

Bei solchem Heroismus konnte natürlich der Versucher nicht ausbleiben. Der Teufel dachte sie zu verderben und griff Kunigunde an ihrer Ehre an. Auf seine Einflüsterungen wurde durch ausgestreuten Verdacht die Ehre der Frau angetastet, die nichts von Verführung wußte. Weil mit sich selbst grausam ist, wer sich aus dem Leutegerede nichts macht, wählte die Königin zu ihrer Rechtfertigung das Urteil der glühenden Pflugeisen – ein Gerichtsweg, der um der Herzenshärte der Menschen willen erfunden ist. Und als die Gotteserwählte zum Gericht wie ein Lamm zur Schlachtbank geführt wurde, seufzte sie auf und sprach: ‚Herr und Gott, Schöpfer Himmels und der Erde, der du Nieren und Herz durchforschest, sei du mein Richter und errette mich; dich rufe ich zum Zeugen an, daß ich nie weder diesen Heinrich noch einen andern Mann erkannt habe!' Und dann schritt sie unter dem Staunen und den Tränen aller Anwesenden bloßen Fußes über die Eisen, ohne Spur einer Brandwunde. So hat der allmächtige Gott seine reine Auserwählte bewahrt und ihre Unschuld dargetan und die Reinheit durch die Demut gerettet."

Kaiser Heinrich II. wurde nur heiliggesprochen, weil seine Ehe kinderlos blieb. Aus dieser Tatsache, unter der Heinrich und seine Frau Kunigunde gelitten haben, hat man gefolgert, daß sie eine Josefsehe geführt haben müssen. Das aber läßt sich historisch nicht belegen. Der Schein, daß ihr Leben der Lehre der Vollkommenheit entspreche, hat ihnen die Heiligkeit eingebracht.

Die zahlreichen Kirchengründungen, deren Stiftung und Ausstattung, können nicht der Grund der Heiligkeit sein, auch wenn die Stiftungsurkunden die Freigebigkeit und die Liebe zu Gott rühmen. Wie Otto der Große, so schenkte auch Heinrich II. weltlichen Besitz lieber der Kirche als weltlichen Fürsten, wodurch er das Verfügungsrecht über diesen Besitz einbehielt. Der Besitz fiel nach dem Tode des Bischofs wieder an ihn zurück und wurde nicht der Familie eines weltlichen Besitzers weitervererbt. Die Schenkungen an die Kirche begründeten die sogenannte Reichskirche. Dadurch wurde das Reich mit Hilfe der Kirche stabilisiert. An der Großzügigkeit, die sich in den Schenkungen offenbart, kann sich die Legendenbildung entfalten. Um die Mitte des 12. Jahrhunderts ist in den Bamberger Überlieferungen nichts mehr von den Nöten und Mißerfolgen des Politikers zu finden. Dafür gewann eine Notiz bei Thietmar von Merseburg an Bedeutung, wonach Heinrich II. 1013 von einem Unterleibsleiden befallen worden sei[26]. In diesem Zusammenhang sind die Prophetien, die das Kaisertum Heinrichs andeuten, zu erwähnen, die der Mönch Othlon aufgeschrieben hat. Im Traum war ihm der heilige Wolfgang erschienen und hatte ihm, wenn auch verschlüsselt, angekündigt, daß er nach 6 Jahren die Kaiserwürde erlangen werde[27]. Daß Gott und seine Heiligen um der eigenen Sache willen in das Schlachtengetümmel eingriffen und die Entscheidung zugunsten Heinrichs herbeiführten, hat man im Leben des Kaisers nicht missen wollen. Die kinderlose Ehe Heinrichs und Kunigundes forderte geradezu Mutmaßungen heraus. Was wäre geeigneter gewesen, den Heiligen zu illustrieren, als die naheliegende Erklärung, daß die Ehegatten in jungfräulicher Ehe gelebt hätten. Anfang des 12. Jahrhunderts ist diese Auffassung bereits eingebürgert, allerdings mit der ungenauen Angabe „man sagt"[28]. Zwei Menschenalter später weiß der Biograph Adalbert nicht nur die Tatsache ganz bestimmt, vielmehr hat die Sage bereits jenen herben, bizarren Zug angenommen, der den an sich gewiß schönen Gedanken entstellt und Heinrich, ohne es zu wollen, herabwürdigt. Heinrich hat nämlich in dieser Legende seine Gattin Kunigunde verdächtigt und die Feuerprobe verlangt. Von da an war es nur ein kleiner Schritt zu jener rohen Geste, da der König die hohe Frau auf den Mund schlägt, als sie vor dem versammelten Gericht das Geheimnis ihrer Jungfräulichkeit verrät. Schließlich entwickelt die Legende eine Lehre von der Josefsehe, die historisch nicht belegbar ist und die den Menschen in der Welt wenig Lebenshilfe bietet. Eine Hilfe zum Heiligwerden kann eine derartige Legende nicht sein. Es sei denn, Heiligkeit bestünde in der Verdrängung.

III. Über den Umgang mit mittelalterlichen Legenden

Die Geschichte der christlichen Legende im Altertum der Kirche und die zahlreichen Beispiele der Instrumentalisierung der Legende im Mittelalter machen deutlich, daß man in der Legende weniger den Heiligen an sich findet, als vielmehr auf dynamische Strömungen gestoßen wird, innerhalb deren die Macht der Heiligen gebraucht wird. Der bewußte Einsatz der Heiligenlegende, um die verschiedensten Bedürfnisse zu befriedigen, war im Mittelalter gang und gäbe. Der Bischof Ansgar von Bremen gibt in der Vorrede zum Leben des Willehard, des Vorgängers auf dem Bischofsstuhl, ein Beispiel dafür, daß die Heiligenviten die Lehre der Vollkommenheit entfalten[29]:

„Daher stammt die vortreffliche Sitte der heiligen Kirche, das Leben und die Tugenden der Heiligen, welche auf dieser Erde durch Wunder und Glaubensinbrunst und Vollkommenheit guter Werke hervorleuchten und Lob verdienten, nach deren Tod zu beschreiben, damit die Nachkommen wissen, wie sie das Tugendbeispiel nachahmen, wissen, wie sie die Gnade der göttlichen Erbarmungen betrachten sollen."

Ein großer Teil der Legenden muß ganz einfach unter die Unterhaltungsliteratur gezählt werden. Stephan Beissel konnte zu Beginn unseres Jahrhunderts diese Art von Literatur durchaus positiv bewerten und sie der Lektüre empfehlen: „Jeder, der sie ruhig und vorurteilslos liest, wird selbst noch in unserem Jahrhundert, obgleich er in vielen Fällen das Erzählte nicht glaubt, doch angeregt zu christlicher Gesinnung"[30]. So unbefangen werden wir der Legende nicht mehr gegenüberstehen können, zumal wir in der Analyse einzelner Legenden festgestellt haben, daß damit bewußt Propaganda gemacht wird. Nachdem Heiligenverehrung und Heiligenbeschreibung nicht nur zu frommer Unterweisung und einfältiger Erbauung, sondern auch zur Durchsetzung kirchenpolitischer Ziele und Ansprüche verwendet werden konnten, war es naheliegend, dieses Instrumentarium gezielt einzusetzen. Dies geschah durch die offizielle Heiligsprechung, deren sich die Päpste und zum Teil die Bischöfe bedienten. Die erste geschichtlich bezeugte Heiligsprechung durch einen Papst ist die des Bischofs Ulrich von Augsburg durch Johannes XV. am 11. Juni 993. Initiatoren der Heiligsprechungen waren im Mittelalter die Bischöfe, die mit ihrem Kathedralklerus die Verehrung eines früheren Vorgängers auf dem Bischofsstuhl förderten, Mönchsgemeinschaften, die den Kult ihres Klostergründers pflegten und dessen Grab hüteten, und Fürsten und Adlige, die sich von der Verehrung ihrer Verwandten als Heiliger politische Vorteile versprachen. Heiligsprechung und Heiligenverehrung waren im weitesten Sinne politische Aktionen. Die unkontrollierte Verehrung der Heiligen durch das Volk wurde durch einen förmlichen Prozeß der Heiligsprechung anerkannt. Kanonisierte Heilige wurden mit Legenden bedacht. Die idealisierten Grundzüge der Kanonisationsurkunde wurden hemmungslos ausgeschmückt. Wie wir am Beispiel Heinrichs II. und seiner Gemahlin Kunigunde gesehen haben, wurden historische Fakten bedenkenlos verändert. Verändert wurden aber auch die pädagogischen Ziele, um derentwillen Legenden überhaupt erzählt wurden. Mittels der Legenden nahm die Kirche die Macht der Heiligen in Anspruch, um neue Rechtsvorstellungen zu begründen oder sie zu festigen. Mit Hilfe der Heiligenlegenden wurden neue Feste eingeführt. Ordensgemeinschaften bedienten sich der Heiligen und ihrer legendären Überlieferung, um sich als Orden zu legitimieren. Der Romhörigkeit der germanischen Kirche wurde mittels Legenden um den heiligen Bonifatius der Grund gelegt. Die Popularisierung der Marienverehrung ist ohne die Vorstellungswelt des erzählenden Volkes nicht denkbar.

Neben dieser Fülle von Zielvorstellungen und Motivationen, die die immense Fülle mittelalterlicher Legenden ein wenig bändigen, müssen wir aber noch auf zwei ganz simple, wenn nicht gar aufgeklärte Motive hinweisen. Bedeutenden Anteil an der Weiterbildung der Legenden hat die Rhetorik. Das Recht zur Überarbeitung einer Legende war im Mittelalter eine Selbstverständlichkeit. Man machte rhetorische Stilübungen an der Heiligenvita. Die Augenzeugenschaft wurde zu einem Stilmittel, zur poetischen Lizenz.

Um vollends zu der Gelassenheit zu gelangen, die die Lust der Phantasie ebenso einzuschätzen weiß wie den Ernst pädagogischer Zielvorstellungen, die die machtpolitischen Ziele ebenso entlarvt wie die vordergründige Propaganda, sollten wir auf den Abt Williram von Ebersberg hinweisen, der im Auftrag des Abtes Wilhelm von Hirsau eine Aureliusvita verfaßt hat. Im Widmungsbrief für den Hirsauer Abt erläutert er die näheren Umstände des Entstehens der Aureliusvita: „Außerdem hast Du mich gebeten, Dir das Leben des heiligen Aurelius, von dem wir nur von den Enden der Welt nebelhafte Kunde (*caliginosa fabula*) und einen ganz knappen Abriß haben (*parvissimo eloquio comprehensam*), zum Umfang eines Büchleins zu strecken. Nun bin ich freilich überzeugt, daß ein gelehrter Mann daraus weitläufige Reihen von Wörtern machen könnte, wie man aus einem Minimum von Gold oder Silber lange und breite Blattstreifen schlagen kann. Ich will zwar nicht behaupten, daß das für einen Ungelehrten wie mich ganz unmöglich wäre, aber es ist doch äußerst schwierig"[31]. Das ist ein bemerkenswerter Vergleich und ein überraschendes Eingeständnis. Die Substanz wird nicht vermehrt, sie wird nur ausgewalzt. Williram fährt fort: „Aber, was gelehrte Kunst nicht vermag, das vollbringt die brüderliche Liebe. So lege ich denn bereitwillig meine ungeübte Hand ans Werk, den Stoff dieser Heiligengeschichte breitzuklopfen (*ad cudendam sacrae historiae materiam*)"[32].

Wie gut ist es zu wissen, daß es auch im Mittelalter zuweilen recht menschlich und normal zugegangen ist. Wir sind über die Legenden, über deren Analysen, Einordnung und Verständnis in einen ernstzunehmenden Dialog mit dem Mittelalter eingetreten und haben auf einmal gemerkt, daß die Probleme mittelalterlicher Menschen unsere Probleme werden können. Umberto Eco hat recht, wenn er sagt: „Es hat eben jeder seine (meist verdorbene) Idee vom Mittelalter. Nur wir Mönche von damals wissen die Wahrheit, doch wer sie sagt, kommt bisweilen dafür auf den Scheiterhaufen"[33].

Literaturverzeichnis

Carl AMERY, Das Ende der Vorsehung. Die gnadenlose Folge des Christentums, Reinbek 1972.

Stephan BEISSEL, Die Verehrung der Heiligen und ihrer Reliquien in Deutschland im Mittelalter, Bd. 1 und 2, 1890/92, mit einem Vorwort zum Nachdruck von 1976, hrsg. von Horst APPUHN, Darmstadt 1983.

Umberto ECO, Nachschrift zum ‚Namen der Rose‘, aus dem Italienischen von Burkhart KROEBER, München 1984.

Hans EGGERS, Eine Aureliusgeschichte mit Hintergründen, in: Schwäbische Heimat 23 (1972), 36–43.

Ida Friederike GÖRRES, Aus der Welt der Heiligen, Frankfurt ²1959.

Heinrich GÜNTER, Kaiser Heinrich II., der Heilige (Sammlung illustrierter Heiligenleben 1), Kempten/München 1904.

DERS., Legenden-Studien, Köln 1906.

DERS., Hagiographie und Wissenschaft, in: Historisches Jahrbuch 62–69 (1949), 43–88.

DERS., Psychologie der Legende. Studien zu einer wissenschaftlichen Heiligen-Geschichte, Freiburg i. Br. 1949.

Hans HATTENHAUER, Das Recht der Heiligen (Schriften zur Rechtsgeschichte 12), Berlin 1976.

Joachim KÖHLER, Heinrich Günters Legendenstudien. Ein Beitrag zur Erforschung historischer Methoden, in: Historische Kritik in der Theologie. Beiträge zu ihrer Geschichte (Studien zur Theologie und Geistesgeschichte des 19. Jahrhunderts 32), hrsg. von Georg SCHWAIGER, Göttingen 1980, 307–337.

DERS. (Hrsg.), Gelebte Antwort. In der Nachfolge Jesu, Stuttgart 1981.

Bernhard KÖTTING, Entwicklung der Heiligenverehrung und Geschichte der Heiligsprechung, in: Die Heiligen in ihrer Zeit, hrsg. von Peter MANNS, Bd. 1, Mainz 1966, 27–39.

Das Leben der heiligen Hedwig, übersetzt von Konrad und Franz METZGER und eingeleitet von Walter NIGG, Düsseldorf 1967.

Die Legenda aurea des Jacobus de Voragine, aus dem Lateinischen übersetzt von Richard BENZ, Heidelberg ⁹1979.

Legenda aurea. Das Leben der Heiligen, hrsg. von Erich WEIDINGER, Aschaffenburg 1986.

Walter NIGG, Die Heiligen kommen wieder. Leitbilder christlicher Existenz, Freiburg i. Br. 1973.

DERS., Die stille Kraft der Legende. Vergessene Heilige kehren zurück, Freiburg i. Br. 1982.

August NITSCHKE, Heilige in dieser Welt, Stuttgart 1962.

Hellmut ROSENFELD, Legende, Stuttgart ³1972.

Anmerkungen

[1] Ernst BENZ, Einleitung zu: Die Legenda aurea des Jacobus de Voragine, IXf.
[2] Johann Wolfgang VON GOETHE, Werke, Bd. 1, Stuttgart 1827, 1122.

[3] Umberto Eco, Nachschrift zum ‚Namen der Rose', 27.
[4] Ebd., 23f.
[5] So der Titel eines Buches, das 1972 erschienen ist.
[6] Theodor Schieder, zitiert nach Peter Berglar, Heilsame Macht der Skepsis. Historiker einer Geschichtswende, in: Rheinischer Merkur 1973, Nr. 15.
[7] Vgl. den Beitrag von František Graus, Mittelalterliche Heiligenverehrung als sozialgeschichtliches Phänomen, im vorliegenden Band, 86–102.
[8] Heinrich Günter, Psychologie der Legende.
[9] Die Römische Behörde zur Verbreitung des Glaubens heißt S. Congregazione de Propaganda Fide.
[10] Bernhard Kötting, Entwicklung der Heiligenverehrung und Geschichte der Heiligsprechung.
[11] Heinrich Günter, Legendenstudien, 126.
[12] Zit. nach Joachim Köhler, Gelebte Antwort, 41.
[13] Ebd.
[14] Zit. nach August Nitschke, Heilige in dieser Welt, 107f.
[15] Die Grundsätze Gregors VII. zit. nach: Dokumente zur Geschichte der Kirche, hrsg. von Michael Pfliegler, Innsbruck ²1957, 145f.
[16] Hans Hattenhauer, Das Recht der Heiligen, 12–31.
[17] Ebd., 12f.
[18] Ebd., 22.
[19] Ebd., 26.
[20] Ebd., 29.
[21] Die Legenda aurea des Jacobus de Voragine, 874, 876, 881.
[22] Das Leben der heiligen Hedwig, 67f.
[23] Walter Nigg, Die Heiligen kommen wieder, 77.
[24] Das Leben der heiligen Hedwig, 87.
[25] Monumenta Germaniae Historica. Scriptores IV, 812f.
[26] Thietmar von Merseburg, Chronik (Ausgewählte Quellen zur deutschen Geschichte des Mittelalters. Freiherr-vom-Stein-Gedächtnisausgabe 9), hrsg. von Werner Trillmich, Darmstadt 1970, 387, 433, 449.
[27] Monumenta Germaniae Historica. Scriptores IV, 542.
[28] *fertur* bzw. *ut multi testantur*. Monumenta Germaniae Historica. Scriptores VII, 658, und VI, 192.
[29] Zit. nach Stephan Beissel, Die Verehrung der Heiligen, Bd. 2, 106f.
[30] Ders., Bd. 2, 109.
[31] Zit. nach Hans Eggers, Eine Aureliusgeschichte mit Hintergründen, 42f.
[32] Zit. ebd.
[33] Umberto Eco, Nachschrift zum ‚Namen der Rose', 89.

Heidelinde Dimt

Heiligenverehrung auf Münzen und Medaillen

Münzen sind das erste in großer Zahl vervielfältigte Kunstwerk. Daher ist auch die Form der Münze und ihre Gestaltung ein wichtiges Mittel zur Weiterverbreitung bestimmter Tendenzen, ein probates Mittel der Propaganda. Religiöse Motive findet man bereits auf griechischen und römischen Münzen, wobei die Götter der jeweiligen Staatsreligion in verschiedenster Form auf der Vorder- und Rückseite abgebildet wurden. Christliche Symbole und Aufschriften tauchen erstmals im 4. nachchristlichen Jahrhundert auf römischen, später dann auf byzantinischen Prägungen auf. Der Grund hierfür lag einerseits in der Manifestation der christlichen Grundlagen des Staates und andererseits in einer beabsichtigten Verbreitung religiöser Gesinnung, bewußter Propagierung des Glaubens[1]. Christliche Heilige mit ihrem Namen, ihren Attributen und ihrem Bild sind seit dem frühen Mittelalter anzutreffen; insbesondere seit der Krönung Karls des Großen treten immer mehr religiöse Darstellungen auf Münzen auf. Fast jede Münzstätte gab den Schutzheiligen der betreffenden Stadt oder des Landes wieder. Neben der Schutzfunktion, die der Heilige gewährt, stand in erster Linie die Verbreitung des Glaubens und der Religion im Vordergrund. Dazu kommt auch noch ein symbolisch-rechtlicher Aspekt. Der Heilige ist symbolischer Landes- bzw. Stadtherr und damit auch Münzherr.

Auch die Gepflogenheit, Medaillen mit christlichen Emblemen, dem Bilde Christi und Marias oder der Heiligen als Zeichen der Erinnerung an Wallfahrten oder als Schutzmedaille bei sich zu tragen, geht bis in das frühe Mittelalter zurück. Angeblich hefteten sich die Ritter Kastiliens in den Kämpfen gegen die Mauren Marienbilder aus Metall auf den Helm oder Hut als Zeichen ihrer Verehrung und stellten sich damit in den besonderen Schutz der Muttergottes[2]. Erste urkundliche Belege von Wallfahrtsmedaillen lassen sich aus dem ausgehenden 15. Jahrhundert nachweisen. Wesentlich älter ist das Pilgerzeichen, das bereits seit dem 12. Jahrhundert an vielen Wallfahrtsorten Europas ausgegeben wurde. Diese einseitig geprägten bzw. gegossenen Zeichen wurden am Pilgerhut oder auf der Brust als Kennzeichnung befestigt und waren für den Träger ein sichtbarer Nachweis der Wallfahrt und sein „Ausweis", um in den Genuß von Almosen und Beherbergung zu kommen bzw. einen gewissen Schutz zu erhalten. Wallfahrerzeichen waren Teil der internationalen Pilgertracht: Pilgerhut mit daran befestigter Muschel – hier spielt der hl. Jakobus der Ältere eine Rolle: die Jakobsmuschel war ursprünglich das Abzeichen der Compostelapilger –, Pilgermantel, Stab und umgehängte Tasche. Diese Tracht haben zahlreiche Heilige, die als Pilger dargestellt wurden, ikonographisch bewahrt, wie z.B. der hl. Rochus als Pestpatron in Süddeutschland und Österreich. Auf diese Weise konnte der Pilger das Bild seines speziellen Patrons bei sich tragen, auf das Ziel seiner Wallfahrt hinweisen und ein Erinnerungsstück von der Wallfahrt mit nach Hause nehmen.

Die großen Wallfahrtsbewegungen des 15. Jahrhunderts spiegeln sich wider in der an den Wallfahrtszentren feilgebotenen Massenware an Pilgerzeichen aus Blei, Blei-Zinn oder Bronze. Das „Wahre Antlitz Christi" legte Zeugnis ab von einem Besuch in Jerusalem, die gekreuzten Schlüssel vom Aufenthalt in Rom, das Bild der Heiligen Drei Könige verwies auf Köln, das des hl. Quirin auf Neuß, das Bild der hl. Maria kam meist von Einsiedeln oder Mariazell. Neben diesen Marienwallfahrten war St. Wolfgang am Abersee der bedeutendste Gnadenort des Alpenraumes, von dem bereits aus dem Mittelalter die Existenz von Pilgerzeichen bekannt ist. Dreißig verschiedene Pilgerzeichen konnten für St. Wolfgang zusammengestellt werden[3], deren Datierung aber kaum möglich ist. Der Geschmack der Auftraggeber und des Käuferpublikums sowie das längere Nachwirken überlebter Stile erschwert eine zeitliche Einordnung.

Münzen und Medaillen mit der Darstellung heiliger Personen, von deren Attributen und Zeichen, fanden Eingang in den religiösen Brauch, in dem oft die Grenzen zwischen Glauben und Magie ineinanderfließen. Münzen wie Medaillen wurden als Votiv und Amulett im Wallfahrtsbrauch, in der Volksmedizin und im Totenkult verwendet. Der erste Beleg für den Gebrauch von Münzen als Amulett findet sich in dem von Hugo von Trimberg (um 1230 – nach 1313) verfaßten Lehrgedicht ‚Der Renner', in dem die „Händleinspfennige", Münzen der Münzstätte Schwäbisch Hall, erwähnt werden: *die triuve bezeichnet uns diu hand, den gelouben tuot daz kriuze bekant*[4]. Diese Pfennige mit Hand und Kreuz – Hand Gottes und Kreuz – waren 200 Jahre in großen Mengen in Süddeutschland im Umlauf und galten als wirksames Mittel gegen allerlei Krankheiten. „Sie helfen gegen alle Verwundungen, die hinfallende Sucht, das Beschreien der Kinder und vieles andere Unglück. Um aber die Heilwirkung zu erhöhen, müssen die Münzen im ganzen verschluckt oder abgefeilte Späne als Medizin genommen werden"[5]. Das Kreuz und die Hand Gottes als Zeichen des Glaubens verstärkten die magische Kraft des Metalls und erzielten durch die innere Verabreichung größtmögliche Wirkung. Die Münze wurde zum Amulett, zum Abwehrmittel, das die durch Zauberei verübten Wirkungen entkräften und vor Krankheiten und Unfällen behüten sollte.

Die Vorliebe für das Mitbringen von Reliquien und Weihemünzen aus den heiligen Stätten und Wallfahrtsorten zeigt ein interessanter Fund aus dem Haus-, Hof- und Staatsarchiv Wien[6]. Im Nachlaß der Erzherzogin Maria, Gattin Erzherzog Karls von Innerösterreich, fand sich ein Faszikel mit einer Anzahl von handschriftlichen Gebeten, einer beträchtlichen Zahl von Ablässen, die wohl fromme Rompilger der Erzherzogin überbracht hatten, sowie Anordnungen „für das öffentliche Gebet der 40 Stunden wider den türkischen Erbfeind" (13. April 1494). Die Erzherzogin Maria, Tochter Herzog Albrechts V. von Bayern, war eine überaus eifrige und strenggläubige Katholikin, die auf ihren Gemahl und auch auf ihren Sohn, den späteren Kaiser Ferdinand II., einen entscheidenden Einfluß ausübte. Neben diesen handschriftlichen Dokumenten waren auch zwei verschiedene Aktenfaszikel mit zwei Typen von Weihemünzen beigeschlossen, die zu je zwei Stück fein säuberlich in Papier gewickelt waren, sowie auf blauem Seidenfaden aufgereihte weiße und blaue Glas- und Beinperlen, die entweder als Fragmente von Rosenkränzen oder als Fingerringe anzusprechen sein dürften und den Träger gleichfalls der Gnade eines Ablasses teilhaftig machen sollten. Die erste kleine Medaille war dem Ablaß des Papstes Clemens VIII. (1592–1605) beigeschlossen und zeigt auf der Vorderseite den stehenden Erlöser mit Kreuz, auf der Rückseite die Verkündigungsszene. Die zweite, etwas größere, mit einer Öse versehene Medaille zeigt auf der Vorderseite Maria mit dem Jesuskind, im Abschnitt *LAVRETA*, im Felde *VIR–GO*, auf der Rückseite *IHS* in barocker Umrahmung. Die Funktion beider Medaillen steht offenkundig mit dem Ablaß in Verbindung. Beide Stücke sind eindeutig italienischer Provenienz; frappierend ist nur die Machart, die viel eher dem ausgehenden 17. als dem ausgehenden 16. Jahrhundert zuzuschreiben ist. Der Loreto-Pfennig könnte ein Geschenk Ferdinands II. an seine Mutter sein. 1598 unternahm er noch als Erzherzog und Regent von Innerösterreich eine Reise über Venedig, Ferrara, Ancona, Loreto nach Rom und Florenz. Aus Briefen an seine Mutter ist auch bekannt, daß er im berühmten Wallfahrtsort Loreto nicht näher bezeichnete „Sachen" für ca. 300 fl für die Mutter eingekauft hatte.

Heilige auf Münzen

Der Name des Heiligen, der Patron einer bestimmten Kirche war, in die Umschrift gesetzt, findet sich bereits auf Münzen der Merowingerzeit, als auf Grund der allgemeinen Zersplitterung des Münzrechtes auch eine große Anzahl von geistlichen Sitzen Münzen prägte. Nach Reformen und Einschränkungen durch Pippin wurde die Zahl der Heiligennamen auf acht, bei Karlmann auf zwei verringert. Nach dem Aussterben der Karolinger traten die Heiligen wieder stärker auf. Im 10. und 11. Jahrhundert zählt man 50 verschiedene Heilige mit Namen und dann mit Kopf- oder Brustbild auf den Denaren. Der Heilige, Patron des betreffenden Ortes, wird als Münzherr betrachtet. Ähnliches findet sich im Altertum nur in hellenistischer Zeit in Ilion und Alexandreia Troas, wo Pallas Athene und Apollon namentlich statt des Stadtnamens und im Bilde erschienen. Auch in Byzanz war es üblich, Heilige entweder durch ihren Namen oder als Bild auf Münzen zu setzen, wobei diese Sitte rein religiöse Bedeutung hatte, da die betreffenden Heiligen meist Schutzpatrone von Kirchen waren bzw. die Namensheiligen der jeweiligen Kaiser darstellten – z. B. den hl. Alexander bei Kaiser Alexander (912–913) und den hl. Andronikos bei Kaiser Andronikos II. (1282–1328). Oft werden die Heiligen in der Funktion als Bekrönende abgebildet. Besonders häufig tritt der hl. Georg im 12. Jahrhundert auf, ferner auch der hl. Demetrius, der auf Münzen der Teilreiche vorkommt. Im Westen wird seit der Stauferzeit unter dem Einfluß byzantinischer Münzen der Heilige stehend dargestellt, oft den Münzherrn segnend oder neben diesem stehend.

Aus der Vielfalt der Darstellungen von Heiligen auf Münzen kann nur eine kleine Auswahl angeführt werden. Als Beispiel für eine hochmittelalterliche Prägung sollen die „Moritzpfennige" des Erzstiftes Magdeburg erwähnt werden, die seit der Zeit Kaiser Heinrichs III. (1039–1056) bis in das 15. Jahrhundert hinein geprägt wurden. Es handelt sich dabei um

Abb. 1: Erzbistum Magdeburg, Moritzpfennige, 13. Jahrhundert.

einseitige Hohlpfennige, die den Heiligen bald stehend, bald sitzend, in halber Gestalt oder als Brustbild in Panzer und Helm mit Schwert, Schild und Fahne oder im Mantel mit Kreuzstab und Palmzweig darstellen, das Münzbild allein füllend oder zwischen Zinnentürmen, in einem Mauerkranz unter einem Tor. Diese Pfennige sind auch ein Beispiel dafür, wie der Name eines Heiligen namengebend für die Münze selbst wurde.

In hundert Münzstätten war Johannes der Täufer bevorzugter Schutzheiliger; als Beispiele seien das Bistum Lüttich, aber auch Florenz erwähnt, wo Johannes auf dem Florentiner Goldgulden und auf den zahlreichen Nachahmungen – wie z.B. auf dem Goldgulden Albrechts II. des Weisen – vorkommt. Der hl. Johannes ist aber auch auf neuzeitlichen Münzen von Florenz vorhanden, wie z. B. auf dem Dukaten von 1722. Im ausgehenden 17., besonders aber im 18. und 19. Jahrhundert wurde der hl. Johannes der Täufer in der Szene der Taufe Christi im Jordan auf Medaillen dargestellt, die als Taufgeschenk verbreitet waren. Die Rückseiten dieser Medaillen sind entweder dem Bild des Namenspatrons, einem passenden Spruch oder dem Bild Christi vorbehalten. Nach ihrer Größe wurden diese Medaillen auch „Tauftaler" genannt.

Der Apostel Paulus mit langem Bart und Schwert war Patron von Münster und erscheint hier oft auf Münzen. Als besonders schönes Exemplar sei der Siegestaler von 1661 auf die Einnahme der Stadt genannt, bei dem der hl. Paulus in einem Wolkenkranz über der Stadt thront.

Der hl. Laurentius mit dem Rost ist Schutzpatron von Merseburg und kommt auf Brakteaten dieser Münzstätte vor. In Nürnberg wurde der

Abb. 2: Goldgulden Albrechts II. (1330–1358) nach florentiner Typ.

Abb. 3: Bistum Münster, Siegestaler, 1661.

Abb. 4: Nürnberg, Lorenzgulden, 1614.

Lorenzgulden von 1429 bis 1686 geprägt, die Reversseite der Münze zeigt das ovale Stadtwappen, die Aversseite den hl. Laurentius nach rechts mit Buch und großem Rost. In jüngster Zeit wurden Medaillen auf die St. Laurentiuskirche in Lorch-Enns mit dem hl. Laurentius inmitten der für Oberösterreich und Enns wichtigen Heiligen Florian und Severin geprägt.

Der hl. Joachim auf Prägungen der Grafen Schlick gab einer Münzsorte, dem Taler, den Namen, der auch für französische, polnische und russische Münzen verwendet wurde: Jocondal, Jefimok, Joachimik[7]. Die Ausprägung der Taler in Joachimstal war das wichtigste Ereignis der frühneuzeitlichen Münzgeschichte. Diese Taler reihen sich ein in die frühen Prägungen großer Silberstücke, wie sie in Tirol und in Sachsen an der Wende vom 15. zum 16. Jahrhundert einsetzten. 1516 wurden im Gebiet der Herrschaft Schlackenwert, in Konradsgrün am Südhang des Erzgebirges, reiche Silbervorkommen entdeckt. 1517 erfolgte die Umbenennung von Konradsgrün in St. Joachimstal, womit im Anschluß an die kursächsischen Silbergruben Marienberg, Josefsdorf und St. Annaberg die Namen der heiligen Familie vervollständigt wurden. Drei Jahre später erhielt Stephan Schlick die Prägeerlaubnis von viertel, halben und ganzen Gulden neben Groschen, die auf der einen Seite den böhmischen Löwen und den Titel des Königs, auf der Rückseite das Bildnis des hl. Joachim und das Wappen der Herren von Schlick aufwiesen. Der Taler ohne Jahresangabe (1516–1526) ist oft gehenkelt, was auf eine Verwendung als Anhänger hinweist. 1528 verloren die Grafen Schlick das Münzrecht, fast genau 100 Jahre später, 1627, erhielten sie es wieder, al-

Abb. 5: Stephan Schlick, „Joachimstaler", o. J. (1516–1526).

Abb. 6: Heinrich Schlick, „Annentaler", 1632.

lerdings auf ihre Herrschaft Plan. Diese Münzen hatten nur lokale Bedeutung, interessant ist aber wieder ihr Münzbild. Die Rückseite ziert nicht der hl. Joachim, sondern die hl. Anna mit Maria und dem Jesuskind. Die Wahl der hl. Anna als Schutzpatronin und Wahrzeichen von Plan hängt mit der Gegenreformation zusammen. 1624 wurde die St.-Anna-Kirche wiederhergestellt und ein Jahr später eingeweiht. An diese historischen Fakten knüpfen sich Berichte von Wunderheilungen, so daß 1645 auf Bitten des Grafen Heinrich Schlick die päpstliche Bulle zur Errichtung einer Bruderschaft St. Anna bei Plan erlassen wurde.

Der heilige Willibaldus und seine Schwester Walpurga sind auf Münzen des Hochstiftes Eichstätt zu finden. Willibaldus (um 700–787), Sproß einer vornehmen englischen Familie, war wie sein Bruder Wynnebaldus und seine Schwester Walpurga schon als Kind für die geistliche Laufbahn bestimmt. Nach Aufenthalten in Rom, dem Heiligen Land und Monte Cassino wurde er nach Deutschland gesandt und 741 zum Bischof von Eichstätt geweiht. Seine Schwester war Äbtissin von Heidenheim am Hahnenkamm, ihr Reliquienschrein befindet sich in Eichstätt zu St. Walpurga, wo alljährlich zwischen dem 12. Oktober (1042 Erhebung der Gebeine und endgültige Beisetzung) und dem 25. Februar (Todestag 779) ein ölähnlicher Niederschlag beobachtet wird, dem heilende Kraft beigemessen wurde. Beide Stiftspatrone erscheinen bis ins 18. Jahrhundert nie gemeinsam auf einer Münze, wohl aber jeder für

Abb. 7: Bistum Eichstätt, Sedisvakanztaler, 1757.

Abb. 8: Erzbistum Salzburg, Leonhard von Keutschach, „Rübentaler", 1504.

sich. Die zwei Monate der Sedisvakanz des Jahres 1757 sind auf einem sehr schönen Taler verewigt, den das Domkapitel in Nürnberg schlagen ließ; es folgte damit der seit 1700 aufgekommenen Vorliebe, die Sedisvakanzen durch Münzen und Medaillen festzuhalten. Diese Münzen waren nie im Geldverkehr, waren also dem Charakter nach Erinnerungsstücke, eigentlich Medaillen. Auf der Rückseite dieses Sedisvakanztalers sind auf Wolken die beiden Stiftspatrone. Der sitzende Willibald mit dem Rationale hält Krummstab und Buch, die kniende Walpurga hat in den Händen das Ölfläschchen und die Bibel, im Arm den Krummstab. Über beiden strahlt das dreieckige Auge Gottes. Auch anläßlich der Sedisvakanz des Jahres 1781 wurde ein Taler geprägt, auf dessen Rückseite über dem Stadtzentrum mit Dom, Residenz, Mariensäule und Brunnen die Heiligen Willibald und Walpurga mit ihren Attributen zu finden sind[8].

Der Begründer des Erzstiftes Salzburg, der hl. Rupert († 718) ist auf Salzburger Münzen ab dem Erzbischof Leonhard Keutschach (1495–1519) vertreten. Oft erfolgt die Darstellung Ruperts – sein Attribut ist das Salzfaß – gemeinsam mit dem hl. Virgil, dessen Attribut das Modell des von ihm erbauten Salzburger Domes ist. Virgil konnte jedoch nie das Ansehen und die Volkstümlichkeit des hl. Rupert erreichen. Der „Rupertustaler" war ein beliebter Anhänger an Fraisketten im 17. und 18. Jahrhundert. Die im Wappen des Erzbischofs Leonhard Keutschach vorkommende Rübe gab dem „Rübentaler" seinen Namen. Der Taler von 1504 zeigt auf der Vorderseite die beiden Heiligen Rupert und Virgil, in ihren Händen die Domkirche. Auch die Umschrift nimmt Bezug auf beide: *SANCT9 RVDBERTVS:EPVS:SANCT9 VIRGILIVS EPS*. Der Taler des Erzbischofs Paris Lodron vom Jahre 1623 wiederum weist als Münzbild den hl. Rupert alleine auf; er sitzt auf einer Bank, das Salzfaß auf dem rechten Knie, den Stab in der linken Hand[9]. Erzbischof Guidobald Graf von Thun-Hohenstein prägte von 1654 bis 1668 Taler, die auf der Vorderseite innerhalb einer zweiteiligen Umschrift *GIUDO-BALD9 DG – AREP SAL SE AP L* und *SVB TVVM PRAE-SIDIVM CONF – VG* das Hüftbild Marias, im linken Arm das Jesuskind mit Reichsapfel, in der rechten Hand ein Zepter, und vor ihr das vierfeldrige Familienwappen mit Mittelschild unter dem Legatenhut bringen, auf der Rückseite ein Kniebild des hl. Rupert mit Salzgefäß in der Linken und Krummstab in der Rechten. Unser Beispiel ist ein gehenkelter Taler aus dem Jahre 1666: wiederum ein Hinweis auf die Verwendung als Schmuckstück oder als Anhänger mit amuletthafter Bedeutung.

999 erhielt das Bistum Passau das Markt- und Münzrecht sowie Zoll und Bann von Kaiser Otto III. Die ersten Münzen mit Darstellungen des Schutzheiligen Stefanus treten unter Bischof Wigileus Fröschl von Marzoll (1500–1517) auf, der den Bedürfnissen des Geldverkehrs entsprechend große Silbernominale prägte und Goldgulden, Groschen, Gröschl und Batzen mit dem Bild des hl. Stefanus samt Palmzweig und Steinen und der Umschrift *S*(anctus) *STE*(p)*H*(anus) *ORA PRO NOBIS* – Um-

Abb. 9: Erzbistum Salzburg, „Rupertustaler", 1666.

Abb. 10: Bistum Passau, Johann Philipp von Lamberg, Taler, 1694.

schriften dieser Art kommen immer wieder bei Gnadenbildern vor – ausbringen ließ[10]. Bischof Ernst Herzog von Bayern (1517–1540) gab 1537 den ersten Taler heraus, der, wie auch der Dukat und Halbtaler, den hl. Stefan mit Palmzweig und Steinen über dem Stiftswappen zeigt. Unser Beispiel ist ein Taler des Bischofs Johann Philipp Graf von Lamberg (1689–1712) aus dem Jahre 1694, die Rückseite trägt als Münzbild den hl. Stefan über dem Stiftswappen in barocker Einfassung und die Umschrift *SANCT*(us) *STEPHAN*(us) *PATRO*(nus) *ECCLESIAE PATAVIENSIS:* ein direkter Hinweis auf sein Schutzpatronat. Die letzten Prägungen mit dem hl. Stefan sind Vierteltaler aus dem Jahre 1716 und 1717. Die Ausnahme bildet ein vom Nürnberger Medailleur I.L. Oexlein geschnittener und in Regensburg geprägter Sedisvakanztaler von 1761, der auf der Vorderseite den sitzenden hl. Stefan mit dem Wappen des Domkapitols zwischen den Füßen zeigt[11].

Der hl. Georg, einer der 14 Nothelfer, wurde seit dem 14. Jahrhundert zu einem der am meisten verehrten Heiligen. Münzen mit seiner Darstellung sind ein beredtes Beispiel dafür, wie die Beliebtheit einer Münze und ihre dadurch hervorgerufene Seltenheit dazu führte, daß sie als Medaille nachgeahmt und als solche wiederum zum Amulett wurde. In Deutschland kommt das Brustbild des Heiligen im 13. Jahrhundert auf einem Pfennig Engelberts I. von der Mark (1259–77) von Hattingen vor. Auf einem Dicken der *trium civitatum Swewie* (Ulm, Überlingen, Ravensburg) von 1502 ist der Heilige zu Pferde mit dem Drachen zu sehen. Am berühmtesten wurden die Münzen des gräflichen Gesamthauses von Mansfeld von 1521–1523 mit dem Spruch *ORA PRO* (*NOBIS*) auf der Satteldecke des Pferdes[12]. Es nimmt nicht Wunder, daß Münzen mit dem hl. Georg, dem Patron der Soldaten, bald zu begehrten Amuletten gegen Wunden und Unfälle wurden. Bald zahlte man 20 bis 30 Taler für einen „Jörgentaler". In einer Beschreibung der *sonderbaren Thaler und Müntzen aus dem Jahre 1734*[13] wird jene Begebenheit geschildert, die den Werdegang des „Mansfelder Segenstalers", wie er auch immer genannt wird, wesentlich beeinflußt hat: *In denen Frantzösischen Kriegen wurde ein Offizier auf das Gemächte geschossen, weil aber die Kugel auf einen Mansfeldischen St. Jörgenthaler traff, den er bey sich in der Ficke hatte, ist er vom Schuß unversehrt blieben. Sobald nun diese Geschichte unter der Armee auskommen, so haben die Juden gute Zeit gehabt, indem alle Soldaten dergleichen Thaler, die für den Schuß gut seyn solten, mit zehen und mehreren eingewechselt haben.*

Als die Taler auch um das Zehnfache nicht mehr zu kaufen waren, wurden im 30jährigen Krieg und in den späteren Türkenkriegen die Ta-

Abb. 11: Georgsmünze, 18. Jahrhundert.

ler des Grafen David von Mansfeld von 1606–1615 mit dem Spruch *BEI GOT IST RATH UND TAHT* fast ebenso geschätzt. Da die Nachfrage auch nach diesen immer größer wurde, prägte man in Ungarn die sogenannten Georgstaler oder Georgsmedaillen, wobei die Vorderseite den Mansfeldern entsprach. Als Zusatz erfolgte die Umschrift *S. GEORGIVS EQUITVM PATRONVS*, die eine Verstärkung der Schutzkräfte bewirken sollte. Für die Rückseite wählte man die Darstellung eines Schiffes auf hoher See mit dem schlafenden Heiland, der von den Jüngern geweckt wird und die Umschrift *IN TEMPESTATE SECVRITAS*, wie sie auf päpstlichen Medaillen verbreitet war. Durch diese Rückseite wurde diese Medaille auch ein beliebtes Amulett bei Gefahren des Seekrieges und auf Reisen, insbesondere Seereisen[14]. Sie werden bis in die heutige Zeit in den verschiedensten Größen und Metallen noch geprägt.

Das Bild der Madonna mit dem Jesuskind auf Münzen

Unter der Vielzahl der Heiligen im Münzbild kommt die Darstellung der Madonna am öftesten vor, mehr als 150 Münzstände haben Münzen mit ihrem Bild ausgegeben. Münzen mit dem Bildnis der Muttergottes kamen zu allen Zeiten dem volksreligiösen Empfinden besonders nahe; sie durften nie fehlen an der bäuerlichen Uhrkette, als Brosche oder Anstecknadel oder neben geweihten Medaillen, mitunter trifft man sie sogar zwischen den Amuletten an der Fraiskette. Bereits auf byzantinischen Münzen der zweiten Hälfte des 10. Jahrhunderts wird Maria dargestellt. Nach dem Untergang des oströmischen Reiches werden diese

Münzen von den unter türkischer Herrschaft stehenden Griechen als Helenenpfennige – Maria wurde fälschlich als hl. Helena, die Mutter Konstantins des Großen identifiziert – bezeichnet und als Schutz gegen Fieber, Fallsucht, Halsschmerzen und andere Krankheiten am Hals getragen[15].

Auf einem Denar Pippins kommt zuerst nur der Name *SCA MARIA* vor; auf Denaren Karls des Großen und seiner Nachfolger sind der Name Maria und ihre Symbole wie Sonne, Mond, Stern, Rose und Lilie zu sehen. Karl von Anjou ließ seit 1278 silberne und goldene Saluts mit der Darstellung von Mariä Verkündigung prägen. Nach byzantinischem Vorbild wurden die Denare von Lothringen, Verdun, Speyer, Hildesheim und Augsburg aus der ersten Hälfte des 11. Jahrhunderts geprägt. Zur Darstellung kommt die Maria orans, Kopf- bzw. Brustbild mit Schleier, in Betracht. Im 14. Jahrhundert prägt Hildesheim Pfennige mit dem Brustbild der Maria. Im ausgehenden 15. und beginnenden 16. Jahrhundert werden Marienmünzen immer zahlreicher: Straßburger Goldgulden, Goldgulden und Dicken von Basel und die Mariengroschen von Goslar.

Der ungarische König Matthias Corvinus (1458–1490) leitete seine Münzreform mit den Münzen der *PATRONA HUNGARIAE* ein und prägte Dukaten, Groschen und Denare mit der auf Kissen sitzenden barhäuptigen Maria, die sich mütterlich zum Kind auf ihrem Schoß neigt und ihm eine Frucht reicht. Die Wahl dieses neuen Münzbildes dürfte auf die große Marienverehrung des Hauses Hunyadi zurückzuführen

Abb. 12: Ungarn, Matthias Corvinus (1458–1490), Denar, o. J.

Abb. 13: Maria Theresia (1740–1780), Taler der Münzstätte Kremnitz, 1742 (Revers).

sein und auch auf die schließlich gescheiterten Feldzüge gegen Böhmen zur Erwerbung der Wenzelskrone. Bei diesen Feldzügen setzte der König das Madonnenbild auf seine Feldzeichen[16]; die Madonna wurde fast zu einem wappenähnlichen Symbol Ungarns. Die ungarischen Dukaten des Matthias Corvinus mit der Madonnendarstellung galten als Heil- und Schutzmittel gegen Gelbsucht, förderten die Geburt, wenn man sie der Kreißenden „auf das Schienbein oder dicke Bein oder noch höher" band. Wichtig waren aber auch besonders jene Dukaten mit dem Raben im Wappen, die sogenannten „Räbleinsdukaten"[17]. Das Bild der Maria mit dem im Schoß gehaltenen Jesuskind blieb auf den ungarischen Goldmünzen, Groschen, Denaren und Obolen bis 1849. Diese Münzen erhielten auch den Namen „Madonnengeld". Unter Maria Theresia und Joseph II. wurden auch Taler mit der Rückseiten-Umschrift *PATRONA HUNGARIAE* geprägt, die neben den bayerischen Madonnentalern am begehrtesten waren und meist zu Schmuckzwecken umgewandelt wurden.

Um 1500 setzt auch in Deutschland verstärkt die Ausprägung von Marienmünzen ein. So zeigt ein Aachener Groschen die Halbfigur der Gottesmutter mit dem vor ihr knieenden und das Modell des Münsters überreichenden Karl dem Großen. In der bayerischen Münzstätte Straubing wird 1506 und 1508 dieser Typus für einen Goldgulden zum Vorbild: vor der thronenden Muttergottes mit Jesuskind kniet Herzog Albrecht IV.

Interessant ist die Tatsache, daß auch jene fürstlichen Münzstände und Städte, die sich der Reformation angeschlossen hatten, weiterhin ihre Münzen mit dem Marienbildnis zierten. Im Zuge der Gegenreformation erfaßte eine neue Welle der Marienverehrung das gesamte katholische Deutschland des 17. Jahrhunderts. Der Deutsche Orden, die Städte Basel und Straßburg prägten Münzen mit der stehenden Muttergottes mit Kind, die Wittelsbacher Erzbischöfe in Köln emittierten Mariendukaten. Gerade die ungarischen Goldmünzen mit der Patrona Hungariae wurden zum Vorbild der bayerischen Marienmünzen. Herzog Maximilian I. von Bayern, 1618 Führer der katholischen Liga, ist der Begründer der Madonnentaler: Goldgulden (1625) und -dukaten (1632), die zu den schönsten Münzen zu zählen sind[18]. Seit dieser Zeit befindet sich Maria dauernd auf den Münzen der Kurfürsten und Könige von Bayern bis 1871. Von 1618 bis 1753 ist das Marienbild mit der Umschrift *CLYPEVS OMNIBUS IN TE SPERANTIBVS* umgeben. Maximilian III. Joseph stellte Maria seit 1753 über der Mondsichel in den Wolken thronend mit der Umschrift *PATRONA BAVARIAE* dar[19].

Abb. 14: Bayern, Maximilian I. (1598–1651), Taler, 1627 (Revers).

Abb. 15: Bayern, Karl Theodor (1777–1759), Taler, 1778 (Revers).

Dieser Taler wurde in Würzburg nachgeahmt mit der *PATRONA FRANCONIAE*. Gerade den ungarischen und bayerischen Madonnentalern, den sogenannten „Frauentalern", wurden in Österreich und Bayern amulettartige Wirkungen, insbesondere Geburtshilfe, zugesprochen. Ein Frauentaler versichert „gegen das Überlaufen des Herzblutes"[20]. Nach dem ‚Handwörterbuch des deutschen Aberglaubens'[21] vertreiben Marienmünzen böse Geister; in der Hand gehalten, helfen sie bei Geburten; sie stillen innere Blutungen und sind heilsam bei Lähmung, Fallsucht und Geisteskrankheit. Auch in der Steiermark fand der Madonnentaler in der Geburtshilfe Verwendung. Bei verzögerter Geburt wurde ein Frauentaler der Kreißenden, die dreimal um den Tisch gehen mußte, zur Förderung der Wehen oberhalb des Handgelenkes aufgebunden[22]. Aus Kärnten stammt die in zahlreichen Varianten verbreitete Sage von einem verarmten Bauern, der beim Kegelspiel mit Dämonen nach anfänglichem Verlust durch den Einsatz eines Frauenbildtalers große Reichtümer gewann[23]. In der Pfalz preßte man bei heftigem Bluten, speziell Nasenbluten, einen Marienvierundzwanziger auf Wunden, stillte das Blut nach Aderlassen durch Aufbinden eines Mariengroschens und trennte die zu Heilzwecken verwendeten Körperteile von Tieren mit einem Frauentaler. Ein Frauentaler verhinderte auch das Schwinden des Geldes. So soll man in Tirol zum Geld einen Muttergottestaler oder etwas Geweihtes legen, um stets bei Kasse zu sein[24]. Aus dieser Vorstellung heraus hat sich bestimmt die bevorzugte Verwendung von Marientalern als Godengeld entwickelt, das Garant für Glück und Reichtum sein sollte. Mindestens drei in einem Beutel verwahrte Frauentaler, die nicht aus dem Besitz des Bräutigams stammen durften, sondern eingewechselt sein mußten, wurden in der Oberpfalz vom Bräutigam der Braut als Dranggeld gegeben. Ein weibliches Wesen durfte aber diese Taler, solange sie der Bräutigam bei sich hatte, nicht sehen, da ihm sonst das „Glück zu Knaben" genommen wurde[25]. Von diesen Brauttalern trennte man sich nur in größten Notzeiten; sie wurden gehütet, solange die Ehe bestand.

Die Patrona-Taler blieben auf Grund der ihnen zugeschriebenen Schutz- und Heilfunktion auch nach der Einführung der Vereinswährung und der dadurch bedingten Außerkurssetzung vor der Einschmelzung bewahrt und sind daher heute noch in großer Zahl vorhanden, im Gegensatz zu den ursprünglich in gleicher Auflagenhöhe gemünzten und jetzt eher seltenen bayerischen Wappentalern.

Auch aus dem 20. Jahrhundert gibt es noch Beispiele für die amuletthafte Verwendung der Madonnentaler. Glückliche Heimkehr aus den beiden Weltkriegen wurde dem Tragen von Madonnentalern zugeschrieben.

Auf der Madonnenseite der bayerischen Madonnentaler aus der 2. Hälfte des 18. Jahrhunderts finden sich fast immer mehr oder weniger starke „Kratzer", die zu einem Streit zwischen Volkskundlern und Numismatikern geführt haben. Erstere deuten die Kratzer als private Abschabungen oder Abkratzungen, um das so aus dem Marienbild gewonnene Silber zur Heilung Kranker zu verwenden. Sie nehmen an, „daß die Marientaler nur deswegen eingeritzt oder angefeilt wurden, um vom Bild der Gottesmutter ein paar winzige Feilspäne zu gewinnen und der geistlichen Hausapotheke" einzuverleiben[26]. Es ist zur Genüge bekannt, daß „heiliger Staub" und Splitter von frommen Figuren als Heilmittel gebraucht wurden, wie z.B. der von irdenen Kopien des Einsiedler Gnadenbildes abgeschabte Staub, der auch in den Mirakelbüchern Aufnahme fand: *wie auch die kleinsten aus Leim* (Lehm) *und Heylthumb Staub zusamen gebackenen Einsidlische Unser Lieben Frauen Bildlein nit allein in Wasser-, sondern auch in Feurs-Nöthen unerhörte Wunder würken*[27]. Auch das Abschaben der Sonntagberger Fraisensteine für Heilzwecke findet sich in Mirakelbüchern wieder. Für die Heilwirkung der Edelmetalle, insbesondere des metallischen Staubes, findet man in Arzneibüchern immer wieder Hinweise: *Silber verzehret in faulen Wunden das böse Fleisch und heilet die Wunden zusammen, also daß man sie nicht heften darf*[28]. Diesen Staub könnte man durch Befeilen von Geldstücken gewonnen haben, wobei eine verstärkte Schutzkraft auch noch von der Darstellung der Madonna mitgeliefert wurde. Zur Untermauerung dieser Ansicht wird auch noch ein Würzburger Taler des Bischofs Peter Philipp von Dornbach (1675–1683) angeführt, dessen Reversbild – ebenfalls die Madonna – starke Feilstriche aufwies[29].

Die Numismatiker erkennen in den Kratzern eindeutig Justierspuren, die beim offiziellen Befeilen der Metallplatten zum Zwecke der Richtigstellung des Rauhgewichtes entstanden sind. Fünf Argumente führen sie für die Richtigkeit ihrer Annahme an[30]: Erstens weisen die vor 1753 hergestellten bayerischen Madonnentaler und die ab 1866 erschienenen keine Kratzer auf, da sie in anderer Technik hergestellt wurden und ihre Justierung ohne Feile erfolgte. Zweitens wäre das Abkratzen von Silber als Münzverbrechen geahndet worden, da es vor allem bei der großen Anzahl entdeckt worden wäre. Drittens ließe die große Menge der „angekratzten" Madonnentaler darauf schließen, daß in jeder Familie eine größere Anzahl für diesen Zweck verwendet worden ist. Viertens spricht die Gleichartigkeit der „Bekratzung" für die Richtigkeit, da es schier unmöglich ist, daß Hunderte oder Tausende solcher völlig gleichartig bearbeiteten Münzen auftreten. Fünftens müßten durch das Abkratzen des Silbers jene Stücke, die besonders viele Kratzspuren aufweisen, vom Sollgewicht mehr nach unten abweichen, als die gering verkratzten.

Trotz aller Für und Wider bleibt aber die Beliebtheit des bayerischen und ungarischen Madonnentalers unbestritten.

Die Münzen mit dem Madonnenbild wurden vielfach mit kostbaren Fassungen versehen und als Amulett und Schmuck getragen. Sie sind zweifellos Dokumente religiöser Überzeugung, tiefer Frömmigkeit sowie religionspolitischer Propaganda über Jahrhunderte hinweg.

Heilige auf Medaillen

Medaillen, welche die von der katholischen Kirche geheiligten Personen, Gebäude und Einrichtungen durch Bild und Schrift verherrlichen und, oft selbst geweiht, zu Gebräuchen der Frömmigkeit – als Anhänger an Rosenkränzen etwa – oder als Erinnerungszeichen und schützende Talismane dienen, werden Weihemünzen genannt. Zu den Weihemünzen gehören auch die an Wallfahrer verkauften oder verschenkten Medaillen der Wallfahrtsorte bzw. die von geistlichen Bruderschaften geprägten Bruderschaftsmünzen[31].

Weihemünzen mit der Darstellung von Heiligen wurden als Schutzmittel gegen Krankheiten und Gefahren verschiedener Art an den Rosenkränzen befestigt oder auch an Bändchen um den Hals getragen. Seit dem 17. Jahrhundert verliehen die Päpste Ablässe, wenn Medaillen und Rosenkränze in Ehren gehalten und bestimmte gute Werke verrichtet wurden, was zu ihrer Beliebtheit verstärkt beitrug. Das Tragen von Heiligenmedaillen war zugleich neben der Schutz- und Heilfunktion ein äußeres Zeichen der Verehrung des betreffenden Heiligen, unter dessen Schutz und Schirm man sich gestellt bzw. den man in seinem Leiden um Hilfe angerufen hatte. Durch diese Funktion ist auch die Entwicklung zum Amulett erklärlich. Die vielfältigen Möglichkeiten des Mißbrauchs von Weihemedaillen versuchte man dadurch zu steuern, daß man bei profanem Gebrauch ihre Benediktion für verlustig erklärte. Ihre Wirksamkeit hing also entscheidend von der Einstellung des Trägers ab, der sie als kirchlich erlaubtes Schutzmittel, aber durchaus auch als Amulett verwendete.

Wichtigstes Schutzmittel gegen jegliche Krankheit und Gefahr bis weit ins 20. Jahrhundert war die Benediktusmedaille oder der Benediktuspfennig mit dem Benediktuskreuz, das zum Prototyp eines hochgeweihten Kraftzentrums wurde[32]. Der hl. Benedikt war von alters her einer der begehrtesten Helfer in der Not und beim bayerischen Volk besonders verehrt. Seit dem Barock gilt er auch als Patron der Sterbestunde; 1705 wurde in Salzburg die „Bruderschaft des hl. Vaters Benedikt für die Sterbestunde" begründet. Dieses Vertrauen, das vom gläubigen Volk in den hl. Benedikt gesetzt wurde, übertrug sich gleichermaßen auf die Benediktusmedaille, die Hilfe gewähren sollte bei Vergiftungen, bösen Geistern, Fieber, Steinleiden, Fallsucht, Entbindung, bei der Lösung von Teufelskünsten, als Hexenschutz, wenn man sie als Amulett auf der Brust, in der Geldbörse oder am Rosenkranz trägt. Zum Abhalten böser Geister wurde die Medaille in das Fundament oder in einen Schlußstein des neuerbauten Hauses versenkt, unter die Schwelle des Hauses, des Stalls oder eines Futterbarrens vergraben, an die Wiege des neugeborenen Kindes genagelt, an den Glockenriemen der Weidekühe angenäht, an den Rührkübel, in Trinkgefäße und Melkeimer gelötet, ins Hochwasser geworfen und in den Acker gegen die Raupenplage eingepflügt. In der Steiermark schützten die Frauen ihre Kinder durch Umhängen der Benediktusmedaille vor dem „Verschreien". Bei einer Feuersbrunst hing man die Medaillen an die vom Feuer bedrohten Häuser.

Die Wertschätzung der Benediktusmedaillen zeigt das vom 16. bis 18. Jahrhundert weit verbreitete und immer wieder neu gedruckte Büchlein ‚Der wahre geistliche Schild', ein von der Kirche wohl verbotenes, mit Segen vermischtes Zauberbüchlein[33]:

Die Benediktuspfennige, wann sie von einem Priester geweiht sind und mit Andacht bei sich getragen werden, haben folgende Kraft:
1. Sie vertreiben von den menschlichen Leibern alle Bezauberung und vom Teufel zugefügte Schäden.
2. Sie verhindern, daß keine Hexe oder Zauberer könnte eingehen, wo dieser Pfennig ober der Tür aufgenagelt, oder unter der Türschwelle vergraben ist.
3. Denjenigen, so vom Teufel angefochten werden, bringen sie Beschirmung.
4. Wann das Vieh verzaubert ist, und man den Pfennig ins Wasser legt und das Vieh damit wäscht, so muß die Bezauberung weichen.
5. Wann in der Milch oder Butter ein unnatürlicher Schaden verspühret wird, soll man den Pfennig ins Wasser legen und das Vieh davon trinken lassen.

Entstanden sollen die Benediktuspfennige im Benediktinerkloster Metten sein. Von hier aus erfolgte die Verbreitung der Medaille nach Süddeutschland und Frankreich, wo sie *medaille chassediable* („Teufelsschreck") hieß. Die Urform ist das Benediktuskreuz, das Papst Leo IX. einführte und auch zuerst getragen haben soll. Zur Zeit der Gegenreformation wurden das Benediktuskreuz mit dem daraufstehenden Benediktussegen und das Bild des Ordensvaters vereinigt. Die katholische Erneuerungsbewegung hat zur Mannigfaltigkeit und starken Verbreitung der Benediktusmedaille sehr viel beigetragen. Die Frühform der Medaille zeigt die Wiedergabe des Segens in Kreuz und Schildform. Ab dem 18. Jahrhundert wird der hl. Benedikt mit Kreuz- und Abtsstab und Giftbecher, später auch noch mit dem Raben dargestellt. Die älteste datierte Benediktusmedaille ist eine Arbeit des Salzburger Medailleurs Peter Seel von 1665 aus dem ehemaligen Benediktinerstift Seligenstadt in Hessen und zeigt auf dem Avers den hl. Benedikt und die hl. Scholastika, auf dem Revers als Umschrift den Zacharias-Segen und im Feld den Benediktusschild[34]. Das Kreuz trägt in den vier Außenwinkeln die Buchstaben *C.S.P.B.* (*Crux Sancti Patris Benedicti*), der Kreuzstamm von oben nach unten *C.S.S.M.L.* (*Crux Sacra Sit Mihi Lux*), von links nach rechts *N.D.S.M.D.* (*Non Draco Sit Mihi Dux*), der Umkreis *V.R.S.N.S.M.V.S.M.Q.L.I.V.B.* (*Vade Retro Satana, Nunquam Suade Mihi Vana. Sunt Mala Quae Libas, Ipse Venena Bibas*: „Weiche, Satan! Rate nimmer, mir der Sünde falschen Schimmer. Du kredenzest bösen Wein. Trinke selbst dein Gift hinein!"). Der Legende nach hat der hl. Benedikt die ersten Verse als junger Einsiedler der Grotte zu Subiaco gesprochen, die zweiten, als seine Feinde ihm den Becher mit Gift reichten. Die Aufnahme beider Segen könnte sich davon herleiten, daß der hl. Papst Zacharias (741–752), der das nach ihm benannte Pestkreuz einführte, selbst Mitglied des Benediktinerordens und ein glühender Verehrer des hl. Benedikt war. 1741 suchte Abt Benno II. Löbel vom Benediktinerstift Braunau bei Prag um die kirchliche Bestätigung der Medaillen an, die ihm auch von Papst Benedikt XIV. mit Breve vom 12. 3. 1742 gewährt wurde. Gleichzeitig wurden auch die Segnungsformeln approbiert und die Ausgestaltung der Medaille aus Metall und streng nach Vorschrift festgelegt. Alle Patres des Benediktinerordens erhielten mit Breve vom 12. 4. 1902 die Weihevollmacht. Das Material der Medaillen war bis ins 18. Jahrhundert meist Messing; beliebt waren die heute sehr seltenen Salzburger Gold- und Silberstücke. Die ursprüngliche Form der Medaille war rund oder oval; aus der Schule Seel gibt es auch eckige, die beim Volk aber nicht sehr beliebt waren. 1880 – anläßlich des 1400jährigen Geburtstages des hl. Benedikt – wurde bei Poellath eine Erinnerungsmedaille geprägt, deren runde Form nun für alle weiteren Prägungen Vorbild wurde. 1904/06 hat man 241 verschiedene Arten der Benediktusmedaille gezählt[35].

Vor allem im 17. und 18. Jahrhundert kommt die Benediktusmedaille kombiniert mit anderen Segen oder anderen Heiligen vor – wie z. B. mit den Pestpatronen hl. Blasius, Florian, Franz Xaver, Georg, Magnus, Michael, Rochus, Sebastian, Valentin, Wolfgang und Ulrich. Der Grund dafür beruht auf der Vorstellung, daß durch eine Häufung der Mittel eine

Abb. 16: Benediktpfennig, 18. Jahrhundert (Avers).

Abb. 17: Benediktpfennig, 18. Jahrhundert (Revers).

Steigerung der Wirkung erfolgt. Auch auf Ulrichskreuzen kommen Benediktusschild und -segen, Zachariassegen und oft auch der hl. Benedikt selbst zwischen den Heiligen Ulrich und Afra vor, wodurch aus dem Wallfahrtsandenken zur Wallfahrt des hl. Ulrich ein Pestamulett wurde. Zahlreich sind auch Marienwallfahrten kombiniert mit dem hl. Benedikt oder dem Benediktusschild bzw. mit beiden; ein besonders schönes Beispiel liefert hier die Seelsche Medaille von Adlwang. Die Benediktusmedaillen sind auch heute noch geschätzt; die Barmherzigen Schwestern tragen sie am Rosenkranz, in den Missionsländern werden sie gegen Zauber gebraucht. Um 1900 wurden jährlich rund 100.000 Benediktusmedaillen verbreitet; sie sind auch heute noch bei allen Wallfahrten, die unter der Verwaltung von Benediktinerorden stehen, zu erwerben.

Ein weiterer Heiliger der letzten Stunde war Christophorus, dessen reich ausgeschmücktes Legendenbild im 7. Jahrhundert aus dem Orient eindrang. Seine Gestalt und seine Attribute erhielten im Amulettgebrauch besonderes Gewicht. Christophorus war auch einer der 14 Nothelfer; er unterstützte sogar beim Schatzgraben und beim Zaubern. Im 14. Jahrhundert entstanden Christophorus-Bruderschaften, und ab dieser Zeit häuften sich die Darstellungen des Heiligen in den Vorhallen oder als große Fresken an den Außenwänden der Kirchen – weithin sichtbar, galt doch der Glaube, daß man an dem Tag, an dem man Chri-

Abb. 18: Christophorus-Plakette, 20. Jahrhundert.

stophorus gesehen hat, nicht eines unvorbereiteten Todes sterben würde. Medaillen mit dem Bild des hl. Christophorus, die an Rosenkränzen getragen werden konnten oder auch an Ketten um den Hals, verstärkten bzw. erhöhten die Schutzfunktion und -wirkung. Als Patron der Reisenden wurde er im 18. Jahrhundert an Brücken und Furten von Johannes Nepomuk verdrängt, dessen Gestalt zum vorherrschenden Brückenheiligen wurde. Das 20. Jahrhundert verhalf jedoch dem hl. Christophorus wieder zu Ehren: er wurde zum Schützer im Straßenverkehr und Patron der Autofahrer. Plaketten mit seinem Bild werden am Zündschlüssel oder am Fahrzeug befestigt und gelten als wichtigster Auto-Talisman.

Die Ulrichskreuze sind ein Beispiel dafür, wie bereits kurz erwähnt, daß aus einem reinen Wallfahrtsandenken ein Amulett werden kann[36]. Der hl. Ulrich soll ca. 954 in Rom, also noch vor der Ungarnschlacht 955, eine selten große und echte Kreuzpartikel erhalten haben, die er als unschätzbares Kleinod in einer Fassung als Brustkreuz trug. 1494 wurde diese Kreuzpartikel in das von Nikolaus Seld angefertigte herrliche Kreuz aus Gold eingelegt. Dieses Kreuz zeigt auf der einen Seite die Schlacht auf dem Lechfelde – der Sage nach überbrachte ein Engel während des Kampfes dem Bischof Ulrich, der aber tatsächlich gar nicht daran teilgenommen hat, das Kreuz als sicheres Unterpfand des Sieges –, unten das Wappen des hl. Ulrich, eines Grafen von Dillingen, das sogenannte Afra-Wappen und das Wappen des Abtes von St. Ulrich und Afra, Johann von Giltlingen. Die Rückseite ist mit Perlen und Edelsteinen reich geschmückt. (Die hl. Afra war um 304 bei Augsburg gestorben; am Afratag, dem 7. August 955, verteidigte Bischof Ulrich an der Spitze seiner Krieger die Stadt Augsburg und ermöglichte dadurch den Sieg auf dem Lechfeld einen Tag später.)

Die ersten Nachbildungen dürften kaum vor 1494 entstanden sein. Die Reformation vertrieb die Benediktiner, die das Kloster St. Ulrich und Afra in Augsburg betreuten; sie mußten von 1537–1548 Asyl in Wittelsbach nehmen. Im 30jährigen Krieg mußte der Abt mit dem Ulrichskreuz vor den Schweden nach Schwaz in Tirol flüchten, so daß besonders erst ab der Mitte des 17. Jahrhunderts und dann vor allem im 18. Jahrhundert der Bekanntheitsgrad und die Beliebtheit der Ulrichskreuze stieg. Gerade in dieser Zeit entstanden viele Typen – Friesenegger zählt 8 Klassen mit 518 Nummern[37] – und Varianten. So gibt es Ulrichskreuze, die durch Inschrift, Bild oder Symbole lediglich an das Ulrichskreuz und dessen Träger erinnern, entweder mit oder ohne Darstellung der Ungarnschlacht. Bei anderen ist die Ungarnschlacht auf der einen und die Stadt Augsburg auf der zweiten Seite abgebildet. Die dritte

Abb. 19: Ulrichskreuz mit den Heiligen Ulrich, Afra und Benedikt sowie Benediktusschild, 18. Jahrhundert.

Gruppe zeigt die Ungarnschlacht auf der einen, den hl. Ulrich, die hl. Afra und den hl. Benedikt sowie den Benediktusschild auf der anderen Medaillenseite; daneben kommen auch Kreuze mit den Bischöfen Wikterp, Nidgar, Adalbero und Thosso vor sowie mit der hl. Digna, die zur Feier der 1698 erfolgten Übertragung der Reliquien dieser Heiligen in einen neuen Altar ausgegeben wurden. Die fünfte Klasse sind Ulrichskreuze mit einem Muttergottesbild der Schneckenkapelle. Die restlichen Gruppen umfassen Taufandenken, Filigran-Ulrichskreuze und schließlich moderne Prägungen, die bis ins 20. Jahrhundert reichen. Durch die zusätzlich abgebildeten Heiligen und deren Attribute erscheinen diese Ulrichskreuze bald nicht mehr als bloße Erinnerungszeichen an die Wallfahrt zu den Gräbern der Bistumspatrone Ulrich und Afra, sondern als Amulette, die zur Abwehr des Bösen, von Krankheiten, Pest, Krieg und Landplagen, am Hals getragen wurden bzw. gemeinsam mit Ulrichserde und Ulrichswasser gegen Mäuse und sonstige Schädlinge in die Erde vergraben oder in den Häusern und Ställen aufgehängt oder eingemauert wurden.

Ein beliebtes Amulett auf Rosenkränzen und Fraisketten, insbesondere in der Steiermark, war das zierliche Gegenstück zu den bekannten kleinen Wolfgangshackeln: der St.-Ulrichs-Schlüssel vom Zisterzienserkloster Rein. Diese 4–5 cm großen Schlüsselchen aus Silber wurden auch wegen ihrer Verwendung beim Auftreten von Krämpfen Fraisschlüssel genannt und erkrankten Kindern in die Hand gegeben. Seit 1479 wurde die Reiner Klosterpforte auch für Laien beiderlei Geschlechts am 9. November zum Empfang der hl. Sakramente und zur Erlangung der vielen Ablässe geöffnet. Zur Erinnerung an diese Reiner Kirchfahrt wurden vermutlich im 16. Jahrhundert als sinnfälliges Symbol Gnadenschlüssel ausgegeben. Der jeweilige Abt selbst ließ silberne, mitunter vergoldete Schlüssel anfertigen, weihte sie und verteilte sie vermutlich gegen Bezahlung an Freunde und Wohltäter. Diese Schlüssel tragen die Inschrift des jeweiligen Abtes. Daneben gab es auch Schlüsselchen aus unedlem Metall, selten aus Silber, ohne Inschrift; aber auch diese wurden geweiht. Diese Schlüsselchen wurden zu Amuletten und als Heilmittel verwendet. Ein Trunk von dem Wasser, in welches ein Gnadenschlüssel getaucht war, bewährte sich bei mancherlei Krankheiten, besonders bei Wöchnerinnen und bei schweren Geburten. Joseph II. verbot 1781 das Schlüsselfest, wie nun der Tag des 9. Novembers genannt wurde, samt der Weihe und Abgabe von Gnadenschlüsseln. 1929, 1946, 1964 und – zum 1000. Todestag des hl. Ulrich – 1973 wurden wieder Schlüsselchen nach der traditionellen Form geprägt[38].

Die Leopoldspfennige, ebenfalls auf Rosenkränzen immer wieder zu finden und besonders in Österreich sehr beliebt, stellen auf Grund ihrer Entstehung, ihrem Zweck und gewisser Merkmale ihrer typischen Ausstattung eine Besonderheit dar[39]. Unter dem sechsten Propst von Klosterneuburg bei Wien, Wernher (1168–1186), wurde am Todestag des hl. Leopold, am 15. November, alljährlich eine Armenbeteilung in Form von Wein, Fleisch, Brot und Geld oder dessen Wert in Kleidern zum ewigen Seelenheil der Stifter des Klosters, Leopold und Agnes, angeordnet. Propst Balthasar Bolzmann wandelte im 16. Jahrhundert die Naturalleistung in Spendenpfennige um, die an die Armen verteilt wurden und von diesen in der Stiftsküche oder im Keller in Speise und Wein umgewechselt werden konnten. Die ursprünglichen Leopoldspfennige waren also eigentlich Wertmarken zur Beteilung der Armen und waren bis ca. 1640 in Verwendung. Neben diesen Pfennigen wurden am 15. November an Mitglieder des Stiftes und hohe Gäste Erinnerungsmedaillen in runder und eckiger, meist aber in ovaler Form als Anhänger verteilt. Dies sind die allgemein bekannten Leopoldspfennige, deren Verteilung mit Propst Jakob Ruttenstock († 1844) endete. Insgesamt sind 148 verschiedene Typen von Leopoldspfennigen bekannt[40].

Die Ulrichskreuze waren ein Beispiel, wie aus einem Wallfahrtsandenken ein Amulett mit Heil- und Schutzfunktion geworden ist, wobei erstere Bedeutung eigentlich eher in Vergessenheit geriet. Im folgenden

soll nun die Wallfahrtsmedaille an sich an Hand weniger ausgesuchter
Beispiele vorgestellt werden. Seit dem Mittelalter war es Brauch, von einer Wallfahrt metallene Andenken mitzubringen[41]. Dies waren zunächst
einseitige, durchbrochen gearbeitete und häufig figürliche Pilgerzeichen,
die um 1500 in eine Form von geschlossenem, münzähnlichem Äußeren
übergingen.

Die Wallfahrtsmedaillen, aus Silber oder Messing, heute aus Aluminium, dienten mit der Darstellung des Gnadenbildes – wie kleine Andachtsbilder – der Besinnung auf das religiöse Erlebnis am heiligen Ort,
der Erinnerung an die Wallfahrt, aber auch der schmückenden Ausstattung des Rosenkranzes. Sie wurden vor Beginn der Heimreise gekauft,
oft auch als Geschenk mitgenommen. Ihre Erzeugung erfolgte in großer
Menge; so wurden 1519–1522 in Regensburg auf „Die schöne Maria von
Regensburg" 52.412 Gepräge in edlen wie unedlen Metallen gefertigt
und gegen entsprechende Opferspenden abgegeben[42]. Die doppelseitige
Wallfahrtsmedaille entstand in der ersten Hälfte des 17. Jahrhunderts.
Sie zeigt meist die figürliche Darstellung des Gnadenbildes, oft auch eine
Ansicht des Wallfahrtsortes oder der Wallfahrtskirche und eine Inschrift
auf der Vorder- und Rückseite. Blei, Zinn und Kupfer, aber auch Gold
und Silber wurden als Metalle verwendet. Die Medaillen aus unedlen
Metallen wurden meist gegossen, die aus Silber und Gold geprägt. Goldschmiede, Zinngießer und Stempelschneider traten als Hersteller auf.
Einer der berühmtesten Medailleure war der 1623 als erzbischöflicher
Siegel- und Eisenschneider an der Salzburger Münze angestellte Peter
Seel, der bis 1665 hier wirkte. Seit 1660 war auch sein Sohn Paul tätig,
der dieses Amt bis 1695 weiterführte. Die von ihnen erzeugten Medaillen sind meist elliptisch und tragen die Buchstaben *P.S.* oder *S.P.* Ein
weiteres Erkennungsmerkmal ist ein Blätterkranz auf Vorder- und
Rückseite[43]. Das Kloster St. Peter in Salzburg war Mittelsperson und
Verkaufsstelle der zahlreichen Weihemünzen, die in allen Gegenden
Deutschlands Verbreitung fanden. Zur großen Beliebtheit und zur Förderung dieser Kunstindustrie hat sicherlich auch die Gegenreformation
beigetragen, da gerade in dieser Zeit die Zahl der Wallfahrtsorte stark anwuchs. Seit dem 19. Jahrhundert kamen als neue Metalle Zink und Aluminium in Verwendung; die Medaillen wurden sehr klein und dünn,
zeigten nur mehr flaches Relief und waren meist reine Fabrikware. Eine
Ausnahme bildeten wohl nur die Medaillen der Firma Drentwett, die
durch bessere Gestaltung hervortreten. Heute liegt die Fertigung der
Medaillen hauptsächlich in den Händen einiger großer Devotionalien-

fabriken und nur mehr die bedeutenderen Wallfahrtsorte sind mit eigenen Prägungen vertreten.

Zu den ältesten, nicht marianischen Wallfahrten des süddeutschen Raumes zählt die Wallfahrt zum hl. Wolfgang am Abersee[44]. Das erste urkundliche Zeugnis für diese stammt aus dem Jahre 1306, als der Passauer Bischof Wernhart in St. Pölten der Kirche des hl. Wolfgang mehrere neue Ablässe erteilte. Die Kultstätte muß daher für viele aus den verschiedensten Gegenden bekannt gewesen sein (*populi per diversa mundi clymata illae concurrentes*). Der Ursprung der Wallfahrt läßt sich sicherlich ins 12. Jahrhundert datieren. Um 1500 wurde St. Wolfgang gleich nach den berühmten Wallfahrten nach Rom, Aachen und Einsiedeln genannt. Der Kultgegenstand ist seit der Mitte des 15. Jahrhunderts eine Sitzfigur des hl. Wolfgang, die sich im linken Teil des Doppelaltares von Thomas Schwanthaler befindet. Hier sind auch die vorhandenen Reliquien wie Kelch und Bischofsstab aufbewahrt. Seit 1505 liegen Aufzeichnungen von Mirakeln vor, die einen starken Zuzug aus Böhmen, Meißen und den übrigen deutschen Fürstentümern aufweisen. Der Zustrom der Pilgerscharen brachte vermehrte Einkünfte mit sich, die für den Bau und die großartige Einrichtung – Flügelaltar von Michael und Friedrich Pacher, aufgestellt 1481 – verwendet wurden. Bedeutende geistliche und weltliche Würdenträger kamen nach St. Wolfgang – darunter Kaiser Friedrich III. und Maximilian I., der von dem Ort so begeistert war, daß er ihn zu seiner Begräbnisstätte auserwählen wollte. Die Reformation brachte wohl kein völliges Ende der Wallfahrt, aber doch einen starken Rückgang – insbesondere in den 50er und 60er Jahren des 16. Jahrhunderts. Eine intensive Förderung der Wallfahrt begann wieder unter Abt Johann Christoph Wasner (1592–1615), der 1599 das heute noch erhaltene Mirakelbuch verfaßte. Mit der Zunahme der Pilger stiegen nun wieder die Einnahmen, die für den Ausbau der Propstei und zur Ausgestaltung der Kirche mit Werken von Thomas Schwanthaler und Meinrad Guggenbichler verwendet wurden. Auch die Kaiser wallfahrteten wieder zum hl. Wolfgang – so Ferdinand II. und Ferdinand III.; Leopold I. erfuhr 1683 in St. Wolfgang die erlösende Botschaft der Befreiung Wiens von den Türken. Trotzdem erreichte aber St. Wolfgang nicht mehr die Bedeutung, die es um 1500 hatte. Marienwallfahrtsorte – wie Mariazell und Altötting – waren führend geworden.

Eine der schönsten Medaillen der Wallfahrt zum hl. Wolfgang ist die Bruderschaftsmedaille, die nach der Erneuerung der Bruderschaft 1719 ganz im Stil der Seelschen Medaillen geprägt wurde. Im 15. Kapitel behandelt Abt Bernardus von Mondsee im Mirakelbuch von 1732 die *lob-*

Abb. 20: St. Wolfgang, Bruderschaftsmedaille, 18. Jahrhundert.

Abb. 21: St. Wolfgang, Bruderschaftsmedaille, 18. Jahrhundert.

liche Bruderschaft unter dem Titel deß heiligen Wolfgangi[45], die er auf die Initiative des Abtes Johannes Wasner zurückführte. Wasner schuf 1597 mit dieser Bruderschaft zur Zeit der religiösen Wirren ein wirksames Instrument der Rekatholisierung. 1713 erfolgte die päpstliche Bewilligung zur Erneuerung. *Ziel und End* der Bruderschaft sowie deren Regeln und die gewährten Ablässe für die Mitglieder standen auf den sogenannten Bruderschaftszetteln; ihre Wiedergabe erfolgte auch im Mirakelbuch von 1732. Erstes Ziel war die Ausrottung von Ketzertum und Irrlehre. An zweiter Stelle stand die Forderung, *zu erhalten Frid und Einigkeit zwischen hohen Häubtern Catholischer Fürsten und Potentaten, dann unter christlichen Ehe-Leuthen und Anverwandten mit Gott, sich selbst und den Nächsten*. Die Abwendung von Unheil wie Hagel, Wasser und Feuergefahr, Krieg, Hunger und Pest sowie anderer schlechter Zeiten – allesamt verdiente Strafen – beinhaltete das dritte Ziel. Viertes und letztes Anliegen war die Erlangung einer glücklichen Sterbestunde durch Vermittlung des hl. Wolfgang. Die Regeln der Bruderschaft verlangten ein tägliches Vaterunser und Ave Maria mit der Beifügung *Heiliger Wolfgang bitt für uns. Rott auß Ketzerey / in Todt steh uns bey: Gib fridsa-*

mes Gmüth / vor Schauer behüt. Gerade der Wortlaut dieses Beisatzes ziert die Reversseite der Medaille in Wort und bildhafter Darstellung. Ferner sollte jedes Mitglied als Zeichen seiner Mitgliedschaft *zu einen Bruderschafft-Zeichen die Bildnuß deß heiligen Wolfgang oder an statt dessen ein geweyhtes Hackel offentlich oder auf was Weiß es gefällig, absonderlich in Kranckheiten und Todt-Beth bey sich haben*: ein Beweis dafür, daß die Verwendung der Hackl-Amulette eng mit der Bruderschaft zusammenhing[46]. Das Hackl stellt sich durch diese Bestimmungen als Amulett gegen die Anfechtungen des Leibes und der Seele dar und galt als wichtiger Schutz gegen einen jähen, unvorbereiteten Tod. Nicht ohne Absicht behandelt Abt Bernhard in einem eigenen Kapitel *Die Wey oder Segen deren Häcklein und Ablaß-Pfennigen deß Heiligen Wolffgang*, wobei er die Bruderschaftsmedaille als *Ablaß-Pfennig* bezeichnet, der bei der Erneuerung der Bruderschaft *gestochen worden, auf welchen einer Seits die Bildnuß des heiligen Wolfgangi andererseits folgendes Bruderschafft-Gebett zu lesen: Rott auß Ketzerey / in Todt steh uns bey: Gib friedsames G'müth / vor Schaden behüt*. Die *Häcklein* und ihre Weihe werden als ein *löblich althergebrachte gewonheit* bezeichnet, die auf Verlangen den Wallfahrern *abgegeben* (= verkauft) werden, *zweifelsohne zur schuldigsten Gedächtnuß, daß der heilige Einsidel Wolfgangus durch sein von Falckenstein auß geworffenes Häckel oder Hand-Beil als ein eigentliches Zeichen den göttlichen Willen erkennet, allwo er dem höchsten Gott zu Ehren, und dem Neben-Menschen zu Nutzen eine Kirche auferbauen solle*. Geweiht wurden Hackl und Ablaßpfennig im 7. Denkmal der Kirche zu St. Wolfgang, im Kelch, *welchen der heilige Wolfgangus zu Haltung des heiligen Meßopfers gebrauchet*, wobei eine bestimmte Formel für die *Benedictio Securicularum et Numismatum S.P. Wolfgangi* gebraucht wurde. Interessant ist vor allem der Terminus *Numismata* für die Ablaßpfennige. Große Wunderkraft wurde den Hackln und den Ablaßpfennigen zugeschrieben: *zumahlen durch dises heylsame Zeichen tödtlich- und ansteckende Kranckheiten geheylet, schädliche Ungewitter abgewendet, Feurs-Brunsten gedampfet, Zauberey vertriben, Teufflische Nachstellungen zernichtet, viel andere Übel auf Vorbit deß heiligen Wolfgangi verhütet worden.*

In einem Gnadenbeweis aus dem Jahre 1747[47] wird der Verkauf der Hackln in St. Wolfgang direkt erwähnt. In diesem Jahre erschien in St. Wolfgang der neunjährige Barthlme Hiebl, der von den Fraisen so stark befallen war, daß *ihme öfters als einem Sterbenden die Todten-Kertzen in die Hand gereicht wurde*. Als ihn seine Mutter zum Gelöbnis einer Wallfahrt für seine Heilung ermunterte, antwortete er: *ja, Mutter! ich will*

Abb. 22: St. Wolfgang, Wolfgangs-   Abb. 23: St. Wolfgang, Gitterguß,
hackln, 18.–20. Jahrhundert.   18. Jahrhundert.

Kirchfahrten gehen, und zwar auf das Orth, wo man auf dem See fahret und die kleine Häcklein verkaufft: den dritten Tag hierauf hat ihn die Fraiß völlig verlassen. 1682 findet eine Frau ein solches *Häckl* und betrachtet dies als Aufforderung, eine Wallfahrt nach St. Wolfgang zu machen, die auch Hilfe brachte[48]. Gerade diese Wolfgangshackln hatten über Oberösterreich hinaus weiteste Verbreitung gefunden und wurden bis zum 2. Weltkrieg von der bäuerlichen Generation noch als Anhänger an der Uhrkette getragen. Sie waren Talisman gegen alles: Fraisen, Seuchen, Ungewitter, Feuer, Zauber und teuflische Nachstellungen, gegen Schlaganfälle und gegen plötzlichen Tod, den man mit einem Axthieb verglich[49]. Auch mehr als 30 verschiedene Pilgerzeichen, Gittergüsse, mit dem hl. Wolfgang sind bekannt[50]. Sie dienten neben der „Kennzeichnung" der Pilger auch zur Abwehr von Gefahren und von Krankheit in Haus und Stall, weshalb sie auf Haus- bzw. Stalltüren genagelt wurden. Im Mirakelbuch von St. Wolfgang findet sich im Jahre 1751 der Nachweis für das Anheften von Darstellungen des hl. Wolfgang zur Abwehr von Feuer. Im Hause des Georg Hasseneder im Landgericht Vilshofen in Bayern war auf Grund von Fahrlässigkeit in einem Zimmer ein Feuer ausgebrochen. Der Brand griff aber nicht auf das nebenliegende *mit vilen*

Gereiß belegte Zimmer über, *welche Rettung er* (Hasseneder) *dem Schutz des hl. Wolfgang zugeschrieben, welchen er vormahls für seinen Hauß-Patron erwählet, und dessen Bildnuß an sein Hauß-Thür angeheftet*[51].

Eine zumindest bis ins ausgehende Mittelalter zurückzuverfolgende Wallfahrt zur hl. Dreifaltigkeit ist die zur Gnadenstätte Sonntagberg. Als kultisches Zentrum diente in der Frühzeit, als auch der Berg noch „Salvatorberg" hieß, ein natürlicher Sandsteinfelsen, der als „Zeichen-" oder „Wunderstein" in der Legendenbildung eine große Rolle spielte. Um den Vorwürfen der Protestanten, daß auf der Höhe des Berges ein lebloser Stein angebetet werde, zu begegnen, ließ Abt Kaspar Plautz von Seitenstetten 1614 ein auf Kupferblech gemaltes Dreifaltigkeitsbild über dem Zeichenstein anbringen, dessen ikonographischer Typus als „Sonntagberger Gnadenstuhl" weitum bekannt wurde[52].

Größten Zulauf erlebte der Sonntagberg während der Zeit der Türkengefahr (Legende von der wunderbaren Abwehr der Türken im Jahre 1529) und während der großen Pestepidemien. Als Sonntagberger Spezifikum ist aber – in Verbindung mit dem wesentlich älteren Kult am Zeichenstein – die Abgabe der „Sonntagberger Steine" oder „Fraissteine" bemerkenswert[53]. Die Verbreitung dieser in der „geistlichen Hausapotheke" hoch geschätzten Schabesteine war außerordentlich groß. Als Universalmittel, insbesondere bei Fraisen und Fieber, war der Sonntagberger Stein begehrt. Das Mirakelbuch von 1759 unterrichtet in der Vorrede über den Gebrauch dieses Steines. Es wurde *eine große Menge von dieser Felse, weil es ohnedem der Bau erforderte, herausgebrochen und aufbehalten; davon werden nun die große Stuck zerschlagen, die kleine Stücklein geweihet und den Wallfahrtern auf Begehren ausgetheilet. Und dieses ist der rauhe Felsenstein, von welchem in gegenwärtigem Büchel öfters Meldung geschieht. Weil nun bey Zerschlagung der großen Stuck kleine Körnl und Stäublein gemacht worden, damit diese nicht umsonst verworfen würden, so haben unsere Geistlichen angefangen, solche unter Leim* (= Lehm) *oder Hafnererde zu mischen, daraus kleine Zeltlein mit der Sonntagbergerischen Bildnus der Allerheiligsten Dreyfaltigkeit oder mit dem Aug Gottes zu verfertigen, solche gleichfalls zu weihen und den Wallfahrtern mitzuteilen. Welches demnach die gedruckte oder mit der Heiligsten Dreyfaltigkeit-Bildnus gezeichnete Sonntagberger-Steinl seynd, welche auch in diesem Büchel furkommen.* Von 259 Gnadenerhörungen im Mirakelbuch von 1759 sind 96 – mehr als ein Drittel – in Beziehung zu der Heilwirkung des Steins. Er wurde aufgelegt, gleichsam als Pflaster aufgebunden, in Wasser gelegt und getrunken (*Fiebertränkl*) oder zerstoßen in die Augen geblasen. Er wurde aber auch von den Lei-

Abb. 24: Sonntagberger Seel-Medaille, 17. Jahrhundert.

denden bloß als Talisman umgehängt und als solcher getragen, was durch die medaillenartige Form erleichtert wurde.

Daneben gab es für Sonntagberg aber auch Wallfahrtsmedaillen ab dem 17. Jahrhundert – z. B. aus der Seelschen Werkstatt –, oft mit Gnadenbildern anderer Wallfahrten auf der anderen Seite kombiniert.

Die zahlreichen Marienwallfahrten des süddeutschen Raumes erhalten vor allem durch die Nöte des 30jährigen Krieges und durch die gegenreformatorischen Bestrebungen erneute Aktualität; sie gehen aber durchweg in ihrem Ursprung zumindest auf das ausgehende Mittelalter zurück.

Ältester Wallfahrtsort neben Rom und Aachen war im Mittelalter Einsiedeln im Kanton Schwyz. Seine Entstehung geht auf den hl. Meinrad zurück, der sich 828 auf den Etzelsberg am Züricher See als Einsiedler zurückzog. Die Äbtissin Hildegard von Zürich, Tochter König Ludwigs, ließ ihm eine Kapelle erbauen und schenkte ihm für diese ein geschnitztes Marienbild, das bald zu solchem Ruhm gelangte, daß Wallfahrten zu diesem Gnadenbild unternommen wurden – nach Meinrads Zelle, wie es damals hieß. 861 wurde Meinrad von zwei Räubern, die bei ihm Reichtümer vermuteten, ermordet.

Bereits 1451 bestand in Einsiedeln ein *Zaichenamt*, in dem die Herstellung und der Vertrieb der *Zaichen* erfolgte. 1466 wurden beim „Engelweihe-Fest" in vierzehn Tagen 130.000 Zeichen – das waren Wallfahrtspfennige, einseitige Medaillen zum Anstecken und auch Rosenkranzanhänger zu 2 Pfennig das Stück – verkauft. Interessant ist auch die

Abb. 25: Einsiedeln, Seel-Medaille, 17. Jahrhundert.

Tatsache, daß Peter und Paul Seel Wallfahrtsmedaillen für Einsiedeln fertigten. Ein Seel-Stück zeigt neben der Monstranz von Einsiedeln auch den Benediktus- und Zachariassegen; die Rückseite ziert die Darstellung der „Engelweihe" vor dem Gnadenbild. Eine sehr schöne Medaille ließ 1861 die Firma Drentwett anläßlich des 1000jährigen Jubiläums der Ermordung des hl. Meinrad prägen. Sie ist ganz im Typ der um diese Zeit üblichen Wallfahrtsmedaillen ausgeführt, auf der Aversseite das Kloster, auf der Reversseite die Ermordung Meinrads.

Abb. 26: Einsiedeln, Medaille mit Meinradslegende, 19. Jahrhundert.

Die Wallfahrt nach Altötting, die insbesondere zur Zeit der Gegenreformation viele Pilger St. Wolfgang abspenstig machte, wurde im ausgehenden 15. Jahrhundert durch Bekanntwerden zweier Mirakel schlagartig zu einem Anliegen weitester Bevölkerungskreise in Süddeutschland und im westlichen und nördlichen Österreich. Die älteste erhaltene Kapellrechnung von 1492 zählt bereits beachtliche Geld-, Wachs- und Naturalopfer auf, die von den Votanten gestiftet wurden. 1498 konnte die Kapellverwaltung Herzog Georg dem Reichen von Landshut den ungeheuren Betrag von 57.000 Gulden zur Finanzierung des Landshuter Erbfolgekrieges leihen. Kaiser und Könige, vor allem aber immer wieder die Wittelsbacher, deren Herzbegräbnisse seit dem 19. Jahrhundert im Oktogon der Gnadenkapelle erfolgten, pilgerten zur „schwarzen Muttergottes" von Altötting. Diese vermutlich an der Wende vom 13. zum 14. Jahrhundert entstandene, stehende, 65 cm große, gefaßte Schnitzfigur der Muttergottes mit Kind wurde durch chemische Veränderungen in der Fassung und durch den Kerzenrauch im Laufe der Zeit schwarz[54]. Der Verkaufsladen mit den verschiedensten Erinnerungszeichen ist so alt wie die Altöttinger Wallfahrt. Bereits 1503 verkaufte man im sogenannten Kapelladen – er bestand bis 1931 im Umgang der Gnadenkapelle – *silber und zinnerne Zaichen*. Aus der Seelschen Werkstätte gibt es sehr schöne Beispiele von Wallfahrtsmedaillen, die unter Sammlern zu den begehrtesten Stücken gehören.

Im 19. Jahrhundert unterschied man zwischen Wallfahrtszeichen, Medaillen und sogenannten Pfennigen. Zwischen 1800 und 1853 verkaufte man 83.132 Stück Wallfahrtszeichen und im Zeitraum zwischen 1845 und 1852 260.475 Stück Medaillen. Von 1800 bis 1853 wurden nur

Abb. 27: Altötting, Wallfahrtspfennig, 18. Jahrhundert.

286 Silberpfennige im Wert von über einem Gulden abgegeben, hingegen aber 125.489 Stück Silberpfennige unter 1 Gulden und 185.733 Pfennige aus Messing. Diese hohen Verkaufszahlen von billigen Artikeln lassen auf den Besuch wenig zahlungskräftiger Volksschichten schließen. Pfennige aus Messing gehörten neben den Wetterkerzen und Schabefiguren zu den beliebtesten Devotionalien aus Altötting. Viel gekauft wurden außerdem die Wallfahrtsmedaillen samt Kreuzlein, auf die päpstliche Ablässe gegeben wurden.

Der bedeutendste Wallfahrtsort Österreichs ist zugleich einer der ältesten. Die Gründungslegende von Mariazell berichtet von einem Mönch Magnus, der aus St. Lambrecht (Steiermark) ausgezogen war, um in der Bergwelt zwischen Ötscher und Bürgeralpe, nahe einer hochmittelalterlichen Rodungssiedlung eine *Cella* zu errichten. Eine Inschrift am Hauptportal der Kirche besagt, daß im Jahre 1200 bereits mit dem Bau einer Kirche begonnen wurde. Jedenfalls muß Mariazell sehr bald einen besonderen Ruf als Gnadenort erlangt haben, sonst hätte nicht König Ludwig I. von Ungarn nach seinem um 1365 erfochtenen Sieg über die Türken das sogenannte „Schatzkammerbild" gestiftet. Dieses ist seither neben der frühgotischen, sitzenden Muttergottes mit Kind als zweiter Kultgegenstand bis heute Ziel Hunderttausender Wallfahrer aus ganz Europa. Vor allem als *Magna Mater Austriae, Magna Hungarorum Domina* und *Mater Gentium Slavorum* wurde die Muttergottes von Mariazell angerufen. Mariazell war die Großwallfahrt der Habsburger, des Adels und der Residenzstadt Wien. Die große Menge kostbarer Opfer, die zum Teil noch in der Schatzkammer zu sehen bzw. die in den zahlreichen Mirakelbüchern genannt sind, geben hiervon ein beredtes Zeugnis. So spendete die Witwe Ferdinands II. nach dessen Tod eine Statue in seiner Gestalt in Gold im Gewicht von 1000 Dukaten. Karl VI. stiftete als Votiv die Statue des jung verstorbenen Kronprinzen im Gewicht von 1000 Dublonen.

Leopold I. besuchte den Wallfahrtsort zehnmal, und 1736 kam Maria Theresia mit Franz I. nach der Hochzeit und opferte ein mit Diamanten besetztes Herz; selbst Joseph II., der die Wallfahrt sehr einschränkte, kam viermal nach Mariazell. Seit dem 17. Jahrhundert erschienen jährlich im Durchschnitt 120.000 Pilger. Keine Wallfahrtskirche weist eine solche Fülle und Vielfalt von Andachtsbildern auf wie Mariazell. Schon 1442 wurde für das Mitnehmen von frommen Bildern und Wallfahrtsabzeichen ein Ablaß gewährt. 1621 erbat sich Kaiser Ferdinand II. ein *Zellerisches Bild*, wie es die Pilger auf dem Hute zu stecken pflegten, küßte es und versprach, es immer bei sich zu tragen[55].

Abb. 28: Mariazell, Wallfahrtspfennig, 18. Jahrhundert.

Aus der Seelschen Werkstatt stammen sieben verschiedene Medaillen auf Mariazell; daneben gibt es eine große Anzahl weiterer Weihemünzen – meist mit den beiden Kultgegenständen auf der Avers- bzw. Reversseite, bei zahlreichen Medaillen kombiniert mit anderen Gnadenbildern.

Ganz selten wurden Gnadenbilder auf Münzen dargestellt; ein Beispiel dafür ist Mariazell. Auf dem zwischen 1934 und 1936 ausgegebenen 5-Schilling-Stück der ersten Republik Österreich ist die *Magna Mater Austriae* abgebildet. Interessant ist dabei auch, daß dieses Stück Symbol eines politischen Bekenntnisses wurde. Während des „Dritten Reiches" wurden diese 5-Schilling-Münzen als Zeichen des Widerstandes zu Broschen verarbeitet und getragen[56].

Zu den typischen Mehrortewallfahrten Österreichs nach Sonntagberg und Mariazell gehört als drittes Ziel Maria Taferl[57]. Es war nahezu obligat, diese drei Wallfahrten miteinander zu verbinden. So gibt es auch zahlreiche Wallfahrtsmedaillen, auf denen jeweils zwei dieser Wallfahrten dargestellt sind, teilweise sogar aus der Seelschen Werkstätte – oft in herzförmiger Machart, was auf ihre vorrangige Verwendung als Rosenkranzanhänger hindeutet.

Hoch über dem Donautal, oberhalb des Ortes Marbach in Niederösterreich liegt die Wallfahrtskirche Maria Taferl. Die Bezeichnung „Taferl" bezieht sich auf eine als Tisch gebrauchte Steinplatte, die schon vor der Einbeziehung in den christlichen Kult als Mittelpunkt älterer kulti-

Abb. 29: Österreich, 1. Republik, 5 Schilling, 1934.

Abb. 30: Maria Taferl, Wallfahrtsanhänger, 19. Jahrhundert.

scher Bräuche anzusehen ist. Die neben diesem Tisch aufragende Eiche und die an ihr angebrachten Bilder wurden jedenfalls im 17. Jahrhundert ein Zentrum zunächst lokaler Verehrung. Nachdem im Jahre 1642 in einer gehackten Nische im Baum die lokale Skulptur einer Pietà untergebracht worden war, erfolgte der Bau einer Kapelle, die bald – so wie der Eichenbaum – mit Votiven voll behängt war. Nachdem der Wallfahrtszuzug, besonders aus Böhmen, eine abermalige Vergrößerung des um einen Brunnen erweiterten Heiligtums notwendig machte, legte man 1660 den Grundstein zu einer Kirche, deren Weihe 1742 erfolgte. Vorrangige Wallfahrtsmotive waren Augenleiden, aber auch Krankheiten und Unglücksfälle allgemeiner Art. Als heilkräftige Amulette wurden Späne und Laub vom Eichenbaum sowie Andachtsbilder mitgenommen.

Ebenfalls eine Pietà ist das Gnadenbild der vorreformatorischen Wallfahrt Maria Adlwang in der Nähe des Benediktinerklosters Kremsmünster in Oberösterreich. Bereits im „Census ecclesiarum" dieses Stiftes aus der 2. Hälfte des 12. Jahrhunderts wird eine Marienkapelle am Sulzbach genannt; 1330 wird sie als Ort besonderer Marienverehrung angesprochen. 1431 und dann zu Ende des 15. Jahrhunderts kam es zu Neu- und Erweiterungsbauten für die Kirche, die nach den Wirren der Reformation und des Bauernkrieges 1626 als Marienwallfahrtsort vor allem für die nähere Umgebung größte Bedeutung erlangte. Die Wiederauffindung der Gnadenstatue – einer Pietà in Steingußtechnik vom Beginn des 15. Jahrhunderts – führte zu einem wahren Ansturm der Gläubigen. Der Legende nach war die Pietà seit den Verwüstungen der Kirche zu Ende des 16. Jahrhunderts verschollen und wurde erst um 1620 in einem

Ameisenhaufen völlig unbeschädigt wieder entdeckt. Adlwang erlebte zur Zeit der Pestjahre einen ungeheuren Aufschwung, der 1679 einsetzte, als der Ort als einer der wenigen in ganz Österreich von der Seuche verschont geblieben war. Der Ruf der Gnadenstatue als Pestabwehrerin reichte bis in die Residenzstadt Wien, von wo 1667, 1669, 1680, 1681, 1684 und 1696 Mirakel gemeldet wurden. Die Bedeutung Adlwangs als am stärksten frequentierte Wallfahrt Oberösterreichs ist erst mit dem Aufkommen von Maria Pöstlingberg und Maria Schmolln abgeklungen. Seit dem 17. Jahrhundert gibt es Nachweise von Wallfahrtsmedaillen in den Mirakelbüchern[58]. Sie werden in den Mirakeln auch „Benediktpfennige" genannt, eine vollkommen richtige Bezeichnung, da es für Adlwang Medaillen gibt, die auf der Rückseite den Benediktusschild oder auch den hl. Benedikt selbst aufweisen. So ein „Benediktpfennig" half auch nach einem Mirakelbericht der Barbara Rambsauerin aus Leonstein im Jahre 1682, deren Bruder Zacharias durch *Zauberei oder gelegtes teuflisches Gespür, worüber er gegangen, alsobald Schmerzen zu fühlen angefangen, auch an Händen und Füßen dermaßen erlahmet, daß er nicht nur allein selbe nicht gebrauchen oder seinen Dienst mehr abwarten können, sondern auch alle Hoffnung der Genesung als eine verlorne Sach geurteilt worden. Sie bitte demnach als von ihm geschickte um geistliche*

Abb. 31: Adlwang, Seel-Medaille mit Gnadenbild und Benediktusschild, 17. Jahrhundert.

Abb. 32: Maria Plain, Seel-Medaille mit Kirche und Gnadenbild, 17. Jahrhundert.

Hülf und Arznei. Auf solches empfanget sie einen an dem Gnadenbild angerührten Seidenfaden und St.-Benedikt-Pfennig mit Ermahnung den Pfennig ihm an den Leib zu henken, die Seiden aber um die Arme und Füße binden, auch täglich ein oder anderes Ave Maria zu Ehren U.L. Frauen zu beten, vor allem aber im Fall der Lahme solle gesund werden, der Dankbarkeit nicht zu vergessen. Wunder! Kaum wurde dem Elenden der Pfennig abgehängt und die Seiden umgebunden, vermerkte er schon Linderung deren Schmerzen[59]. Die zusätzliche Verehrung des hl. Benedikt dürfte auch darin begründet sein, daß die Wallfahrtskirche zum Benediktinerkloster Kremsmünster verwaltungsmäßig gehörte; Benediktschild und Zachariassegen sind zusätzliche Schutzkräfte gegen die Pest. 1744 wird aber auch in einem Mirakel das Auflegen eines „Marien- oder Frauenbildergroschens" auf erkrankte Augen geschildert.

Eine typische Wallfahrt der Gegenreformation und der Nöte des 30jährigen Krieges ist die bedeutende Salzburger Wallfahrt Maria Plain. Als die Schweden 1622 Regen in Bayern niederbrannten, blieb ein Marienbild unversehrt, das 1652 in einem eichenen Kasten auf dem Plain in der Ortschaft Müllegg (heute Stadt Salzburg) aufgestellt wurde. Das Originalbild kam nach Augsburg, eine Kopie blieb auf dem Plain und erlangte bald große Verehrung. 1656 wurde eine steinerne Kapelle erbaut. Zwischen 1657 und 1674 wurden 33.795 Messen gelesen. 1671 kehrte das Originalbild zurück und wurde in der Schatzkammer der zwischen 1671 und 1674 neu errichteten Kirche aufbewahrt und erst 1732 auf dem Hochaltar aufgestellt. Das Gnadenbild ist eine sitzende, gekrönte hl. Maria, die mit beiden Händen eine Windel hält, auf der das nackte gekrönte Kind nach links auf ihrem Schoß liegt und die Hände nach der Mutter ausstreckt; sieben Sterne umgeben das Haupt der Maria. 1751 erfolgte die Krönung von Maria und Jesuskind; W.A. Mozart schrieb 1779 für Maria Plain seine Krönungsmesse. Auch Maria Plain wurde gerne in Mehrortewallfahrten miteinbezogen, so in die Route Altötting – Maria Plain – Dürnberg – St. Wolfgang. Dies spiegelt sich in den Wallfahrtsmedaillen wider, da es zahlreiche kombinierte Exemplare – wie z. B. mit St. Wolfgang – gibt.

Mit dem Gnadenbild von Maria Plain existiert eine wunderschöne Münze: ein zweites seltenes Exemplar einer Darstellung von Gnadenbildern auf Münzen. 1754 und 1758 ließ der Salzburger Erzbischof Sigismund von Schrattenbach Silbertaler prägen, auf deren Avers das Plainer Gnadenbild mit der Inschrift *MONSTRA TE ESSE MATREM* – „Zeige, daß du Mutter bist!" – angebracht ist[60]. Gerade dieser Typus der lieblichen Madonna, die ihr Kind wickelt, findet sich sehr häufig als Fi-

Abb. 33: Erzbistum Salzburg, Sigismund von Schrattenbach (1753–1771), Taler, 1754.

gur in den Krippen des äußeren Salzkammergutes und war sicherlich das Vorbild der von J.G. Schwanthaler geschaffenen Kirchenkrippen.

Es gibt kaum einen anderen Kultgegenstand, der erst durch seine Filiationen eine derartige Verbreitung gefunden hat, wie das Gnadenbild „Maria Hilf". Das Originalbild stammt von Lucas Cranach d. Ä., ist um 1515 entstanden und wurde zunächst in der Hofkirche zu Dresden aufgestellt. Erzherzog Leopold V. von Österreich erhielt es 1611 in seiner damaligen Funktion als Bischof von Passau zum Geschenk, nahm es aber 1619, als er Landesfürst von Tirol geworden war, nach Innsbruck mit. Seit 1650 ist es in der St.-Jakobs-Pfarrkirche aufgestellt. Die berühmteste Kopie dieses Bildes entstand bereits 1620 in Passau. Sie wurde nach eigenartigen Lichterscheinungen zunächst in eine eigens erbaute Kapelle und danach in die 1624–1627 errichtete Wallfahrtskirche samt Kapuzinerkloster am Mariahilfberg übertragen. Besonders bekannt wurde das Gnadenbild durch den Aufenthalt Kaiser Leopolds I., der samt seinem Hofstaat 1683 vor den Türken nach Passau geflüchtet war. Der Kaiser, der vor dem Gnadenbild oft die Befreiung seiner belagerten Residenz erflehte, dürfte den Kult in Österreich populär gemacht haben.

Die wichtigste Filiation in Oberösterreich ist Maria Schmolln, die zugleich auch eine der jüngsten Wallfahrten Oberösterreichs verkörpert.

Im Jahre 1735 befestigte der Bauer Michael Priewasser aus Schmerz über seinen entlaufenen Sohn auf dem Schmollnerberg an einer Fichte ein Maria-Hilf-Bild. 1784 wurde in nächster Nähe der Fichte eine hölzerne Kapelle erbaut, die aber 1810 abgebrochen wurde. Das Bild wurde

Abb. 34: Maria Schmolln, Wallfahrtsmedaille mit Legende, 19. Jahrhundert.

Abb. 35: Maria Schmolln, Wallfahrtsmedaille mit Kirche, 19. Jahrhundert.

weggeworfen, von einem Bauern gefunden und wieder an dem alten Fichtenstamm befestigt. 1850 wurde eine neue Holzkapelle errichtet. Zehn Jahre später erfolgte die Grundsteinlegung zur Kirche, die am 6. November 1862 geweiht wurde. Der Anbau der Gnadenkapelle vollzog sich 1881. Schmolln zählt auch heute noch zu den frequentiertesten Wallfahrten Oberösterreichs.

Interessant sind die zahlreichen Wallfahrtsmedaillen von Maria Schmolln[61]. Die Firma Drenntwett fertigte vor 1881 zwei sehr schöne

Abb. 36: Maria Schmolln, Wallfahrtsmedaille mit Gnadenbild, 19. Jahrhundert.

Medaillen, die die Legende der Entstehungsgeschichte bzw. die Kirche und das Gnadenbild wiedergeben. Daneben gibt es aus dieser Zeit noch eine Reihe von Anhängern der verschiedensten Größen, wobei der Avers stets mit dem Gnadenbild, der Revers mit dem baulichen Zustand der Kirche bestückt sind. Sie lassen sich daher gut vor bzw. nach 1881 datieren, da nach 1881 natürlich der Erweiterungsbau auch auf der Medaille sichtbar gemacht wurde.

Als letztes Beispiel möge noch auf die im Weichbild der Landeshauptstadt Linz gelegene, in der Barockzeit entstandene Wallfahrt Maria Pöstlingberg hingewiesen werden, deren Beliebtheit auch in der heutigen Zeit unvermindert anhält. 1716 brachte der Bote der Kapuziner in Linz, Franz Anton Obermayr, an einem Wetterkreuz auf dem Pöstlingberg ein Vesperbild an. Bald begann ein Zustrom von Pilgern, so daß der Grundherr, Graf Gundemar Joseph von Starhemberg, nach 1720 eine Kapelle mit einigen Sitzbänken errichten ließ. Von 1738 bis 1748 wurde nach den Plänen des Linzer Baumeisters Johann Matthias Krinner die Kirche gebaut. Die Gnadenstatue, eine sitzende, gekrönte hl. Maria mit einem Schwert im Herzen, die mit der Rechten das Haupt des Sohnes, mit der Linken dessen Arme hält, war ursprünglich mit einem Baldachin aus Stoff umgeben, der auf Andachtsbildern und auch Wallfahrtsmedaillen noch ersichtlich ist[62].

Die überwiegende Zahl der bis heute erfaßten Typen (bisher 51) der Pöstlingberger Wallfahrtsmedaillen zeigen auf der Vorderseite die Gnadenstatue, auf der Rückseite die Wallfahrtskirche. Die Gnadenstatue ist – so wie auf den Andachtsbildern – unter einem an den Rändern blumengeschmückten Baldachin auf einer Wolkenbank dargestellt. Die Rückseite läßt Schlüsse auf eine gewisse Chronologie zu, da die Tatsache des Kirchenumbaues auch auf den Medaillen ihren Niederschlag fand. Die schlichten pyramidenförmigen Turmdächer wurden 1891 vielleicht auf Anregung Erzherzog Johanns (Johann von Orth), der längere Zeit Kommandant der Linzer Garnison war, umgebaut. Der Linzer Dombaumeister Raimund Jebinger gestaltete die durchbrochenen, neubarocken Helme, die seither die Pöstlingbergkirche, das Wahrzeichen der Stadt Linz, zieren. Auch heute gibt es noch in den „Standln" vor der Kiche Wallfahrtsanhänger von Maria Pöstlingberg zu kaufen, die auf der Vorderseite die Gnadenstatue unter dem Baldachin auf einem Wolkenkranz und auf der Rückseite die Vorderansicht der Kirche mit den beiden neubarocken Türmen und dem Pfarrhof zeigen[63].

Der Höhepunkt der Heiligenverehrung auf Münzen und Medaillen ist sicherlich überschritten. Es werden aber immer noch bei den beliebten

Abb. 37: Pöstlingberg bei Linz, Wallfahrtsanhänger von 1891.

Abb. 38: Pöstlingberg bei Linz, Wallfahrtsanhänger von 1891.

Wallfahrtsorten Weihemünzen mit dem Gnadenbild als Erinnerungsstücke mit gewisser Schutzfunktion gerne gekauft. Wie das Beispiel des hl. Christophorus zeigt, kommt es auch vor, daß einem Heiligen, der in den letzten zwei Jahrhunderten in Vergessenheit geraten war, eine der heutigen Zeit entsprechende Aufgabe zugewiesen wird und er auf Grund der einfachen Herstellung und praktischen Verwendung auf einer Medaille, Weihemünze, seine Darstellung findet.

Anmerkungen

[1] Ludwig VEIT, Münzen – Mittler des Glaubens, in: Münzen in Brauch und Aberglauben (Ausstellungskatalog, Nürnberg), Mainz 1982, 35.
[2] Bernhard MÜLLER, Medaillen und Münzen im Dienste der Religion, Berlin 1915, 13.
[3] Georg WACHA, St. Wolfgang und das Wallfahrtswesen im 16. und 17. Jh., Jahrbuch des Oberösterreichischen Musealvereins 1976, 154; DERS., Wallfahrerzeichen von St. Wolfgang. Alte und moderne Kunst 21 (1976), H. 146, 16; DERS., Der hl. Wolfgang auf Wallfahrerzeichen, Österr. Zeitschrift für Volkskunde 81 (1978), 263–270.
[4] Münzen in Brauch und Aberglaube (wie Anm. 1), 66 und 75.

[5] J. D. KÖHLER, Historische Münzbelustigungen, Bd. 12, Nürnberg 1740, 257–264; zitiert nach: Münzen in Brauch Aberglaube (wie Anm. 1), 75.

[6] Günther PROBSZT, Weihemünzen aus dem Nachlaß einer Erzherzogin, Mitteilungen der Numismat. Gesellschaft in Wien 15 (1919–26), 83–85.

[7] A. JÄGER, Die Münzprägung der Grafen Schlick, Berliner Numismat. Zeitschrift 17 (1954), 96–160; 18 (1955), 126–133.

[8] E. B. CAHN, Die Münzen des Hochstiftes Eichstätt, in: Bayer. Münzkataloge, Bd. 3, München 1962.

[9] Günther PROBSZT, Die Münzen Salzburgs, Basel/Graz 1959.

[10] H.-J. KELLNER, Die Münzen der niederbayer. Münzstätten, Bayer. Münzkataloge, Bd. 2, München 1958, 85ff.

[11] Ebd., 67.

[12] F. SCHRÖTTER, Wörterbuch zur Münzkunde, Berlin/Leipzig 1930, 219f.

[13] J. Chr. KUNDMANN, Nummi singulares oder sonderbare Thaler und Münzen, Breslau/Leipzig 1734, 39.

[14] Münzen in Brauch und Aberglauben (wie Anm. 1), 180.

[15] H. O. MÜNSTERER, Marienmünzen im Volksbrauch, Bayer. Jahrbuch für Volkskunde 1960, 70–72.

[16] L. RETHY, Corpus Nummorum Hungariae, Graz 1958, 36.

[17] MÜNSTERER (wie Anm. 15), 71

[18] Münzen in Brauch und Aberglauben (wie Anm. 1), 48

[19] SCHRÖTTER (wie Anm. 12), 368ff.

[20] M. HOFER, Volksmedizin und Aberglaube in Oberbayerns Gegenwart und Vergangenheit, München 1888, 202.

[21] Handwörterbuch des deutschen Aberglaubens, hrsg. von Hanns BÄCHTOLD-STÄUBLI, Bd. 8, Berlin 1937, 657ff.

[22] V. FOSSEL, Volksmedizin und medizinischer Aberglaube in der Steiermark, Graz 1885, 53.

[23] MÜNSTERER (wie Anm. 15), 71.

[24] I. V. ZINGERL, Sitten und Bräuche und Meinungen des Tiroler Volkes, Innsbruck 1857, 19.

[25] Fr. SCHÖNWERTH, Aus der Oberpfalz I, Augsburg 1867, 56.

[26] H. HOCHENEGG, Die zerkratzten Marientaler, Tiroler Heimatblätter 41 (1966), H. 10–12, 128.

[27] H. HOCHENEGG, Zu den „Zerkratzten Marientalern" und dem „heiligen Staub", Österr. Zeitschrift für Volkskunde 73 (1970), 150.

[28] A. GLOVEC, Neu angeordnete vollständige Haus- und Landbibliotec, Nürnberg 1719, 874.

[29] 227. Münzkatalog des Wiener Dorotheums.

[30] E. BECKENBAUER, Wieder einmal „die Kratzer auf den bayr. Madonnentalern", Numismat. Nachrichtenblatt 31 (1982), Nr. 11, 350–355.

[31] SCHRÖTTER (wie Anm. 12), 737.

[32] H. NIEDERMEIER, Die Benediktusmedaille, Bayer. Jahrbuch für Volkskunde 1960, 73–79.

[33] Enchiridion Leonis Papae, Prag 1784; zitiert nach: NIEDERMEIER (wie Anm. 32), 74.

[34] G. ZELLER, Medaillen von Peter u. Paul Seel und diesen verwandten Meistern, Mitteilungen des Clubs der Münz- und Medaillenfreunde 5 (1884), 474.

[35] A. J. CORBIESE, Numismatique Bénédictine, Rom 1904/1906.

[36] R. von Höfken, Weihemünzen. Mitt. d. Clubs d. Münz- und Medaillenfreunde 6 (1895), Nr. 67, 135–139.
[37] J. M. Friesenegger, Die Ulrichskreuze mit besonderer Berücksichtigung ihres relig. Brauchtums, Augsburg 1937.
[38] R. von Höfken, Das Schlüsselfest zu Rein, Mitteilungen der Numismat. Gesellschaft in Wien 15 (1919), Nr. 1–2, 2 f.; L. Grill, Reiner Gnadenschlüssel St. Ulrich. 973–1973, Mitteilungen der Österr. Numismat. Gesellschaft 18 (1973), 6f.
[39] J. Nentwich, Die Klosterneuburger Leopoldspfennige, Mitteilungen des Clubs der Münz- und Medaillenfreunde 7 (1897), Nr. 77, 104f.
[40] J. Nentwich, Numismatische Topographie von Niederösterreich. B. Klosterneuburg, Mitteilungen des Clubs der Münz- und Medaillenfreunde 5–10 (1894–1899), 346–347, 355–357, 368–370, 382–385, 394–396, 408–412, 423–424, 436–438, 447–448, 459–462, 471–473.
[41] U. Hagen-Jahnke, Wallfahrtsmedaillen in Geschichte und Volksleben, Numismat. Nachrichtenblatt 27 (1978), Nr. 10, 261.
[42] Müller (wie Anm. 2), 13.
[43] A. Pachinger, Medaillen von Peter und Paul Seel und diesen verwandten Meistern, Mitteilungen der Bayer. Numismat. Gesellschaft 24 (1904), 1–3.
[44] Heidelinde Dimt, „Wunderzaichen des h. Bischoffs Wolffgangi in dem Aberseeischen Geburg", in: Volksfrömmigkeit in Oberösterreich (wie Anm. 51), 33–54.
[45] B. Lidl, Gesegnetes Aberseeisches Gebürg, das ist: Leben mit Gutthaten des heiligen Bischoffs und Einsidls Wolffgangi in seiner Einöde und Wallfahrt am Abersee, gedruckt bei J. Wolff zu Augsburg u. Innsbruck 1732 (Stiftsbibliothek St. Florian XIII, B 17/35), 72ff.
[46] Franz C. Lipp, Das Beil des hl. Wolfgang, Jahrbuch des Oberösterr. Musealvereins 117 (1972), Bd. 1, 174f.
[47] Wie Anm. 45, aber Ausgabe 1753 (Stiftsbibliothek St. Florian XIII, B 17/36), 199f.
[48] Gustav Gugitz, Die Wallfahrten Oberösterreichs, Linz 1954, 91f.
[49] Ebd.
[50] Georg Wacha, Österr. Zeitschrift für Volkskunde 81 (1978), 269–270.
[51] Gunter und Heidelinde Dimt, Volksfrömmigkeit in Oberösterreich: Katalog des Oberösterr. Landesmuseums, N. F. 2 (1985), 84, Nr. 2.116.
[52] Gustav Gugitz, Österreichs Gnadenstätten in Kult und Brauch, Bd. 2: Niederösterreich und Burgenland, Wien 1955, 188–196.
[53] Zeller (wie Anm. 34), Nr. 65 und 66.
[54] Oliva Wiebel-Fanderl, Die Wallfahrt Altötting. Kultformen und Wallfahrtsleben im 19. Jh. (Neue Veröffentlichungen des Instituts für Ostbair. Heimatforschung 41), Passau 1982.
[55] Gustav Gugitz, Österreichs Gnadenstätten, Bd. 4: Kärnten und Steiermark, Wien 1956, 197–208.
[56] Münsterer (wie Anm. 15), 70.
[57] Gugitz (wie Anm. 52), 115–124.
[58] Heidelinde Dimt, Die religiösen Medaillen aus Oberösterreich (fertiges Manuskript), Nr. 2–30.
[59] Dimt (wie Anm. 51), 91.
[60] Probszt (wie Anm. 9), 207, Nr. 2276.

[61] DIMT (wie Anm. 58).
[62] Andrea WOLFSWENGER, Wallfahrtsort und Ausflugsziel Pöstlingberg, in: Volksfrömmigkeit in Oberösterreich (wie Anm. 51), 17–30.
[63] Heidelinde DIMT, Wallfahrtsmedaillen vom Pöstlingberg, Hist. Jahrbuch der Stadt Linz 1985, 35–49.

Bildnachweis: Alle Fotos von Münzen und Medaillen der Münz- und Medaillensammlung am Oberösterreichischen Landesmuseum wurden von Gunter Dimt angefertigt.

Kees Vellekoop

Die Musik im Dienste der Heiligenverehrung

Die Entwicklung des Offiziumsgesangs vom 4. bis 10. Jahrhundert*

Das Thema „Die Musik im Dienste der Heiligenverehrung" ist so umfassend, daß es unvermeidlich ist, daß ich mir große Einschränkungen auferlege. Die erste Einschränkung ist, daß ich mich nur auf das Mittelalter, und zwar vor allem auf die Zeitspanne zwischen dem 4. und 10. Jahrhundert, konzentriere: Wann und wo ist die Gewohnheit entstanden, Heilige an ihrem Festtag mit Gesang zu ehren? Eine zweite Einschränkung besteht darin, daß ich Commune und Proprium Sanctorum der Meßfeier beiseite lasse. Ich richte meine Aufmerksamkeit auf das Stundengebet, dessen Liturgie für die Heiligenverehrung charakteristischer ist als die der Messe. Eine dritte Einschränkung ist die, daß ich mich kaum mit der Musik selbst befassen werde, weil die Musiknotation, die uns die Melodien der Hymnen, Antiphonen und Responsorien liefern müßte, erst im 10. Jahrhundert ihre früheste Entwicklungsphase erlebte.

Die Rolle der Musik in der Heiligenverehrung ist, zumindest in den ersten Jahrhunderten n. Chr., stark abhängig von der Bereitschaft der Kirche, neue, d. h. nicht-biblische Texte in die Liturgie aufzunehmen. Die Kirche im Osten war in dieser Hinsicht viel nachsichtiger als jene im Westen. Während Bischof Ambrosius in Mailand als erster das Singen von Psalmen und Hymnen „nach der Art der östlichen Kirche" einführt, verbietet das Konzil von Laodicea (um 360–381) den Gebrauch von Hymnen[1]. Der individuelle Charakter der Heiligenverehrung in den ersten Jahrhunderten schließt es auch beinahe aus, daß vor dieser Zeit spezielle Gesänge für Heilige gesungen wurden: Das Beten am Grab eines Märtyrers auf dem Friedhof oder sogar zu Hause verlangt keine gesungene Liturgie[2]. Erst wenn eine Kirche über einem Grab gebaut wird oder Reliquien an einen Altar in einer Kirche gebracht werden, sind die Voraussetzungen für eine gemeinschaftliche Verehrung in einem umschlossenen Raum geschaffen[3].

---

* Frau Dr. G. Gerritsen-Geywitz (Utrecht) sage ich herzlichen Dank für ihre Bereitschaft, mein Deutsch zu korrigieren.

Die Angaben über Liturgie vom 5. bis 8. Jahrhundert sind besonders spärlich und fast immer nur von lokaler Bedeutung. Es steht jedoch fest, daß bereits Ambrosius Hymnen für wichtige Kirchenfeste verfaßte und singen ließ. Es ist allerdings umstritten, ob die Heiligenhymnen, die im Mailänder Ritus gesungen werden, von seiner Hand sind oder aus späterer Zeit stammen[4]. Jedenfalls dienten seine Hymnen zum Vorbild für die Hymnendichter des Mittelalters.

Magnus Felix Ennodius z. B., in Gallien geboren und bis 521 Bischof von Pavia, verfaßte um das Jahr 500 zwölf Hymnen nach dem ambrosianischen Muster[5]. Acht dieser Hymnen sind Heiligen gewidmet: neben jenen für Cyprianus, Stephanus, Euphemia und Maria stehen Hymnen für Ambrosius und Nazarius, die auf Mailand hinweisen, und für Martinus von Tours und Dionysius, die von Ennodius' Herkunft aus Gallien zeugen. Aus dem Inhalt seiner Texte geht übrigens nirgends hervor, daß sie zum Singen bestimmt waren.

Der Fall des römischen Reiches ist bestimmt nicht förderlich gewesen für die Entwicklung der Liturgie in den Kirchen der Weltgeistlichen. In den Klöstern dagegen zeigt sich, daß die Hymnen sich einen Platz im Offizium erobert haben. Dieses Offizium – mit Gebeten, Lesungen, Psalmen und Gesängen – findet an bestimmten Stunden, verteilt über den ganzen Tag, statt: nachts die Nokturn (oder Vigilien oder Matutin), beim Sonnenaufgang die Lauden, am Tag die Prim, die Terz, die Sext und die None – mit einigen Stunden Zwischenzeit –, beim Sonnenuntergang die Vesper und zum Abschluß des Tages die Komplet. In der ‚Regula Benedicti', die im 6. Jahrhundert redigiert wurde, sind Hymnen, *ambrosianum* genannt, vorgeschrieben für die Nokturn, die Lauden und die Vesper. Über spezielle Hymnen für Heiligenfeste wird allerdings nicht gesprochen.

Es ist bekannt, daß Rom sich bis ins 12. Jahrhundert dem Hymnengesang widersetzt hat. Die Entwicklung des Hymnenrepertoires spielt sich in dieser Zeit denn auch außerhalb Italiens ab und dann besonders dort, wo das Bildungsniveau so hoch war, daß Latein aktiv beherrscht wurde: in Spanien und England.

Von den etwa 30 spanischen Hymnen, ins 7. Jahrhundert datiert, ist die Hälfte Heiligen gewidmet[6]. Beim Lesen dieser Texte wird deutlich, daß es sich hier um Heiligenhymnen handelt, die zum Singen bestimmt sind. Die Hymne für Faustus, Januarius und Martialis z. B. fängt an mit: *Mysticum melos persolvat / et attollat laudibus / Plebs dicata Deo patri / et honore debito / Hymnum dulciter decantet / Christo et paraclito* („Das Gott dem Vater geweihte Volk trage die mystische Melodie vor und erhebe sie mit Lobpreisungen und singe, mit gebührender Ehrerbietung, süß eine Hymne für Christus und den heiligen Geist")[7]. Die liturgische Funktion der Hymnen wird überdies dadurch bestätigt, daß sie abschließen mit einer Doxologie. Die letzte Strophe der Stephanushymne z. B. lautet: *Gloriam psallat chorus et resultet / Gloriam dicat canat et revolvat / Nomine trino, deitate soli / Sidera clament* („Der Chor singe den Ruhm und lasse ihn erschallen; er sage, singe und wiederhole den Ruhm; die Sterne sollen rufen mit dem dreifachen Namen, mit dem des einigen Gottes")[8]. Daß Hymnen gesungen werden müssen, sagt auch Isidor von Sevilla (um 630) in seinen ‚Etymologiae'[9]: „Hymnus ist ein Gesang der Lebenden, der, aus dem Griechischen in das Lateinische übersetzt, als Lob (*laus*) interpretiert wird, deshalb weil er ein Lied der Freude und des Lobes ist. Im eigentlichen Sinne aber enthalten Hymnen das Gotteslob. Wenn es ein Lob ist und kein Gotteslob, ist es kein Hymnus; wenn es Lob und Gotteslob ist und nicht gesungen wird, ist es kein Hymnus. Wenn es also zum Lobe Gottes gesagt und gesungen wird, dann ist es ein Hymnus." Bemerkenswert ist, daß als Autoren der spanischen Hymnen mehrere Bischöfe aus der ersten Hälfte des 7. Jahrhunderts genannt werden, während in den folgenden Jahrhunderten Hymnen in erster Linie im Stundengebet der Klöster gesungen wurden und nicht in den Diözesankirchen.

Die Hymnen englischer Herkunft sind hauptsächlich von der Hand des einzigen wichtigen Dichters jener Zeit, des ehrwürdigen Beda († 735)[10]. Auch seine Texte zeigen, daß sie zum Singen bestimmt waren: *Nunc Andreae sollemnia / Laetis canamus mentibus* („Laßt uns jetzt mit fröhlichem Geist zum Fest des Andreas singen")[11] oder, für Petrus und Paulus: *Apostolorum gloriam / Hymnis canamus debitis* („Laßt uns den Ruhm der Apostel mit gebührenden Hymnen singen")[12]. Auffallend ist, daß seine Hymnen, mit Ausnahme jener für die englische Edilthrida, sich auf wichtige, frühchristliche Heiligenfeste beziehen: Nativitas Innocentium, Agnes, Johannes Baptista, Petrus und Paulus, Decollatio Johannis Baptistae, Mariae Nativitas und – zweimal – Andreas. Die Wahl gerade dieser Heiligen ist interessant im Lichte der Einführung des römischen Kirchengesangs in England – auf Anregung des Papstes Gregor des Großen (597) – und der Verbreitung dieses Gesangs im Laufe des 7. Jahrhunderts. Die Heiligenfeste, für die der Benediktiner Beda Hymnen verfaßte, sind – mit einer Ausnahme – römischen Ursprungs.

Bis jetzt sind wir in einem Bogen um das Frankenreich herumgegangen (Italien, Spanien, England), und das hat seinen Grund: Von einer blühenden Kultur war dort – seit dem Untergang des römischen Reiches – keine Rede. Wichtige Autoren im 6. Jahrhundert, wie Venantius Fortunatus und Gregor von Tours, waren Ausnahmen. Margarete Weidemann hat in ihrer ‚Kulturgeschichte der Merowingerzeit aus den Werken Gregors von Tours' dargelegt, daß die Liturgie einen regionalen Charakter hatte[13]. Nicht einmal in der Messe gab es eine Einheit, geschweige denn in der Heiligenverehrung, die gewöhnlich auf jene Orte beschränkt war, wo sich Reliquien befanden oder eine Kirche oder ein Kloster einem bestimmten Heiligen geweiht war. Am Ende des 5. Jahrhunderts zählte der Kalender in Tours nur zehn Heilige; zur Zeit Gregors war ihre Zahl verdoppelt. In der folgenden, von Weidemann rekonstruierten Liste handelt es sich um frühe römische Heilige, um gallische Märtyrer aus dem 2. und 3. Jahrhundert und um heiliggesprochene fränkische Bischöfe aus den späteren Jahrhunderten. Die meisten wurden offenbar nur dort verehrt, wo eine Kirche oder ein Kloster ihren Namen trug[14].

St. Litorius, 13. September, in der Basilika St. Litorius,
St. Mauricius, 22. September, in der Bischofskirche,
St. Cosmas und Damian, 27. September, in der Bischofskirche,
St. Benignus, 1. November, im alten Baptisterium,
St. Martin, 11. November, in der Basilika St. Martin,
St. Brictius, 13. November, in der Basilika St. Martin,
Weihnachten, 25. Dezember, in der Bischofskirche,
St. Stephanus, 26. Dezember, im Oratorium/in der Basilika St. Stephanus,
Epiphanie, 6. Januar, in der Bischofskirche,
St. Hilarius, 13. Januar, in der Basilika St. Martin,
St. Maria, 18. Januar, in der Kirche St. Maria oder:
St. Maria, 18. Januar, in der Basilika St. Maria,
St. Vincentius, 22. Januar, in der Basilika St. Vincentius,
Petri Stuhlfeier, 22. Februar, in der Basilika St. Peter und Paul,
Ostern, in der Bischofskirche,
Auferstehung, 27. März, in der Basilika St. Martin,
Christi Himmelfahrt, in der Basilika St. Martin,
Pfingsten, in der Bischofskirche,
St. Johannes, 24. Juni, in der Basilika St. Martin,
St. Julian, 26. Juni, in der Klosterbasilika St. Julian,
St. Peter und Paul, 29. Juni, in der Basilika St. Peter und Paul,
St. Martin, 4. Juli, in der Basilika St. Martin,
St. Gervasius und Protasius, 19. Juli, in der Kirche St. Gervasius und Protasius,
St. Symphorianus, 22. August, in der Basilika St. Martin,
St. Julian, 28. August, in der Klosterbasilika St. Julian,
St. Johannes, 29. August, im neuen Baptisterium.

Die irdischen Reste der lokalen Märtyrer und Bischöfe fanden sich selbstverständlich im Frankenreich vor; Reliquien von wichtigen in Rom verehrten Heiligen wurden an mehrere Orte im Frankenreich gebracht (z. B. von Andreas, Clemens, Cosmas und Damianus, Johannes Baptista, Laurentius, Paulus und Johannes, Stephanus)[15].

Die fränkische Liturgie – und dazu gehört auch die Liturgie, mit der alle diese Heiligen verehrt wurden – war von Ort zu Ort verschieden. Man bezeichnet sie als „gallikanische" Liturgie.

Mit dem Emporkommen der starken karolingischen Dynastie, die sich in geistlichen Sachen ganz auf Rom orientierte, entstand zur Zeit Pippins des Jüngeren, König von 751–768, ein klares Streben nach Einheit, auch auf liturgischem Gebiet. Als Beispiel mögen die Aktivitäten des Bischofs Chrodegang von Metz (742–766) dienen[16]. Paulus Diaconus berichtet uns, daß Chrodegang „den von dem göttlichen Gesetz und dem römischen Gesang durchdrungenen Klerus gelehrt hat, die Gewohnheit und den *ordo* der römischen Kirche zu beachten, was bis zu jener Zeit in der Kirche von Metz kaum geschah". Ab 753 wurde die gallikanische Liturgie allmählich von der römischen verdrängt – dank Chrodegang und der von ihm gegründeten Schola cantorum. Zur Zeit Karls des Großen besaß diese Schola Mettensis acht geschulte Berufssänger, die als Vorsänger fungieren konnten. Dazu kamen natürlich noch die vielen Chorknaben, die der Domschule angehörten. Papst Hadrian (772–799), der Rom von griechischen Einflüssen gesäubert hatte, sandte 785 Karl ein Antiphonale, das 825 dem Abt von Corbie geschenkt wurde. Seinerseits soll Karl zwei fränkische Sänger nach Rom geschickt haben, um sie dort im liturgischen Gesang ausbilden zu lassen.

Für den Vortrag des Stundengebets verfaßte Chrodegang seine Chorherrenregel[17]. In dieser ‚Regula canonicorum' sagt er, die Verehrung in den Vigilien, die schon sehr alt ist, sei „alten Heiligen ein vertrautes Gut" (c. 16). Weiter teilt er mit, daß „wir und der Klerus dafür Sorge tragen, an den Festtagen des Herrn, Marias, der zwölf Apostel oder der übrigen Heiligen, für die das Gewohnheit ist in unserer Provinz, alljährlich das göttliche Offizium bei Tag und bei Nacht zu feiern" (c. 36). Aus der ‚Regula' ist auch abzuleiten, daß zu diesen übrigen Heiligen auf jeden Fall gehören: Johannes Baptista, Johannes Evangelista, Martinus und Omnes sancti.

Über den Inhalt des Offiziums gibt Chrodegang keine Auskunft, aber in Anbetracht des Einflusses der ‚Regula Benedicti' auf seine Chorherrenregel ist es sinnvoll, Benedikts Äußerungen über die Vigilien anzuführen (c. 14): „An den Festtagen der Heiligen oder allen Solennitäten soll, wie am Sonntag, so gehandelt werden, daß die oben (d. h. c. 11) beschriebene Art berücksichtigt wird, wobei die Psalmen oder Antiphonen oder Lektionen, die sich auf den Tag selbst beziehen, vorgetragen werden"[18]. Die Psalmen, Antiphonen und Lektionen werden also dem Festtag entsprechend gewählt. Bei den Lektionen ist an Texte zu denken, die der Apostelgeschichte, der Passio eines Märtyrers oder der Vita eines Heiligen entlehnt sind. Auch die Texte der Antiphonen und Responsorien für Heiligenfeste sind öfters auf diese Lektionen zurückzuführen. Den Einfluß, den Chrodegangs Regel hatte, dürfen wir nicht unterschätzen: Im Aachener Konzil (816) wurde sie allen Kathedralen des Frankenreichs zur Pflicht gemacht. Die Schola Mettensis wurde Lehrmeisterin des ganzen Frankenreichs, und sie blieb das bis ins 11. Jahrhundert[19].

Wichtige Information über die Musik im Dienste der Heiligenverehrung bietet uns Amalarius von Metz. Amalar war von 809 bis 813 Erzbischof von Trier und danach mit der Palastschule von Aachen verbunden. 823 schrieb er seinen im Mittelalter hochgeschätzten ‚Liber officialis', ein Handbuch der Liturgie, und um 830 verfaßte er, nach einer Romreise, sein ‚De ordine antiphonarii'[20]. In diesem Werk erklärt Amalar, wie er die Stundengebetsordnung von Metz ergänzt hat mit Gesängen aus dem bereits erwähnten, leider nicht bewahrt gebliebenen römischen Antiphonale zu Corbie. Beide Schriften Amalars sind wichtige Quellen für uns, vor allem, weil das von ihm für Ludwig den Frommen zusammengestellte Antiphonale verlorengegangen ist.

Im ‚Liber officialis' (IV, c. 35) sagt er über die *natalicia* der Heiligen: „Bei den Festen, die wir mit der Zahl 9 feiern, beten wir stehend, indem wir der heiligen Gemeinschaft der Engel und der heiligen Väter gedenken, die bereits in der ewigen Freude sind." Die Zahl 9, die Zahl der Engelchöre, verbindet er hier mit dem Aufbau der drei Nokturnen nach dem *cursus romanus*, in denen stets drei Psalmen mit Antiphonen und drei Lektionen mit Responsorien vorgetragen werden. In den folgenden Kapiteln (IV, c. 36 und 37) sagt er sinngemäß: „Wie an den Geburtstagen der Heiligen die Aufnahme ihrer Seelen in den Himmel gefeiert wird, so kann am Oktavfest die Auferstehung ihrer Körper gefeiert werden."

Aus seinem ‚De ordine antiphonarii' geht hervor, daß sich Amalar immer wieder zu entscheiden hatte. Bald wählt er das, was er im römischen Antiphonale findet, bald bevorzugt er die im Frankenreich übliche Liturgie. Auch erzählt er (c. 16), daß er in seiner Jugend „schon gesehen hatte, daß die Sänger den Vesperdienst, der einem Festtag vorangeht, mit festlicherem und glanzvollerem Gesang feierten als die Vesper des Festtages selbst, derart, daß manchmal in der ersten Vesper der Gesang der Heiligenfeste vorgetragen wurde und in der zweiten Vesper der der gewöhnlichen Tage". Amalar befürwortet diese Praxis nicht, läßt sie aber zu. Über die Nokturnen sagt er (c. 17): „Die Antiphonen, die wir im Nachtoffizium an Heiligentagen zu singen pflegen [...] sind von den *moderni* aus der Vielheit der Antiphonen ausgewählt worden, die wir aus dem römischen Antiphonale in das unsere übernommen haben. Wenn jemand sie lesen will, wird er finden, daß sie nicht von Anfang an so geordnet sind, wie sie bei uns gesungen werden. Die Responsorien habe ich so geordnet, wie der Gedankengang der *historia* und die Aufeinanderfolge der Ereignisse uns gelehrt haben." Offensichtlich war im römischen Antiphonale eine Vielzahl von Antiphonen nacheinander aufgeführt (Commune sanctorum).

Für die Responsorien gilt dasselbe (c. 64): „Die gemeinschaftlichen Responsorien für alle Heiligen habe ich nach dem römischen Antiphonale tituliert. Danach habe ich gesondert die der Apostel, die der Märtyrer und die der Bekenner aufgeschrieben. Dann die des Heiligen, der nicht Bischof genannt wird." Amalar hat offenbar die Neigung, die vorhandenen Gesänge zu ordnen.

Die Responsorien wählt er so, daß sie soviel wie möglich der Geschichte folgen, wie auch die Lektionen im Nachtoffizium aufeinanderfolgende Teile der Vita sind (siehe dazu auch c. 58 über Johannes Baptista und c. 60 über Petrus und Paulus).

Das wachsende Interesse an der Heiligenliturgie zeigt sich auch in der folgenden Stelle (c. 28): „In unser Antiphonale habe ich aus dem römischen viele Heiligenoffizien eingeführt, die das Antiphonale von Metz nicht enthält. Ich überlegte mir, weshalb ich sie auslassen sollte, da sie doch von derselben Autorität getragen werden wie die, die wir im Antiphonale von Metz antreffen, nämlich der unserer heiligen Mutter, der römischen Kirche. Wir haben auch einige wenige Offizien hinzugefügt, die nur unser Bezirk pflegt, wie die Antiphonen des heiligen Medardus und des heiligen Mauritius."

Trotz der ausführlichen Erläuterungen Amalars zu seinem Antiphonale ist es nicht möglich, dieses bis in Einzelheiten zu rekonstruieren. Einen guten Einblick in ein solches Antiphonale kann vielleicht das sogenannte Antiphonale Karls des Kahlen geben. Es stammt aus Compiègne und wird zwischen 860 und 880 datiert[21]. Für das Commune sanctorum finden wir vollständige Vigilien, die aus Vesper, drei Nokturnen und

Lauden bestehen, manchmal mit zusätzlichen Gesängen für die dritte
Nokturn und die Lauden. Jedesmal, wenn man ein Heiligenfest feiern
wollte, konnte man – je nach der Art des Heiligen – ausgehen von einem
Standardoffizium:

CAO[22]

	V	N	I	II	III	L
122 Antiphonas et responsoria in vigilia apostolorum	x		x	x	xx	xx
123 Antiphonas et responsoria in vigilia plur. mart.	x		x	x	xx	xxxx
124 Antiphonas et responsoria in vigilia unius mart.	x		x	x	x	x
125 In vigilia unius confessoris	x		x	x	x	xx
126 In vigilia unius virginis	x		x	x	x	x
140 Antiphonas ad invitatorium de cunctis festivitatibus sanctorum et diebus dominicis	17 + 11 (Osterzeit)					
142 Antiphonas de hymno sanctae Mariae	35 + 57 (+ All.)					

Diesen Standardoffizien des Commune sanctorum konnte man einen
Propriumcharakter geben: Man ersetzte einen oder mehrere Teile dieser
Vigilien und Lauden durch Gesänge, die sich auf einen bestimmten Heiligen beziehen. Ich meine drei Typen dieser Propria unterscheiden zu
können:
(1) Beim ersten Typus handelt es sich um die Lauden. Im Antiphonale
von Compiègne finden wir Lauden für die Feste von Brictius, Germanus, Mauritius, Quintinus, Symphorianus, Thomas, Philippus und Jacobus. Es sind dies lokale fränkische Bischöfe, Märtyrer aus dem 2. und
3. Jahrhundert und die Apostel Thomas, Philippus und Jacobus.
(2) Bei vielen Heiligenfesten werden vor den Lauden-Antiphonen einige
Responsorien und bisweilen auch Antiphonen erwähnt, die nicht in
Nokturnen eingereiht sind. Es betrifft Andreas (117/3), Clemens, Cosmas und Damianus, Exaltatio crucis, Hermes, Johannes und Paulus, Lucia, Marcellinus und Petrus, Mariae Nativitas und Mariae Assumptio.
Es handelt sich hier um Heiligenfeste, die römischen Ursprungs sind,
aber – mit Ausnahme von Andreas und Mariae Assumptio – nicht von
Amalar erwähnt wurden. Vielleicht spiegeln sie noch eine Entwicklungsphase außerhalb des Wirkungskreises von Metz wider.
(3) Vollständige Propria, d.h. mit einer Magnificat-Antiphon für die erste Vesper, mit drei geordneten, oft überkompletten Nokturnen und mit
Lauden und in vielen Fällen zusätzlichen Antiphonen *in evangelio*, finden wir für Andreas (120), Caecilia, Dionysius cum sociis, Hippolytus,
Innocentes, Johannes Baptista, Laurentius, Mariae Purificatio, Martinus, Medardus, Michael und Petrus. Zu dieser Gruppe gehören meines

Erachtens auch Crispinus und Crispinianus, Omnes sancti, Paulus und Stephanus, obwohl sie keine Antiphon für die erste Vesper haben. Nur das Petrus-Offizium und die zwei Andreas-Offizien kennen noch eine zweite Vesper. Es handelt sich hier vor allem um wichtige römische und fränkische Heilige, die größtenteils bereits von Amalar erwähnt wurden.

Der Einfluß von Rom auf die Liturgie in Metz und über Metz auf das ganze Frankenreich ist unverkennbar. Aber der Norden hatte auch seine eigenen Gesänge für seine eigenen Heiligen, und das bedeutet, daß längst nicht alles, was wir jetzt „gregorianischen Choral" nennen, römischen Ursprungs ist. Für die Heiligenoffizien gilt das in hohem Maße. Ich möchte das mit einigen Beispielen illustrieren.

Am Anfang des 10. Jahrhunderts entstehen in Metz und Umgebung ganz neue Offizien. Stephan, von 903 bis 920 Bischof von Lüttich, kam aus der Metzer Schule und schuf mindestens drei Offizien: ein Trinitäts-Offizium, ein Offizium auf St. Lambertus, den ehemaligen Bischof von Maastricht und Patron von Lüttich, und ein Offizium ‚De inventione Stephani protomartyris, dulci et regulari modulatione'. Dieses Stephanus-Offizium und drei andere Offizien aus der ersten Hälfte des 10. Jahrhunderts können auf berühmte Heiligtümer der Stadt Metz bezogen werden[23].

Das Besondere dieser neuen Offizien ist, daß die Antiphonen und Responsorien der Nokturnen nach der Reihenfolge der mittelalterlichen Tonarten komponiert sind. Die erste Antiphon, z. B. im Stephanus-Offizium, steht in der ersten, dorischen Tonart, die zweite Antiphon in der zweiten, hypodorischen Tonart usw. Ebenso die Responsorien[24].

Die Frage, warum Stephan von Lüttich die *historia*, d.h. die Reihe der Antiphonen und Responsorien, numerisch geordnet hat, hat die Wissenschaft bis jetzt noch nicht befriedigend beantworten können. In der Regel wird angeführt, daß man im 9. und 10. Jahrhundert den Tonarten der Gesänge überhaupt große Aufmerksamkeit schenkte[25], wie man aus theoretischen Traktaten aus dem Rhein-Maas-Gebiet ableiten kann, aber auch aus Tonaren, Katalogen von Gesängen, die nach der Tonart rubriziert sind[26]. Das trifft zwar zu, aber gibt noch keine Antwort auf die Frage, warum Stephan – und nach ihm noch Jahrhunderte lang zahllose Komponisten – dieses Prinzip auf die Zusammensetzung neuer Proprien angewendet hat. In Anbetracht der engen Bande Stephans mit Metz will ich versuchen, eine Erklärung in der Gedankenwelt des Amalar von Metz zu finden. In seinem ‚Liber de ordine antiphonarii', im Kapitel ‚De nativitate domini' (c. 15), sagt er am Schluß zu den Festen der Heiligen: „Aber auch hier soll bemerkt werden, daß wir, wie wir mit der Zahl 9, die an Weihnachten gefeiert wird, danken für den Abstieg Gottes bis in unsere Niedrigkeit, so auch mit derselben Zahl Gott danken an den Festen der Heiligen, da diese würdig sind, hinaufzusteigen bis in die Höhe der Himmel, wo die Engel wohnen."

Dieser Gedanke, daß der Heilige an seinem Geburtstag hinaufsteigt zu den Himmeln, wo die Engel wohnen, läßt sich symbolisch ausdrücken in den Tonarten, von denen die 1. und 2. mit D schließen, die 3. und 4. mit E, die 5. und 6. mit F, die 7. und 8. mit G – und die so immer höher hinaufsteigen. Daß eine 9. Tonart fehlt, hängt zusammen mit dem mittelalterlichen Tonsystem, das offiziell nicht mehr als acht Tonarten kennt. Zum Vergleich ziehe ich das Trinitäts-Offizium heran, wie es im monastischen Hartker-Antiphonale (St. Gallen, um 1000) vorkommt[27]:

43[2] a	YSTORIA DE SANCTA TRINITATE	Tonart
	Ant. Gloria tibi Trinitas aequalis u-	1
	Ant. Laus et perennis gloria Deo	2
	Ant. Gloria laudis resonet in ore	3
	Ant. Laus Deo Patri parilique Pro-	4
	Ant. Ex quo omnia per quem om-	5
	Ant. Gratias tibi Deus gratias tibi	1
	Ad Inv. Ant. Deum verum unum in	4
	IN I NOCTURNO	
	Ant. Adesto Deus unus omnipotens Ps. Domine Dominus noster *	1
	Ant. Te unum in substantia trinum Ps. Celi enarrant *	2
	Ant. Te semper idem esse vivere et Ps. Domini est terra *	3
	Resp. Benedicat nos Deus Deus	1
	Resp. Benedictus Dominus Deus Is-	2
	Resp. Quis Deus magnus sicut Deus	3
	IN II NOCTURNO	
	Ant. Te invocamus te adoramus te Ps. Eructavit *	4
	Ant. Spes nostra salus nostra honor Ps. Deus noster *	5
	Ant. Libera nos salva nos justifica Ps. Magnus Dominus *	6
	Resp. Magnus Dominus et magna	4
	Resp. Gloria Patri geniteque Proli	5
	Resp. Honor virtus et potestas et	6

	IN III NOCTURNO	
	ANT. Caritas Pater est gratia Chris-	7
	Ps. Benedixisti *	
	ANT. Verax est Pater veritas Filius	8
	Ps. Fundamenta *	
	ANT. Una igitur Pater Logos Para-	8
	Ps. Cantate *	
	RESP. Summe Trinitati simplici Deo	7
	RESP. Benedicamus Patri et Filio	8
	RESP. Te Deum Patrem ingenitum	4
43²	*AD MATUTINUM*	
b	ANT. O beata et benedicta et glo-	7
	ANT. O beata benedicta gloriosa	7
	ANT. O vera summa sempiterna Tri-	7
	ANT. O vera summa sempiterna	7
	ANT. Te jure laudant te adorant te	7
	IN EV. ANT. Benedicta sit creatrix et	4
	AD VESPERUM	
	ANT. Benedicta sit sancta Trinitas	1
	ANT. Gloria et honor Deo in uni-	3
	ANT. In Patre manet aeternitas in	6
	ANT. Sanctus sanctus sanctus Domi-	8
	ANT. Gloria et honor et benedictio	8
	ANT. Benedictio et claritas et sa-	8

In diesem Offizium sind selbst die fünf Antiphonen der ersten Vesper numerisch geordnet (1 bis 5).

Im ‚Micrologus de ecclesiasticis officiis' (1086–1100) von Bernold von Konstanz lesen wir über diese zwei Offizien[28]: „Denn man sagt, daß ein gewisser Stephanus von Lüttich dieses (Trinitäts-)Offizium komponiert hat, wie auch die ‚Historia de inventione Stephani', welche beide von dem heiligen Apostolischen Stuhl abgelehnt werden"[29]. Trotz dieser Ablehnung durch Rom hat das Stephanus-Offizium sich an mehreren Orten innerhalb des Rechtsgebiets von Lüttich behaupten können und hat das Trinitäts-Offizium sogar eine schnelle und große Verbreitung nach außen gefunden.

Überall, wo das neue Stephanus-Offizium nicht eingeführt wurde, finden wir Formen eines Offiziums, das aus oft älteren Gesängen zusammengesetzt ist. Wenn wir den Anfang der *historia* in verschiedenen Handschriften vergleichen, sehen wir, daß einige Gesänge zwar in allen Fassungen vorkommen, aber daß die Reihenfolge verschieden ist[30].

Die Antiphonen der ersten Nokturn sind in allen drei Handschriften verschieden. Die ersten drei der vier Responsorien in „C" kommen in derselben Reihenfolge vor in „G", aber nur zwei dieser drei in „B", und in anderer Reihenfolge. Die Antiphonen in „G" sind numerisch geordnet, die Responsorien aber nicht. Wenn wir das in Utrecht im 12. Jahrhundert gesungene Stephanus-Offizium dazunehmen[31], entdecken wir, daß es die Antiphonenordnung von „G" hat, aber die Responsorienordnung von „B". Neben der Vielzahl an traditionellen Offizien, die in großer Verschiedenheit nebeneinander bestehen blieben, wurden fortwährend neue Offizien verfaßt, die selbst auch wieder variiert wurden. Eines dieser neuen Offizien ist das numerische Nikolaus-Offizium, das Reginold von Eichstätt um 960 komponierte und aufgrund dessen er zum Bischof ernannt wurde[32]. Numerisch geordnet sind auch die etwas jüngeren Offizien für Stephanus, Johannes Evangelista, Vincentius, Gregorius, Petrus, Hylarius und Matthäus[33].

Es ist sehr wahrscheinlich, daß viele der mehr als tausend neuen Reimoffizien, die von der Mitte des 12. Jahrhunderts bis in das 16. Jahrhundert entstanden sind und deren Texte in zehn Bänden der ‚Analecta Hymnica' gedruckt sind[34], auch numerisch geordnet sind. Ich denke an Franziskus, Clara, Antonius und Visitatio Mariae[35]. Leider ist die Musik der vielen anderen, oft lokalen Offizien noch kaum zugänglich[36].

Die Heiligen-Offizien des Mittelalters sind in ihrer Verschiedenheit Zeugen einer lebendigen liturgischen, literarischen und musikalischen Praxis. Die Zusammenfassung meines Beitrages überlasse ich Radulph von Tongeren, der im 14. Jahrhundert, in seinem ‚De canonum observatia', sagte[37]: „Die ‚historiae de tempore' sind bei allen Völkern beinahe uniform, in Übereinstimmung mit dem römischen Antiphonale. Aber was die Heiligen oder die Heiligenfeste anbelangt, konformieren die italienischen Kirchen sich mehr mit dem römischen (Antiphonale), weil sie am wenigsten bereit sind, Proprium-historiae der Heiligen zuzulassen. Doch die gallikanischen, die englischen und schließlich die alleman-

COMPENDIENSIS (C)	GALLICANUS (G)	BAMBERGENSIS (B)
(= Paris, Bibl. Nat., lat. 17436. N.-Frankreich, 9. Jh.)	(= Durham, Cathedral Libr., B III 11. N.-Frankreich, 11. Jh.)	(= Bamberg, Staatliche Bibl., lit. 23. Ende des 12. Jh.)
IN VIGILIA SANCTI STEPHANI MARTYRIS	IN NATALE SANCTI STEPHANI	IN NATALE SANCTI STEPHANI PROTHOMARTYRIS
	ANT. Intuens in celum beatus Stephanus autem plenus gra-	ANT. Stephanus autem plenus gra-
AD INV. ANT. Regem martyrum Do-	INV. Beatus Stephanus Christi mar-	INV. Regem prothomartyris Stepha- [PS.] Venite *
	IN I NOCTURNO	
ANT. Beatus vir qui in lege Domini PS. *Ipsum.*	ANT. Beatus Stephanus jugi legis PS. Beatus vir *	ANT. Hesterna die Dominus natus PS. Beatus vir *
ANT. Beatus iste sanctus qui confi- PS. Quare fremuerunt *	ANT. Constitutus a Deo predicator PS. Quare *	ANT. Qui enim corpori suo Virginis
ANT. Tu es gloria mea tu es su- PS. Domine quis habitavit *	ANT. In tribulatione lapidum se PS. Domine quid *	ANT. Presepis angustia Christum
VERS. Voce mea *		[VERS.] Gloria et honore *
RESPONSORIA UNDE SUPRA		
RESP. Lapidabant Stephanum invo- RESP. Videbant omnes Stephanum RESP. Stephanus autem plenus gra- RESP. Video celos apertos et Jhesum	RESP. Lapidabant Stephanum invo- RESP. Videbant omnes Stephanum RESP. Stephanus autem plenus gra-	RESP. Hesterna die Dominus natus RESP. Stephanus autem plenus gra- RESP. Videbant omnes Stephanum

nischen Kirchen haben in ihre Liturgie mehr Proprium-historiae der Heiligen aufgenommen. Aber in bezug auf das römische Antiphonale muß geduldet werden, daß in der Reihenfolge der Responsorien und ihrer Verse oft Unterschiede bestehen zwischen den verschiedenen Völkern und Kirchen. Denn weder werden überall die gleichen Verse gesungen, noch wird dieselbe Reihenfolge der Responsorien und Antiphonen eingehalten."

Abkürzungen

AH   Analecta Hymnica medii aevi, hrsg. von G.M. DREVES und Cl. BLUME, 55 Bände, Leipzig 1886–1921.

CAO   Corpus Antiphonalium Officii, hrsg. von R.-J. HESBERT, 6 Bde., Roma 1963–1979 (Bd. 1: Manuscripti „cursus romanus"; Bd. 2: Manuscripti „cursus monasticus").

PL   Patrologiae cursus completus, series Latina, hrsg. von J.-P. MIGNE, Paris 1844ff.

Anmerkungen

[1] J. SZÖVÉRFFY, Die Annalen der lateinischen Hymnendichtung. Ein Handbuch, I: Die lateinischen Hymnen bis zum Ende des 11. Jahrhunderts, Berlin 1964, 78ff.
[2] P. BROWN, The Cult of the Saints. Its Rise and Function in Latin Christianity, Chicago (cop.) 1981, Kap. 2: A Fine and Private Place.
[3] Auch die Hymnen, die Aurelius Prudentius Clemens am Anfang des 5. Jahrhunderts mehreren Heiligen widmete, sind wohl als private Lesestücke zu verstehen (vgl. J. SZÖVÉRFFY [wie Anm. 1], 78ff.).
[4] Ebd., 50–51.
[5] Ebd., 119ff.
[6] Ebd., 149ff.
[7] AH 27:175.
[8] AH 27:244.
[9] W. H. LINDSAY (Hrsg.), Isidori Hispalensis episcopi Etymologiarum sive originum libri XX, Oxford 1911, lib. VI, c. XIX, 17.
[10] J. SZÖVÉRFFY (wie Anm. 1), 167ff.
[11] AH 50:111.
[12] AH 50:108.
[13] M. WEIDEMANN, Kulturgeschichte der Merowingerzeit nach den Werken Gregors von Tours, Mainz 1982, Teil 2, 218–231.
[14] Ebd., 225–227.
[15] Ebd., 183.
[16] W. LIPPHARDT, Der karolingische Tonar von Metz, Münster/W. 1965, Kap. 1:

Die Schola Mettensis und ihre Bedeutung für die Choralgeschichte des Mittelalters (S. 1–6).
[17] PL 89, 1057–1098.
[18] J. CHAMBERLAIN (Hrsg.), The Rule of St. Benedict: The Abingdon Copy, Toronto (cop.) 1982, 36.
[19] W. LIPPHARDT (wie Anm. 16), 1–6.
[20] J.M. HANSSENS, Amalarii Episcopi opera liturgica omnia, I: Introductio. Opera minora, II: Liber officialis, III: Liber de ordine antiphonarii (Studi e testi 138–140), Città del Vaticano 1948–1950.
[21] Jetzt in Paris. Vgl. CAO I, XVII–XIX.
[22] Die Nummern korrespondieren mit denen in CAO I.
[23] W. LIPPHARDT (wie Anm. 16), 4–5.
[24] Für Text und Musik des vollständigen Offiziums vgl. A. AUDA, L'école musicale liègeoise au Xe siècle: Etienne de Liège, Bruxelles 1923, 58–66.
[25] P. WAGNER, Zur mittelalterlichen Offiziumskomposition, Kirchenmusikalisches Jahrbuch 21 (1908), 13–32; R.L. CROCKER, Matins Antiphons at St. Denis, Journal of the American Musicological Society 39 (1986), 441–490.
[26] M. HUGLO, Les Tonaires. Inventaire, Analyse, Comparaison, Paris 1971.
[27] Sankt Gallen, Stiftsbibliothek, Ms. 390–391. Faks.-Ed.: Paléographie Musicale, IIe Série, I: Antiphonale du B. Hartker, Solesmes 1900, 101–105. – Text und Musik des Trinitäts-Offiziums in A. AUDA (wie Anm. 24), 113–121. Text-Incipits nach CAO II, Nr. 43^2, und Tonart-Nummern nach P. WAGNER (wie Anm. 25), 17.
[28] PL 151, 1020.
[29] A. AUDA (wie Anm. 24), 46.
[30] CAO II, Nr. 20a, 40.
[31] Utrecht, UB, Ms. 406, fol. 25^r–27^r (Antiphonale der Utrechter Marienkirche).
[32] Ch.W. JONES, Saint Nicholas of Myra, Bari and Manhattan. Biography of a Legend, Chicago 1978, 113.
[33] R.L. CROCKER (wie Anm. 25), 450.
[34] AH 5, 13, 17, 18, 24, 25, 26, 28, 41a, 45a.
[35] P. WAGNER (wie Anm. 25).
[36] A. HUGHES, Late medieval rhymed offices, Journal of the Plainsong & Medieval Music society 8 (1985), 33–49.
[37] Max. bibl. patr. 26, 299ff., prop. XII; zitiert bei P. WAGNER, Einführung in die gregorianischen Melodien, I: Ursprung und Entwicklung der liturgischen Gesangsformen bis zum Ausgange des Mittelalters, Leipzig ^{3}1911, 301, Nr. 1.

Edgar Harvolk

„Volksbarocke" Heiligenverehrung und jesuitische Kultpropaganda

Volksbarock – der Begriff bedarf einer Erklärung. In die Wissenschaft eingebracht hat ihn Leopold Kretzenbacher mit seinem Buch ‚Heimat im Volksbarock' von 1951[1]. Der Begriff erweist sich als relativ praktikabel, kann aber auch mißverstanden werden. Die Komponente „Volk", dieses stets problematische Wort, wird heute niemand mehr zu der Ansicht verleiten, es gehe um Phänomene, die aus einer kollektiven Gleichgestimmtheit erwachsen, gleichsam aus der Volksseele emporgestiegen sind, wie es die Romantiker und die Schar ihrer Epigonen sich vorstellten. Dieser Erblast hat die Volkskunde sich seit langem entledigt. Volk, das ist auch die durch jedwede Propaganda lenkbare Masse, deren Agieren sich bei näherem Hinsehen oft genug als bloßes Reagieren entpuppt. Die zweite, gleichfalls nicht unproblematische Komponente weist auf ein kulturgeschichtliches Ereignis, das ein lange nachwirkendes Reagieren auf breiter Ebene evoziert hat. Die Rehabilitation des einst so verpönten Barock im späten 19. Jahrhundert machte bewußt, daß die sogenannte Volkskultur in vielfältiger Weise hier Wurzeln hat. Die rezipierten Ideen und Phänomene – teils originäre Schöpfungen, teils aus vorangegangenen Zeiten übernommen und weitergeformt – haben durch die Popularisierung das Barock überdauert, wirken teilweise sogar bis heute fort. So geht auch Kretzenbacher in den meisten Beiträgen seines Sammelbandes von gegenwärtig Erfahrbarem aus. Als volksbarock bezeichnen wir tradierte Vorstellungen, Verhaltensweisen und Objektivationen, deren historisches Wirken nicht insgesamt, sondern allenfalls im Einzelfall eingrenzbar ist. Vieles ist abgestorben oder wurde unterbunden, manches überdauerte größere Zeiträume. Ein Beispiel: Die Verehrung der sogenannten Katakombenheiligen setzte in der Barockepoche ein, aber noch kurz vor der Mitte des 19. Jahrhunderts lassen sich festliche, wenngleich weniger pompöse Translationen nachweisen[2]. Solche formalen Wandlungen und ihre Ursachen darzulegen ist eine unserer Aufgaben. Die andere besteht im Freilegen der Kanäle der Vermittlung: Wer hat was aus welcher Überlegung und auf welche Weise zum Allgemeingut, zum Teil der Volkskultur, werden lassen?

So gesehen ist das Thema kaum zu bewältigen; Beschränkung tut not.

Die folgenden Ausführungen erfassen demnach lediglich exemplarische Aspekte des jesuitischen Anteils an der Propagierung von Heiligen. Ehe wir uns einigen im 17. Jahrhundert neu eingeführten Gestalten zuwenden, sei ein Beispiel für einen von der Societas Jesu (SJ) wiederbelebten Kult skizziert: den um Cosmas und Damian, das heilige Ärztebrüderpaar aus Kleinasien, dessen Verehrung von Byzanz/Konstantinopel im Laufe des Mittelalters nach Europa ausstrahlte, dann reformationsbedingt schrumpfte und schließlich unter jesuitischer Pflege zu neuer Blüte in Süddeutschland gelangte. Auslösend für den barocken Kult wirkte die Übertragung der Reliquien von Bremen nach München[3]. Ein derartiger Vorgang stellte keinen Einzelfall dar. So wurden auch die Gebeine des hl. Benno aus dem ebenfalls protestantisch gewordenen Meißen in die Frauenkirche der bayerischen Metropole verlegt[4]. Im Fall der hl. Ärzte lag die Translation nach München nahe – zum einen, weil sich seit 1606 in der dortigen Hofkapelle deren Kopfreliquien befanden, zum anderen, weil sich dort das deutsche Zentrum der Jesuiten etabliert hatte, die dem hl. Brüderpaar in besonderer Weise zugetan waren. Der 27. September, der Festtag von Cosmas und Damian, ist zugleich der Geburtstag des Ordens, der am 27. September 1540 durch Papst Paul III. bestätigt worden war. Die für den 27. September 1649 vorgesehene Überführung der alten und neuen Reliquien nach St. Michael wurde wegen Bedrohung durch eine Pestepidemie auf Oktober verschoben. Daß die Hauptstadt schließlich von der Seuche verschont blieb, galt als das erste durch die Fürbitte der beiden Heiligen erwirkte Mirakel für München, dem alsbald noch zahlreiche Erhörungen folgen sollten.

Der Erwerb der Reliquien, die Ausrichtung einer pompösen Überführungsprozession sowie die Initiierung der allgemeinen Devotion wäre ohne die entsprechenden Aktivitäten des Wittelsbachischen Hofes natürlich nicht möglich gewesen. Der Großvater des damaligen Regenten, des Kurfürsten Maximilian I., Herzog Albrecht V., entschied sich für den alten Glauben, holte die Jesuiten nach München und machte durch den Erwerb der Benno-Reliquien die Frauenkirche zum großen Wallfahrtsziel. Der Vater, Herzog Wilhelm V., errichtete dem Orden das Kolleg und die repräsentative Michaelskirche[5]; ihm schenkte der Bamberger Bischof Johann Philipp die erwähnten Kopfreliquien. Maximilian setzte die Religionspolitik seiner Vorfahren fort, entschied sich für den Erwerb der Reliquien aus Bremen und bestimmte St. Michael zu ihrem Standort. Das Vorbild blieb nicht ohne Wirkung.

Die Anfänge der Kaufbeurer Wallfahrt zu den Heiligen Cosmas und Damian sind ebenfalls in Zusammenhang mit dem Auftreten der Jesuiten zu sehen[6]; als sie 1627 ihre Niederlassung einrichteten, war das vor der Stadt gelegene gotische Kirchlein bedeutungslos. Seine Übertragung an die Marianische Congregation, seine theaterhafte Ausgestaltung, seine Bruderschaftsfeste, die karfreitäglichen Kreuzzieher- und Geißlerprozessionen sowie erste Wunderberichte machten das Heiligtum wieder zu einem Anziehungspunkt. Die Promulgation weiterer Erhörungen, die Gewährung von Ablässen, die Translationen von Reliquien diverser Heiliger ließen die Wallfahrtsstätte gedeihen und darüber vergessen, daß die Kaufbeurer Bürgerschaft vor noch nicht allzulanger Zeit zu zwei Dritteln protestantisch gewesen war. Die Voraussetzung für die beschriebene Entwicklung war die rigoros erzwungene Konversion.

Das Beispiel zeigt: Hatte die weltliche Obrigkeit die Rahmenbedingung geschaffen, erleichterte das schon vorhandene Patrozinium die Neuentfachung des Kultes. Schwieriger war sicher die Propagierung neuer Heiliger. Da hieß es, den Bedarf zu wecken bei einer mit althergebrachten, bewährten Schutzpatronen gut eingedeckten Bevölkerung. „Wie wird man ein Heiliger der Gegenreformation?" – so hat Peter Burke ein Kapitel eines seiner neueren Bücher überschrieben[7]. Als Antwort stellt er Wege zur Kanonisation dar. Diese beschäftigen uns hier weniger. Unsere Frage lautet: „Wie wird man ein Heiliger des Volksbarock?" Uns interessiert die Art und Weise, wie der Glaube an einen neuen Heiligen unter die Leute gebracht wurde. Dazu bedurfte es einer wohldurchdachten Strategie, die es unter Berücksichtigung traditioneller Kultformen zu entwickeln galt. War schon der Heilige neu, so sollte doch das Gefüge der Vorstellungen vom und die Praktiken im Umgang mit dem Numinosen vertraut sein.

Die Installierung der bedeutenden Franz-Xaver-Wallfahrt im damals untersteirischen Oberburg zu Beginn des 18. Jahrhunderts bietet eine aufschlußreiche Fallstudie[8]. Die Jesuiten hatten ihren großen Missionar in den Städten Graz und Leoben bereits mit Erfolg bekannt gemacht. Nun wollte der Weltpriester Achatius Sterschiner den Heiligen seinen bäuerlichen Pfarrkindern vermitteln, wozu er mit der Unterstützung eines beratenden Jesuiten einen Zehnstufenplan verwirklichte:

(1) Wahl des Kultplatzes: hier ein Hügel, auf dem eine Barbarakapelle stand;
(2) Einführung einer Andacht: hier die neuntägige zu Ehren Franz Xavers;
(3) Aufstellung eines Bildes: hier die Darstellung des sterbenden Missionars;

(4) Bekanntmachung eines Wunders: hier eine Blindenheilung in Verbindung mit einer visionären Schau des Heiligen;
(5) Aufstellung eines Altars; Messen und Predigten;
(6) Bau einer Kapelle, währenddessen erneut Wunder geschehen – d.h.: jede Besonderheit wird auf die Einwirkung des Heiligen zurückgeführt;
(7) Errichtung einer eigenen Kirche, dabei erneute Mirakel;
(8) Anbringung von Mirakelbildern für die leseunkundigen Kirchenbesucher;
(9) Erwerb von Reliquien;
(10) Ausgabe von gedruckten Andachtsbildchen und Mirakelbüchern.

Daß der Heilige und seine Devotion in relativ kurzer Zeit von der Bevölkerung angenommen wurden, lag nicht zuletzt an dem Angebot neuer, aber in ihrer Wesensart doch vertrauter Heilmittel. Die Bedeutung der geistlichen Remedien kann für die Geschichte der Volksfrömmigkeit gar nicht hoch genug eingeschätzt werden. Sie festigten nicht nur die Bindung an bestimmte Kultplätze, sondern konkurrierten mit den profanen Mitteln superstitiöser wie schulmedizinischer Provenienz, deren Nutzlosigkeit ja immer wieder durch Votivbilder und Mirakelaufzeichnungen demonstriert wurde[9].

In Oberburg gab es die am Gnadenbild berührten Andachtsbildchen als Heil- und Schutzmittel, ferner das durch Eintauchen einer Reliquie geweihte Wasser und vor allem das Ampelöl zur inneren und äußeren Anwendung.

Öl war im Christentum stets von herausragender Bedeutung. Die Anwendung speziell von Ampelöl als Heilmittel ist aus mehreren barocken Mirakelaufzeichnungen bekannt. Man denke an das Augsburger Simpertiöl[10] oder an das Antoninusöl in Landshut-Seligenthal[11]. Xaveriusöl gab es auch in München. Anton Crammer, Probst der Jesuitenkirche St. Michael, schrieb 1780 darüber: *Der Xaverianische Altar wurde vom Marmel im Jahre 1624 gesetzt (...). Bald darauf hat sich dieser Heilege* (sic!) *gegen seine Pflegkinder wundergutthätig erwiesen, indem er in dem Jahre 1632 bey 200 Krankliegenden durch das Oel aus selber Ampel die Gesundheit mitgetheilt*[12].

Heilkräftiges Ampelöl und geweihtes Wasser spielen auch im Ignatiuskult eine wichtige Rolle[13]. Bereits vor der Kanonisation des Ordensgründers gab es ignatianische Wasserbenediktionen in Spanien. In Mitteleuropa kannte man Ignatiusmedaillen oder -bildchen, mit denen die Kölner Reliquie, die Soutane des Heiligen, berührt worden war und die ins Wasser getaucht wurden. In Köln gab es außer dem Ignatius- und Xaveriuswasser noch das Aloysius-Wasser, das Franz-de-Hieronymo-Wasser und – seltener gebraucht – das Donatus-Wasser. Derlei stellt keine barocke Innovation dar, sondern einen Rückgriff auf spätmittelalterliche Gepflogenheiten. Seit dem 13. Jahrhundert fand in vielen Kirchen am 3. Februar die Weihe des Blasius-Wassers statt, seit dem 15. Jahrhundert sind Benediktionen des Stephani-Wassers belegt. Daß die Jesuiten dieser Tradition durchaus geneigt waren, zeigt sich nicht nur am Ignatius- und Xaverius-Wasser. Innsbrucker Jesuiten waren es, die erstmals das Pirmins-Wasser durch Eintauchen einer Reliquie weihten[14].

Ignatius galt alsbald als mächtiger Beschützer bei Erkrankungen von Mensch und Tier. Eine besondere Rolle spielte er als himmlischer Geburtshelfer[15]. Derartige Spezialpatronate können aus verschiedenen Gründen entstehen. Bei der hl. Margarethe leitet es sich von einer Legende her: Weil sie den Bauch des Drachen, der sie verschlungen hatte, durch das Kreuzzeichen sprengte, vermöge sie auch bei schweren Geburten den Mutterleib gleichsam zu öffnen. Im Fall des hl. Ignatius gibt es ein Vorbildmirakel: „Weil eine gefährlich erkrankte schwangere Frau nach Anrufung des hl. Ignatius glücklich entband, deren totgeborenes Kind zum Leben kam und später die Sprache erlangte"[16], wurde er zum Schutzheiligen der werdenden Mütter. Ein an seiner Soutane berührter Gürtel, der während der Schwangerschaft getragen wurde, ist in der niederrheinischen Ordensprovinz der Jesuiten in Gebrauch gewesen[17].

Auch hierbei haben wir es nicht mit einer barocken Innovation zu tun. Vielmehr ist die Gürtung Schwangerer und Gebärender ein früh bezeugter Usus, der nicht unbedingt mit religiöser Anschauung verbunden sein muß. Profanes und Sakrales stehen hier nebeneinander. Spezielle Riemen aus Hirsch- oder Schlangenleder, gelegentlich auch aus Menschenhaut, aus Werg oder Hanf wurden gleichermaßen verwendet wie auch der Gürtel des Ehemannes – so erstmals bei Plinius –, der einer Jungfrau oder eines Primizianten. Letzteres ist durch den ‚Thesaurus pauperum' für das 13. Jahrhundert bezeugt[18]. Daneben steht der Sakralbereich mit geweihten Walburgisbändern aus Eichstätt oder der Gürtelreliquie der hl. Verena[19]. Die Schwangere, die einen geweihten schwarzen Ledergürtel der Augustinereremiten um den bloßen Leib trug, glaubte gegen Beschwerden gefeit zu sein. Gürtel, die an dem weithin berühmten Kreuz in Lucca angerührt worden waren, galten als Genesungsmittel[20]; möglicherweise wurden sie auch bei Geburten verwendet. 1575 schildert der Münchner Hofprediger Jakob Rabus eine römische Gepflogenheit an Petri Stuhlfeier: *Auf dies Fest werden zu Rom etliche seidene Gürtel gemacht, die werden hernacher consecriert und umb benannten Sessel Petri fadenweis herumb gewunden, sein alsdann ein gewiß und in ganz Italia weit probiert Mittel für schwangere Weiber, die nit gebären können, werden durch Gebrauch dieses seligen Mittels ihrer Leibesfrucht bald entbunden.* Derselben Gürtel haben die Pilgram etliche herausgeführt, hat Gott dadurch gleichs Schlags glücklich und wohl geholfen[21].

Auch die *longitudines* und andere „wahrhafte" Maße gehören in diesen Zusammenhang: die Länge Christi oder das Maß des Gürtels Mariens[22] aus Stoff oder Papier vor allem, daneben lokale Sonderformen wie die Richildislängen aus dem oberbayerischen Wallfahrtsort Hohenwart[23]. Bänder in der Länge eines Sixtusbildes sind spätestens seit der Mitte des 15. Jahrhunderts für Gebärende gebietsweise in Gebrauch[24].

Diese keineswegs vollständige Zusammenstellung zeigt, daß sich der niederrheinische Ignatiuskult hinsichtlich der Schwangerengürtung auf durchaus traditionellem Gebiet bewegt – gleichermaßen wie im Fall der Wasserbenediktionen und des Ampelöls.

Und doch – auf das kirchlich Sanktionierte allein wollte man sich nicht verlassen. Der Aberglaube blühte wie eh und je. *Superstitio* und *pietas* aber sind unentwirrbar verflochten in der Vorstellungswelt des Volkes. Reliquien und liturgisches Gerät, heilige Namen und Segensformeln, Benediziertes und Konsekriertes haben immer wieder für außerkirchliche magische Praktiken herhalten müssen. Aus gegebenem Anlaß warnt der Artikel XII des ‚Rituale Augustanum' von 1764: „Der Priester hüte sich, daß er nicht leichtfertig etwas segne, von dem mit Recht vermuten kann, daß es zu verkehrten und abergläubischen Zwecken mißbraucht werde"[25].

Artikel XVII handelt von den Fürsprechern, wobei auch die beiden bedeutendsten Jesuitenheiligen genannt werden: Franz Xaver wird gegen Blitz und Hagel angerufen, Ignatius „gegen die Einflüsse der bösen Geister"[26]. Diese wenig präzise Formulierung ist nicht unbedenklich, denn Geisterglaube entspringt unterschiedlichen Vorstellungssphären. Welcher Gattung von bösen Geistern gehören beispielsweise jene an, die die Macht haben, das Bier sauer werden zu lassen, so daß die Mindelheimer Brauer des 17. Jahrhunderts sich veranlaßt sahen, geweihte Ignatiusbildchen in die Fässer zu legen?[27] Ist das nicht nur die verchristlichte Variante der allenthalben bekannten, mehr oder weniger absurden Maßnahmen zur Konservierung?[28] Wo hört der falsche Glaube auf, wo fängt der rechte an? Da gibt es keine Grenze: Die Leichtgläubigen findet man unter den Gläubigen.

Wer sich streng an die verbriefte Vita des Ignatius von Loyola hält, wird nichts finden, was ihn in besonderem Maße zum populären Heiligen prädestiniert. Aber die (auch bildlich wiedergegebene) Geschichte, er habe mehrmals den Leibhaftigen mit einem Stock verjagt, war ebenso eingängig wie das erwähnte Geburtsmirakel. *Hilff der Gebärenden, Gesundheit des Viehs, Schrecken der Gespenster* – so lautet der Text auf einem Druckbildchen. Aus dem baskischen Edelmann und studierten Theologen war ein Jedermannsheiliger geworden, auf den man in den Nöten des alltäglichen Lebens zählen konnte.

Die Pragmatik der sogenannten Volksfrömmigkeit kümmert sich nicht um die Programmatik der Lehre, gefährdet sie womöglich sogar, weil sie Angriffsflächen schafft. Das Ignatiusbildchen im Viehstall und im Bierfaß wird geduldet, wohl wissend, daß es austauschbar ist und daß solches Verhalten nichts mit der spezifisch ignatianischen Religiosität zu tun hat, die Benno Hubensteiner folgendermaßen definiert: „Es ist die Frömmigkeit der methodischen Betrachtung, der heroischen Abtötung, der bedingungslosen Tat. Einerseits ein ‚Age contra te ipsum', das dem gewaltig andringenden Barock und seinem Trachten nach dem äußeren Schein einen Damm entgegensetzt; andrerseits das ‚Ad maiorem Dei gloriam', das einen glühenden Enthusiasmus für den himmlischen König zusammenspannt mit einer möglichst allseitigen Ausbildung der natürlichen Kräfte und einer kühlen Berechnung aller zweckdienlichen Mittel"[29].

Doch nun zur zentralen Frage: Worin bestand das eigentlich Neue an der barocken Frömmigkeit, insbesondere hinsichtlich der Heiligenverehrung? Es gibt Wissenschaftler, die eine derartige Formulierung von vorneherein ablehnen mit dem Argument, die Setzung eines Epochenbegriffs führe zwangsläufig in die Irre. So meint etwa Jacques Heers, das Ziehen einer Epochengrenze sei für jede „ernsthafte Erforschung der Formen der Zivilisation [...] fragwürdig, bodenlos"[30].

Was den Barockbegriff betrifft, so ist er umstritten wie kaum eine andere Epochenbenennung. Man könnte argumentieren: Er war tauglich, weil seine positive Besetzung im fortgeschrittenen 19. Jahrhundert die Rehabilitation des 17. Jahrhunderts auslöste; er kann nunmehr außer Dienst gestellt werden. Als Stilbegriff war er zunächst bei den Kunsthistorikern in Gebrauch gekommen, wurde dann auf die Literatur übertragen und hat sich gegen Widerstände behauptet. Fern jeglicher Euphorie, aber mit durchreflektierter Pragmatik hat ihm der Tübinger Germanist Wilfried Barner einen „positiven Verständigungswert" zuerkannt[31]. Ungeachtet seiner einstigen ideologischen Befrachtung sowie seiner von Adorno monierten Mißbrauchbarkeit scheint mir der Status quo akzeptabel. Daß die Grenze sowohl zu früheren als auch zu späteren Zeiten nur locker gezogen werden darf, ist selbstverständlich.

Noch einmal Heers. Seine Überlegung gipfelt in dem Satz: „Der Begriff des mittelalterlichen Festes ist ein Phantom." Ist es also erlaubt, von barocker bzw. volksbarocker Heiligenverehrung zu sprechen? Sind Hubensteiner, Kretzenbacher und Schreiber einem Phantom aufgesessen? Ich meine, eine gewisse Grenzziehung ist in dem hier zur Debatte stehenden Kontext keineswegs abwegig, wird man doch schwerlich leugnen können, daß vom Tridentinum Impulse ausgingen.

Also doch die Frage: Was war neu, und was war übernommenes Gut? Zwei negative Aussagen zunächst: Man könnte erwarten, daß die religiöse Erneuerung nach dem Konzil eine Vielzahl neuer Heiliger und neuer Formen der Devotion mit sich brachte. Beides war nicht der Fall. Daß der Aufschwung der Heiligenverehrung im 17. und 18. Jahrhundert keineswegs in entsprechendem Maße zur Innovation von Vorstellungen und Praktiken führte, sondern daß vielfach aus dem altvertrauten Repertoire geschöpft wurde, haben unsere kleinen Exkurse zur Wasserbenediktion und zur Schwangerengürtung gezeigt. Auch von einer nennenswerten Vermehrung der Heiligen kann keine Rede sein – im Gegenteil. Peter Burke spricht sogar von einer „Krise der Kanonisierung"[32] angesichts der Tatsache, daß zwischen 1524 und 1587 keine Heiligsprechung stattfand. Eine zweite Lücke brachte das 17. Jahrhundert – von 1629 bis 1658 –, eine dritte das 18. Jahrhundert: In den vier Jahrzehnten nach 1767 gab es keine Heiligsprechung. Im Zeitraum von 1588 bis 1767 wurden lediglich 55 Personen als Heilige proklamiert.

Also doch die Frage: Was hat sich geändert? Es war keine Vermehrung der Heiligen, sondern deren Nähe, in die sie nunmehr gerückt waren. Daß das Apostelgrab im fernen Santiago de Compostela eine Stätte der Gnade war, wußte man seit langem. Daß aber auf einmal in das eigene, bis gestern noch ziemlich unbekannte Dorf Tausende von weither zusammenströmten, um einem wundertätigen Bild Verehrung zu erweisen – das war in dieser Häufigkeit noch nicht dagewesen. So überschaubar die Zahl der Typen von Wallfahrtsgründungslegenden ist, so unüberschaubar ist die Zahl der wiederbelebten und neuentstandenen, oft freilich recht kurzlebigen Gnadenstätten jener Zeit. Allenthalben waren die Heiligen präsent. In der vertrauten Umwelt entdeckte man Spuren ihres irdischen Wandels, in Träumen offenbarten sie sich, in ihren Bildnissen gaben sie sich zu erkennen durch Lebenszeichen oder Unzerstörbarkeit. Ihre Heiltümer waren in greifbarer Distanz: das Xaveriusöl aus München, der Ignatiusgürtel aus Köln oder eine der zahllosen anderen Reliquien in Nah und Fern.

Der Aufschwung des Wallfahrtswesens förderte die öffentliche Selbstdarstellung im Votivbild, das sich ab etwa 1630 in Mitteleuropa einbürgerte. Anspruch und Angebot zugleich ist diese neugewonnene Öffentlichkeit. Der Votant, der einer Erhörung teilhaftig geworden ist, hat die Pflicht, diese zu promulgieren, d.h. je nach der lokalen Gepflogenheit schriftlich fixieren und/oder „verkanzeln" zu lassen, schließlich durch das im Gelübde versprochene Votiv zu dokumentieren. Im Zuge der Entwicklung hat sich ein Repertoire an Bildzeichen und Sprachformeln herausgebildet, das es dem Votanten erlaubte, seiner Promulgationspflicht nachzukommen, ohne sich in unerwünschtem Maße bloßzustellen. Andererseits bot sich demjenigen, der seine durchlebte Erfahrung ausführlich darlegen wollte, ein Forum, wie er es sonst nirgendwo fand. Der unterschiedliche Grad der Nutzung dieser Möglichkeit hat zu konträren Erscheinungen geführt: Der ungeheuren Fülle an aussageschwachen, schematisierten Votivtafeln stehen mitteilsame Dokumente gegenüber. Doch wie auch immer die Ausführung war: das Votivbild mußte den Zweck erfüllen, von der Macht des jeweils angerufenen und an einer bestimmten Stätte verehrten Heiligen zu künden. Ihn erkennbar darzustellen, bedeutete kein Problem, nachdem sich das System der Attribute bereits im späten Mittelalter verfestigt hatte. Die himmlischen Nothelfer waren allenthalben in visualisierter Form präsent – eine Folge des tridentinischen Votums zugunsten des Bildes.

Bildnisse in Kirchen und in freier Landschaft sowie private kleine Andachtsgrafiken als Gebetbucheinlagen machten sie zu alltäglichen Begleitern. Ihr Leben und Leiden wurde terminbezogen in Volksschauspielen vor Augen geführt, jenen teils bescheidenen, teils wohlausgestatteten dramatischen Darbietungen, die aus zwei Quellen gespeist wurden: den Aufführungen der jesuitischen oder benediktinischen Schulbühnen und den Karfreitagsprozessionen und szenischen Andachten der volksnäheren Franziskaner und Kapuziner. Religiöses Theater gab es zwar seit vielen Jahrhunderten, aber das mittelalterliche Mysterienspiel widmete sich weniger dem Einzelschicksal als vielmehr dem gesamten Heilsgeschehen. Vom 16. Jahrhundert an traten die Allegorie, das Exemplum und die Vita in den Vordergrund, wobei der neue Orden auch alteingesessenen Heiligen seine Referenz erwies. So führten die Jesuiten bereits 1611 an der Dillinger Universität eine Ulrichsvita auf, die ‚Comoedi Vom Tugentlichen Leben vnnd löblichen Thaten deß heyligen Augspurgischen Bischoffs VDALRICI'[33].

Selbstverständlich brachten sie auch ihren großen Missionsheiligen auf die Bühne. Die Schüler der Straubinger Jesuiten beispielsweise gaben 1664 das Schauspiel ‚Ruhm und Zierd der Priester, des h. Franziskus Xaverius, der Societät Jesu und Indianer Apostel' und 1674 ‚Inbrünstige Liebes-Seuffzer Dess H. Franziski Xaverij'[34]. Ein Spiel über den dritten Ordensgeneral Franziscus Borgia wurde dort 1671 anläßlich der Heiligsprechung, wie in fast allen deutschen Jesuitenkollegien, inszeniert; zuvor gab es Aufführungen in Eichstätt, Konstanz, Trier und Landsberg[35].

Geradezu als barocke Spezialität aber kann das Märtyrerdrama bezeichnet werden. Das ist freilich nicht selbstverständlich. Unter den erwähnten 55 zwischen 1588 und 1767 kanonisierten Heiligen waren nämlich nur 2 Märtyrer: Fidelis von Sigmaringen und Johannes von Nepomuk. Peter Burke nennt das „überraschend", scheint aber keine Erklärung zu finden. Hier zeigt sich wiederum, wie wenig Kanonisationsstatistiken bezüglich der Frömmigkeitspraxis aussagen. Erstens kommt es nicht auf die Zahl der vom Hl. Stuhl angebotenen Gestalten an, sondern auf die Intensität der Verehrung – und hier läßt zumindest in Mitteleuropa Johann von Nepomuk alle Konkurrenten weit hinter sich. Zweitens war ohnehin durch die Erhebung der Katakombenheiligen ein beispielloser Märtyrerkult evoziert worden. Diese waren zwar nicht kanonisiert, aber doch vom Vatikan vergeben – sowohl in die katholischen Stammgebiete als auch in die Missionsländer. Auf diese sogenannten Heiligen Leiber wurde die ganze Bandbreite der Kultformen angewandt, die auch für die regelrechten Heiligen Gültigkeit hatte, vom kleinen Andachtsbild bis zur Wasserbenediktion; für letztere diene als Beispiel der oben erwähnte Donatus von Köln. In gewisser Weise waren die Katakombenheiligen anderen heiligen Gestalten, die man nur als Abbild vor Augen hatte, überlegen. Man sah sie leibhaftig in der eigenen Pfarrkirche oder wenigstens in einer erreichbaren Klosterkirche ausgestellt, verehrte sie als Schutzpatrone und taufte Kinder auf ihre Namen. Dies kam dem Bedürfnis nach der Nähe des Numinosen, dem Wunsch nach sinnlich Erfahrbarem entgegen, und die Ausstattung der Translationen der Neigung zur pompösen Festlichkeit. Und schließlich – drittens – waren frühere heilige Märtyrer ja keineswegs in Vergessenheit geraten, was sich gerade am Theaterrepertoire ablesen läßt.

Leben und Martyrium eines hl. Florian und eines hl. Eustachius kamen ebenso auf die Bühne wie jenes des vermeintlich von Juden ermordeten Andreas von Rinn. Bemerkenswert an der Aufführung der Haller Jesuitenzöglinge ist, daß sie bereits 1621 stattfand[36]. Hatte doch der Propagator des vermeintlichen Märtyrerknaben, Hippolit Guarinoni, erst im Jahr davor mit seinen zweifelhaften Recherchen begonnen[37]. Zwischen 1648 und 1893 ist eine Reihe von Volksschauspielen um den angeblichen Ritualmord zu belegen – reichliche Nahrung für den noch heute in Tirol virulenten Judenhaß.

Keine der bislang genannten Gestalten wurde auch nur annähernd so häufig auf die Bühne gestellt wie der hl. Johannes von Nepomuk. In einer einschlägigen Monographie hat Leopold Schmidt bereits vor einem halben Jahrhundert über 50 Aufführungen nachweisen können: die erste 1689 im Prager Jesuitenkolleg, die letzten 1877 in Brixlegg und Inzing[38]. Dabei blieb die Schweiz unberücksichtigt. Wenigstens viermal wurden Nepomukspiele im deutschen Wallis gegeben, das erste 1740 in Reckingen[39].

Unsere kurze Betrachtung dieses Heiligen sei mit dem Text eines Votivbildes begonnen, das sich in der Wallfahrtskirche Herrgottsruh bei Friedberg befindet[40]:

> *Anno 1731. Den 8. APRIL ist Geshechen zu Landtsperg, das Nemlich ein khleines Kindt welches erst einen Tag alt war, durch Leßung der zungen, sich.6: stundt Lang dergestalte: Verbliedet das der Bader vnd alle bey weßendt erköneten, es seye unmöglich mehr das bluedt zu stöllen wurdte also das vnshuldige khindt in einer halben stundt miesßen ihren geist aufgeben, durch verlobung einer H: mösß vnd votif daffel, zu den wunderbarlichen Gnadten ordt vnsßers lieben Herren Rue, auch durch vorbitt deß H:Johannes von Nepomug, hat sich aug:blickhlich die sach gewendt und lebet das khindt bisß heindigen Tag frish vnd gesundt, EX VOTO.*

Beachten wir zunächst die Zeit und den Ort des Geschehens. Zwei Jahre war es her, daß Johann von Nepomuk heiliggesprochen und von Kurfürst Karl Albrecht zum bayerischen Landespatron ernannt worden war, was eine Fülle von Feierlichkeiten in den katholischen Städten und Märkten ausgelöst hatte. Landsberg – dort wurde 1578 ein Jesuiten-Collegium errichtet[41] – wird davon nicht unberührt geblieben sein. Der Votivakt fällt also in eine Periode verstärkter Propagierung des böhmischen Heiligen. Wann die Verbildlichung des Mirakels erfolgte, ist unklar. Die Schlußformulierung, derzufolge das Kind „bis heute" gesund sei, scheint auf einen späteren Termin zu deuten. Denkbar wäre das Jahr 1737, in dem in Friedberg eine Bruderschaft zu Ehren des Heiligen ins Leben gerufen wurde. Zwingend ist diese Annahme freilich nicht, reicht doch auch hier die Verehrung nachweislich weiter zurück. Das älteste

Friedberger Votivbild, das St. Johann von Nepomuk als Fürsprecher darstellt, stammt von 1714[42], entstand also 7 Jahre vor der Seligsprechung und Kultbestätigung, 15 Jahre vor der Kanonisation. Wir wissen, daß die Verehrung auch außerhalb Prags noch weiter zurückreicht – nicht nur im habsburgischen Gebiet, sondern auch im wittelsbachischen; war doch die Gemahlin König Wenzels IV. eine bayerische Prinzessin gewesen.

Die erste Votivtafel zu Herrgottsruh weist auf das Martyrium hin, auf den Tod in der Moldau, und auf das daraus resultierende Patronat in allen Gefahren des Wassers; geschildert wird die Errettung eines in den Brunnen gefallenen Knaben. Das Votivbild von 1731 weist auf das sogenannte Zungenwunder und die Reliquienverehrung hin. Ein Wort zum Votationsanlaß: Das Lösen der Zunge, heute noch als Redensart geläufig, war eine lange Zeit geübte Praxis, mittels einer Schere oder schlicht mit dem Fingernagel das Zungenbändchen des Neugeborenen zu durchtrennen, damit das Kind leichter sprechen lerne.

Johann von Nepomuk war nicht der erste Schutzheilige gegen Erkrankungen und Verletzungen der Zunge, aber die Ursache dieses Patronats unterscheidet ihn von den anderen: von Christus, durch dessen Zunge einer apokryphen Darstellung zufolge ein Jude einen Dorn stieß, von der hl. Anastasia, der die Zunge herausgeschnitten wurde, und von der ihrer Beredsamkeit wegen berühmten hl. Katharina von Alexandrien. Nicht nur ob seiner Zungenfertigkeit als Prediger, die nicht selten gepriesen wird, sondern hauptsächlich, weil er seine Zunge im Zaum gehalten, weil er – so will es die Überlieferung – das Beichtgeheimnis nicht verraten hat, wurde Johannes zum neuen Zungenheiligen.

Die im Grab vorgefundene vermeintliche Zunge darf man ohne Übertreibung als die bedeutendste Reliquie des 18. Jahrhunderts bezeichnen. Sie war eben nicht wie manch andere Reliquie bloßes Überbleibsel, sie galt vielmehr als der gottgewollte Beweis für die Richtigkeit der Geschichte vom gehüteten Beichtgeheimnis. Das Schweigen im Verhör und die „zeichnende" Zunge waren häufig Titelmotive der Predigt.

Auf die Frage, warum die Jesuiten sich des Johannes von Nepomuk in so außerordentlichem Maße annahmen, gibt die Fachliteratur vier Antworten: Er war gegenüber anderen böhmischen Heiligen wie etwa Ludmilla oder Wenzel ein relativ junger Heiliger, seine Verehrung war bereits eingewurzelt, er eignete sich als Vehikel zur Förderung des Sakramentenempfangs und ließ sich gegen Hus ausspielen. Während wir den letztgenannten Grund als gegenstandslos betrachten können[43], leuchtet vor allem der zweite unmittelbar ein. Daß Johannes lange vor der kirchlichen Anerkennung als Heiliger verehrt wurde, machte die Intensivierung leicht, zumal sich die Häuser Habsburg und Wittelsbach gleichermaßen dem neuen Kult öffneten. Johann wurde *der* große Volksheilige des 18. Jahrhunderts.

Das erklärt aber noch nicht, warum die Societas Jesu ihn 1732 offiziell als ihren Schutzpatron deklarierte. Nun war Johannes zum einen der Patron der Beichtväter, zum anderen der Beschützer vor übler Nachrede, vor Verleumdung. Jesuiten waren, wie einst der Prager Generalvikar, Beichtväter an Fürstenhöfen und als solche schlimmsten Verdächtigungen ausgesetzt. Zu den schwerwiegendsten Anschuldigungen aus den Reihen der katholischen Antijesuiten gehörte der Vorwurf ständiger Verletzung des Beichtgeheimnisses, ja der Gebrauch der Bekenntnisse zum eigenen Vorteil. Das bekannteste Beispiel ist die angeblich verratene Generalbeichte der Kaiserin Maria Theresia[44]. Bereits in einer Schrift von 1620 steht zu lesen: *Offt verhören sie auch die Fürsten selbst / wie man sihet inn Franckreich / Teutschland / Polen / vnnd andern Orthen / da sie sich auffhalten / daß ihnen der gestalt gar leicht ist / die Anschläg / Vorhaben / vnd Zuneigung / so wol der Herren als der Unterthanen außzufischen / dessen alles sie alsobald dem Pater general oder den Beystand zu Rom wissendt machen. Nun ein jeder / so gering verständig er auch sey / kan vnschwer erkennen / was grossen Schaden sie einem Fürsten zufügen können / wann sie dadurch ihren Nutzen zuschaffen / zu welchem als ihrem nächsten vnnd eussersten End oder Haupt zweck alles ihr thun vnd wandel gerichtet ist*[45].

Dieses Schriftstück richtet sich ausdrücklich *An alle vnd jede Fürstliches Stands Personen*. Insofern ist es zweifelhaft, ob und inwieweit eine breitere Öffentlichkeit von den Anschuldigungen Kenntnis erhalten hat. Aber auch ohne dies drohte das Bußsakrament in Verruf zu geraten, nachdem der Osterbeichtzettel durch landesherrliche Mandate zum Kontrolldokument geworden war[46]. Der österliche Sakramentenempfang als Unterscheidungsmerkmal: Hier bestätigte sich der Altgläubige, hier „verriet" sich durch Verweigerung der Protestant, der ansonsten gewissen Aspekten der heiligenorientierten Frömmigkeit positiv gegenüberstand. Dabei denke ich nicht nur an die Teiladaption älterer, kanonisierter Heiliger[47], sondern auch an die durchaus pragmatische Inanspruchnahme der Offerten des aktuellen geistlichen Remedienrepertoires. So ist belegt, daß Protestanten zu Zeiten von Viehseuchen das Xaveriuswasser als quasi veterinärmedizinische Prophylaxe nicht weniger schätzten als die katholischen Bauern[48]. Beim Sakramentenempfang aber offenbarte sich öffentlich der Unterschied. Für den Historiker wiederum offenbart sich hierbei der formalistische Zug der Gegenreformation[49]. Erstmals und bewußt verwende ich an dieser Stelle den vieldiskutierten Begriff „Gegenreformation", Georg Schreiber folgend, der betont, „daß man das tridentinische Reformstreben wenig glücklich als Gegenreformation bezeichnet. Dieser Wendung haftet nach wie vor das Enge und Negative, das Zweckhafte und die Kontroverse an. Sie paßt, soweit das Voluntaristische, Herrische, Gewaltmäßige herausgestellt werden soll, besser zum Sonderinteresse der politisch und kirchenpolitisch wirksamen Fürstenmacht"[50].

Fragen drängen sich auf angesichts der Machtausübung mittels des Beichtzettels. Welches Ansehen genoß ein Sakrament, das derart instrumentalisiert wurde? Welchen religiösen Wert hatte eine Überwachung, die den bloßen Vollzug zu konstatieren vermag? Die aufrichtige Reue, die den Empfang des Bußsakraments erst möglich und sinnvoll macht, ließ sich weder durch den Beichtvater bescheinigen noch durch die Kontrollorgane nachprüfen. Noch weiter zu fragen ist man versucht: Wie allgemein und wie tief war eigentlich die so oft gepriesene barocke Frömmigkeit? War da nicht mancher, der im Bestreben der Existenzsicherung ohne weiterreichende innere Anteilnahme das erforderliche Repertoire an öffentlichen Verhaltensweisen erfüllte? Was die zeitgenössischen Instanzen nicht nachprüfen konnten – wie sollen wir es entscheiden können? Aber es ist wohl die Annahme erlaubt, daß es eine gewisse Anzahl an Mitläufern gegeben hat, so wie das bei jeder Massenbewegung unweigerlich der Fall ist. Und um eine „Massenbewegung großen Stils und unerhörter Kraft", wie Schreiber formuliert[51], hat es sich unzweifelhaft gehandelt.

Anmerkungen

[1] Leopold KRETZENBACHER, Heimat im Volksbarock. Kulturhistorische Wanderungen in den Südostalpenländern (Buchreihe des Landesmuseums für Kärnten 8), Klagenfurt 1961.
[2] Edgar HARVOLK, Die Translation eines Katakombenheiligen im Jahre 1825. Ein Beitrag zur Geschichte der Volksfrömmigkeit nach der Säkularisation in Bayern, in: Dona Ethnologica Monacensia. L. Kretzenbacher zum 70. Geburtstag (Münchner Beiträge zur Volkskunde 1), München 1983, 83–98.
[3] Anneliese WITTMANN, Kosmas und Damian. Kultausbreitung und Volksdevotion, Berlin 1967, 192–207.
[4] Robert BÖCK, Die Verehrung des hl. Benno in München. Wallfahrtsgeschichte und Mirakelbücher, Bayer. Jahrbuch für Volkskunde 1958, 56.
[5] Joseph BRAUN, Die Kirchenbauten der deutschen Jesuiten. Ein Beitrag zur Kul-

tur- und Kunstgeschichte des 16., 17. und 18. Jahrhunderts, 2. Teil: Die Kirchen der oberdeutschen und der oberrheinischen Ordensprovinz, Freiburg i.Br. 1910, 49–95. – Karl WAGNER (Hrsg.), St. Michael in München. Festschrift zum 400. Jahrestag der Grundsteinlegung und zum Abschluß des Wiederaufbaus, München 1983.

[6] WITTMANN (wie Anm. 3), 208–254.

[7] Peter BURKE, Städtische Kultur in Italien zwischen Hochrenaissance und Barock. Eine historische Anthropologie, aus dem Englischen von Wolfgang KAISER, Berlin 1986, 54–66.

[8] Eduard FRIEß und Gustav GUGITZ, Die Franz-Xaver-Wallfahrt zu Oberburg. Eine untersteirische Barockkultstätte und die räumliche Reichweite ihres Einflusses, Österreich. Zeitschrift für Volkskunde 61 (1958), 83–140.

[9] Peter ASSION, Geistliche und weltliche Heilkunst in Konkurrenz. Zur Interpretation der Heilslehren in der älteren Medizin- und Mirakelliteratur, Bayer. Jahrbuch für Volkskunde 1976/77, 7–23.

[10] Erwin RICHTER, Geistliche Ölheilkuren aus den Gut- und Wundertaten des Augsburger Simpertibüchleins von 1737. Ein Beitrag zur Sammlung des Heilschatzes der Volksmedizin, Medizin. Monatsschrift 9 (1955), 761–766.

[11] Edgar KRAUSEN, Das heilbringende Öl des hl. Antoninus zu Landshut-Seligenthal, Bayer. Jahrbuch für Volkskunde 1963, 58–62.

[12] Anton CRAMMER, Der heilige Franciscus Xaverius Indianer, und Japoneser Apostel, nach seinem Tode sonderheitlich in der Hauptstadt München glorwürdigst verherrlichet, nun zu größerer Gottes, und seiner Ehre in ein helleres Licht gestellt, München 1780, 47f.

[13] Ludwig KOCH, Jesuiten-Lexikon. Die Gesellschaft Jesu einst und jetzt, Paderborn 1934, 855. – Georg SCHREIBER, Heilige Wasser in Segnungen und Volksbrauch, Zeitschrift für Volkskunde 44 (1936), 203–205.

[14] Adolph FRANZ, Die kirchlichen Benediktionen im Mittelalter, Bd. 1, Freiburg i.Br. 1909 (Reprint: Graz 1960), 201–220.

[15] Andreas SCHÜLLER, Die Ignatiusverehrung in der niederrheinischen Jesuitenprovinz, Annalen des Histor. Vereins für den Niederrhein 115 (1929), 297. – Eduard HEGEL, Das Erzbistum Köln zwischen Barock und Aufklärung vom Pfälzischen Krieg bis zum Ende der französischen Zeit 1688–1814 (Geschichte des Erzbistums Köln 4), Köln 1979, 336–339.

[16] Franz von Sales DOYÉ, Heilige und Selige der römisch-katholischen Kirche. Deren Erkennungszeichen, Patronate und lebensgeschichtliche Bemerkungen, Bd. 1, Leipzig 1929, 557.

[17] SCHÜLLER (wie Anm. 15), 306.

[18] FRANZ (wie Anm. 14), Bd. 2, 206.

[19] Elfriede GRABNER, Grundzüge einer ostalpinen Volksmedizin (Österr. Akademie der Wiss., Phil.-Hist. Klasse, Sitzungsberichte, Bd. 457; Mitteilungen des Instituts für Gegenwartsvolkskunde 16), Wien 1985, 251f. – Hanns O. MÜNSTERER, Menschenhaut als Heilmittel, Münchener Medizin. Wochenschrift 97 (1955), 2f.

[20] Gustav SCHNÜRER und Joseph M. RITZ, Sankt Kümmernis und Volto Santo. Studien und Bilder (Forschungen zur Volkskunde 13–15), Düsseldorf 1934, 227.

[21] Rom. Eine Münchner Pilgerfahrt im Jubeljahr 1575, beschrieben von Dr. Jakob Rabus, Hofprediger zu München. Nach einer ungedruckten Handschrift mit 74 gleichzeitigen Holzschnitten hrsg. von Karl SCHOTTENLOHER, München 1925, 68.

[22] Heinrich PLOß und B. RENZ, Das Kind in Brauch und Sitte der Völker (Völkerkundliche Studien 1), Leipzig 1911, 31.

[23] Rudolf KRISS, Die Volkskunde der Altbayrischen Gnadenstätten, Bd. 1, München-Pasing 1953, 136.

[24] Jacob GRIMM, Deutsche Mythologie, 4. Ausgabe, Nachträge und Anhang, hrsg. von Elard Hugo MEYER, Bd. 3, Gütersloh o.J., 417.

[25] Georg RÜCKERT, Brauchtum und Diözesanrituale im Aufklärungszeitalter. Das Rituale Augustanum vom Jahre 1764, Volk und Volkstum 2 (1937), 307.

[26] Ebd.

[27] Ludwig Andreas VEIT und Ludwig LENHART, Kirche und Volksfrömmigkeit im Zeitalter des Barock, Freiburg i.Br. 1956, 69.

[28] Handwörterbuch des deutschen Aberglaubens, Bd. 1, Berlin 1927 (Nachdruck: 1987), 1265f.

[29] Benno HUBENSTEINER, Vom Geist des Barock. Kultur und Frömmigkeit im alten Bayern, München ²1978, 75.

[30] Jacques HEERS, Vom Mummenschanz zum Machttheater. Europäische Festkultur im Mittelalter. Aus dem Französischen von Grete OSTERWALD, Frankfurt a.M. 1986, 340.

[31] Wilfried BARNER, Stilbegriffe und ihre Grenzen. Am Beispiel „Barock", Deutsche Vierteljahrsschrift für Literaturwiss. und Geistesgeschichte 45 (1971), 325.

[32] BURKE (wie Anm. 7), 56.

[33] Adolf LAYER, Der hl. Ulrich auf schwäbischen Jesuitenbühnen, Zeitschrift des Histor. Vereins für Schwaben 61 (1955), 193f., 199.

[34] Jean-Marie VALENTIN, Le Théâtre des Jesuites dans les Pays de Langue Allemande. Répertoire chronologique des Pièces représentés et Documents conservés (1555–1773), Teil I, Stuttgart 1983, 259, Nr. 2060; 308, Nr. 2407.

[35] Georg SCHREIBER, Deutschland und Spanien. Volkskundliche und kulturkundliche Beziehungen. Zusammenhänge abendländischer und ibero-amerikanischer Sakralkultur (Forschungen zur Volkskunde 22/24), Düsseldorf 1936, 233.

[36] Ekkehard SCHÖNWIESE, Das Volksschauspiel im nördlichen Tirol. Renaissance und Barock (Theatergeschichte Österreichs II,3), Wien 1975, 92f., 285–326.

[37] Georg R. SCHROUBEK, Zur Frage der Historizität des Andreas von Rinn, Das Fenster 19 (1985), 3766–3774.

[38] Leopold SCHMIDT, Volksschauspiele vom hl. Johann von Nepomuk. Zusammenhänge deutscher Legendenspiele, Volk und Volkstum 2 (1937), 239–247.

[39] Albert CARLEN, Theatergeschichte des deutschen Wallis, Brig 1982, 70–72.

[40] Edgar HARVOLK, Votivtafeln. Bildzeugnisse von Hilfsbedürftigkeit und Gottvertrauen, München 1979, Abb. 205. – Robert BÖCK, Volksfrömmigkeit und Wallfahrtswesen im Gebiet des Altlandkreises Friedberg (Schwaben), 2. Teil: Die Verehrung der Heiligen Leonhard, Sebastian und Johannes von Nepomuk bis 1800, Bayer. Jahrbuch für Volkskunde 1983/84, Abb. 86.

[41] Joachim DELLINGER, Gelehrte und ausgezeichnete Männer aus der oberbayerischen Stadt Landsberg, Oberbayer. Archiv für vaterländ. Geschichte 14 (1853–1854), 113–145.

[42] BÖCK (wie Anm. 40), 174.

[43] Willy LORENZ, Der hl. Johannes von Nepomuk – ein Antihus? 250 Jahre hl. Johannes von Nepomuk. Katalog der IV. Sonderschau des Dommuseums zu Salzburg, Salzburg 1979, 86–89.

[44] Bernhard DUHR, Jesuiten-Fabeln. Ein Beitrag zur Culturgeschichte, Freiburg ²1892, 12–32.

[45] Gründtlicher Bericht An alle vnd jede Fürstliches Stands Personen Vom Leben / Wandel vnd Practicken der Jesuiten. Gestellet vnd ohne einige Partheylichkeit an Tag gegeben durch eine geistliche Person. Erstlich auß dem Italienischen Original / so Anno 1618 zu Rom bey Anthonio Bruiotti mit erlaubnuß der Obern gedruckt / in Frantzósisch / vnd hernach auß dem Frantzósischen in das Teutsch übergesetzt. Gedruckt im Jahr MDCXX, 7f.

[46] Ernst J. HUBER, Beichtzettel. Funktionen kirchlicher Gebrauchsgraphik bei den Ostersakramenten, Jahrbuch für Volkskunde, N.F. 6 (1983), 182–207.

[47] Martin SCHARFE, Der Heilige in der protestantischen Volksfrömmigkeit, Hessische Blätter für Volkskunde 60 (1969), 93–106. – Vgl. Elisabeth ROTH, Wallfahrten zu evangelischen Landkirchen in Franken, Jahrbuch für Volkskunde, N.F. 2 (1979), 135–160.

[48] Andreas SCHÜLLER, Franz Xaverius in Volksglaube und Volksbrauch des Rheinlandes und Westfalens (17. u. 18. Jh.), Zeitschrift des Vereins für rhein. und westfäl. Volkskunde 29 (1932), 29.

[49] Vgl. dazu Ernst SCHUBERT, Gegenreformation in Franken, in: E.W. ZEEDEN (Hrsg.), Gegenreformation (Wege der Forschung 311), Darmstadt 1973, 256f.

[50] Georg SCHREIBER, Der Barock und das Tridentinum. Geistesgeschichtliche und kultische Zusammenhänge, in: DERS. (Hrsg.), Das Weltkonzil von Trient. Sein Werden und Wirken, Bd. 1, Freiburg 1951, 393.

[51] Ebd., 414.

Ernst Chr. Suttner

Heiligenverehrung im gottesdienstlichen Leben der orthodoxen Kirche

„Die Kirche, die an einem Ort existiert, (ist) im Grund nicht durch Personen gebildet, die sich zusammenfinden, um sie zu konstituieren. Es existiert ‚ein Jerusalem von oben', das ‚von Gott herabsteigt', also eine Gemeinschaft, welche die Gemeinde selbst begründet. Die Kirche ist durch eine ungeschuldete Gnadengabe konstituiert, nämlich durch die neue Schöpfung. Es ist aber offenkundig, daß die Kirche, die an einem bestimmten Ort ist, sich als solche kundtut, wenn sie sich versammelt. Diese Versammlung selbst, deren Merkmale und Bedürfnisse durch das Neue Testament angegeben werden, ist in vollem Sinn, was sie sein soll, wenn sie Eucharistiegemeinde ist", heißt es in der im Juni 1982 verabschiedeten ersten Erklärung der Gemeinsamen Kommission für den theologischen Dialog zwischen der katholischen und der orthodoxen Kirche[1].

Damit die Kirche, die an einem bestimmten Ort ist, sich durch ihre gottesdienstliche Versammlung als solche kundgeben kann, ist die Heiligenverehrung wesentlich. Denn in ihren Heiligen ist die Kirche, die sich auf Erden zur Eucharistie versammelt, bereits das himmlische Jerusalem; zugleich reicht sie in ihnen zurück zu den Aposteln. Die Heiligen, die Erdenbürger waren und durch die Gnade des Heiligen Geistes zur Vollendung kamen, machen in ihrer, die Kirchengeschichte durchziehenden Kette die sich versammelnde Kirche ihrer Apostolizität bewußt und sind Zeugen dafür, daß Gott trotz aller Angefochtenheit der „conditio humana" schwache Menschen vollkommen werden läßt; in ihnen zeigt sich, daß Gott wie einst die Arche Noachs durch die Sintflut, so jetzt die Kirche durch die Zeiten führt, und sie sind ein lebendiger Anschauungsunterricht für die Kirchengeschichte und zugleich für das gottgefällige Leben; in ihrer jenseitigen Größe verbürgen sie Christi Wort, daß die Gerechten im Reich des Vaters leuchten werden wie die Sonne (Mt 13,43); schließlich sind sie mit Christus, dem ewigen Hohenpriester, Beter am Thron Gottes für ihre noch der Vollendung harrenden Brüder und Schwestern auf Erden.

In jeder Ortskirche gilt die Verehrung in erster Linie den eigenen Heiligen; in Ortskirchen, die selbst nicht bis in die apostolische Zeit zurückreichen, gehören zu den eigenen Heiligen auch die Heiligen der Mutterkirche. Darüber hinaus werden zahlreiche Heilige verehrt, die andernorts der Kirche viel bedeuten. Denn, so stellt der eingangs zitierte Text fest: „Der Leib Christi ist ein einziger. Es existiert also nur eine Kirche Gottes. Die Identität einer eucharistischen Versammlung mit der anderen kommt davon, daß alle im selben Glauben dasselbe Gedächtnis feiern, daß alle durch das Essen desselben Leibes Christi und die Teilnahme an demselben Kelch zu dem einen und einzigen Leib Christi werden, in den sie schon durch die Taufe eingegliedert wurden. ... Die Vielzahl der örtlichen Eucharistiefeiern zerteilt die Kirche nicht, sondern macht vielmehr auf sakramentale Weise ihre Einheit deutlich. Wie die Schar der Apostel, die um Christus versammelt waren, so ist jede eucharistische Versammlung in Wirklichkeit die heilige Kirche Gottes, der Leib Christi, da sie mit der ersten Gemeinde der Jünger in Verbindung steht und mit denen, die überall auf der Welt das Gedächtnis des Herrn feiern oder gefeiert haben. Sie steht auch in Gemeinschaft mit der Versammlung der Heiligen im Himmel, deren sie in jeder Feier gedenkt."

Die von Katholiken und Orthodoxen gleichermaßen gelebte „communio sanctorum" hat im liturgischen Erbe beider Traditionen je eigene Formen gefunden. Mit einigen von den Formen der orthodoxen Kirche wollen wir uns im folgenden befassen.

Das himmlische Jerusalem und sein Abbild im Diesseits

Wenn der zelebrierende Priester beim großen Eucharistiegebet dankend die Heilstaten Gottes benennt, sie mit dem Bericht vom Abendmahl abschließt und in der Epiklese die Herabkunft des Gottesgeistes auf die Gaben erfleht, fährt er in der Basiliusliturgie zu beten fort: „Uns aber, die an dem einen Brot und dem einen Kelch teilhaben, einige untereinander zu einer Gemeinschaft des Heiligen Geistes, und laß niemand von uns zum Gericht und zur Verdammnis an dem heiligen Leib und Blut deines Christus teilhaben, sondern laß uns Erbarmen und Gnade finden mit allen Heiligen, die dir von Ewigkeit her gefallen haben, mit den Vorvätern, Vätern, Patriarchen, Propheten, Aposteln, Verkündigern, Evangelisten, Märtyrern, Bekennern, Lehrern und jedem gerechten Geist, der im Glauben vollendet ist, insbesondere mit unserer allheiligen, makellosen, hochgelobten, ruhmreichen Gebieterin, der Gottesmutter und allzeit jungfräulichen Maria, mit dem heiligen Propheten, Vorläufer und Täufer Johannes, mit den heiligen, ruhmreichen und hochberühmten Aposteln, mit dem heiligen N. N., dessen Gedenken wir (heute) feiern, und mit allen deinen Heiligen, auf deren Fürbitten du uns heimsuchen wollest, o Gott. Und gedenke aller ..." (es folgen Fürbitten für alle Verstorbenen und Lebenden, deren die Ortskirche gedenkt). Diese Bitte, daß die zur Eucharistie versammelten Gläubigen zusammen mit den vollendeten Heiligen (*metà ton hagion*) des Erbarmens und der Gnade Gottes teilhaftig werden mögen, wird im entsprechenden Fürbittgebet der Chrysostomosliturgie noch überboten durch ein *hypèr ton hagion*, durch ein Beten für alle Glieder der himmlischen wie der irdischen Kirche: „Auch bringen wir dir diesen geistigen Dienst dar für die im Glauben Entschlafenen, für die Vorväter, Väter, Patriarchen, Propheten, Apostel, Verkündiger, Evangelisten, Märtyrer, Bekenner, Asketen und für jeden gerechten Geist, der im Glauben vollendet ist, insbesondere für unsere allheilige, makellose, hochgelobte, ruhmreiche Gebieterin, die Gottesmutter und allzeit jungfräuliche Maria, für den heiligen Propheten, Vorläufer und Täufer Johannes, für die heiligen, ruhmreichen und hochberühmten Apostel, für den heiligen N. N., dessen Gedenken wir (heute) feiern, und für alle Heiligen, auf deren Fürbitte du uns heimsuchen wollest, o Gott. Und gedenke aller ..." (es folgen wieder die Fürbitten für die Verstorbenen und Lebenden).

Eine Versammlung im Himmel und auf Erden feiert Eucharistie und betet miteinander und füreinander. Denn die Heiligen sind die Garanten, daß die Kirche ihrer Berufung nachkommen darf, die heilige Kirche Gottes zu sein, trotz der Angefochtenheit der menschlichen Natur und der Sündhaftigkeit, die es auf Erden in ihr gibt. Die Heiligen, in denen die Kirche schon ist, was sie sein soll, sind der orthodoxen Frömmigkeit das Unterpfand, daß Gott einlöst, was er seinen Gläubigen – uns allen – verheißen hat: daß er heiligt; daß also auch wir Heilige werden dürfen. Das Gebet für die Lebenden und Verstorbenen, die Heiligen eingeschlossen, macht deutlich, daß wir zu ewigem Aufsteigen Gott entgegen berufen sind und daß sowohl jene, die während der irdischen Pilgerschaft mäßig oder wenig auf Gott hin gereift sind, als auch jene, die vorbildlich lebten, zu ihrer Beseligung in Christus, dem sie eingegliedert wurden, ewig weiter auf Gott zuwachsen werden.

Daß die himmlische und die irdische Kirche voneinander unablösbar bleiben, weil die endzeitliche Vollkommenheit der Gerechten im Diesseits anbricht und die Heiligen „im Entschlafen die Welt nicht verlassen"[2], wird auch durch die Heiligenikonen der orthodoxen Kirche bezeugt. Jene Kunsthistoriker, denen die theologische Konzeption der orthodoxen Heiligendarstellung verschlossen ist, reden von „hieratischer Stilisierung" der Gesichter auf den Ikonen, und wenn sie ihr Unverständnis in theologische Termini kleiden, fabeln sie von „Leibfeindlichkeit wegen monophysitischer oder manichäischer Einflüsse, die sich in „wirklichkeitsfremden Gestalten" ausdrücke. In Wahrheit liegt jedoch den erstaunlich individuellen, aber von einem überirdischen Licht geprägten Gestalten auf den (guten) Ikonen das Verlangen zugrunde, von dem zu reden, was die Heiligen jetzt sind, von ihrem Zustand der Vollendung, der sie von uns Erdenpilgern zwar unterscheidet, aber nicht abtrennt.

Die orthodoxe Kirchenkunst geht davon aus, daß alles, was in dieser Welt als umschriebene Wirklichkeit angetroffen wird, in bildhafter Form ausgedrückt werden kann. Wenn Gottes Liebe es schenkt, daß das ewige Leben in die irdische Hinfälligkeit hineinragt, muß eine Malweise möglich sein, die zeigt, daß die Heiligen zu ihren Lebzeiten Erdenbürger waren, in denen bereits heranwuchs, was mit ihrem Sterben erfüllende Beseligung wurde. Also meditierte die orthodoxe Frömmigkeit jene biblischen Aussagen, die eine Ahnung von der kommenden Fülle ermöglichen, und die orthodoxe Kirchenkunst gab sich alle Mühe, das Ergebnis des Meditierens bildhaft zu gestalten. Weil die Erfahrung zeigt, daß das Antlitz der Menschen ihr inneres Wesen widerzuspiegeln vermag, gestalteten die Ikonenmaler das Antlitz der Heiligen nicht wie die Renaissancemeister nach dem Vorbild guter und schöner Mitmenschen aus unserem Alltag, sondern nach jener idealen Würde, die das Gesicht derer prägen muß, die den Anforderungen der im irdischen Leben nicht voll einlösbaren Bergpredigt Christi konsequent entsprechen. Weil – zweitens – Licht in der Bibel als Bild dient, um Gottes Erhabenheit und die Würde des gotterfüllten Menschen anzudeuten, leuchten die Gesichter auf den (guten) Ikonen in überirdischem Licht. Weil – drittens – das Neue Testament versichert, daß Gott, wenn er uns zu sich zieht, unser unvollkommenes Sein nicht annulliert, vielmehr das Wenige gelten läßt, was wir sind, um daraus das Große zu entfalten, das wir durch sein Erbarmen werden dürfen, setzt die orthodoxe Kirchenkunst bei der irdischen Gestalt an, die den Heiligen eignete, als sie auf Erden lebten; sie läßt das überirdische Licht eine Gestalt umfließen, die geprägt ist durch Charakteristika des irdischen Lebenswegs und – sofern sie bekannt sind bzw. die Tradition sie für bekannt hält – auch von den Porträtzügen der dargestellten Heiligen.

Weil die Heiligen mit uns zusammen die eine Kirche Gottes sind, weil es nicht unter ihrer jenseitigen Würde ist, uns unvollkommenen diesseitigen Menschen verbunden zu bleiben, hat die Orthodoxie im großen

Bilderstreit dem Vorwurf der Ikonoklasten, ein irdisches Bild sei der überirdischen Heiligkeit unwürdig, nicht nachgegeben. Sie arbeitete vielmehr jahrhundertelang an einer Bildkunst, die möglichst intensiv vom Jenseits spricht. In manchen Zentren des geistlichen Lebens, in denen man sich mit besonderer Intensität nach dem ausstreckte, was verheißen ist, sind dabei Ikonen entstanden, aus denen das Licht der Verklärung in einem Ausmaß hervorbricht, daß es den Betrachter geradezu überwältigt. Was wunder, daß mitunter Ikonenmaler im Bestreben, das göttliche Licht leuchten zu lassen, über manche irdische Gesetzmäßigkeit einfach hinweggingen. Was wunder auch, daß bestimmte Betrachter von Ikonen[3], deren Augen nicht „von oben her" geöffnet sind, so daß sie das Licht der Gnade nicht erkennen, über die Ikonen Unzulängliches sagen[4].

Die Heiligen sind Zeugnis für die Kontinuität der Kirche seit den Tagen der Apostel, für ihren Heilsdienst und für ihr Geplantsein durch Gott von Urzeit an

Eine Kette von Heiligen zieht sich von den Kirchen unserer Zeit durch die Generationen zurück in die Zeit der Gründung, die entweder unmittelbar durch einen Apostel geschah oder vermittels einer anderen Kirche, die auf die Apostel zurückgeht. Und eine weitere Kette von Heiligen reicht noch weiter zurück in jene Zeit, in der „viele Male und auf vielerlei Weise" das Wort Gottes (*ho Logos tou Theou*) an die erlösungsbedürftige Menschheit erging (vgl. Hebr 1,1). Die Heiligen werden, in Chöre (Kategorien) zusammengefaßt, täglich angerufen, und bei jeder Eucharistiefeier werden neben das Brot, das in den Leib des Herrn verwandelt wird, zu ihrem Gedächtnis Brotpartikel auf den sogenannten Diskos, den Teller für das heilige Brot, gelegt. Außerdem ist für jeden Heiligen ein Tag festgelegt, an dem sein Gedenken in besonderer Weise gefeiert wird.

An erster Stelle wird stets die allzeit jungfräuliche Gottesmutter Maria erwähnt, und zum Abschluß jeder Hymnodie wird ihr, aus der „aufging die Sonne der Gerechtigkeit: Christus unser Gott"[5], eine Strophe gewidmet. Daß man sie bei den Fürbittlitaneien anruft, daß man ihr das „rette uns" ebenso singt wie ihrem Sohn, unserem Erlöser[6], und daß z. B. der ihr gewidmete ‚Hymnos Akathistos' sie sogar Lebensbaum nennt und – in Anklang an Mt 13,32 – als blattreichen Baum anspricht, bei dem sich viele bergen, kann nur mitvollziehen, wer erfaßt hat, daß für den orthodoxen Christen die Jungfrau und Mutter Maria stets sozusagen durchsichtig ist für die jungfräuliche Mutter Kirche, die in den heiligen Sakramenten „die vielen" für das ewige Leben zeugt. In den Gesängen zu Ehren der Gottesmutter singt man im orthodoxen Kult den Dank und den Lobpreis dafür, daß Gott die Kirche zur Mittlerin und zum Werkzeug des Heils erwählt hat.

Angeführt vom Vorläufer und Täufer Johannes, werden die Vorväter Jesu, die Patriarchen und insbesondere die Propheten verehrt. Ihnen erscheinen die Magier aus dem Morgenland nahestehend, von denen das Festtroparion von Christi Geburt singt: „In (deiner Geburt) wurden die Diener der Sterne durch einen Stern belehrt." Einem Stern folgten sie nach Meinung der Menschen, doch in Wirklichkeit führte sie Gottes liebende und rettende Kraft, singt die Orthodoxie zu Weihnachten in ihren Festliedern. Dem Heidentum ist zwar nicht die Fülle der Wahrheit gegeben; deswegen sind die frommen Heiden, die Gott nahe herbeiführte, erst noch „hereinzuholen", wie es in den Festgesängen heißt[7]. Der Stern wird auf den Ikonen stets in einem Lichtstrahl gemalt, der vom Thron Gottes auf das Kind in der Krippe herabkommt und Licht in die Dunkelheit der Welt bringt[8], damit die Weihnachtsikone bezeugt, daß Gott auch durch das nach oben Weisende im Heidentum gesprochen hat. Weil durch das Wort alles geworden ist und nichts wurde ohne das Wort (vgl. Joh 1,3) und weil durch das Wort auch alles heimgeführt werden soll (vgl. Kol 1,17 ff.), finden die orthodoxen Väter überall die Spur des Logos, und die altkirchliche Theologie sprach vom *logos spermatikos*, vom „keimhaften Logos", der überall dort am Wirken ist und aufgefunden werden darf, wo eine Spur der Wahrheit vorhanden ist. Die orthodoxe Kirche hält deswegen auch die alten Philosophen, deren Werke von den Kirchenvätern reichlich verwendet wurden, für verehrungswürdig genug, daß in mehreren Klosterkirchen die griechischen Philosophen wie die Propheten mit den Heiligen an die Wände gemalt sind, im Unterschied zu den Propheten jedoch ohne Nimbus um ihr Haupt.

Als Zeugen der Kirchengeschichte werden seit den Aposteln auch „apostelgleiche Heilige" verehrt, die Wichtiges zur Ausbreitung des Christentums beitrugen und bei bestimmten Völkern das Christentum einpflanzten. Es kann sich um Fürsten handeln, um Hierarchen, um Mönche oder Nonnen, im Fall der heiligen Nino um eine christliche Sklavin, die als Glaubensbotin der Georgier gilt. Selbstverständlich gibt es zahlreiche Hierarchen und Lehrer unter den Heiligen. Das Heer der Märtyrer und der Bekenner, die zahlreichen Mönche und Nonnen im Heiligenkalender und insbesondere die Neomärtyrer und Neoheiligen, die die orthodoxe Kirche heiligsprach, nachdem es bereits zum Schisma zwischen Ost und West gekommen war, stammen aus allen sozialen Schichten der Christenheit[9]. Hinsichtlich der heiligen Asketen und Asketinnen im christlichen Osten ist bedauerlicherweise festzustellen, daß einige Erscheinungsformen, die nicht in unsere Weltgegend passen, bei uns – manchmal sogar in ernsthaften Publikationen – voreingenommen verunglimpft werden, so z. B. die Styliten[10] oder die „Narren um Christi willen"[11], aber keineswegs diese allein. Ein Brotpartikel wird bei der Eucharistiefeier auch zum Gedächtnis der „ohne Lohn helfenden Wundertäter" auf die Patene gelegt; vielleicht könnten wir sie „Caritasheilige" nennen, um sie bei uns vorzustellen.

Die Heiligen sind Anschauungsunterricht über die Kirchengeschichte

Fairy von Lilienfeld hat in schöner Weise den „Blickwinkel der Kirche in ihren Heiligenkalendern" abgehoben von den Auswahlkriterien, die in der Regel unserer Kirchengeschichtsschreibung zugrunde liegen[12]: „Hier kommen die Auseinandersetzungen mit der Staatsgewalt, besonders mit einer heidnischen, ungläubigen oder nicht rechtgläubigen, zwar auch vor oder werden zumindest als bekannt vorausgesetzt; aber das eigentliche Thema, wessen die Kirche dankbar gedenkt am Wesen und Wirken dieser kirchlichen Menschen, ist, wie diese Menschen ‚Spiegel der göttlichen Gnade' waren, wie sie Jesus Christus und die Früchte, die das Leben in ihm durch den Heiligen Geist treibt, ihrer eigenen Zeit und im fortwirkend gegenwärtig setzenden Gedächtnis auch den späteren Generationen der Kirche nahegebracht haben . . . Dies eben ist das Kriterium für das Aufbewahrtwerden im Gedächtnis der Kirche: die ‚martyria' in ihrem weitesten Sinn als Bezeugung des Evangeliums im gepredigten Wort der Verkündigung, als Ausbreitung, als Wachsen des Leibes der Kirche durch die Taufe und seine Erhaltung und Reinigung in Buße und eucharistischem Gottesdienst, im Bekenntnis zum Herrn und Erlöser im Lebenswandel ebenso wie im Todeszeugnis des Martyriums." In der Verehrung ihrer Heiligen schreibt die Kirche „eine Kirchengeschichte, die von der ‚martyria' der Kirche und ihrer Heiligen ausgeht, vom ‚martyrein' als Kriterium des eigentlichen In-Erscheinung-Tretens von Kirche . . . Zum Verständnis der Eigenart von Kirchengeschichtsschreibung unter diesem Blickwinkel ist besonders wichtig zu bedenken, daß die Heiligen nicht nur einfach zur Vergangenheit der Kirche gehören, sondern auch zu ihrer Gegenwart – eben in diesem sie vergegenwärtigenden Gedenken." Die Kirche ist in solcher Sicht „nicht einfach unser

‚profan' erlebtes irdisch-kirchliches Wir, das dem Wir eines zu bestimmten Zwecken geschlossenen Vereins soziologisch-strukturell gliche wie ein Ei dem anderen, sondern es ist das Wir der ‚in Christo' Seienden, um mit dem Apostel Paulus zu sprechen. Es ist nicht einfach das Wir ‚kata sarka', sondern auch das Wir ‚kata pneuma'." So ist der Heiligenkalender also eine Kirchengeschichte, welche die Kirche „nicht ‚profan' (sieht), sondern theologisch, vom Blickwinkel des Glaubenden her, der in der Kirche steht". Es bedarf, versteht sich, eines umfangreichen Heiligenkalenders, damit er *martyria* sein kann für die tausendfältige Führung, die Gott seiner Kirche angedeihen läßt.

Die Heiligen sind Anschauungsunterricht für ein gottgefälliges Leben

Wir wollen hier nicht spekulieren über einen eventuellen künftigen Wandel der Interessen in den orthodoxen Kirchengemeinden[13]; für die herkömmliche Heiligenverehrung der orthodoxen Kirche gilt, daß es in den Gottesdienstoffizien und in den Synaxarien (das sind für das Vorlesen beim Festgottesdienst oder im klösterlichen Refektorium verfaßte Viten) weniger um die Details der Ereignisse in den Tagen des Heiligen geht, sondern viel stärker darum, daß dem Hörer aus dem Vorgetragenen eine Wegweisung für sein persönliches Leben erwächst. „So kennen wir von jetzt an niemand mehr dem Fleisch nach. Und wenn wir früher Christus dem Fleisch nach gekannt haben, so kennen wir ihn jetzt nicht mehr so", schreibt Paulus (2 Kor 5,16), und damit harmoniert, daß manche von Fachhistorikern als blaß, schematisch und in Einzelzügen vielleicht sogar unglaubwürdig eingestufte Viten im gottesdienstlichen Erbe der orthodoxen Klöster unangefochten den Platz behaupten. Ein bezeichnendes Beispiel bietet A. Tachiaos, der jüngst die Autobiographie und älteste Viten von Paisij Veličkovskij herausgab[14]. Er zeigt, daß die neuzeitliche Mönchskommunität, der Paisij bis 1794 vorgestanden war, sehr interessiert war an einer Vita des geistlichen Vaters, daß aber die Autobiographie, von deren Existenz man erwiesenermaßen wußte und die viele konkrete Details darbietet, nicht nur aus begreiflichen Gründen keine Verwendung fand beim Gottesdienst bzw. als Tischlesung, sondern nicht einmal in der gleichen Häufigkeit wie die „blassen" Viten abgeschrieben, also auch privat wenig gelesen wurde. Die Wahrheit der Viten, die der orthodoxen Heiligenverehrung entsprechen, liegt nicht im protokollarischen Bericht, sondern im Aufleuchten des Entscheidenden: im Hinführen zu einer Einsicht, in die eben skizzierte Kirchengeschichte *kata pneuma* und im Anregen derer, die den Heiligen verehren, daß sie ihr Gedenken zur tätigen Nachfolge fortgestalten[15].

Weit mehr als die Viten dürften die Hymnen der Festoffizien demjenigen blaß und schematisch-einheitlich, zum Teil vielleicht sogar „auswechselbar" erscheinen, der sie einfach so liest, wie er sie in den Mänäen findet. Sie sind für eine solche Lektüre denkbar ungeeignet; Farbe gewinnen sie erst, wenn sie an den Platz gesetzt werden, den sie im Gottesdienst einnehmen. Bis auf wenige Liedstrophen ist der Großteil der Hymnen nämlich für das Hineinsingen zwischen Psalmen und Cantica verfaßt[16]. Auch Strophen, die miteinander eine Einheit als Hymnus bilden, sind wie Mosaiksplitter je in sich geschlossene Einheiten, denn nicht unmittelbar nacheinander, sondern jeweils erst wieder nach einem Psalm- bzw. Canticumvers sind sie vorzutragen. Besonders wichtig ist, daß die Psalmen und Cantica, in die hinein die Strophen gedacht sind, das ganze Jahr über nicht wechseln. Täglich bleibt das Ordinarium der Gebetszeiten das gleiche. In die gleichen Psalmen und Cantica legen die Hymnen das Jahr über also alles ein, was dem betenden Mönch durch die regelmäßige Mitfeier des Gottesdienstes an Glaubensunterweisung nahegebracht werden soll. Damit er betend und meditierend aufnehme, was er hört, ist ein Gleichklang in der Vortragsweise – und also eine große Ähnlichkeit der Hymnen untereinander – Voraussetzung. Gerade weil die Hymnen bei einer Lektüre für sich allein schematisch-einheitlich erscheinen, sind sie für die Verwendung beim orthodoxen klösterlichen Beten geeignet. Dank ihrer saugen sich sozusagen die Psalmen und Cantica voll mit allen Lehren und Mahnungen, deren der Mönch bedarf, um die Glaubenslehre kennen und seine Kirche lieben zu lernen und um Wegweisung zu erlangen für sich selber[17]. Damit die Viten der Heiligen und die Hymnen zu ihrem Lobpreis überhaupt im orthodoxen Klosteroffizium Verwendung finden können, müssen sie von einer Art sein, die es erlaubt, daß sie zu diesem Vollsaugen beitragen.

Die Heiligen sind Beter am Thron Gottes

Wenn die Ortskirche in der Eucharistiefeier „im vollen Sinn ist, was sie sein soll", stehen, wie wir oben ausführten, die Heiligen mit ihr im Gebet versammelt. Da die Glieder der irdischen Kirche sich der Bruchstückhaftigkeit ihres geistlichen Lebens bewußt sind, stellen sie sich gern unter den Schutz jener mit ihnen und für sie betenden Schwestern und Brüder, die schon vollendet sind. Immer wieder werden die Heiligen daher beim Gottesdienst um ihre Fürbitte am Thron Gottes angerufen.

Die Ikone vom jüngsten Gericht zeugt besonders deutlich vom Glauben der orthodoxen Kirche an die Macht des Fürbittgebets der Heiligen. Mit dem wiederkommenden Herrn sitzen auf dieser Ikone gemäß Jesu Verheißung die zwölf Apostel zu Gericht. Aber näher noch als sie stehen zur Rechten und zur Linken des Herrn als die Chorführer der fürbittenden Heiligen die Gottesmutter und der Täufer Johannes. Bis ins Gericht hinein reicht die fürbittende Kraft der vollendeten Glieder der Kirche.

Als Deisis-Bild[18] ist das Kernstück dieser Ikone auch in jenen orthodoxen Gotteshäusern zu finden, die keine volle Ikone vom jüngsten Gericht besitzen. Auf ihm thront der wiederkommende Herr, flankiert von der Gottesmutter und dem Täufer. Die Darstellungen der Heiligen auf der Bilderwand und an den Wänden der Kirche, die der Ortsgemeinde die von ihr besonders verehrten Heiligen dauernd vor Augen halten, sind allesamt eine Ausfaltung des Deisis-Bildes. Hinter der Gottesmutter und dem Täufer, in einer Reihe mit ihnen, legen sie alle Fürbitte ein für die Ortsgemeinde. Sozusagen als unablässig für uns Betende sind sie vermittels ihrer Ikonen im Gottesdienstraum vor der Ikone des Herrn zugegen. Als solche empfangen sie auch bei jedem Gottesdienst gemeinschaftliche und von jedem Kirchenbesucher individuelle Verehrung. Die orthodoxe Kirche hat nämlich in ihrer liturgischen Praxis und im Frömmigkeitsbrauchtum der einzelnen Gläubigen konsequent darauf geachtet, daß das 7. ökumenische Konzil die Bilderverehrung nicht nur erlaubte, sondern sie unter Androhung des Anathems sogar anordnete[19], weil – wie es feststellte – die Ehre, die dem Abbild erwiesen wird, auf das Urbild übergeht.

Die Anpassung des Heiligenkalenders an die Ortskirchen

Die Heiligen aller Jahrhunderte ergeben ein schier unüberschaubares Heer. Wer die Minäen (die Monatsbücher für den täglichen Gottesdienst) der Orthodoxie aufschlägt und für jeden Tag das Gedenken für mehrere von ihnen eingetragen findet, mag sich fragen, ob ein solches vollziehbar ist. Man muß jedoch bedenken, daß die gottesdienstlichen Bücher, die in der Orthodoxie für die Gottesdienstfeier normativ sind, es nicht in der Weise sind wie die Missalien und Breviere der lateinischen Kirche. Gemeindegottesdienste feiert man (in der Regel) an den Sonntagen, die stets ein Herrengedächtnis sind und denen nicht einmal das Gedächtnis der volkstümlichsten Heiligen, wenn es zufällig auf einen Sonntag trifft, den Charakter des Auferstehungstages nehmen kann, und an besonderen Feiertagen. Welche Tage zu den gottesdienstlich gewürdigten Feiertagen zählen, ist nach Regionen und Orten verschieden. So trifft man also eine Auswahl und feiert die Tage jener Heiligen, denen man sich besonders verbunden weiß. An den übrigen Tagen gibt es nur in den Klöstern und in Kirchen mit größerem Klerus bzw. bediensteten Kirchensängern Gottesdienste der Mönche oder Nonnen bzw. der Kleriker. Nicht einmal in den Klöstern werden die Kirchenbücher im vollen Umfang gottesdienstlich vollzogen. Die unterschiedliche Länge der Gottesdienste in größeren und in kleineren Klöstern bzw. in ein und demselben Kloster an Festtagen des jeweiligen Klosters und an Tagen, denen kein Festcharakter zuerkannt wird, bezeugt dies. Die gottesdienstlichen Bücher selbst geben dafür Handhabe, da sie eine mehrfache Abstufung der Festlichkeit für die Gedenktage und ausdrücklich auch die Höhereinstufung der Tage der Kirchenpatrone oder sonstiger lokal verehrter Heiliger vorsehen[20]. Das gottesdienstliche Verwenden bestimmter Texte – und entsprechend das Überblättern anderer in den Büchern ebenfalls abgedruckter Texte – ist nicht nur legitime Praxis, sondern bei vielen in Rußland gedruckten Mineen an den Gedenktagen russischer Heiliger sogar zwingend, denn man schuf vollständige Festoffizien für die russischen Heiligen und druckte sie in den Monatsbüchern ab im Anschluß an die slawische Übersetzung des Offiziums für jeweils jene Heiligen, die am selben Tag von den Griechen verehrt werden. Offensichtlich druckte man sie nur noch zur Lektüre durch die Mönche, nicht mehr zur gottesdienstlichen Verwendung.

Ehe für einen Heiligen ein Gedenktag im orthodoxen Kirchenkalender festgelegt und ein Offizium geschaffen wird, bedarf es der Kanonisation. Wir übergehen die alte Zeit, in der die Verhältnisse im Osten nicht anders lagen als im Westen. Auch für die neuere Zeit gibt es kein gesamtorthodox festgelegtes Kanonisationsverfahren. Es liegt in der Kompetenz der autokephalen Kirchen, ihre Heiligen zu kanonisieren und dafür das Vorgehen zu bestimmen. Daß die Prüfung der Kanonisationswürdigkeit ernsthaft geschieht, wird erwartet. De facto hat jede von den einzelnen orthodoxen Kirchen ihre eigenen Heiligen, und es wäre erfreulich, wenn die Anläufe für „ein Repertoire der neuen Heiligen im christlichen Osten"[21] erfolgreicher würden[22]. Wenn es am Ort, an dem die Reliquien eines Frommen ruhen, zu volkstümlicher Verehrung für ihn kam, spielt dies für das Kanonisationsverfahren in den orthodoxen Kirchen eine wichtige, aber von Kirche zu Kirche unterschiedliche Rolle –

ohne Zweifel bei ihnen allen aber eine viel wichtigere als in der katholischen Kirche. Von großer Bedeutung sind in der orthodoxen Heiligenverehrung, besonders für die Verehrung der eigenen Heiligen einer bestimmten Kirche, die Reliquien. Denn gerade daran, daß die Kirche die Reliquien in Ehren hütet, wird für jedermann die Kontinuität der Ortskirche zurück in die Tage des Heiligen deutlich erkennbar. Auch den Typos einer Ikone schafft man für jeden neu in die Verehrung einbezogenen Heiligen, und dieser Typos ist in einer Vielzahl von Einzelheiten am ehemaligen Aussehen und am Lebensweg des Verehrten orientiert. Die Einzelheiten werden getreu übernommen, wo immer man neue Ikonen des Heiligen malt. Denn er war ein ganz bestimmter Erdenbürger, der zwar hineinwachsen durfte ins ewige Leben, aber nicht aufgehört hat, der Geschichte der konkreten Ortskirche anzugehören.

Die Heiligen als Zeugnis für die eine Kirche in und aus den vielen Einzelkirchen

„Man findet zwischen den Kirchen die Bande der Gemeinschaft, welche das Neue Testament aufzählt: Gemeinschaft im Glauben, in der Hoffnung und in der Liebe, Gemeinschaft in den Sakramenten, Gemeinschaft in der Vielfalt der Gnadengaben, Gemeinschaft in der Versöhnung, Gemeinschaft im Dienst"[23]. Gemeinschaft besteht auch in der Verehrung der durch die Gnadengaben zur Heiligkeit geführten Glieder der einzelnen Kirchen. Weil es wegen der Kirchengemeinschaft, die lange Zeit zwischen Griechen und Lateinern bestand, weniger überraschen wird, daß die Heiligen der alten Zeit heute von Orthodoxen und Katholiken gleichermaßen verehrt werden, lassen wir in diesem Abschnitt die Eingrenzung auf die Heiligenverehrung der orthodoxen Kirche, an die wir uns in den bisherigen Ausführungen hielten, außer acht und tragen zwei Beispiele aus den altorientalischen Kirchen vor.

Die koptische Kirche folgt einem eigenen Kalender, der 13 Monate kennt: 12 Monate zu je 30 Tagen und einen 13. Monat von 5 bzw. im Schaltjahr von 6 Tagen. Eine genaue Berechnung und entsprechende Anweisungen im koptischen Kalendarium gewährleisten, daß die gemeinsam begangenen Festtage nach koptischem und nach griechisch-lateinischem julianischem Kalender auf ein und denselben Tag fallen – trotz der Einfügung des Schalttags zu unterschiedlicher Zeit und der daraus resultierenden Verschiebung, die nach dem Schalttag jene Tage nicht korrespondieren läßt, welche in den anderen Jahren korrespondieren.

Im äthiopischen Synaxarion findet sich für den Tag, der dem 8. Dezember nach julianischem Kalender entspricht, folgender Eintrag: „An diesem Tag gedenken wir auch des Zusammentritts des Konzils der heiligen Bischöfe, Priester und Diakone in der Stadt Rom im 1. Jahr der Herrschaft des ungläubigen Decius, unter dem Pontifikat des Patriarchen Cornelius in der Stadt Rom, des Patriarchen Dionysios in der Stadt Alexandrien, des Patriarchen Flavian in der Stadt Antiochien und des Bischofs Germanos in der Stadt Jerusalem. Dieses Konzil fand statt wegen des Priesters Novatian, der irrte und lehrte: ‚Wer in der Verfolgung abfiel, werde nicht mehr aufgenommen, auch wenn er Buße tut. Wer in Unzucht fiel, werde nicht mehr aufgenommen, wenn er Buße tut.' Vater Cornelius hatte ihn deswegen ermahnt, doch Novatian besserte sich nicht. So versammelte Cornelius gegen ihn 60 Bischöfe, 18 Priester und Diakone von den Weisen der Stadt Rom. Sie diskutierten mit dem Priester Novatian über diese Frage. Novatian nahm sein Argument aus dem Wort des Apostels Paulus im Brief an die Hebräer: ‚Menschen, die einmal erleuchtet worden sind, die von der himmlischen Gabe genossen und Anteil am Heiligen Geist empfangen haben, dann aber in Sünde fielen, können nicht ein zweites Mal durch die Buße neu geschaffen werden.' Die Väter antworteten ihm, stellten ihn bloß und sagten: ‚Der Apostel Paulus sagte dies nicht über den, der Buße tut, sondern von jenem, der jedesmal getauft werden will, wenn er in Sünde fällt. Wenn man denjenigen, der in Apostasie oder Sünde fiel, nicht aufnehmen dürfte, sobald er Buße tut, wie du meinst, hätte der Herr die Buße des Propheten David nicht angenommen, und er hätte die Buße des Apostels Petrus nicht angenommen, als dieser ihn verleugnet hatte. Umsonst hätte der Herr ihm die Gnade des Heiligen Geistes, des Parakleten, gegeben; umsonst hätte er ihm aufgetragen, seine Schafe zu weiden ... Vielmehr hat unser Herr ... verfügt, daß die Buße offenstehe für jeden, der den Glauben verleugnete oder in Sünde fiel. Sage dich los von deiner unlauteren Meinung, Novatian, tue diesbezüglich Buße und werde nicht zum Feind des Herrn und zum Feind aller Menschen.' Novatian kehrte sich nicht ab von seiner schlechten Meinung und nahm den Vorschlag der Versammlung der heiligen Bischöfe nicht an. Diese verfluchten ihn, exkommunizierten ihn und schlossen ihn aus. Sie exkommunizierten alle, die seinem Wort Glauben schenkten"[24].

Als Novatians Rigorismus abgelehnt wurde, war die äthiopische Kirche noch nicht einmal begründet. Indem diese Kirche aber Konzilsväter, die ihr nach Ort und Zeit ferne waren, unter ihre Heiligen aufnahm und sie verehrt, bewies sie nicht nur eine erstaunliche Sensibilität für

Sternstunden der Kirchengeschichte *kata pneuma*; sie eignete sich auch – trotz Ungenauigkeit in einzelnen Details der Berichterstattung – das Entscheidende des kirchengeschichtlichen Geschehens an, nämlich die erlangte Einsicht in die Vollmacht der Kirche zur Wiederaufnahme der Gefallenen. Es hatte nie eine ausdrückliche kanonische Gemeinschaft zwischen der Kirche von Rom und der äthiopischen Kirche gegeben, um von kirchenrechtlicher Unter- und Überordnung überhaupt zu schweigen, ehe die Synode von Rom ins äthiopische Synaxarion Eingang fand. Dennoch wurden die Heiligen der Stadt Rom zu Heiligen der äthiopischen Christen, und der äthiopischen Kirche kam eine Einsicht zugute, die im entscheidenden Augenblick einer Kirche in weiter Ferne zuteil wurde. „Denn wenn ein Glied leidet, leiden alle Glieder mit; wenn ein Glied geehrt wird, freuen sich alle anderen mit ihm" (1 Kor 16,26).

Wenn alle Ortskirchen gemeinsam Gott loben und preisen für die Heiligen, die einer von ihnen geschenkt sind, haben sie in einer *communio sanctorum* auch zusammen Anteil an dem, was den einzelnen Ortskirchen durch ihre Heiligen an Segen erwächst. Lassen Sie mich zum Schluß der Meinung Ausdruck verleihen, daß wir im Jahrhundert des Ökumenismus gut daran täten, den Heiligen, die in der Zeit der Kirchenspaltung in den getrennten Kirchen lebten, über die Kirchengrenzen hinweg Verehrung zu erweisen. Der Anteil an den Gaben des Geistes, den die Kirchen einander dadurch vermittelten, trüge sicher viel zu unserer Aussöhnung bei.

Anmerkungen

[1] Die Erklärung ist in deutscher Übersetzung veröffentlicht in: Una Sancta 37 (1982), 334–340.
[2] So der Wortlaut einer Verszeile im Festtagstroparion des Festes Mariä Entschlafung. Der volle Text lautet: „Im Gebären hast du die Jungfräulichkeit bewahrt und im Entschlafen die Welt nicht verlassen, Gottesgebärerin; denn zum Leben gingst du hinüber, selbst Mutter des Lebens, und rettest uns durch deine Fürsprache vom Tod."
[3] Von der diesseitigen Begnadigung sagt der 1. Johannesbrief, daß sie nur von jenen erkannt werden kann, die selber der Gotteserkenntnis gewürdigt sind: „Wir heißen Kinder Gottes, und wir sind es. Die Welt erkennt uns nicht, weil sie ihn nicht erkannt hat." Dann fährt der Brief fort, von der noch größeren endzeitlichen Heiligung zu sprechen und sagt: „Liebe Brüder, jetzt sind wir Kinder Gottes. Aber was wir sein werden, ist noch nicht offenbar geworden. Wir wissen, daß wir ihm ähnlich sein werden, wenn er offenbar wird; denn wir werden ihn sehen, wie er ist" (3,1–2).

[4] Weitere einschlägige Ausführungen machten wir in den beiden Aufsätzen: Ikonen und Ikonenmalerei als geistliches Erbe der orthodoxen Kirche, Geraser Hefte 9 (1983), 2–10; und: Ikonenverehrung und Abwehr des Ikonoklasmus in der griechischen Kirche, in: G. ROVIRA (Hrsg.), Der Widerschein des Ewigen Lichtes, Kevelaer 1984, 155–168.

[5] Aus dem Festtagstroparion von Mariä Geburt.

[6] „Rette", auf griechisch *soson*, klingt an *soter* („Erlöser") an. Auf Kirchenslawisch heißt es *spasi* und klingt an *spasitel* an, das kirchenslawische Wort für „Erlöser".

[7] Zitate und Stellenbelege bei SUTTNER, Der Stern von Bethlehem in Ikonographie und Hymnen der griechischen Kirche. Zur Frage der Heilsrelevanz nichtchristlicher Religionen, Zeitschrift für Missionswissenschaft und Religionswissenschaft 56 (1972), 98–107.

[8] Vgl. die Erklärung der Weihnachtsikone bei SUTTNER, Das Evangelium in Farbe. Glaubensverkündigung durch Ikonen, Regensburg 1982, 63–67.

[9] Vgl. S. SALAVILLE, Pour un répertoire des néo-saints de l'Eglise orientale, Byzantion 20 (1950), 223–237 (mit Literaturüberblick); Johannes M. PERANTONIS, Lexikon ton neomartyron, 3 Hefte, Athen 1972 (nur für Griechen; mit umfangreichen Literaturangaben); E. BRANISTE, Despre cinstirea sfintilor în Biserica Ortodoxâ, Ortodoxia 32 (1980), 44–67. M. POL'SKIJ, Novye mučeniki rossijskie, 2 Bde., Jordanville 1949–57; DERS., The New Martyrs of Russia, Montreal 1972; I. ANDREYEV, Lives of the New Martyrs, Platina (Cal.) 1982. Eine Serie ‚Modern Orthodox Saints' wurde 1971 von C. CAVARNOS in Belmont (Mass.) eröffnet; es liegen bisher 8 Bände vor, die seit 1985 in 3. Auflage erscheinen. Daß den Frauen im altkirchlichen und in den ostkirchlichen Heiligenkalendern mehr Aufmerksamkeit geschenkt wird als im gegenwärtigen abendländischen kirchlichen Bewußtsein, hebt heraus F. VON LILIENFELD, Über einige Probleme der Lehre von Kirchengeschichte, in: Festschrift Kretschmar, Stuttgart 1986, 249–265.

[10] Vgl. B. KÖTTING, Styliten, in: DThC (= Dictionnaire de Théologie Catholique), Bd. 9, 1128 ff., und: H.-G. BECK, Kirche und theologische Literatur im byzantinischen Reich, München 1959, 124 ff. und 139 ff.; beide mit Literaturangaben und mit unterschiedlichen Nuancen in der Bewertung.

[11] Vgl. P. HAUPTMANN, Die „Narren um Christi willen" in der Ostkirche, Kirche im Osten 2 (1959), 27–49 (mit Literaturüberblick).

[12] Siehe ihren in Anm. 9 zitierten Beitrag, 261 ff.

[13] Im Abschnitt ‚Gemeinsame Bewährung im Kulturwandel' unseres Beitrags ‚Wege und Abwege wechselseitigen Gebens und Nehmens zwischen Kirchen des Ostens und Westens nach dem Abbruch der Communio', Ostkirchl. Studien 36 (1987), sprechen wir von den Folgen für das kirchliche Leben aus der kulturellen Interdependenz, die es zu jeder Epoche trotz der Eigenständigkeit der Völker zwischen ihnen gibt. Es ist zu vermuten, daß das neuzeitliche Interesse für historische Forschung mit der Zeit auch den orthodoxen Heiligenkult beeinflussen wird. Einige der in Anm. 9 zitierten Publikationen über neue Heilige zeigen dafür bereits gewisse Offenheit. Einflüsse auf den gottesdienstlichen Kult lassen sich jedoch noch nicht feststellen. Daran dürfte sich solange nichts ändern, als die Mehrzahl der Kirchen weiterhin der Zensur durch atheistische Behörden unterliegt. Auffällig ist, daß man in jenen erneuerten Athosklöstern, in denen es heutzutage eine größere Anzahl akademisch geschulter Mönche gibt, in Gesprächen selbst mit Naturwissenschaftlern auf eine fast unbegreiflich naive Legendengläubigkeit stoßen kann.

[14] A. TACHIAOS, The Revival of Byzantine Mysticism among Slavs and Romanians in the XVIIIth Century. Texts relating to the Life and Activity of Paisy Velichkovsky, Thessaloniki 1986.

[15] Vgl. SUTTNER, Die Wahrheit der St.-Nikolaus-Legende, in: Ecclesia Peregrinans (Festschrift Lenzenweger), Wien 1986, 17–25. Was dort ausgeführt ist über Legende und Historie, Legende und Märchen, das Erschließen des Entscheidenden und die Betonung der Historizität des Erschlossenen gilt ebenso von den Lebensbeschreibungen anderer Heiliger, die in der orthodoxen Kirche beim gottesdienstlichen Heiligenkult vorgelesen werden.

[16] Zur Verwendung der Liedstrophen beim Gottesdienst vgl. SUTTNER, Glaubensverkündigung durch Lobpreis. Zur Interpretation der byzantinischen gottesdienstlichen Hymnen, in: Festschrift F. von Lilienfeld, Göttingen 1982, 76–101.

[17] Der einzelne Beter lernt die einzige Reihe von Psalmen und Cantica, die täglich das Grundgerüst der Gebetszeiten ausmachen, leicht auswendig und kann deswegen beim Psalmodieren vom Buch unabhängig sein – die Hymnenstrophen werden vom Vorsänger dazwischengesungen – und der Meditation obliegen. Wenn man die klösterlichen Offizien der orthodoxen Kirche mit Gebetsgepflogenheiten der abendländischen Christen vergleichen will, müßte man das Rosenkranzgebet heranziehen, bei dem ebenfalls während stets gleichbleibender Gebete eine Meditation jener Glaubensgeheimnisse erfolgen soll, die durch dazwischengeflochtene Texte dem Beter vergegenwärtigt werden. Nur sind beim byzantinischen Offizium sowohl die gleichbleibenden Gebete als auch die zu meditierenden Glaubenswahrheiten um ein Vielfaches reichhaltiger vorgelegt als beim Rosenkranzgebet.

[18] Von griechisch *deesis* = Fürbittgebet.

[19] Nr. 3 der dem dogmatischen Beschlußtext angefügten Anathemata lautet: *Si quis eas [= imagines] non salutat, cum sint in nomine Domini et sanctorum eius, anathema sit.*

[20] Die entsprechenden Regeln gemäß der unter dem Regierenden heiligen Synod in Rußland gelebten Tradition erläutert ausführlich K. NIKOL'SKIJ, Pasobie k izučeniju ustava bogoslužēnija pravoslavnoj cerkvi, St. Petersburg 1907, 481–655.

[21] Vgl. den Titel des Referats von S. SALAVILLE in Anm. 9.

[22] Soweit uns möglich, verweisen wir auf zusammenfassende Darstellungen. Für die Griechen vgl. die Publikation von PERANTONIS in Anm. 9; H. S. ALIVIZATOS, Anagnorisis ton hagion en te Orthodoxo Ekklesia, Theologia 19 (1941–48), 18–52. Für die Russen vgl. J. BOIS, Canonisation dans l'Eglise russe, in: DThC, Bd. 2, 1659–1672; S. TYSZKIEWICZ, Spiritualité et sainteté russe pravoslave, in: Gregorianum 15 (1934), 349–371; I. KOLOGRIWOW, Das andere Rußland, München 1958. Für die Serben gibt eine Ausgabe der gottesdienstlichen Offizien zu Ehren der nationalen Heiligen Aufschluß: B. TRIFUNOVIC (Hrsg.), Srbljak, 3 Bde., Beograd 1970. Für die Rumänen: L. STAN, Despre canonizarea sfintilor în Biserica Ortodoxâ, Ortodoxia 2 (1950), 260–278; DERS., Canonizarea Sfintilor Români, Bis. Ort. Rom. 86 (1968), 725–735; E. BRANISTE (wie Anm. 9); Ernst Chr. SUTTNER, Beiträge zur Kirchengeschichte der Rumänen, Wien 1978, 67. Weil sich die russische Auslandskirche als den einzigen freien Teil der russischen Kirche betrachtet, handelt sie ebenfalls wie eine autokephale Kirche; sie versteht diese Handlungen als namens der russischen Kirche gesetzt, denn eine eigene Autokephalie schreibt sie sich nicht zu. Dieses ihr Selbstverständnis wird von den übrigen orthodoxen Kirchen nicht anerkannt; sie nahm ungeachtet ihrer Nicht-Aner-

kennung durch die anderen Kirchen 1964, 1970, 1978 und 1981 Kanonisationen vor, von denen allerdings wenigstens ein Teil als zu sehr von politischen Motiven verursacht gilt; vgl. G. STRICKER, Die Kanonisierung der Neomärtyrer in der Russisch-Orthodoxen Auslandskirche, Kirche im Osten 26 (1983), 95–136. Zu Fragen der Kanonisation in einzelnen orthodoxen Kirchen und auch zu ihrer Wichtigkeit für das nationale Bewußtsein in den einzelnen Kirchen vgl. die Beiträge von Chr. HANNICK zu den Stichworten „Heilige" und „Hagiographie" in: Theologische Realenzyklopädie, Bd. 14, Berlin/New York 1985, 371–377 und 660–664.

[23] Zitat aus der in Anm. 1 benannten Erklärung.

[24] S. GREBAUT, Le synaxaire éthiopien IV, in: Patrologia Orientalis 15, 731–734.

Peter Jezler

Die Desakralisierung der Zürcher Stadtheiligen Felix, Regula und Exuperantius in der Reformation

Einleitung

Den Entstehungsprozeß eines Heiligenkultes hat die Hagiologie hundertfach erarbeitet und dafür immer wieder ähnliche Stationen ermittelt. Es sind dies: verehrungswürdiger Lebenswandel einer historischen oder fiktiven Person, Inventio und Translatio der Reliquien, Abfassung der Legende, Errichtung eines Heiligtums, Erblühen der Wallfahrt, Aufzeichnen der Mirakel, Entfaltung der Ikonographie und Verbreitung des Patroziniums, unter Umständen besondere politische Ziele, die sich in der Kultförderung widerspiegeln. Allerdings liegen diese Stationen zeitlich oft weit auseinander und sind nur lückenhaft überliefert, was die Sicht auf die gesamte Wirksamkeit, welche der Heilige im Leben der mittelalterlichen Gesellschaft zu einer bestimmten Zeit entfaltet hat, einschränkt.

Der umgekehrte Vorgang hingegen, nämlich die Frage, wie ein bestehender Heiligenkult unterbunden wird – diese Frage hat bisher wenig Aufmerksamkeit auf sich gezogen. Dabei kann diese Fragestellung bisherige hagiologische Ansätze durchaus ergänzen.

Wenn wir uns im folgenden den Zürcher Stadtheiligen Felix, Regula und Exuperantius zuwenden, stellen wir fest, daß sich ihre reformatorische Desakralisierung vorzüglich für eine Fallstudie anbietet. Bis zur Reformation verehrte man die Geschwister Felix und Regula sowie ihren Gefährten Exuperantius als Angehörige der Thebäischen Legion, die sich in Zürich niedergelassen hatten, durch Statthalter Decius am Limmatufer enthauptet worden waren und darauf ihre Köpfe 40 Ellen weit auf einen Hügel zu ihrem Bestattungsort getragen hatten[1]. Ihr Kult währte mehr als acht Jahrhunderte und fand baulich seinen Ausdruck im Großmünster-Stift (am Ort des Grabes), in der Wasserkirche (an der angeblichen Hinrichtungsstätte) und in der Fraumünster-Abtei (eine Gründung König Ludwigs des Deutschen mit Felix-und-Regula-Patrozinium und -Reliquien). Die kompromißlose Beseitigung des Kultes reduzierte sich dagegen auf wenige Jahre und bleibt demgemäß gut überblickbar. Die Quellenüberlieferung ist dicht und erlaubt eine genaue Momentaufnahme. Den Verordnungen entnehmen wir eine Maßnahme nach der andern und können darin die Präsenz erkennen, welche die Heiligen im frühen 16. Jahrhundert in der Stadt eingenommen haben[2]. Es kommt hinzu, daß die Bevölkerung in Reformisten und Traditionalisten gespalten war, was sich in der Chronistik niederschlägt. Während Bernhard Wyß und Heinrich Bullinger die Reformation fördern und Neuerungen nicht ohne Emphase überliefern, muß der altgläubige Gerold Edlibach die sich überstürzenden Änderungen bedauern. Ihre Angaben lassen sich gegenseitig überprüfen – eine quellenkritisch günstige Ausgangslage[3]. Im damaligen Spannungsfeld der Ansichten und Meinungen konnte die Demontage der Heiligen nicht geradlinig und pragmatisch erfolgen. Was auch immer für Aktionen gegen den Kult getroffen wurden – sie standen in einem Prozeß der öffentlichen Propaganda und Meinungsbildung. Destruktionen stellen nicht nur die Negierung des betroffenen Gegenstandes dar; sie reagieren auf dessen Charakter und nehmen selbst ganz unterschiedliche Qualitäten an.

Am direktesten ist Pamela Biel die Behandlung der Heiligenverehrung in der zürcherischen Reformation angegangen[4]. Zwinglis Ablehnung beruht demnach auf folgenden Annahmen:
(1) Der Interzession der Heiligen fehle die biblische Begründung;
(2) der Heiligenkult führe in Verbindung mit der Bildfrömmigkeit zur Idolatrie;
(3) die Verehrung der Heiligen distanziere die Gläubigen von Christus.
Gewiß ist es erhellend, die Entwicklung dieser Argumentation in Zwinglis Schrifttum zu verfolgen und darin die Taktik zur Verbannung der Heiligen unter Rücksichtnahme auf die Volksfrömmigkeit zu orten. Nur darf man nicht außer acht lassen, daß die konkreten Entsakralisierungsmaßnahmen eine ganz andere Sprache sprechen und die zeitgenössische Öffentlichkeit ungleich direkter berührt haben dürften als das theologische Schrifttum. Diesen konkreten Maßnahmen gilt im folgenden die Aufmerksamkeit; der Blick richtet sich auf die Abschaffung der Sachkultur und der rituellen Präsenz der Heiligen.

1. Die Auflösung des Heiligengrabes

Ihren zentralen Verehrungsort haben die Heiligen an der Stelle ihres Grabes. Wer die Desakralisierung zum Ziel hat, wird hier ansetzen. Das Grab von Felix und Regula lag in der sogenannten Zwölfbotenkapelle des Großmünsters[5], an der Stelle, wohin die legendarischen Märtyrer nach ihrer Enthauptung ihre Köpfe trugen. Es handelte sich um einen dreijochigen Annex südlich des Chores, welcher die Flucht des Seitenschiffs weiterführt. Während in der Apsis der namengebende Zwölf-Apostel-Altar stand und das mittlere Joch ein Sepulcrum Domini enthielt, beschränkte sich das Grab der Stadtheiligen auf das westliche Joch, welches vom Laienhaus her direkt zugänglich war. Die Kultanlage umfaßte im wesentlichen vier Teile (Abb. 1):

(1) Das *Grab* selbst ist an der Nordwand zu vermuten, wo eine Nische die Stelle auszeichnet;

(2) ein *Felix-und-Regula-Altar* stand auf der Mittelachse der Kapelle unterhalb des östlichen Jochbogens;

(3) über dem Altar befand sich ein *Reliquienschrein*; er wurde bei bedeutenden Anlässen mit einer im Gewölbe montierten Seilzugvorrichtung vom Altar gehoben, um auf den Hochaltar übertragen oder in Prozessionen mitgeführt zu werden;

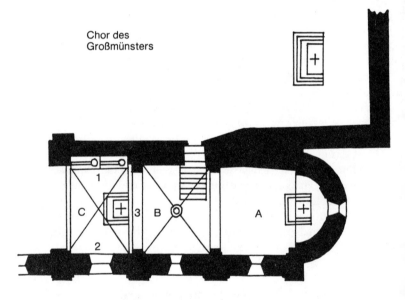

Abb. 1: Grundriß der Zwölfbotenkapelle im Großmünster mit der Rekonstruktion der vorreformatorischen Ausstattung gemäß Daniel Gutscher. A: Apsis mit Zwölf-Apostel-Altar; B: mittleres Joch mit dem Sepulcrum Domini; C: westliches Joch mit dem Grab und dem Altar von Felix und Regula.

(4) hinzu kommt die *übrige Ausstattung* mit ewigen Lichtern und Bilderschmuck, welche den Ort optisch kennzeichneten und ihm eine weihevolle Rahmung boten.

Im Äußeren ist die einstige Kultanlage heute noch weitgehend erkennbar. Im Innern hat dagegen – gleichsam als später Abschluß der Säkularisierung – der Einbau eines Treppenhauses in den 1930er Jahren die Spuren weitgehend verwischt. Von der Ausstattung hat das Überlieferungsglück das berühmte Stadtpanorama von Hans Leu d. Ä. erhalten[6].

Ein bilderstürmerischer Angriff auf Gesichter des Martyriumsbildes von Hans Leu d. Ä.

Während Hans Leus Stadtpanorama heute vorzugsweise als Bildquelle für die spätmittelalterliche Stadtkultur beigezogen wird[7], gehört es zweifellos auch zu den bedeutendsten Bildersturm-Denkmälern der Reformation. Technologische Untersuchungen von Emil Boßhard und Renate Keller haben dazu wichtige Beobachtungen erbracht[8]. Das Gemälde besteht aus einem links- und einem rechtsufrigen Teil und setzt sich insgesamt aus fünf Einzeltafeln zusammen. Es ist zwischen 1497 und 1502 als Gemeinschaftsdonation *fil frommer lütten* für die Felix-und-Regula-Grabkapelle in Auftrag gegeben worden[9]; die exakte ursprüngliche Anbringung ist allerdings noch nicht abschließend geklärt[10]. Im Originalzustand zeigten die beiden Gemälde die Marter und den himmlischen Empfang der drei Stadtpatrone vor einer außergewöhnlich detailreichen Stadtansicht. Als der obrigkeitlich verordnete Bildersturm am 20. Juni 1524 begann, wurden die Tafeln offenbar in der Großmünstersakristei in Sicherheit gebracht; hier verzeichnet sie jedenfalls 1525 ein Inventar[11]. Danach verliert sich ihre Spur bis in die Jahre zwischen 1566 und 1576. Eine unbekannte Person, der am Bildhintergrund gelegen war, ließ damals die Heiligenbilder in eine profane Stadtvedute umwandeln. Dazu hat man die untere Bildpartie mit den Leibern der Heiligen weggesägt. Der Damastgoldgrund wurde abgeschliffen und mit einem blauen Himmel übermalt. Auf den Flächen der verbliebenen Köpfe ergänzte man schließlich die dahinterliegenden Stadtteile, deren abgebildeter baulicher Zustand eine zeitliche Eingrenzung der Übermalung in die Jahre zwischen 1566 und 1576 erlaubt[12]. – Nun verlieren sich die Spuren der Überlieferungsgeschichte abermals, bis man 1817 die Stadtbilder durch Zufall als Täferfüllung im Wirtshaus zum Rößli an der Schifflände entdeckte[13]. Anläßlich einer Restaurierung 1936/37 wurden

Abb. 2: Hans Leu d. Ä., Martyrium von Felix und Regula vor dem Zürcher Stadtpanorama. Schweizerisches Landesmuseum, Tempera und Öl auf Holz, um 1479/1502. Der Ausschnitt zeigt die von einem Bilderstürmer zerkratzten Gesichter der Stadtpatrone (Bildnachweis: Schweizerisches Landesmuseum in Zürich).

auf den linksufrigen Tafeln die Martyriumsszenen freigelegt, am rechten Ufer hingegen die architekturgeschichtlich bedeutsame Übermalung belassen. Es zeigte sich, daß einige der Gesichter schon vor der Übermalung zerkratzt worden sind, und diesen authentischen Spuren eines bilderstürmerischen Angriffs auf die Stadtpatrone wollen wir uns als erstes zuwenden (Abb. 2).

Der Bilderstürmer hat für sein Zerstörungswerk ein Gerät mit relativ kurzer Schneide gewählt, das sich gut führen ließ und dazu geeignet war, tiefe und auffällige Kratzspuren zu hinterlassen. Diese Wahl ist bemerkenswert: Es ging offenbar nicht darum, das Gemälde – etwa mit einer Axt – kurz und klein zu schlagen, beabsichtigt war vielmehr eine aussagekräftige Deformation des dargestellten Heiligenlebens. Die Schnitte beschränken sich auf einige Gesichter und lassen die übrige Malfläche unberührt. Im Duktus wirken die wenigen Hiebe spontan und treffsicher; die Linienführung ist durchaus geeignet, Wut und Haß gegen die abgebildeten Heiligen auszudrücken. Dennoch zeigt sich, daß der Bilderstürmer in großer Hast gearbeitet hat. Er war so sehr auf die Zerstörung der Köpfe fixiert, daß er zwischen Märtyrern und Henkersknechten keinen Unterschied machte und auf der Lindenhoftafel auch das Gesicht eines Schergen verstümmelte. Auch hat er nicht alle Gesichter ausgelöscht, sondern nur diejenigen, die auf den beiden Gemälden ganz rechts erscheinen. Vielleicht lag das an der beschränkten Zugänglichkeit der Tafeln – vielleicht daran, daß der oder die Bilderstürmer bei ihrem Tun überrascht wurden und das Weite suchten, bevor die Destruktion vollendet war.

Von Bedeutung ist nun die Frage, wann dieser Angriff erfolgt sein kann; schriftliche Berichte sind nicht überliefert. Die Kratzer liegen direkt unter der Übermalung von 1566/76. Es ist auszuschließen, daß die Verstümmelung quasi als Unschädlichmachung der Heiligen erst unmittelbar vor der Neubemalung erfolgte. Die Überarbeitung bezweckte ja, das obsolet gewordene Sakralbild auf eine profane Stadtvedute zu reduzieren, und dabei wird man kaum die Beschädigung der umliegenden Stadtlandschaft in Kauf genommen haben. – Andererseits müssen unsere Tafeln spätestens während der radikalen obrigkeitlichen Bildervernichtung des Sommers 1524 in die Sakristei des Großmünsters verbracht worden sein, denn danach war die Kirche bilderleer. Von da an müssen sie bis zur Transformation in die Stadtvedute der Öffentlichkeit entzogen gewesen sein. Die Obrigkeit erlaubte Donatoren zwar den Rückzug ihrer Bilder aus den Kirchen zur privaten Aufbewahrung, aber bereits gegen deren öffentliche Zugänglichkeit in Herbergen wurden Maßnahmen ergriffen.

Wenn auch nicht mit letzter Sicherheit, so ist somit doch anzunehmen, daß der Zerstörungsakt in die erste Phase des Zürcher Bildersturms fällt. Diese liegt zwischen der Nacht auf den 7. September 1523, als in Sankt Peter erstmals Tafelgemälde heruntergerissen wurden, und dem 20. Juni 1524, als die obrigkeitlich kontrollierte Zerstörung sakraler Bilder einsetzte. Charakteristisch für diese Frühzeit sind revolutionäre Einzelattacken von nicht autorisierten Bilderstürmern. Sie nehmen es in Kauf, daß ihr Sakrileg von der Regierung nicht geschützt wird und müssen unter Umständen schwere Bestrafung gewärtigen. Deshalb handeln sie vorwiegend heimlich. Die Aktionen haben noch nicht die pragmatische Reinigung der Kirchen von den Götzen zum Ziel. Vielmehr handelt es sich um provokative Anschläge, welche zeigen sollen, daß die dargestellten Heiligen keine Kraft besitzen und wertlos sind. Mit deren Schändung soll stellvertretend das als „Papstkirche" bezeichnete System getroffen werden. Wieweit rationale Überlegung die Handlungen geleitet hat, ist ungewiß. Immerhin ist zu bedenken, daß Bilderschändungen nachweislich nicht selten aus Festgelagen erwachsen und in alkoholisiertem Zustand vollzogen worden sind. Wie dem auch sei: es scheint – bis zu Verunstaltungen staatlicher und privater Embleme unserer Zeit – eine anthropologisch angelegte Gewißheit darüber zu bestehen, daß mit solcher Schändung die Gegner in ihrer Macht und Ehre getroffen, andererseits aber auch Parteigänger mobilisiert werden können.

All dies trifft für die Faktur der zeichenhaften Entstellung der Gesichter von Felix und Regula zu. Die Felix-und-Regula-Tafeln zählten aufgrund ihres Aufstellungsortes (am Grab der Lokalpatrone) und ihrer Machart (mit dem Stadtpanorama als Hintergrund), aber wohl auch ihrer teuren Fertigung wegen zweifellos zu den prominentesten Gemälden der Stadt. Sie finden sich unter den wenigen Bildern, welche in die zeitgenössische Chronistik eingegangen sind[14]. Entgegen der verbreiteten Tradition von Kultbildern, welche ihre Schändung rächen, konnten hier die Bilderstürmer beweisen, daß die Bilder machtlos sind. Mit zerkratzten Gesichtern standen die bisher verehrten Stadtpatrone als wirkungslose Götzen da, über die man sich schadlos lustig machen konnte. Die aufsehenerregende Verstümmelung war dazu geeignet, die bilderstürmerische Revolte voranzutreiben.

Die Räumung der Kapelle im offiziellen Bildersturm

Anders als der heimliche Angriff auf die gemalten Gesichter von Felix und Regula erfolgte die kommende Zersetzung ihres Kultes weitgehend per decretum. Die Maßnahmen gewinnen damit eine völlig andere Qualität. Sie gründen auf den abwägenden Beratungen zwischen Theologen und Rat und besitzen den planenden Charakter offizieller Verwaltungstätigkeit. Der Destruktion ist die Spontaneität weitgehend entzogen; die Vollzugsgewalt wird völlig dem Staat übereignet.

Die erste einschneidende staatliche Maßnahme fällt auf Weihnachten 1523, als der Zürcher Rat verfügte, daß künftig kultische Handlungen wie Prozessionen, das Öffnen der Altartafeln an Festtagen und dergleichen zu unterbleiben habe[15]. Die Reliquienschreine verharrten am Ort und verloren ihre öffentliche Wirksamkeit in Prozession oder spezieller Aussetzung im Chor.

Als sich vor allem in den umliegenden Landgemeinden das revolutionäre Klima zuspitzte, die Forderung nach Verwirklichung evangelischer

Frömmigkeit und Freiheit massiver wurde und binnen dreier Tage beide Bürgermeister starben, entschloß sich der Rat zur Flucht nach vorn[16]. Vom 20. Juni bis 2. Juli 1524 wurden die städtischen Kirchen geschlossen, damit unter theologischer Führung und unter Aufsicht städtischer Verordneter die Bilder durch Werkleute vernichtet werden konnten. Was unsere Grabanlage betrifft, so wurde der Reliquienschrein in die Sakristei übertragen, ebenso das Stadtpanorama, falls es nicht schon früher in Sicherheit gebracht worden war. Von den Votivgaben und allem, was sich sonst an Bildern bei den Gräbern befand, müssen wir annehmen, daß sie zerstört wurden; von den Wänden weiß der Chronist Wyß, daß man sie geweißelt habe[17]. Es verblieben noch der nackte Altarstein und die Grabtumben der Heiligen; der Schmuck und die Zeichen der Verehrung waren dagegen verschwunden.

Abbruch von Heiligengrab und Altar

Der Abbruch des Grabes der Stadtheiligen wurde bereits ein halbes Jahr später in der Adventszeit 1524 verfügt. Als erste Maßnahme überführte man am 8. Dezember den Taufstein von seiner traditionellen Lage im Westen der Kirche in die Zwölfbotenkapelle und verschloß diese mit einer neuen Türe[18]. Hierin ist wohl der Versuch zu sehen, einerseits den unkontrollierten Kontakt mit dem Heiligengrab zu unterbinden, andererseits den Taufakt im kleinen Raum besser zu kontrollieren und beispielsweise die Aneignung des Taufwassers zu sakramentalischen Zwecken zu verunmöglichen. Kurz darauf, am 12. Dezember 1524 erfolgte der Abbruch der Heiligengräber. Edlibach widmet dem Vorgang einen eigenen Abschnitt und hebt damit dessen Bedeutung hervor[19]:

Als die begreptniß beder heligen sant Felix und Räglen ab geschlisen wurdent.

Im obgemelten jar, uff sant Lucien, Otiligenn und sant Jost abind (= 12. Dezember 1524), *da ward Zürich von klein und grossen rätten erkent, die begreptnis beder helgen obgemelt, Felix und Regulan, die lange zitt der stat Zürich pattren gewessen warren und von allen menschen hoch geeret, daß man die ouch söl hin und abschlissen, die da erst nüwklich in kurtzen jarren von fil fromer lütten mit vergülten, costlichen tafflen* (= die obenbehandelten Martyriumsszenen) *und sidinen tücher irre särch verdeckt ob den grebren. Ouch allwegen brunend 12 amplen, wen eß tublex und samstag nächt warent. Disse begreptniß wart gar und gantz geschlissen. Gott waltz sin.*

Reformatorischerseits wollte man offenbar auf das kommende Weihnachtsfest hin zur sicheren Unterbindung traditioneller kultischer Handlungen möglichst viele Zeugen des „alten Glaubens" weghaben. Noch in der gleichen Woche, am Samstag, dem 17. Dezember, beschloß der Rat den Abbruch von fünf oder sechs Altarsteinen, darunter auch der Felix-und-Regula-Altar[20]. Die einst *sancta sanctorum* genannte Grabkapelle war nun gänzlich vom bisherigen Kultinventar geleert und diente, normalerweise verschlossen, nur noch als nüchternes Taufhaus.

2. Die Einschmelzung der Reliquiare

Im Herbst des kommenden Jahres 1525 erfolgte der Einzug der Kirchenschätze im ganzen Stadtgebiet. Nachdem das Großmünster seine Eigenständigkeit als nunmehr reformiertes Stift hatte wahren können, kam es zwischen Chorherren und Rat zu einem heftigen Streit um den Sakristeischlüssel. Am 4. September 1525 wird der Propst durch zwei Ratsverordnete aufgefordert, alle Kleinodien, Gold und Silber des Großmünsters an die Stadt auszuhändigen. Der Propst weigert sich, weil das Kapitel als Ganzes zuerst Stellung nehmen müsse, worauf der Rat Aufschub bis zum Ende des Monats gewährt. Als es soweit ist, tragen die Stiftsherren der Obrigkeit vor, daß das Großmünster seit dem Zürichkrieg über 11.000 Gulden verloren habe. Wolle man also den Kirchenschatz veräußern, tue es not, das Stift aus der Verschuldung zu lösen, zumal der größte Teil der liturgischen Gewänder und Kleinodien nicht wie von anderen kirchlichen Institutionen „erbettelt", sondern von den Chorherren selbst eingebracht worden sei. Man bietet an, dieses auch „mit heiterer Rechnung" zu belegen. – Sollte das den Herren nicht gefallen, möge man wenigstens den Besitz, der als Rücklage für die äußerste Not bestimmt sei, nicht angreifen, sondern zugunsten „gmeiner Kirchen" in der Stadt oder auf dem Land verschließen mit je einem Inventar für Stadtherren und Stift.

Die Antwort des Stadtschreibers lautete jedoch: *Wie mine herren in andren gotzhüseren der bilderen, kleinoten und zierden halb hant gehandlet, also wend sij auch by üch handlen etc.*[21] Tatsächlich erschienen am folgenden Tag, am 1. Oktober um sieben Uhr in der Früh, die beiden Verordneten Binder und Zeller und ließen sich den Kirchenschatz aushändigen.

Für knapp vier Monate verblieben die Zierden, darunter der Hauptschrein der Stadtheiligen sowie ihre drei silbernen Kopfreliquien und ihr ganzer Besitz an Edelsteinkreuzen etc., im Schatzgewölbe der Stadtregierung. Dann beschloß der Rat, das kirchliche Edelmetall dem Münzmeister zu verkaufen. Insgesamt löste man 14.758,5 Gulden; hinzu kamen weitere 1.400 Gulden von den zu Schleuderpreisen verschacherten Paramenten und Edelsteinen, so daß sich ein totaler Liquidationserlös von mehr als 16.000 Gulden einstellte. Das Geld sollte nach ursprünglicher Bestimmung dem Almosen überwiesen werden; die überlieferten Rechnungsabschlüsse weisen den Eingang jedoch nicht aus[22]. Bullinger gesteht freimütig ein, daß das Geld gebraucht wurde, um *den grossen kosten, den ein statt mitt der enderung und reformation, mitt dem tagen und sunst hatt, zů ersetzen*[23].

Wenn es um so viel Geld geht, wird man die Maßnahmen zuerst unter praktisch-ökonomischen Gesichtspunkten beurteilen. Der Zugriff aufs

Abb. 3: Thomas Murner, Der lutherischen evangelischen Kirchendieb und Ketzer Kalender, Luzerns, 10. Februar 1527. Holzschnitt 13,2 x 21 cm. – Katholische Reaktion auf die Vermünzung der Zürcher Kirchenschätze (Bildnachweis: Graphische Sammlung der Zentralbibliothek Zürich).

Edelmetall erfolgte als stille Verwaltungsmaßnahme ohne spektakuläre Auftritte; er half ganz einfach dem Bestreben, den städtischen Haushalt in Ordnung zu halten. Auf gegnerischer Seite nahm man hingegen den Zeichencharakter wohl zur Kenntnis. Murner reagierte polemisch mit dem Kirchendieb- und Ketzerkalender. Die Säkularisierung wird hier am bestehenden Recht gemessen, welches das Kirchenvermögen vor Zugriff schützt. Die Zürcher werden des Kirchenraubs bezichtigt und Zwingli als deren Anführer an den Galgen gehängt (Abb. 3). Noch schmachvoller – weil für alle sichtbar – war die katholische Zeichnung des aus dem Kirchengut geprägten Geldes. Laut Bullinger verdroß die Vermünzung die fünf katholischen Orte so sehr, *das ettliche zů Lucern und Zug, der Statt Zürych zur schmach und zů tratz, stämppfili rüsten liessend, daruf kelchlj geschnitten warend, wo inen dann Zürych obgemelte batzen oder ß wurdent, schlůgend stampfftend oder prägetend sy die kelch in den Zürych schillt, namptend ouch die genampten Zürich batzen und schilling, kelchbatzen und -schilling*[24].

Die Verstreuung der Reliquien

Das Schicksal der Reliquien hat kürzlich Urs Baur dargestellt[25], es ist nur bruchstückhaft und unter verschiedener Optik überliefert. Mit der Auslieferung des Stiftsschatzes fielen aus dem Großmünster die zwei großen hölzernen Schreine an den Rat, *darinn mengerleij kleine stücklinen heltums und beine glegen ist verwicklet in sidine tůcher etc.*, ebenso *S. Felix houpt bild obenußhin silberin, S. Reglen haupt* und *S. Exuperantzen haupt*[26]. Laut Bullinger ließ der Rat das Gebein *eerlich und still vergraben, oder in das beinhuß* [...] *heymlich zerströwen*[27]. Aus dem Mund des Stiftskustos Heinrich Uttinger will er vernommen haben, daß dieser die geringen Reste, die sich im Felix-und-Regula-Schrein des Großmünsters fanden, *eerlich bestattet* habe. Karnevalistische Szenen überliefert dagegen Edlibach, der festhält, das Heiltum sei *mit viel gerlechter und gespöt* und mit *aller leig unfůr* aus dem Hochaltar des Großmünsters entnommen worden[28]. Johann Fabri behauptete polemisch, Zwingli habe das Gebein der Märtyrer in die Limmat geworfen[29], wogegen der gutunterrichtete Bernhard Wyß eingesteht, überhaupt nicht zu wissen, wohin das Heiltum gekommen sei[30]. Bullinger fand im Fraumünster nachträglich noch Reste der beiden ersten Äbtissinnen und Töchter des Gründers, König Ludwigs des Deutschen, zusammen mit weniger bedeutendem Heiltum[31]. Ich verzichte darauf, auf die erst viel später ans Licht gekommenen Schädel der Stadtpatrone in Andermatt einzugehen, die angeblich aus Zürich heimlich weggebracht worden sind[32]. Sicherlich haben in Zürich die verantwortlichen Theologen alles daran gesetzt, die Reliquien möglichst unwiederbringlich verschwinden zu lassen, um damit einer möglichen Wiederverehrung die Grundlage zu entziehen.

3. Die Konfiskation der Heiligenlegenden

Die Quellen zum Untergang von Zürichs mittelalterlichen Bibliotheken hat Martin Germann untersucht[33]. Demnach hat Zwingli zusammen mit Leo Jud und Heinrich Brennwald die Auswahl jener Bücher getroffen, welche vernichtet werden sollten. Die Zensur erfaßte sämtliche Kirchen- und Klosterbibliotheken der Stadt. Sie bezweckte in erster Linie die Unterbindung der bisherigen Liturgie, richtete sich aber – wie Bullinger schreibt – auch gegen alles, was man für *Sophistery, Scholastery, Fabelbücher* hielt[34]. Unter letztere fielen die Legendare und Mirakelbücher. Die Textüberlieferung der Felix-und-Regula-Legende scheint den Sachverhalt vollauf zu bestätigen. Aus den städtischen Kirchen sind keine nennenswerten Fassungen erhalten[35]; vielmehr stammt alles Wesentliche, was wir über Felix und Regula wissen, aus anderen Bibliotheken. Hieraus erklärt sich vielleicht die zeitliche Diskrepanz zwischen bildlicher und schriftlicher Überlieferung des zweiten Legendenkreises, demzufolge Karl der Große die Gräber der Zürcher Stadtpatrone auffand. Während möglicherweise schon im frühen 12. Jahrhundert ein Relief des Großmünsters die Geschichte verbildlicht[36], ist sie schriftlich erst im 16. Jahrhundert in der Brennwaldschen Chronik faßbar[37].

Der Versuch, die Legende auszumerzen, ist zwar gescheitert, zeigt aber, mit welcher Vehemenz man das Heiligengedächtnis auszulöschen versuchte. Der Beschluß zur Heimsuchung der Bibliotheken war wohl unter prekären Verhältnissen getroffen worden, welche eine intensivere Forschung vielleicht noch klären könnte. Als einzige der Säkularisierungsmaßnahmen wird sie schon kurze Zeit später aus den eigenen Reihen mißbilligt. Im Moment der Durchführung hingegen verzichtete man nicht darauf, die Verachtung für diese Art der Literatur in einer spektakulären Aktion zu demonstrieren: Die konfiszierten Bücher, deren Wert Edlibachs Gewährsleute auf 10.000 Gulden schätzten, wurden öffentlich auf einen großen Haufen geworfen, zerrissen und das Pergament zum Teil an Apotheker zur Herstellung von Salbenbüchsen verkauft[38].

4. Die Neutralisierung der Heiligenfeste

Die reformatorische Bereinigung des Festkalenders stieß auf ein Problem, das man von der frühchristlichen Heidenmission bis zu Formen des Staatsatheismus jüngster Zeit verfolgen kann. Feiertage, die durch die Tradition im Jahreslauf verankert sind, werden von der Gesellschaft ungern preisgegeben. Viele der christlichen Feste beruhen bekanntlich auf heidnischen Vorgängerbräuchen. Der Rhythmus des jährlich wiederkehrenden Festtags besitzt offenbar ein weit stärkeres Beharrungsvermögen als dessen Inhalt. Daß auch die zürcherische Reformation einige Heiligentage beibehielt, muß daher nicht erstaunen[39]. Daran zeigen zu wollen, daß Zwingli gar nicht so radikal war, halte ich für falsch. Wenn man die Zahl der verbliebenen Feiertage mit den vorreformatorischen vergleicht und die Wandlung des Inhalts wahrnimmt, dann muß man zur Feststellung kommen, daß eine energischere Veränderung des Kalenders kaum denkbar ist. Am Beispiel der beiden wichtigsten Feiertage von Felix, Regula und Exuperantius zeigen sich exemplarisch zwei Möglichkeiten der Desakralisierung von Heiligenfesten.

Mittwoch nach Pfingsten: die Stadtprozession

Am Mittwoch nach Pfingsten zogen Zürichs Bürgerschaft und Klerus in einer Prozession, die auch von Fremden als sehr prunkvoll beschrieben wird, auf den Lindenhof, den vormaligen Burghügel und seit dem 13. Jahrhundert wichtigsten Festplatz mitten in der Stadt. Den Zweck der Prozession umschreibt der Richtebrief mit der Wendung: *durch der Stat Zürich heiles und gelükes willen und Gotte und den hochgelobten heiligen Sant Felix, Sant Regelen und Sant Exuperancien, die die heiligen engel in unser Stat begraben hant, ze lobe und ze eren*[40]. Auf dem Lindenhof wurden vier Zelte aufgespannt; unter dreien hielten die Bettelorden Messe, unter dem vierten feierte man ein gesungenes Amt. Im Zentrum standen die Reliquiare der Stadtheiligen, von denen Edlibach berichtet[41]:

Und trüge man da der lieben heligenn sant Felix und Reglen mit andrem heltum [...], die inn fier grossen särchen und fier kleiner särchen mit sampt andrem heltum lagend. Und näbent den särchen hattend die zwölff zünft jecliche fier koschlichen kertzen mit gold wol vergüllt, derren ob den 60 warren, anne andre kostliche din, alß mustrenntzen, silbrin brustbilder, höpter ouch in silber gefaset, silbrin särch, kelch, battenen und was zunn altren gehort [...] Item disse pro-

zeß ward nun ouch abgetan im besten, daß min herren verrmeintend, daß vil grosser houffart von wib und mannen erspart wird und vil unnützer reden under wegen blibe, als war waß etc.

Mit dem Ratserlaß auf Weihnachten 1523 wurden – wie oben erwähnt – die Prozessionen verboten[42]. Die Feierlichkeiten in der Pfingstwoche fielen demnach 1524 zum ersten Mal aus. Das Feiertagsmandat von 1526 verzichtet gänzlich auf den Termin, womit das vormals so bedeutende Fest in einen Arbeitstag verwandelt wurde[43]. Ich will mich hier nicht lange über protestantisches Arbeitsethos auslassen – daß Luther die Feste als Anlaß zu schädlichem Müßiggang und zur Ausschweifung verdammte, die Arbeit in innerweltlicher Askese hingegen als Gottesdienst schätzte, ist hinlänglich bekannt. Am konkreten Fall analysiert, kann man sich hingegen über das Durchsetzungsvermögen solcher Forderungen nur wundern. Man stelle sich vor: mit dem Feiertagsmandat von 1526 entfielen gegenüber dem vorreformatorischen Zustand gut 30 arbeitsfreie Tage[44]! Daß die vielen Heiligenfeste eine gewaltige Arbeitsbehinderung oder – aus anderer Optik – mäßigende Regulierung der zu leistenden Produktionszeit bedeuteten, wird hier deutlich. Die Aussetzung der Festprozession am Mittwoch nach Pfingsten findet selbst die Zustimmung des konservativen Edlibach: ein Indiz dafür, daß Triebbeherrschung, Produktivitätssteigerung und Einsparung von Repräsentationskosten ein Thema waren, welches über die Reformisten hinaus Zustimmung fand.

Der 11. September: Kirchweih und Martyrium von Felix und Regula

Anders als die Prozession am Mittwoch nach Pfingsten hat sich der 11. September, das städtische Kirchweih- und Martyriumsfest der Stadtpatrone, über die Reformation hinaus halten können. Seine reformatorische Anerkennung erfolgte durch das Feiertagsmandat von 1526[45]. Im selben Jahr erfuhr das Heiligenfest denn auch seine programmatische Neugestaltung. Sie wurde nach einem altbewährten Muster mit der Aufrichtung eines bemerkenswerten Monumentes, nämlich des sogenannten Kanzellettners im Großmünster, demonstriert. Daniel Gutscher und Matthias Senn haben diesem Bauwerk eine aufschlußreiche Studie gewidmet[46]. Ergänzend dazu möchte ich im folgenden Baumotivation und Zeit der Entstehung näher erläutern. Es handelt sich um einen Lettner, der nach herkömmlicher Art das Schiff vom Chor trennte, in der Mittel-

Abb. 4: Der Kanzellettner im Großmünster von 1526. Aquarellierte Federzeichnung aus einer Abschrift von Heinrich Bullingers Reformationschronik, um 1605/06. – Der Boden von Lettner und Kanzelkorb wurde mit Altarsteinen ausgelegt, so daß die reformierten Theologen bei ihrer Predigt darauf standen (Bildnachweis: Zentralbibliothek Zürich, Ms. B 316).

achse jedoch einen vorstehenden Kanzelkorb aufwies (Abb. 4). Im 17. Jahrhundert wurde er umgestaltet, 1853 leider abgebrochen; doch vermitteln mehrere Bildquellen seine einstige Gestalt. Neben Heinrich Bullinger schildert der reformationsfreundliche Bernhard Wyß die Entstehungsumstände mit folgenden Worten[47]:

Anno 1526 uf donstag des 27 tags höwmonats (27. Juli 1526) *hat man den grossen fronaltarstein* (Hochaltarstein) *zum Barfüssen im chor danen getan und mornd es, am fritag, den grossen hüpschen fronaltarstein im chor zum Frowenmünster ouch mit der statt Zürich wärklüten danen getan; und hat man si müt in allen clöstern ze nemen, zü einem boden der canzel und lättner zum Grossenmünster ze bruchen.*

Also uf sant Frenentag (1. September), *was samstag anno 1526, legt man den ganzen boden mit disen altarsteinen, und ligt der predigerstein, der was fast lang, in der mitte. Uf dem stadt der predicant meister Ulrich Zwingli und ander nach im.*

Uf zinstag des 4 tags septembris (4. September 1526), *glich darnach, brach man den fronaltar und alle altär hieniden im Grossenmünster gar ab, und wolt man si in monatsfrist in allen kilchen gar abbrechen. Und also im 1526 jar uf den 5, 6 und 7 tag septembris brach man in den drig pfarrkilchen in der statt* (Großmünster, Fraumünster und St. Peter) *all altar glatt und suber ab. Dazü die sacramenthüser ouch. Und vemuret man die löcher, damit si uf unser Her-*

ren tag (Tag der Stadtpatrone: 11. September⁴⁸) *ganz dannen werind. Und uf sant Felix und Regula tag* (11. September) *tett meister Ulrich Zwingli die erst predig im nüwen predigstůl.*

Während Bilder und Altar*retabel* schon zwei Jahre früher zerstört worden waren, blieben – wie dieser Text zeigt – die meisten Altar*mensen* noch bis September 1526 stehen. Ihnen kam nach bestehendem Kirchenrecht eine ungleich höhere Bedeutung als den Bildern zu. Auch wenn kirchliche Gemälde und Figuren als *res sacrae* rechtlich vor der Profanierung geschützt waren und ihre Schändung als Sakrileg geahndet wurde, blieben sie doch nur Zubehör. Ihr Vorhandensein ist kirchenrechtlich nicht erforderlich, und sie wurden lediglich benediziert: eine Weiheform, die ein einfacher Priester vornehmen kann. Der Altar dagegen (worunter im folgenden immer die Mensa und nicht das Retabel gemeint ist) wird bischöflich konsekriert. Er besitzt den Weihevorrang selbst dem Kirchengebäude gegenüber. Seine Konsekration allein ermöglicht die Meßfeier, selbst wenn die Gebäudehülle unvollendet, ungeweiht oder nur benediziert sein sollte. Der Altar kann Privilegien wie einen Ablaß für die Seelen im Purgatorium an sich binden, er enthält in seinem Sepulcrum Reliquien, und nur an ihm vollzieht sich die Wandlung der Eucharistie – kurz: der Altar stellt nach der Hostie die größte Verdichtung an Weihe und Heiligkeit unter den kirchlichen Objekten dar[49].

Wenn nun in Zürich nicht nur die Neben-, sondern selbst die Hochaltäre abgebrochen wurden, darf man nicht außer acht lassen, daß sich die Maßnahme theologisch weniger deutlich begründen ließ als der Bildersturm. Ikonoklasten konnten ihr Tun rechtfertigen, indem sie alttestamentliche Stellen fundamentalistisch zur Norm erklärten. Zur Zerstörung der Altäre bestand dagegen biblisch kein Anlaß – im Gegenteil: von Abraham (Gen 22,9) über Jakob (Gen 28,18–22) und das mosaische Altargesetz (Ex 20,24–26) bis in den jüdischen Tempel entspricht der Altar einer gottgefälligen Forderung[50].

Dennoch wurden in Zürich die Altarsteine als Baumaterial für den Kanzellettner verwendet. Ihre Versetzung erfolgte nicht nach *pragmatischen* Grundsätzen – etwa als Fundament- oder Brüstungsplatten –, sondern *symbolträchtig* als Boden, auf den der Prädikant zu stehen kam. Das Bild vom Sieger, der mit seinen Füßen über den unterworfenen Gegner hinwegschreitet, hat Wurzeln in der Antike, ist im Mittelalter in der Hadesfahrt Christi geläufig und bleibt in der reformatorischen Flugschriftenpolemik noch lange wirksam[51].

Flankierende Maßnahmen haben den Bau des Predigt-Lettners begleitet. In den drei städtischen Pfarrkirchen wurden sämtliche übriggebliebenen Altäre *glatt und suber* weggeschafft, darunter der Hochaltar des Großmünsters. Ebenso schlug man die Sakramentshäuser ab und vermauerte deren Öffnungen. Auch hier ist der einstige Zeichencharakter einzurechnen: Das Sakramentshaus verwies auf ein komplexes System eucharistischer Frömmigkeit, es wehrte der Gefahr des Hostienfrevels und stand für pfarrherrliche Sakramentsverwaltung. In Zürich muß traditionalistischen Zeitgenossen das plötzliche Fehlen der Sakramentshäuser als schwerwiegender Defekt aufgefallen sein.

Alle geschilderten Maßnahmen entfalten ihre volle Wirksamkeit erst unter Berücksichtigung der kurzen Zeit, in der sie getroffen wurden, und des Termins, auf den hin sie abgeschlossen sein sollten. Nicht vor Ende Juli setzt die Requirierung der Altarsteine ein, erst am 1. September wird der Boden des Lettners ausgelegt, und in atemberaubender Hektik werden danach noch die übriggebliebenen Altäre abgebrochen und die Sakramentshäuser vermauert – all dies mit dem Ziel, daß am 11. September, *uf sant Felix und Regula tag [...] meister Ulrich Zwingli die erst predig im nüwen predigstůl* halten kann.

Die Gründe für die Beibehaltung des Kirchweihfestes mögen vielfältig gewesen sein. Sicherlich war der Umstand mit von Bedeutung, daß mit dem Termin ein säkularer Staatsakt zwischen Stadt und Untertanen verbunden war. Untervögte und ländliche Notabeln brachten Personenlisten ihres Gebietes, wofür im Gegenzug *von gmeiner stadt einem jeden ein quärtli wins desselbigen jars gewachsen* zugeteilt wurde. Was auch immer sich im Detail abgespielt haben mag: jedenfalls kamen auf den Kirchweihtag viele Abgeordnete der ganzen Herrschaft in die Stadt. Ein Bericht verzeichnet 1526 darüber hinaus *ander umbligend nachpuren, die glichwol in die grafschaft Baden, Schaffhusen oder andren zuogehörig* [sind]*; die ziechend mit iren spilen, trummen und pfifen harin gen Zürich*[52].

Der reformierte Felix-und-Regula-Tag wies 1526 nichts mehr von seiner bisherigen Spiritualität auf. Seine Öffentlichkeitswirkung wurde vielmehr dazu benutzt, aller Welt mit einer nach alter Ordnung ungeheuerlichen Profanierung kundzutun, daß in Zürich der Alte Glaube abgeschafft sei. Die Altäre und Sakramentshäuser sind laut Bullinger *abgeschlyssen [...], damit ouch die gedächtnus der unseligen dingen abgienge*[53]. Auf den Flächen, auf denen man früher das Meßopfer gefeiert hatte, standen nun die Füße Zwinglis, der aus erhöhter Lage, zentral in der Mittelachse des Kirchenschiffs, sein Predigtwort an die Versammelten richten konnte. Dieses galt wohl kaum dem Martyrium der Tagesheiligen, sondern wird die am 1. Juli 1526 begonnene Auslegung des Alten Testaments fortgesetzt haben[54]. Deutlicher ließ sich kaum demonstrieren, daß das Meßopfer mit seinem ganzen System von Seeldiensten und Heiligenkult durch das Predigtwort überwunden sei. Der Destruktion ist hier ein solches Maß an konzeptioneller Dichte eigen, daß sie selbst schon wieder bildschöpferischen Charakter gewinnt.

5. Die Entfremdung des Grundbesitzes

Rechtlich fungiert der Heilige, dem eine kirchliche Institution geweiht ist, als Eigentümer des Kirchengutes[55]. In der mittelalterlichen Terminologie wurde das Umfeld kirchlichen Vermögens durch Begriffe geprägt wie „Heiligenamt" für die Verwaltung des Fabrikguts, „Heiligenpfleger", „Heiligenmeister" etc. für den, der die Verwaltung ausübt, oder „Heiligendieb" für den, der Kirchenvermögen entfremdet[56]. Im Sinne des *incrementum cultus* sollten die Pfründen die kirchlichen Amtsträger, Kapläne, Pfarrer und Stiftsherren, zur gebührenden Ausübung des Kultes befähigen. Dieser richtet sich an Gott und die Heiligen, die damit zur Fürbitte verpflichtet werden. Felix, Regula und Exuperantius besaßen demnach in der Stadt drei Kirchen und mehrere Altäre; für sie brannten allein am Grab im Großmünster in der Nacht auf die Duplex-Feste 12 Ampeln, weitere in der Gruft der Wasserkirche. Der Unterhalt wurde aus einem komplexen Geflecht von grundherrlichen Abgaben und Grundzinsen finanziert. In der realen Ausübung der Vogtei- und Patronatsrechte mag die Fiktion vom Heiligen als wahrem Eigentümer in den Hintergrund getreten sein. Die sich daraus ergebenden Einschränkungen des Verwaltungs- und Nutzungsrechts blieben aber bis zur Reformation – zum Teil sogar darüber hinaus – bestehen, wurden kirchenrechtlich geschützt, und Verstöße gegen sie wurden mit der Androhung gräßlicher Jenseitsstrafen behaftet.

Im Prozeß der Entsakralisierung von Felix und Regula dürfte die Entfremdung ihres Grundbesitzes die größte politische und rechtliche Tragweite innerhalb der Zürcher Reformation gehabt haben. Ich verzichte hier auf die Darstellung des Ereignisablaufes und fasse das Ergebnis zusammen: Die Güter von Fraumünster und Wasserkirche wurden von der Stadt als Almosengut und zum Ausbau der Landesherrschaft eingezogen. Das Großmünsterstift konnte seinen Status in beschränktem Maße bewahren und behielt einen Teil des Stiftsvermögens. Der Kirchenschatz und der größere Teil der Altarpfründen fielen dagegen dem Staat zu.

Von der Pflege des liturgischen Heiligenkultes wurden die Stiftsherren entbunden, und statt dessen wurde die Theologenausbildung zur zentralen Aufgabe erhoben. Damit behielt das Großmünster eine gewisse Autonomie unter staatlicher Kontrolle. Daß Felix und Regula ihren ursprünglichen Besitzanspruch verwirkt hatten, erhielt 1527 seinen bildlichen Ausdruck: Sie wurden auf dem Stiftssiegel durch das Zürcher Staatswappen ersetzt; ebenso siegelten neugeschaffene Behörden von nun an mit dem Zürichschild[57]. – Ein Problem für sich stellt die Beibehaltung der Stadtpatrone auf dem großen Staatssiegel und in Wappenschenkungen innerhalb der katholischen Orte dar. Cécile Ramer hat die interessante Frage aufgeworfen, ob die ihrer hagiographischen Bedeutung beraubten Heiligen hier nicht „in reiner Äußerlichkeit die Kontinuität in der Politik Zürichs zu dokumentieren" hätten, um „ein politisches Staatsgebilde zusammen- und zahlreiche Untertanenverhältnisse aufrechtzuerhalten"[58].

Schluß

In ihren Einzelheiten und Konsequenzen betrachtet, erweisen sich die reformatorischen Säkularisierungsmaßnahmen als eine unerhörte Kulturrevolution. Ich möchte die Darstellung mit einigen Überlegungen zu den ausschlaggebenden Gründen abschließen.

Der Heiligenkult war eine kostspielige Angelegenheit, und der Glaube an die Interzession verursachte eine sich ständig vermehrende Stiftertätigkeit. Für jeden Toten mußte ein neues Seelgerät angelegt werden, wollte man ihm nicht einen längeren Aufenthalt im Fegefeuer zumuten. Das führt zu einer zunehmenden Konzentration der weltlichen Güter in Toter Hand. Zwar versucht die städtische Gesetzgebung schon früh, diesem Prozeß Einhalt zu gebieten, doch in der Praxis erleidet die Umwandlung von säkularem Vermögen in kirchliches Stiftungskapital keinen Einbruch. Die Zeit des breiten Ausbaus kirchlicher Stiftungen fällt in die Epoche des Bevölkerungsrückgangs im 14. und 15. Jahrhundert. Es wäre denkbar, daß die Verfügbarkeit von Landreserven der allgemeinen Stiftungsbereitschaft entgegenkam. Als sich gegen 1500 jedoch die Bevölkerungszahl erholt, Landreserven knapp werden, die Buchführung sich entwickelt und vielleicht auch der Wille zur wirtschaftlichen Effizienz zugenommen hat, beginnen das Verdienstsystem und der Heiligenkult als drückende Einschränkung empfunden zu werden. Bereits im November 1520, d. h. mehr als zwei Jahre bevor Zwingli seine theologische Ablehnung der Heiligeninterzession veröffentlicht, klagen die Meister der Schneiderzunft gegen ihre Gesellen, sie hätten sich unterstanden *einen heiligen, nämlich Sant Guotman zuo fyren* und sie seien deswegen *ab dem werch gangen*, und zwar zu einer Zeit, in der die Meister stark mit Arbeit überhäuft waren[59]. Hier verlautet noch keine Kritik am Heiligenkult; die Interzession wird nicht in Frage gestellt. Die Klage gründet allein auf dem wirtschaftlichen Verlust, der durch den Arbeitsausfall entstanden ist. – Der Fall ist deshalb bedeutsam, weil wir hier die wirtschaftliche Disposition von Zwinglis Predigtpublikum erkennen können. Wenn nun Zwingli biblisch belegt, daß man zur Seligkeit keiner Fürbitte der Heiligen bedarf und daß das Fegefeuer eine späte Erfindung sei, dann verlieren die Jenseitsinvestitionen ihren Anreiz. Der Heiligenkult entfällt nicht nur, weil er angeblich unchristlich ist, sondern weil die Heiligen das in ihnen angelegte Gut nicht vergelten. Zwinglis neue Lehre bestach nicht nur durch ihre theologische Logik, sondern auch durch ihre wirtschaftlichen Konsequenzen. Die Entsakralisierung der Heiligen eröffnete den Weg zu gewaltigen Einsparungen, zur Verlängerung der Produktionszeit und zur lukrativen Auflösung von stillen Reserven, welche über Generationen zur Verehrung der Heiligen angelegt worden waren.

Die Praxis der reformatorischen Entsakralisierung der Heiligen erscheint am Beispiel der oben erörterten Stationen als überaus komplexer Vorgang. Man gewinnt den Eindruck, daß mit der theologischen Ablehnung der Interzession das Ziel der heiligenfreien Kirche schon früh feststeht, die sich daraus ergebenden Konsequenzen aber noch kaum überblickt werden. Einmal in Gang gekommen, entwickelt der Prozeß eine Eigendynamik, welche von der theologischen Führung und der Obrigkeit von Fall zu Fall gelenkt wird. Der obrigkeitliche Bildersturm wird hinter verschlossenen Türen, die Verstreuung der Reliquien heimlich vollzogen; beides geschieht in größtmöglicher Emotionslosigkeit. Man will den Götzendienst vernichten und verzichtet konsequenterweise darauf, den devotionalen Handelswert der Bilder und Reliquien zu realisieren. Bei den Reliquiaren und metallenen Kultgeräten beschränkt sich dagegen die Zerstörung auf Form und Inhalt unter gleichzeitiger Bewahrung des Materialwertes. Zu diesen still vorgenommenen Maßnahmen tritt in lautstarker Propaganda die Vernichtung der liturgischen und hagiographischen Literatur sowie die Neubestimmung der Altarsteine als Boden des Kanzellettners. Die Neutralisierung der Heiligen erfordert nicht nur die Zerstörung oder Umnutzung der materiellen Zeugen, sondern auch die Revision des Jahreslaufes mit all seinen Konsequenzen für Arbeitszeit und Alltagsleben. In ihrer Differenziertheit und konzeptionellen Ausformung verdeutlichen die getroffenen Desakralisierungsmaßnahmen, wie stark die Präsenz der Heiligen vormals in alle Lebensbereiche gedrungen war und welches Kapital ihre kultische Wirksamkeit einer rein materiell-utilitaristischen Zweckbestimmung hatte entziehen können.

Anmerkungen

[1] Zum Felix-und-Regula-Kult vgl. Hansueli F. ETTER, Urs BAUR, Jürg HANSER und Jürg E. SCHNEIDER (Hrsg.), Die Zürcher Stadtheiligen Felix und Regula. Legenden, Reliquien, Geschichte und ihre Botschaft im Licht moderner Forschung, Zürich 1988; Marcel CHICOTEAU, The Journey to Martyrdom of Saints Felix and Regula circa 300 A. D. A Study of Sources and Significance, Brisbane (Australia) 1984; Daniel GUTSCHER, Das Großmünster in Zürich. Eine baugeschichtliche Monographie (Beiträge zur Kunstgeschichte der Schweiz 5), Bern 1983; L. SCHÜTZ, Artikel ‚Felix, Regula und Exuperantius' in: Lexikon der christlichen Ikonographie 6, 1974, 235; Cécile RAMER, Felix, Regula und Exuperantius. Ikonographie der Stifts- und Stadtheiligen Zürichs, Diss. (Mitteilungen der Antiquarischen Gesellschaft Zürich 47), Zürich 1973; Iso MÜLLER, Die frühkarolingische Passio der Zürcher Heiligen, Zeitschrift für Schweizerische Kirchengeschichte 65 (1971), 132–185; Adolf RIBI, Ein zeitgenössisches Zeugnis zum Umbau der Zürcher Wasserkirche von 1479–1484, Zeitschrift für Schweizerische Archäologie und Kunstgeschichte 4 (1942), 97–107.

[2] Die entsprechenden Akten sind ediert in: Emil EGLI, Actensammlung zur Geschichte der Zürcher Reformation in den Jahren 1519–1533, Zürich 1879.

[3] Die Chronik des Bernhard Wyß 1519–1530, hrsg. von G. FINSLER (Quellen zur Schweizerischen Reformationsgeschichte 1), Basel 1901; Heinrich Bullingers Reformationsgeschichte, hrsg. von Johann Jakob HOTTINGER und Hans Heinrich VÖGELI, 3 Bde., Frauenfeld 1838–1840, Nachdruck: Zürich 1984; „Da beschachend vil grosser endrungen". Gerold Edlibachs Aufzeichnungen über die Zürcher Reformation 1520–1526, hrsg. und kommentiert von Peter JEZLER, in: Hans-Dietrich ALTENDORF und Peter JEZLER (Hrsg.), Bilderstreit. Kulturwandel in Zwinglis Reformation, Zürich 1984.

[4] Pamela BIEL, Personal Conviction and Pastoral Care: Zwingli and the Saints (1522–1530), Zwingliana 14 (1985), H. 1, 442–469; vgl. im weiteren auch: Charles GARSIDE, Zwingli and the Arts, New Haven/London 1966, 93–98.

[5] Zur archäologischen Situation vgl. GUTSCHER, Großmünster (wie Anm. 1), 135–138.

[6] Die Tafeln befinden sich im Schweizerischen Landesmuseum in Zürich, AG 7.

[7] Vgl. etwa Dietrich W. D. Schwarz, Der Alltag im spätmittelalterlichen Zürich, in: Das Leben in der Stadt des Spätmittelalters (Veröffentlichungen des Instituts für mittelalterliche Realienkunde Österreichs 2), Wien 1977, Wien ²1980, 89–96.; Harry KÜHNEL (Hrsg.), Alltag im Spätmittelalter, mit Beiträgen von Helmut

HUNDSBICHLER, Gerhard JARITZ, Harry KÜHNEL, Elisabeth VAVRA, Darmstadt 1984, Abb. 56, 77; Hartmut BOOCKMANN, Die Stadt im späten Mittelalter, München 1986, Nr. 44, 56.

[8] Emil D. BOSSHARD, Neues zu „der Stadt Zürich Conterfey"; Renate Keller, „Der Stadt Zürich Conterfey". Maltechnische Untersuchung und Restaurierung; beide Aufsätze in: Zeitschrift für Schweizerische Archäologie und Kunstgeschichte 39 (1982), 147–162 und 163–180.

[9] Die Kollektivdonation verzeichnet Edlibach, Aufzeichnungen (wie Anm. 3), 59,8.

[10] Daniel Gutscher hat zwei verschiedene Möglichkeiten rekonstruiert; vgl. GUTSCHER, Großmünster (wie Anm. 1), 141, und BOSSHARD, „der Stadt Zürich Conterfey" (wie Anm. 8), 160.

[11] Konrad ESCHER, Rechnungen und Akten zur Baugeschichte und Ausstattung des Großmünsters in Zürich, Anzeiger für schweizerische Altertumskunde, NF 32 (1930), 140.

[12] Terminus post quem: Die obere Brücke ist bereits mit steinernen Pfeilern dargestellt, die erst nach einem Brückeneinsturz 1566 an die Stelle hölzerner Stützen getreten sind. Terminus ante quem: Die Wettingerhäuser sind noch ohne die 1576 auf dem Murer-Stadtplan vorhandenen baulichen Veränderungen gezeigt. Vgl. BOSSHARD, „der Stadt Zürich Conterfey" (wie Anm. 8), 151 und 155.

[13] Die Kunstdenkmäler des Kantons Zürich, Bd. 5: Die Stadt Zürich, 2. Teil, auf Grund der Vorarbeiten von Konrad ESCHER dargestellt von Hans HOFFMANN und Paul KLÄUI, Basel 1949, 116.

[14] Edlibach, Aufzeichnungen (wie Anm. 3), 59,8.

[15] EGLI, Aktensammlung (wie Anm. 2), Nr. 460.

[16] Zur Chronologie der Ereignisse vgl. Peter JEZLER, Elke JEZLER und Christine GÖTTLER, Warum ein Bilderstreit? Der Kampf gegen die „Götzen" in Zürich als Beispiel, in: ALTENDORF/JEZLER, Bilderstreit (wie Anm. 3), 83–102; Matthias SENN, Bilder und Götzen: Die Zürcher Reformatoren zur Bilderfrage, in: Zürcher Kunst nach der Reformation. Hans Asper und seine Zeit (Ausstellungskatalog), Zürich 1981, 33–38; GARSIDE, Zwingli (wie Anm. 4).

[17] Wyß, Chronik (wie Anm. 3), 54,1.

[18] Edlibach, Aufzeichnungen (wie Anm. 3), 58,12–22.

[19] Ebd., 59.

[20] Vgl. ebd., 59,18–24, Anm. 222.

[21] ESCHER, Rechnungen (wie Anm. 11), 137.

[22] Vgl. hierzu Edlibach, Aufzeichnungen (wie Anm. 3), Kap. 43–45 samt Kommentar.

[23] ESCHER, Rechnungen (wie Anm. 11), 134, Anm. 4, zitiert aus Bullingers ‚Tigurinern' (II, 819f.).

[24] Bullinger, Reformationsgeschichte 1 (wie Anm. 3), 383.

[25] Urs BAUR, Reformation und Gegenreformation. Von Zürich nach Andermatt, in: ETTER/BAUR/HANSER/SCHNEIDER, Felix und Regula (wie Anm. 1), 87–97.

[26] StAZ, G I 1, Nr. 75, Aufzeichnungen Johann Widmers; ediert in: ESCHER, Rechnungen (wie Anm. 11), 57–63, 133–142, 137f.

[27] Bullinger, Reformationsgeschichte 1 (wie Anm. 3), 161.

[28] Edlibach, Aufzeichnungen (wie Anm. 3), 65,11.

[29] Vgl. Bullinger, Reformationsgeschichte 1 (wie Anm. 3), 162.

[30] Wyß, Chronik (wie Anm. 3), 54,1f.

[31] Bullinger, Reformationsgeschichte 1 (wie Anm. 3), 161f.
[32] Vgl. hierzu BAUR, Reformation (wie Anm. 25).
[33] Martin GERMANN, Der Untergang der mittelalterlichen Bibliotheken Zürichs: der Büchersturm von 1525, in: ALTENDORF/JEZLER, Bilderstreit (wie Anm. 3), 103–107.
[34] ZBZ, Ms A 93, fol. 334^r; zit. in: GERMANN, Untergang (wie Anm. 33), 104.
[35] Von den Handschriften der Zentralbibliothek stammt nur gerade eine aus dem Großmünster, wobei deren Besitzergeschichte noch näher zu untersuchen wäre (Ms. C 90: Officia propria, 1499). Die folgenden Manuskripte mit Felix-und-Regula-Legenden haben alle eine andere Provenienz: Ms. A 118, Martin von Bartensteins Legende von Felix, Regula und Exuperantius, 15. Jh., aus der Schneebergischen Bibliothek; Ms. C 10i: Passionarius maior, 9. Jh., aus St. Gallen; Ms. C Car. 67, 15. Jh., wahrscheinlich von St. Martin auf dem Zürichberg; Ms. Car. C 176, 10.–11. Jh., textlich eine Handschrift aus St. Gallen; Ms. Rh 5: Passionarium, 12./13. Jh., aus dem Kloster Rheinau. Vgl. Leo Cunibert MOHLBERG, Katalog der Handschriften der Zentralbibliothek Zürich, Bd. 1: Mittelalterliche Handschriften, Zürich 1951.
[36] Vgl. GUTSCHER, Großmünster (wie Anm. 1), Abb. 108.
[37] Hansueli F. ETTER und Jürg HANSER, Der spätere Legendenkreis nach Heinrich Brennwald, in: ETTER/BAUR/HANSER/SCHNEIDER, Felix und Regula (wie Anm. 1), 32–46.
[38] GERMANN, Untergang (wie Anm. 33), 104.
[39] Zur Kalenderreform vgl. Anton LARGIADER, Das reformierte Zürich und die Fest- und Heiligentage, Zwingliana 9 (1953), H. 9, 497–525.
[40] Friedrich OTT (Hrsg.), Der Richtebrief der Burger von Zürich, Archiv für Schweizer Geschichte 5 (1847), 149–291, 233.
[41] Edlibach, Aufzeichnungen (wie Anm. 3), 53,7.
[42] EGLI, Aktensammlung (wie Anm. 2), Nr. 460.
[43] Ebd., Nr. 946.
[44] Edlibach, Aufzeichnungen (wie Anm. 3), 70, Anm. 360.
[45] Mandat vom 28. März 1526: EGLI, Aktensammlung (wie Anm. 2), Nr. 946.
[46] Daniel GUTSCHER und Matthias SENN, Zwinglis Kanzel im Zürcher Großmünster – Reformation und künstlerischer Neubeginn, in: ALTENDORF/JEZLER, Bilderstreit (wie Anm. 3), 109–116.
[47] Wyß, Chronik (wie Anm. 3), 70f.; die spätere Parallelschilderung in: Bullinger, Reformationsgeschichte 1 (wie Anm. 3), 367f.
[48] Vgl. EGLI, Aktensammlung (wie Anm. 2), Nr. 1038: *de die patronorum, so man nempt zuo unser Herren tag Felix und Regulä.*
[49] Vgl. dazu immer noch Paul HINSCHIUS, System des katholischen Kirchenrechts mit besonderer Rücksicht auf Deutschland, Bd. 4, Berlin 1888, Nachdruck: Graz 1959, 398–407.
[50] Bullinger, Reformationsgeschichte 1 (wie Anm. 3), 367, glaubte, in St. Peter hätte ursprünglich ein Taufstein anstelle des Hochaltars gestanden und im Großmünster sei dieser erst 1278, d. h. 300 Jahre nach dem Bau der Kirche, errichtet worden. Wie auch immer die höchst bemerkenswerten archäologischen Befunde, die Bullinger als Beweis anführt, interpretiert werden mögen – kirchengeschichtlich ist es ausgeschlossen, daß die Zürcher Kirchen im Frühmittelalter ohne Altäre gebaut worden wären.
[51] Für Zürich vergleiche etwa Rudolf Gwalters ‚Endtchrist' von 1546, worin der

Papst als teuflischer Antichrist denunziert wird, der glaubt, mit seinen Hufen die Bibel niedertreten und über sie triumphieren zu können (Zürcher Kunst [wie Anm. 16], Nr. 157).

[52] Zum Jahr 1526: EGLI, Aktensammlung (wie Anm. 2), Nr. 1038.
[53] Bullinger, Reformationsgeschichte 1 (wie Anm. 3), 367.
[54] Ebd., 368.
[55] Vgl. Margot SEIDENBERG, Sigillum Sanctorum Felicis et Regule. Die Stadtheiligen als Siegelmotiv, in: ETTER/BAUR/HANSER/SCHNEIDER, Felix und Regula (wie Anm. 1), 63–77.
[56] Vgl. etwa: Deutsches Wörterbuch von Jacob und Wilhelm GRIMM, 94.2, Leipzig 1877, Nachdruck: München 1984, Bd. 10, 839f.
[57] Zum Zürcherschild in Siegeln vgl. Anton LARGIADER, Die Entwicklung des Zürcher Siegels, in: Zürcher Taschenbuch auf das Jahr 1942, 1–29, 12 und Abb. 10.
[58] RAMER, Ikonographie (wie Anm. 1), 8.
[59] EGLI, Aktensammlung (wie Anm. 2), Nr. 139.

Ulrich Köpf

Protestantismus und Heiligenverehrung

Heinz Liebing zum 70. Geburtstag am 13. Juli 1990

I

Joseph von Eichendorff schreibt 1857 in der Einleitung zu einem geplanten Buch über die heilige Hedwig: „Wir wissen recht gut, daß seit der Reformation in Deutschland ein grobes Vorurteil, ja aus lauter Vernunftglauben eine höchst unvernünftige Abneigung gegen die Verehrung der Heiligen herrschend geworden. Das ist, um nicht ungerecht zu sein, menschlicherweise wenigstens sehr begreiflich. Denn die Reformation brach mit dem Mittelalter, mit seiner Kirche und ihren tausendjährigen Traditionen, und folglich vor allem auch mit den leuchtendsten Streitern und Vorbildern dieser Kirche"[1].

Der katholische Dichter charakterisiert durch diese historische Aussage das Verhältnis des Protestantismus zur Heiligenverehrung in einer Weise, die auch die heutige Situation zu treffen scheint. Für den durchschnittlichen Protestanten der Gegenwart gehört die Heiligenverehrung seiner katholischen Mitchristen, wie sie ihm vor allem bei Reisen in den romanischen Ländern, aber auch in manchen Gebieten Deutschlands begegnet, zum Überraschendsten und Befremdendsten, was der Katholizismus überhaupt aufzuweisen hat. Das liegt weder daran, daß ihm die verehrten Heiligengestalten unbekannt wären, noch daran, daß er dem Begriff des Heiligen, der heiligen Person, keinen Sinn abgewinnen könnte. Es hängt vielmehr an dem völlig andersartigen Verhältnis des Protestanten zum heiligen Menschen, an seiner viel distanzierteren und innerlich kühleren Beziehung zu ihm.

Umgekehrt gehört für manchen Katholiken das Verhalten von Protestanten gegenüber den von ihm verehrten Heiligen wohl zum Verletzendsten, was er erleben kann. Denn die nüchterne, distanzierte Redeweise oder gar der Spott mancher Protestanten über die Heiligen und ihre Verehrung sowie die Respektlosigkeit, mit der sie deren Reliquien betrachten und belächeln – die kalte und ablehnende Haltung, die die Heiligen und ihren Kult zu einer Art von Kuriositäten abstempelt, berührt den Katholiken nicht auf der rationalen Ebene, wo man Argument gegen Argument setzen kann, sondern im emotionalen Bereich. Sie trifft das, woran er – meist von Kindheit an – sein Herz gehängt hat.

Nun stehen keineswegs alle Protestanten den Heiligen mit Gleichgültigkeit oder gar mit Spott gegenüber. Auch Unwissenheit kann man ihnen auf diesem Gebiet nicht gerade vorwerfen. So veröffentlichte beispielsweise Jörg Erb 1951–63 ein vierbändiges Werk mit weit über 2000 Seiten unter dem Titel ‚Die Wolke der Zeugen‘, eine weitverbreitete Sammlung kurzer, erbaulicher Biographien[2]. Eine inhaltlich weit gewichtigere Darstellung von elf Gestalten der Kirchengeschichte hat Walter Nigg in seinem Buch ‚Große Heilige‘ vorgelegt, das erstmals 1946 erschien und bisher zehn Auflagen erlebt hat[3]. 1976 stellte er diesem ein Werk über ‚Heilige im Alltag‘[4], 1978 eines über ’Heilige ohne Heiligenschein‘[5] an die Seite, und andere Veröffentlichungen über einzelne Heiligengestalten, über Pilger, Mönche, Büßer, christliche Narren und prophetische Denker, zeichneten ebenfalls moderne Heiligenleben[6]. Der deutschsprachige Protestantismus ist also wohlversorgt mit einschlägiger Literatur, und doch ist sein Verhältnis zu den Heiligen ein ganz anderes als das des römischen Katholizismus und der Ostkirchen.

Wie ist es zu der typisch protestantischen Haltung gegenüber Heiligen und Heiligenverehrung gekommen?

Im folgenden werden wir einige Etappen in der Entwicklung dieser Einstellung betrachten, und zwar zunächst den Bruch der Reformatoren mit der traditionellen, mittelalterlichen Heiligenverehrung, sodann die Ausbildung einer eigenen protestantischen Beziehung zu den Heiligen[7]. Dabei muß das Verhältnis zu Maria, der Mutter Jesu, als Sonderfall ganz außer Betracht bleiben[8]. Nachdem die Abschaffung der Züricher Stadtheiligen in einem anderen Beitrag dieses Bandes behandelt wird[9], kann ich auch die Anfänge der Polemik gegen die Heiligenverehrung in der Schweiz beiseite lassen und mich vorwiegend der von Wittenberg ausgehenden Reformation zuwenden, und da diese Bewegung von Martin Luther ausgelöst wurde, muß er am Anfang und im Mittelpunkt unseres Überblicks stehen[10].

II

In den Äußerungen Luthers wie der anderen Reformatoren spielt das Thema „Heilige und Heiligenverehrung" keine zentrale Rolle. Es stand immer am Rande der Diskussion und hat in der theologischen Literatur wie in den offiziellen Dokumenten der Reformation mehr beiläufig Niederschlag gefunden. Mir scheint, daß das nicht nur innere Gründe hat und nicht an einem zu geringen sachlichen Gewicht des Themas liegt. Die Heiligenverehrung des Spätmittelalters, in der Luther aufgewachsen war, hat die christliche Frömmigkeit aufs stärkste geprägt und ragte durchaus in wichtige Bereiche der reformatorischen Auseinandersetzungen hinein. So mußte schon die Frage nach Berechtigung und Sinn des Ablasses, an der sich ja Luthers reformatorische Kritik entzündete, Anlaß zu kritischen Anfragen nach der theologischen Begründung der Heiligenverehrung geben.

Wenn dieses Thema für Luther trotzdem nur eine untergeordnete Stellung einnahm, dann dürfte das zwei Gründe haben:

Zum einen waren Form und Begründung der Heiligenverehrung in keiner Weise dogmatisch festgelegt[11]. Übrigens bestanden – abgesehen von der förmlichen Heiligsprechung, die erstmals Innozenz III. im Jahre 1200 anläßlich der Kanonisation der Kaiserin Kunigunde für den Nachfolger Petri in Anspruch nahm – auch keine rechtlichen Regelungen in diesem Bereich[12]. So wichtig der Heiligenkult im religiösen Leben der mittelalterlichen Christenheit war – eine lehrmäßige Diskussion oder gar eine dogmatische Begründung dieses Brauchs hat es im Abendland trotz mancher theologischen Äußerungen nie gegeben. Den ersten Versuch zu einer verbindlichen Beurteilung machte 1530 Philipp Melanchthon in der ‚Confessio Augustana'[13]. Damit fehlte aber der reformatorischen Polemik ein Gegenstand von theologischem Rang, mit dem sie sich auseinandersetzen konnte. Es ist bezeichnend, daß sich die reformatorische Kritik zunächst immer nur auf einzelne Aspekte des Phänomens richtete, etwa auf die Überlieferung von den Heiligen, wie wir noch sehen werden.

Zum andern stellen wir fest, daß Martin Luther selbst ganz tief in der Frömmigkeit seiner Zeit verwurzelt war. Es verhält sich keineswegs so, wie man in der älteren katholischen Lutherliteratur behauptet hat, daß der Reformator von vornherein ein gebrochenes Verhältnis zur kirchlichen Tradition gehabt und sich deshalb leicht von der Frömmigkeit und den religiösen Bräuchen seiner Vorfahren gelöst habe. Im Gegenteil: er war ein ausgesprochen frommer, kirchlich gebundener Mensch, der seine religiösen Pflichten außerordentlich ernst nahm. Das beste Beispiel dafür bietet sein zwanzigjähriges Leben als Augustinereremit. Er hat sich den monastischen Idealen mit größter Gewissenhaftigkeit hingegeben und erst spät den Weg in die Welt zurückgefunden[14]. Diesen Ernst im religiösen Leben hat er auch in seinem Verhältnis zur Heiligenverehrung bewahrt. Immer wieder blickt er in späteren Jahren auf seinen intensiven Heiligendienst zurück: *Ich bin selbs auch ein fromer Mönch und Priester gewest, alle tag Messe gehalten und darin S. Barbaram, Annam, Christofel angebetet und andere Heiligen, mehr denn im Kalender gezeichnet, von denen doch niemand wuste, wer sie gewesen sind*, sagt er 1535 in einer Predigt[15]. „Ich hatte vierzehn Schutzheilige und rief an jedem Tag zwei von ihnen an"[16], oder: „So geschah es auch mir unter dem Papsttum: Ich feierte täglich die Messe und rief bei jeder Messe drei Schutzheilige an"[17].

Wie schwer es ihm wurde, sich von dem gewohnten Heiligenkult zu lösen, beweist sein Zeugnis im ‚Sendbrief vom Dolmetschen' (1530): *Es ist mir selber aus der massen saur worden, das ich mich von den Heiligen gerissen habe, denn ich uber alle masse tieff drinnen gesteckt und ersoffen gewest bin*[18]. Das bedeutet aber auch, daß Luther sich an diesem Punkt in seiner reformatorischen Kritik besondere Zurückhaltung auferlegte und nur langsam seine Bedenken entwickelte.

Noch in der ersten Psalmenvorlesung 1513/15, in der er sein neues Verständnis von Gottes Gerechtigkeit und damit ein zentrales Element seiner reformatorischen Theologie gewann, konnte er die landläufige Vorstellung vom Heiligen und seiner Funktion ganz positiv darlegen: „Jeder kirchliche Würdenträger ist nämlich ein Stellvertreter Christi, ein mystisches Haupt und ein mystischer Christus. Auf dieselbe Weise ist auch jeder Heilige jemandes Schutzherr, durch den und durch dessen Fürsprache er seine Wünsche darbringt oder dessen Vorbild und Leben er meditativ bedenkt und nachahmt und mit dem er in Verkehr tritt"[19].

Seit 1516 begegnen wir dann in wachsendem Umfang Einwendungen gegen Heilige und Heiligenverehrung, ohne daß dieses Thema sogleich zum Gegenstand einer selbständigen Schrift oder einer akademischen Diskussion würde, aber auch ohne daß die kritischen Töne nun ausschließlich das Feld beherrschten. Zu Beginn des Jahres 1519 verwahrt sich Luther gegen ungerechtfertigte Vorwürfe in einer kleinen Schrift, an deren Spitze er das Thema der Heiligen stellt: *Von der lieben heiligen furbit. Sag ich und halt fest mit der gantzen Christenheyt, das man die lieben heyligen eeren und anruffen sol. Dan wer mag doch das widderfechten, das noch heuttigis tagis sichtlich bey der lieben heyligen corper und greber got durch seyner heyligen namen wunder thut?*[20] Für tadelnswert hält er nur die einseitige Hoffnung auf die Hilfe der Angerufenen: *Das ist aber war, und habs gesagt, es sey nit Christenlich, das man geystliche noddurfft nit mehr adder vlyssiger, dan die leypliche bey den lieben heyligen sucht*[21].

Auch unter den Thesen für die Leipziger Disputation mit Johannes

Eck im Juni/Juli 1519 – einem wichtigen Schritt auf dem Weg zum endgültigen Bruch mit Rom – findet sich eine durchaus positive Stellungnahme Luthers: „Es ist gewiß, daß das Verdienst Christi den Kirchenschatz bildet und daß uns durch die Verdienste der Heiligen Hilfe zuteil wird"[22]. In der Frage des päpstlichen Rechts auf Kanonisation Heiliger wie der Heiligenerhebung im allgemeinen hält sich Luther in seiner Streitschrift gegen Eck auffallend zurück: „Mag jeder kanonisieren, soviel er will" – dieses Fazit drückt mehr Gleichgültigkeit als direkte Ablehnung aus[23].

Noch im selben Jahr 1519 verfaßte der Reformator den ‚Sermon von der Bereitung zum Sterben' – seinen Beitrag zur Gattung der Ars moriendi[24]. Hier betont er, daß die Anschauung Christi und seiner Heiligen, „die in Gottes Gnade gestorben sind und den Tod überwunden haben", auch uns helfe, die Schrecken des nahenden Todes zu überwinden[25]. Er empfiehlt, „alle heiligen Engel, besonders den Schutzengel, die Muttergottes, alle Apostel und lieben Heiligen anzurufen", vor allem die, zu denen einem Gott besondere Andacht verliehen habe. Auch solle man das ganze Leben hindurch Gott und seine Heiligen um einen rechten Glauben bitten[26]. Schließlich kann Luther noch 1520 behaupten: „Ich habe niemals geleugnet, daß wir durch die Verdienste und Bitten der Heiligen – so unvollkommen sie auch sein mögen – Hilfe empfangen"[27].

Freilich hatte er sich inzwischen auch schon sehr deutlich in kritischem Sinne geäußert. Seine Einwände bewegten sich von Anfang an in zwei voneinander unabhängigen Bereichen:

Zum einen begann Luther 1516 damit, bei grundsätzlicher Respektierung der Heiligen und ihrer Verehrung gewisse Voraussetzungen und Formen näher ins Auge zu fassen. Gelegenheit zum Nachdenken über einzelne Heilige boten die Heiligenfeste, an denen Luther zu predigen hatte. Aus den Jahren 1514–17 ist eine Reihe lateinischer Sermones überliefert – offenbar Aufzeichnungen für eine spätere Veröffentlichung, die aber nie zustande gekommen ist[28]. Neben vielen Predigten, in denen sich Luther durchaus zustimmend über den jeweils gefeierten Heiligen äußert, findet sich hier auch ein Text von 1516 zum Fest des Apostels Bartholomäus, in dem er aus inneren Gründen die Legende des Heiligen verwirft[29]. Aus inneren Gründen – das heißt: weil er in ihr zahlreiche Widersprüche sowohl zur normalen Erfahrungswirklichkeit als auch zum üblichen Auftreten eines Apostels und zum Evangelium entdeckt. Wenn zum Beispiel berichtet wird, daß Engel den Bartholomäus vor Hunger und Ermüdung schützten, dann bedeutet das, daß er zwar das Evangelium verkündete, aber gegen das Evangelium lebte, in dem doch der Apostel von Fasten und Hungern berichtet[30]. Für seine Kritik kann Luther sich übrigens auf Eusebius von Caesarea berufen[31], der in seiner Kirchengeschichte die von Häretikern ersonnenen apokryphen Apostelgeschichten zurückweist[32]. Hier haben wir das erste große Beispiel einer inhaltlichen Legendenkritik des Reformators, die sich in Spuren vielleicht schon früher findet und in der Folgezeit immer wichtiger wird[33]. Neben Bartholomäus scheint Luther es besonders auf Barbara und Christophorus abgesehen zu haben, die er immer wieder als negative Beispiele anführt. So kann er etwa in der Adventspostille von 1522 in einem Atemzug die heilige Barbara erwähnen, von der *niemant gewiß weyß ob sie eyn heylig ist, oder nicht,* und *den Christoffel... wilchs on tzweyffell der grösten geticht und lugen eyne ist*[34]. Diese Kritik bezieht sich natürlich nicht auf die religiöse Bedeutung der beiden Gestalten, sondern auf ihre quellenmäßige Bezeugung.

Ein Jahr später bot sich Luther die Gelegenheit zu einer großangelegten Auseinandersetzung mit der historischen Problematik. Am 31. Mai 1523 hatte Papst Hadrian VI. den ehemaligen Bischof Benno von Meißen heiliggesprochen, und nun bemühte sich Herzog Georg von Sachsen um Durchsetzung des Bennokults in seinem Land und darüber hinaus. Er stützte sich dabei auf eine 1512 von Hieronymus Emser in Latein verfaßte Legende, die weitgehend auf apokryphen Quellen beruhte und ein ganz unangemessenes Bild des Heiligen zeichnete. Ihm trat Luther mit einer polemischen Schrift entgegen: ,Wider den neuen Abgott und alten Teufel, der zu Meißen soll erhoben werden', erschienen im Frühjahr 1524[35]. In dieser Schrift geht er ausführlich auch auf die geschichtliche Gestalt Bennos ein, die sich dem historisch informierten Betrachter keineswegs so darbietet, wie es die Legende will. Benno hat sich auf die Seite Papst Gregors VII. geschlagen, der – wie Luther ausführt – *an dem keyser Heynrich dem vierden gehandelt hat als eyn verrether und bösewicht, auch nach vernunft zu reden, und hetzet den son widder den vater, und entsetzt yhn vom keyserthum, lies yhn so jemerlich ym ban sterben, und das alles nur umb zeyttlichs gutts, pracht und gewalt willen*[36]. Mit diesen Aussagen bewegt sich Luther natürlich bereits im Bereich des Urteilens; aber damit er zu einem solchen Urteil kommen kann, das Benno als einen *vielfachen morder und blut vergiesser und ursacher alles unglucks ynn deutschen landen und eynen feynd des Euangelii, eynen gesellen des Antichrists*[37] brandmarkt, muß er die Heiligenlegende auf Grund zuverlässigerer Quellen widerlegen. Die Legendenkritik, für die er auf vorreformatorische und humanistische Ansätze zurückgreifen kann[38], gehört von nun an zum festen Repertoire seiner Polemik.

Noch einmal, 1537, hat er ihr eine eigene kleine Schrift gewidmet: ‚Die Lügend von St. Johanne Chrysostomo'[39]. Er entnahm die Legende des Heiligen dem weit verbreiteten ‚Passional' und gab sie mit ironischen, zum Teil auch recht groben Randbemerkungen sowie mit Vor- und Nachwort heraus. Sein Kommentar ist von Anfang bis Ende auf den Ton gestimmt: Die ganze Legende ist eine Sammlung von Lügen! Das drückt ja auch die Verballhornung des Wortes „Legende" zu „Lügende" aus, die Luther in seinen späteren Jahren mehrfach gebraucht[40].

Neben den Schwächen der Heiligenlegende hat Luther erst relativ spät einzelne Erscheinungen des Umgangs mit den Heiligen getadelt. In der großen Reformschrift von 1520 ‚An den christlichen Adel deutscher Nation von des christlichen Standes Besserung' nimmt das Heiligenwesen eine Nebenrolle ein. Luther tadelt die Erhebung von Heiligen um des Gewinns willen, der mit den Wallfahrten zu ihren Heiligtümern verbunden ist[41], und die Feier von Heiligenfesten an bestimmten Tagen[42]. Dabei bezeugt er aber den Heiligen durchaus seinen Respekt und kritisiert nur die Mißbräuche im Zusammenhang mit ihrer Verehrung.

Allerdings ist er damals längst auch zu einer zweiten Ebene vorgestoßen, auf der er den traditionellen Heiligenkult an seinem Nerv trifft.

Schon 1516 prangert Luther in einer Predigtreihe über die Zehn Gebote den Mißbrauch der Heiligenverehrung als einen Verstoß gegen das Erste Gebot an[43]. Er unterscheidet die Anrufung der Heiligen um zeitlicher und materieller Güter willen von ihrer wahren, innerlichen Verehrung[44]. Es ist ein Mißbrauch des Gebets, wenn wir uns an die Heiligen wenden, um bestimmte Leistungen von ihnen zu erbitten: vom heiligen Antonius etwa die Heilung vom Antoniusfeuer, von Sebastian Schutz vor der Pest[45]. Nebenbei deckt Luther auch die Sinnlosigkeit der volksetymologischen Spielereien auf, die Valentin mit der Fallsucht, Vincentius mit dem Finden verlorener Dinge in Verbindung bringen, und kritisiert die Unzuverlässigkeit der Legenden[46]. Am schwersten wiegt freilich, daß solche Art der Heiligenverehrung nicht das Gute betrachtet, das Gott in den Heiligen gewirkt hat, um seine Heiligkeit zu erweisen, sondern darauf schaut, was die Heiligen uns tun, um uns zu erfreuen[47]. Der verehrt die Heiligen auf rechte Weise, der in ihnen die Werke und die Gnade Gottes anschaut und bedenkt und dadurch zu Gott hingeführt, ja, affektiv hingezogen wird[48]. Luther verwirft also keineswegs die Hochschätzung und Verehrung der Heiligen, sondern er lehnt die groben Formen eines religiös verbrämten, aber im Grunde höchst unfrommen Tauschhandels ab und bezieht die Heiligenverehrung ganz auf den Kern des religiösen Lebens: das Verhältnis zu Gott.

Diese Linie hält sich bei Luther durch. Sie wird allerdings in den folgenden Jahren verdeutlicht und verstärkt und führt in den zwanziger Jahren auch bereits zu praktischen Konsequenzen.

Die Heiligenverehrung bringt ja das große Problem mit sich, daß sie sich zwischen den Menschen und Gott drängt und die Beziehung zu Gott eher behindert als fördert. Deshalb kann Luther klagen, daß *wyr der heyligen ehre[49] haben ßo hoch trieben, das wyr gemeyniglich an den heyligen hangen und nitt fort hyndurch tzu gott dringen*. Aber *wo die zuvorsicht zu gott ym hertzen ist, da felt abe alle tzuvorsicht zu allen creaturn, es seyen heyligen ym hymel oder auff erden; widderumb, wo die tzuvorsicht tzu gott abnympt, da hebt sich ditz suchen und tzuvorsehen bey den heyligen*[50].

Seit 1522 tritt in Luthers Äußerungen der Gedanke immer stärker hervor, daß in der traditionellen Frömmigkeit die Heiligen geradezu die Funktion von Vermittlern zwischen den Menschen und Gott übernommen haben – eine Rolle also, die eigentlich Christus zukommt. *Man hatt Christum gemacht wie eynen ernstlichen grausamen richter, darumb hatt niemant wöllen on eyn mittel[51] hynn tzu gehen und ist dahynn kommen, das der S. Peter, Ihener S. Paulus etc. zu eynem patron erwelet hatt, und alßo yhr tzu versicht von Christo abgewendt, auff die heyligen gestelt und gesprochen: Ich hab S. Peter etc. tzu eynem patron, sant Paulus ist meyn Apostell, ich vermeyn selig tzu werden. Alßo ist Christus auß dem mittell gestelt. War ists, wie sie sagen, das wyr nit on mittell tzu gott gehen sollen, das mittel ist aber Christus*[52]. Wenn Christus nach Johannes 14,6 sagt: „Ich bin der Weg, die Wahrheit und das Leben; niemand kommt zum Vater denn durch mich", dann bedeutet das, daß *wir unsern trost auf kain hailigen stellen, sonder allain auff Christum, durch des verdienst allain werden wir sälig und all hailigen*[53]. Damit nimmt Luther die Heiligen aus ihrer Sonderstellung heraus und gibt ihnen ihre Rolle als normale Menschen zurück, die sie nach biblischem Verständnis spielen. Das hängt auch zusammen mit seiner Wendung von den verstorbenen Heiligen zu den lebenden, d. h. den Gliedern der Christenheit, die nicht durch eigene Leistung und Verdienst den Namen von Heiligen erhalten, sondern dadurch, daß Gott sie durch Christus zu seiner Gemeinde berufen hat[54].

So kann Luther dann auch 1523 – zu den Böhmischen Brüdern gewandt – ganz offen erklären: *Weys ich euch auch gar nicht ketzer zu schellten, wie unsere Sophisten thun, das yhr widder die mutter gottis noch yrgent eynen heyligen anrufft odder ehret, sondernn alleyn an dem eynigen mittler Jhesu Christo hanget unnd euch benugen lasst ym hymel,*

wie wol auff erden eyn iglicher fur den andern zubitten schuldig ist. Denn
– und damit bringt er ein neues Argument ein – *es ist von verstorbener
heyligen furbit, ehre und anruffen nichts ynn der schrifft*[55].

Der Gedanke, daß die Heiligenverehrung keinen Grund in der Schrift
habe, kehrt von nun an immer wieder. Um dieselbe Zeit schreibt Luther
an die Geistlichen des Allerheiligenstifts in Wittenberg: „Über die Toten
und Heiligen enthält die Heilige Schrift nichts", und: „Der einzige Mittler der Menschen, Christus, wurde so ausgelöscht und aufgehoben und
wurde durch diese Scharen und Haufen von Mittlern und Fürbittern ersetzt"[56].

Obwohl Luthers Kritik an der herkömmlichen Heiligenverehrung mit
einem zentralen Motiv seiner Theologie zusammenhängt: der alleinigen
Mittlerrolle Jesu Christi, bleibt das Thema „Heilige und ihre Verehrung"
doch am Rande seiner Auseinandersetzungen mit dem altgläubigen
Standpunkt. Das hat seinen Grund darin, daß es viel brisantere Themen
gibt, die ebenfalls ins Zentrum des reformatorischen Denkens führen:
die Mittlerrolle der Sakramente, der Institution Kirche, des Priesteramts
und des Papsttums. Sie alle haben einen viel höheren dogmatischen und
kirchenrechtlichen Rang als die Heiligenverehrung, die nur dem Bereich
von Frömmigkeit und kirchlicher Praxis zugehört.

III

Wir haben schon gesehen, daß Luther keineswegs den Begriff des Heiligen verwirft. Er sucht ihm vielmehr seinen neutestamentlichen, insbesondere paulinischen Sinn wieder zurückzugeben. Kritik und Ablehnung entwickelt er im Laufe der Jahre gegenüber dem traditionellen
Heiligenkult; aber schon in seinen frühen Äußerungen zum Thema bietet er Ansätze zu einem neuen Verständnis von Heiligenverehrung. Wir
haben das bereits an der Predigt von 1516 über das Erste Gebot beobachtet, wo Luther die wahre Heiligenverehrung in der Hinführung zur
Herrlichkeit Gottes entdeckt[57]. Zwei Jahre später gibt er in der Erklärung
zur 58. Ablaßthese eine neue Interpretation des Begriffs *merita sanctorum* („Verdienste der Heiligen"). Auch die Heiligen bedürfen in ihrem
ganzen Leben der göttlichen Barmherzigkeit. Deshalb haben sie keine
Verdienste übrig, die sie uns zugute kommen lassen könnten[58]. Ihre Verdienste (oder das, was man so zu nennen pflegt) haben eine andere Be-

deutung für uns: „Die Leiden der Märtyrer und der Heiligen müssen uns vielmehr Beispiel und Vorbild dafür sein, wie wir unsere Leiden ertragen sollen"[59].

Aus der religiösen Mittlerrolle und damit auch aus der Stellung von Personen, die menschliches Maß übersteigen und kultische Verehrung verdienen, werden die Heiligen zurückgeholt in den Rang von Menschen, die das gnädige Wirken Gottes bezeugen. Diese theologisch grundlegende Auffassung Luthers hat sich im Protestantismus durchgesetzt, wobei dann noch immer Differenzen über Möglichkeit und Sinn einer Ehrung oder Verehrung der Heiligen blieben.

Ich übergehe jetzt weitere Äußerungen Luthers und komme sogleich zur ersten lehrmäßigen Formulierung über die Heiligen nicht nur im Protestantismus, sondern in der abendländischen Christenheit überhaupt: Artikel 21 der ‚Confessio Augustana' Melanchthons von 1530[60]. Er faßt kurz und bündig die protestantische Position auf dem Augsburger Reichstag zusammen: *Vom Heiligendienst wird von den Unseren also gelehrt, daß man der Heiligen gedenken soll* (in der lateinischen Fassung: „kann"), *auf daß wir unsern Glauben stärken, so wir sehen, wie ihnen Gnad widerfahren, auch wie ihnen durch Glauben geholfen ist; darzu, daß man Exempel nehme von ihren guten Werken, ein jeder nach seinem Beruf*[61]. Positiv wird also eine doppelte Funktion des Heiligengedenkens festgehalten: zum einen eine genuin religiöse – die Stärkung des Glaubens durch die Wahrnehmung des göttlichen Gnadenwirkens an den Heiligen; zum andern eine ethische – durch das Vorbild ihres persönlichen Verhaltens. Dann folgt noch eine negative Abgrenzung: *Durch Schrift aber mag man nicht beweisen, daß man die Heiligen anrufen oder Hilf bei ihnen suchen soll. „Dann es ist allein ein einiger Versuhner und Mittler gesetzt zwischen Gott und Menschen, Jesus Christus", 1. Timoth. 2., welcher ist der einige Heiland, der einig oberst Priester, Gnadenstuhl und Fursprech fur Gott, Rom. 8.*[62]

Wie sehr das Thema am Rande des protestantischen Interesses liegt, zeigt sich auch daran, daß es innerhalb der lutherischen Bekenntnisschriften – abgesehen von der Apologie der ‚Confessio Augustana'[63] – nur noch in Luthers ‚Schmalkaldischen Artikeln' von 1537 berührt wird, und zwar im Zusammenhang des zweiten Artikels über die Messe. In den Gang einer allgemeinen Ablehnung von Reliquienverehrung, Ablaß, Engel- und Heiligenkult sind einige besonders scharfe Sätze von lakonischer Kürze eingefügt: *Anrufung der Heiligen ist auch der endchristischen Mißbräuche einer und streitet wider den ersten Hauptartikel und tilget die Erkenntnis Christi. Ist auch nicht gepoten noch geraten, hat auch kein Exempel der Schrift, und haben's alles tausendmal besser an Christo, wenn jenes gleich köstlich Gut wäre, als doch nicht ist*[64].

Was ich hier aus den Bekenntnisschriften angeführt habe, die im Konkordienbuch zusammengefaßt sind, das ließe sich durch Äußerungen in anderen lutherischen Bekenntnissen und Kirchenordnungen der Reformationszeit bestätigen, ohne daß neue Gedanken hinzutreten. Ich muß darauf verzichten und begnüge mich mit einem kurzen Hinweis auf die reformierten Bekenntnisschriften, die sich noch beiläufiger gegen die traditionelle Heiligenverehrung äußern.

Johannes Calvins ‚Genfer Katechismus' von 1542 geht im dritten Abschnitt über das Gebet ganz kurz auf die Heiligen ein und verbietet ihre Anrufung mit der lapidaren Begründung: Gott hat ihnen nicht dieses Amt übertragen, uns zu Hilfe zu kommen[65].

Ebenfalls knapp genug, aber in einer Anordnung, die den systematischen Zusammenhang deutlicher erkennen läßt, setzt sich der ‚Heidelberger Katechismus' in der Kirchenordnung der Kurpfalz von 1563 mit der Heiligenverehrung auseinander. Er behandelt das Thema sachlich angemessen an zwei Stellen. Erstens im Abschnitt über Gott, den Sohn, in der 30. Frage: *Glauben denn die auch an den einigen Seligmacher Jesum, die jre seligkeyt und heil bey heiligen, bey jnen selbst, oder anderstwo suchen?* Die Antwort lautet natürlich: *Nein: sonder sie verleugnen mit der that den einigen Seligmacher und Heiland Jesum, ob sie sich sein gleich rhümen*[66]. Zweitens erscheint die *Anruffung der Heiligen oder anderer Creaturen* bei der Auslegung des Ersten Gebots als ein Abfall von dem einen wahren Gott[67].

Auch die ‚Confessio Helvetica posterior' von 1566 (entstanden 1561/62) betont in einem ihrer frühen Abschnitte (dem fünften über die Gottesverehrung) die Ausschließlichkeit der Anbetung und Verehrung Gottes so stark, daß daneben für einen Heiligendienst kein Platz bleibt: „Die himmlischen Heiligen beten wir weder an noch verehren wir sie, noch rufen wir sie an, noch anerkennen wir sie vor dem Vater im Himmel als unsere Fürsprecher oder Vermittler"[68]. Aber an späterer Stelle (im 24. der 30 Abschnitte, der über Fest- und Fastenzeiten handelt) räumt die ‚Confessio' nach strikter Ablehnung der Heiligenfeste wenigstens dem Heiligengedenken eine Rolle ein, die der genuin reformatorischen Einschätzung der Heiligen entspricht: Es ist nützlich, der Gemeinde in der Predigt zu seiner Zeit und an seinem Ort das Gedenken an die Heiligen zu empfehlen, die allen Christen als Vorbilder gelten können[69].

Bekenntnisse und Kirchenordnungen haben das gottesdienstliche und ganz allgemein das religiöse Leben im Protestantismus über Jahrhunderte hinweg geprägt. Sie bildeten aber – wenigstens im konfessionellen Zeitalter – auch Grundlage und Rahmen aller theologischen Arbeit. Für unser Thema bedeutet dies, daß Heilige und Heiligenverehrung in der Theologie der altprotestantischen Orthodoxie (und zwar gleichermaßen der lutherischen wie der reformierten) nur eine höchst beiläufige und untergeordnete Rolle spielten. Am ausführlichsten wurden sie natürlich in der kontroverstheologischen Literatur behandelt, für die ich die 1633–37 erschienene ‚Confessio catholica' Johann Gerhards, des wohl berühmtesten Vertreters der lutherischen Orthodoxie, heranziehe[70].

Johann Gerhard entfaltet die reformatorischen Ansätze zu einem positiven Verständnis der Heiligen:
1. Ihr Gedächtnis soll in der Kirche bewahrt werden;
2. über ihr herrliches Leben und Sterben kann gepredigt werden;
3. ihre Geschichten dürfen nach biblischem Vorbild festgehalten werden;
4. ihre Tugenden (Glaube, Liebe, Geduld, Beständigkeit u. a.) können zur Nachahmung herausgestellt werden;
5. sie sollen geehrt und gelobt werden, weil sie Gottes Gaben treulich gebraucht und weil sie Gott und der Kirche gedient haben;
6. sie stellen durch ihre beispielhaften Tugenden die Gemeinschaft der streitenden und triumphierenden Kirche dar.

Genauso entschieden zieht er aber auch die Grenze zur katholischen Heiligenverehrung:
1. Die Heiligen dürfen nicht in religiöser Weise angerufen werden;
2. ihre Reliquien dürfen nicht kultisch verehrt werden;
3. ihre Bilder dürfen nicht verehrt werden;
4. Wallfahrten zu den Orten der Heiligen sind nicht gestattet;
5. Verlöbnisse zu den Heiligen sind verboten.

IV

Wir verlassen hier die theologische Diskussion um Heilige und Heiligenverehrung und fragen nach den praktischen Konsequenzen der reformatorischen Neuorientierung. Das Bild, das sich uns dabei bietet, ist keineswegs einheitlich. An einem Brauch, der so tief im religiösen Leben und vor allem im emotionalen Bereich verankert ist wie die Heiligenverehrung, mußten sich in der Praxis besonders heftige Auseinandersetzungen entzünden, auch wenn seine theologische Relevanz gering war. Dazu kam, daß die Beurteilung der Heiligenverehrung in der Reformation eng mit dem besonders emotionsreichen Streit um den Umgang mit den Heiligenbildern verbunden war. Diese Zusammenhänge muß ich hier ausblenden, da sie in ganz neue, ausgedehnte Problemkreise hineinführen[71]. Ich beschränke mich auf den literarischen Bereich und frage nach der Bedeutung der neuen, protestantischen Haltung gegenüber den Heiligen für die Heiligenliteratur, in der sich die veränderte Mentalität einerseits spiegelt und an der sie sich andererseits wieder nährt.

Auch dafür müssen wir zu Luther zurückgehen. In seiner Schrift gegen die Kanonisierung Bennos von Meißen stellt er dem falschen die wahren Heiligen gegenüber, und zwar nicht nur in einer allgemeinen Charakteristik, sondern mit Beispielen aus der Geschichte: *Es gehet hie* (bei der Erhebung Bennos) *fast und gantz Bepstlich zu, gleych wie zu Costnitz ym Concilio: da wurden Johannes Hus und Hieronymus von Prage verdampt und verbrand, die rechten heyligen Gottes kinder und merterer, Aber dagegen ward Thomas von Aquin, der born und grundsuppe aller ketzerey, yrthum und vertilgung des Evangelii (wie seyne bucher beweysen),* (zum Heiligen) *erhaben*[72].

Um wahre Heilige zu finden, mußte Luther jedoch nicht auf die Vergangenheit zurückgreifen. Auch die Gegenwart brachte Blutzeugen für den christlichen Glauben hervor. Am 1. Juli 1523 wurden in Brüssel die beiden Augustinereremiten Heinrich Voes und Johannes Esch (von Essen) aus dem Antwerpener Konvent öffentlich verbrannt, und zwar als lutherische Ketzer. Die Kunde davon breitete sich durch Briefe von Augenzeugen und Abschriften von Aussagen aus dem Verhör im Stil der frühchristlichen Märtyrerakten rasch in Deutschland aus. Luther antwortete bereits 1523 darauf durch eine Flugschrift mit dem Titel ‚Ein Brief an die Christen im Niederland‘, die im selben Jahr acht Nachdrucke erlebte[73]. Mit diesem Sendschreiben begründete er eine selbständige protestantische Hagiographie[74]. Die beiden hingerichteten Augustiner entsprachen genau dem Begriff des wahren Heiligen, den Luther seit 1516 entwickelt hatte. Deshalb konnte er schreiben: *Gott gelobt und in ewikeyt gebenedeyet, das wyr erlebt haben rechte heyligen und warhafftige merterer zu sehen vnd zu hören, die wyr bißher so viel falscher heyligen erhebt und angebetet haben*[75].

Kurz nach dem Sendschreiben stellte er dann in seiner Schrift ‚Wider den neuen Abgott und alten Teufel‘ dem Bischof Benno die beiden in Brüssel Hingerichteten, Johannes und Heinrich, als die rechten Heiligen gegenüber[76]. Ihnen gesellte sich im Laufe der folgenden Jahre eine kleine Schar weiterer evangelischer Märtyrer bei. Im Dezember 1524 wurde

Heinrich von Zutphen hingerichtet, ein niederländischer Augustinereremit, der in Wittenberg studiert und seit 1522 in seiner Heimat wie in Norddeutschland evangelisch gepredigt hatte. Ihm widmete Luther im Frühjahr des folgenden Jahres eine relativ umfangreiche Schrift ‚Von Bruder Henrico in Ditmar verbrannt samt dem zehnten Psalmen ausgelegt'[77]. Der zehnte Psalm handelt nach Luther von den Märtyrern Christi und tröstet die Gemeinde über den Tod ihrer Heiligen. Zwei Jahre später wurde Georg Winkler, Prediger an der Stiftskirche in Halle, auf der Rückreise von einem Verhör ermordet. Aus diesem Anlaß verfaßte Luther eine ‚Tröstung an die Christen zu Halle über Herrn Georgen ihres Predigers Tod'[78], und noch im selben Jahr 1527 gab ihm die Verbrennung eines ehemaligen Wittenberger Theologiestudenten, Leonhard Kaiser, in seiner Heimat Bayern Anlaß zu einer urkundlichen Darstellung mit Abdruck von Briefen, offiziellen Vorwürfen gegen Kaiser und dessen Testament[79]. Diese Darstellung nennt Luther selbst „Legende und Geschichte", wobei wir „Legende" nicht pejorativ als Lügenmärchen verstehen dürfen, sondern als wahren, zuverlässigen Bericht, der in der evangelischen Gemeinde vorgelesen werden soll[80]. Damit hat Luther das Konzept und die Form der evangelischen Heiligenlegende geschaffen.

Seine Vorstellung vom Heiligen wäre freilich nicht verstanden, wollte man ausschließlich auf diese neuen, evangelischen Heiligen sehen. Vor seinem kritischen Maßstab konnten durchaus auch ältere Heilige bestehen – nicht gerade die Gestalten der altkirchlichen, romanhaften Apostelgeschichten und der anderen Legenden, wie Barbara, Christophorus, Georg, Katharina, Ursula und viele andere[81], wohl aber historische Personen, in denen Luther seine Kriterien für wahre Heiligkeit erfüllt sah. So kann er in seiner Schrift gegen Benno ausdrücklich erklären: *Ich glewbe freundlich, S. Elisabeth zu Margburg sey heylig, Item S. Augustinus, Hieronymus, Ambrosius, Bernhardus, Franciscus. Aber ich wil nicht drauff sterben noch mich verlassen. Meyn glaube sol gewis seyn und gewissen grund haben ynn der schrifft*[82].

Bei allem Widerspruch gegen die bisherige Auffassung von Heiligen und Heiligenverehrung und trotz aller Bedenken gegen die unzuverlässigen Quellen hat Luther schließlich doch einen Teil der hagiographischen Tradition übernommen und für ein neues, evangelisches Verständnis der Heiligen fruchtbar gemacht.

1535 schreibt er: *Ich hette wol lengest gerne gesehen und auch noch gerne sehe, das sich etwa ein from, gelert man hette gelegt an die bucher von der Heiligen leben und geschichten, so man die Legenden nennet, die selbe von den ungewissen, untuchtigen gereinigt, Weil viel fabeln und ungereimpter trewme drinnen vermisscht sind, welche doch viel hoher geacht und gehalten sind weder die rechten guten Legenden ... Und nehest der heiligen schrifft ist ja kein nutzlicher buch fur die Christenheit denn der lieben heiligen Legenden, sonderlich welche rein und rechtschaffen sind, Als darin man gar lieblich findet, wie sie Gottes wort von hertzen gegleubt und mit dem munde bekand, mit der that gepreiset und mit yhrem leiden und sterben geehret und bestettigt haben. Solchs alles aus der massen trostet und sterckt die schwach gleubigen, und noch viel mutiger und trotziger macht, die zuvor starck sind. Denn wo man allein die schrifft on exempel und historien der heiligen leret, ob wol jnnwendig der geist das seine reichlich thut, so hilffts doch trefflich seer, wo man von auswendig auch die exempel der andern sihet odder horet*[83].

Die Beispiele und Geschichten der Heiligen illustrieren auf vielfältige Weise die Lehren der Heiligen Schrift, die für die Schwachen nicht immer aussagekräftig genug ist. Aber so sehr Luther den Wert der Heiligenlegenden zu schätzen weiß, so wenig ist er mit der vorliegenden Literatur zufrieden. Über die berühmte ‚Legenda aurea‘, die einflußreichste mittelalterliche Legendensammlung aus dem 13. Jahrhundert[84], sagt er 1540: *Es ist wenig gutts drinnen. Es ist ein lauter kloster lob et contra articulum iustificationis. Zu zeiten laufft eine gute historia mitt*[85]. Deshalb bemüht er sich immer wieder um Korrekturen und veranlaßt schließlich seinen Schüler Georg Major, damals Schloßprediger zu Wittenberg, eine gereinigte und korrigierte Neuausgabe der mittelalterlichen ‚Vitas patrum‘ anzufertigen. Sie erschien 1544 als die zweite evangelische Sammlung von Heiligenleben mit einem Vorwort Luthers und bot in drei Teilen eine Auswahl von altkirchlichen Vätergeschichten mit der ‚Vita Antonii‘ des Athanasius, eine alphabetisch geordnete Sammlung von Beispielen aus dem Wirken der Väter von *abstinentia* bis *verbum Dei* sowie das Leben des Säulenheiligen Simeon[86]. In ihrem Titel ist bereits ihr Zweck angegeben („zum Gebrauch für die Diener des Wortes"), und im Vorwort betont der Verfasser, daß es sich bei den gebotenen Heiligengeschichten um mehr als bloß um moralische Beispiele handle[87].

Vorangegangen war ihm bereits 1539 Hermann Bonnus, Superattendent von Lübeck, mit einem Sammelwerk von Exempla aus dem Leben der Apostel sowie altkirchlicher Märtyrer und Mönche, das seit 1559 als Anhang zu Majors ‚Vitae patrum‘ gedruckt wurde[88]. Bonnus hatte den Anstoß zu seinem Werk durch die ‚Hamburger Artikel‘ vom 15. März 1535 erhalten, die den Gebrauch zuverlässiger Heiligengeschichten als Vorbild in der Predigt verlangten[89]. Im Jahre 1544, also kurz vor seinem

Tode, veröffentlichte auch Georg Spalatin, der langjährige Berater der sächsischen Kurfürsten, ein Werk nach dem Muster der Exempelsammlung des Hermann Bonnus, zu dem wieder Luther ein Vorwort schrieb[90].

Auf diese Bücher Wittenberger Theologen folgte eine lange Reihe verwandter Werke, die ebenfalls in zahlreichen Auflagen, in Übersetzungen und Bearbeitungen Verbreitung fanden[91]: etwa deutsch von Ludwig Rabus eine ‚Historia der heiligen auserwählten Gotteszeugen, Bekenner und Märtyrer', 1552–58[92]; französisch von Jean Crespin ‚Le Livre des martyrs', 1554, von dem mehr als zwei Dutzend Auflagen in französischer, lateinischer und deutscher Sprache erschienen[93]; im selben Jahr 1554 das lateinische Werk des Engländers John Foxe, das in englischer Übertragung zahlreiche Auflagen erlebte[94]. Während Rabus einen ausführlichen Überblick vom Alten Testament an bis ins 16. Jahrhundert hinein gibt, setzen Crespin und Foxe erst mit John Wiclif als einem Vorläufer der Reformation ein.

Auch das Andenken an die mittelalterlichen Heiligen lebt weiter – nicht zuletzt in der literarischen Gattung des Kalenders mit Heiligenbiographien oder wenigstens kurzen biographischen Bemerkungen zu den einzelnen Heiligentagen. Die ersten derartigen Werke im Protestantismus sind: Paul Eber, Calendarium Historicum, 1550[95], Kaspar Goltwurm, Kirchen Calender, 1559[96], und Andreas Hondorff, Calendarium sanctorum et historiarum, 1573[97] – auch sie in zahllosen Exemplaren verbreitet als anschauliches Zeugnis für ein fortdauerndes, obgleich funktional völlig verändertes, von jeder Art kultischer Verehrung freies Heiligengedenken in den evangelischen Kirchentümern. Das nüchterne, historisch interessierte Gedenken richtet sich jetzt auf die großen Gestalten der Christenheit von den Anfängen bis zur jüngsten Vergangenheit: Beispiele eines vorbildlichen Lebens und zugleich göttlichen Gnadenwirkens[98]. Da finden sich dann etwa Johannes von Damaskus und Johannes Scotus (Eriugena) neben dem Konziliaristen Johannes von Segovia (15. Jahrhundert) und dem Humanisten Johannes Reuchlin, die großen Mönchsväter Benedikt von Nursia, Bernhard von Clairvaux, Dominikus und Franziskus neben den protestantischen Märtyrern Heinrich Voes, Johannes Esch und William Tayler.

Einzelne Heiligenleben enthalten durchaus kritische Bemerkungen, die den erbaulichen Ton zuweilen stören und diese Werke aus dem Bereich des Andachtsbuches teils in die Nähe von Streitschriften, teils in die kirchengeschichtlicher Sammelwerke (‚Gestalten der Kirchengeschichte') zu rücken scheinen. Freilich lassen sich darin weniger die Anfänge einer historisch-kritischen Betrachtungsweise erkennen als dogmatische Beurteilung und die Reste einer konfessionellen Polemik, die sich mit dem lehrhaft-nüchternen Charakter der altprotestantischen Frömmigkeit verbinden. Gerade die Darstellung mittelalterlicher Gestalten ist unter diesen Aspekten interessant und verdiente noch genauere Untersuchung[99].

In einer gewissen zeitlichen Entfernung von ihrem Tod rücken dann auch jene Persönlichkeiten der Reformation in den Kreis der evangelischen Heiligen ein, die kein Martyrium erlitten haben – allen voran der Reformator Luther selbst, der bald nach seinem Tod zum Gegenstand intensivster Verehrung wurde[100]. Diese Lutherverehrung in Wort und Bild, in Pseudo-Reliquienkult und Jubiläumsfeiern bildet ein umfangreiches Kapitel, das ich hier überschlagen muß[101]. Sie zeigt im übrigen ganz deutlich den grundlegenden Unterschied zwischen dem älteren bzw. orthodox/katholischen und dem protestantischen Verhältnis zu Heiligen.

Die Gattung einer evangelischen Hagiographie blüht besonders im Pietismus weiter und wird nicht selten gerade von den Außenseitern gepflegt, die sich davon eine Bestätigung ihrer eigenen Ideale erhoffen. 1700 veröffentlichte Gottfried Arnold, berühmt vor allem durch die ‚Unparteiische Kirchen- und Ketzerhistorie', seine ‚Vitae Patrum'[102], die nicht nur im Anschluß an Georg Major die Väter der Alten Kirche behandeln, sondern auch Bernhard von Clairvaux, Thomas von Aquin (dessen Verehrung Luther ja verworfen hatte!), Tauler, Ruysbroek, Geert Grote, Florentius Radewijns, Arnold Schönhoven und Thomas von Kempen. In seinem ein Jahr später erschienenen ‚Leben der Gläubigen oder Beschreibung solcher gottseligen Personen, welche in den letzten 200 Jahren sonderlich bekannt worden'[103] stellt er Johannes vom Kreuz, Theresa von Jesu, Katharina von Genua, Angela von Foligno, Frau von Chantal, Martin Luther, Johann Arndt und andere nebeneinander dar: offenkundig keine Heiligen mehr, denen man religiöse Verehrung erweist, sondern bedeutende und vorbildliche Christen, von denen man etwas lernen kann.

1733 ließ der niederrheinische Laienprediger Gerhard Tersteegen den ersten Band seiner ‚Auserlesenen Lebensbeschreibungen Heiliger Seelen' erscheinen, die in ihren bis 1753 veröffentlichten drei Bänden[104] insgesamt 26 Biographien aus dem Mittelalter (von Hildegard von Bingen über Franz von Assisi und seine ersten Brüder bis Nikolaus von der Flüe) und aus dem neuzeitlichen Katholizismus (Theresa von Jesu, Johannes vom Kreuz, der mexikanische Einsiedler Gregorio Lopez, „die gute Armelle": Armelle Nicolas, u.a.) enthalten. Dagegen fehlen die evangelischen Gestalten ganz. Im Vorwort zum ersten Band gibt Tersteegen eine doppelte Begründung für seine Arbeit: Sie dient erstens zur Verherrlichung Gottes, der die Heiligen als leuchtende Werke seiner Schöpferkraft gebildet hat, und zweitens zur Auferbauung der Gemeinde, die durch das Vorbild frommer und heiliger Menschen leichter gefestigt wird als durch bloße Belehrung[105].

Die protestantische Hagiographie, die auf eine so bedeutende Tradition zurückblicken kann, lebt unter veränderten Bedingungen auch im 19. Jahrhundert fort, ohne ganz die Verbindung zur älteren Heiligenliteratur zu verlieren. Dagegen fehlt ihr jede Neigung zu konfessioneller Abgrenzung, und wo sie polemisch wird, richtet sie sich eher gegen die dämonisierte Moderne. Meist bedient sie sich der schlichten, erbaulichen Biographie, die mit der Zeit alle kritischen Elemente verliert und zwar nicht in die religiöse Verehrung, aber doch in eine oftmals naive Verherrlichung der dargestellten Personen mündet.

Um wenigstens die pietistische Linie ins 19. Jahrhundert hinein auszuziehen, erwähne ich noch zwei Beispiele aus Württemberg. Seit 1831 erschien im Verlag von Johann Friedrich Steinkopf in Stuttgart ‚Der Christen-Bote', ein Sonntagsblatt, herausgegeben von Johann Christian Friedrich Burk, der dem Freundeskreis um Ludwig Hofacker angehört hatte und nun als Stadtpfarrer von Großbottwar wirkte. Burk, der 1831 die erste Biographie Johann Albrecht Bengels veröffentlicht hat[106], stellte an den Anfang jeder Nummer seiner Zeitschrift unter der Rubrik ‚Christlicher Kalender' Kurzbiographien christlicher Persönlichkeiten, deren Geburtstag in der Nähe lag. Das war sachlich nichts anderes als ein evangelischer Heiligenkalender in Fortsetzungslieferungen. In den dreißiger Jahren entstand auch der Calwer Verlagsverein, der – besonders in seiner ‚Familienbibliothek' – zahlreiche erbauliche Biographien hervorbrachte[107]. Am bekanntesten und einflußreichsten waren wohl die vier Bände ‚Württembergische Väter', um die Wende vom 19. zum 20. Jahrhundert herausgegeben von Wilhelm Claus und Friedrich Buck[108].

Wie diese Biographien in Aufnahme traditioneller Elemente gestaltet sind, wie sie sich im 20. Jahrhundert fortsetzen und wie sie in weiten Kreisen das evangelische Bild eines wahren Frommen geprägt haben und vielleicht noch prägen, das wäre ein Thema für sich. Aber die evangelische Frömmigkeit des 20. Jahrhunderts bis hin zur Gegenwart kommt noch auf anderen Wegen mit dem Gedanken an Heilige und Heiligenverehrung in Berührung. Während die historisch-kritische Forschung seit dem Beginn des 19. Jahrhunderts viele altehrwürdige Überlieferungen zerstört und schließlich mit Hilfe der religionsgeschichtlichen Betrachtungsweise das Phänomen christlicher Heiligenverehrung überhaupt aus Einflüssen fremder Religionen erklärt hat, gab es in hochkirchlichen Kreisen wie in der ökumenischen Bewegung zahlreiche Versuche, auf dem Weg über ein kalendarisches Heiligengedenken, einen evangelischen Heiligen- oder Namenkalender mit beigefügten Biographien oder ein evangelisches Märtyrerbuch neue Zugänge zu den Heiligen und damit auch zur katholischen und orthodoxen Heiligenverehrung zu finden. In anderer Weise wirkt das volkstümliche, durch Jubiläen immer wieder erneuerte Lutherbild. Schließlich entstehen auch für das evangelische Bewußtsein bis in die Gegenwart hinein immer neue Heilige, deren Verehrung sich nicht selten in der Benennung von Kirchen ausdrückt[109]: Märtyrer wie Dietrich Bonhoeffer und Martin Luther King oder andere vorbildliche Gestalten wie Albert Schweitzer und Dag Hammarskjöld[110].

Anmerkungen

[1] Die heilige Hedwig. Einleitung, in: Joseph FREIHERR VON EICHENDORFF, Neue Gesamtausgabe der Werke und Schriften in vier Bänden, 4. Bd.: Literarhistorische Schriften. Historische Schriften. Politische Schriften, hrsg. von Gerhart BAUMANN und Siegfried GROSSE, Stuttgart 1958, 1070.

[2] Jörg ERB, Die Wolke der Zeugen. Lesebuch zu einem evangelischen Namenkalender, Kassel 1951–63: Bd. I 1951, ^{5}1962; Bd. II ^{2}1957; Bd. III 1958, ^{2}1962; Bd. IV 1963.

[3] Walter NIGG, Große Heilige, Zürich ^{1}1946, Zürich/Stuttgart ^{10} 1981, Taschenbuchausgabe 1986.

[4] Walter NIGG, Heilige im Alltag, Olten/Freiburg 1976.

[5] Walter NIGG, Heilige ohne Heiligenschein, Olten/Freiburg 1978, ^{3} 1982.

[6] Vgl. z. B. Walter NIGG, Des Pilgers Wiederkehr, Zürich/Stuttgart 1954, Hamburg ^{3} 1966; Vom Geheimnis der Mönche, Zürich/Stuttgart 1953; Das Buch der Büßer, Olten/Freiburg 1970; Der christliche Narr, Zürich/Stuttgart 1956; Prophetische Denker, Zürich/Stuttgart 1957, ^{3}1986; Die Heiligen kommen wieder. Leitbilder christlicher Existenz (Elisabeth von Thüringen, Hedwig von Schlesien, Nikolaus von Flüe), Freiburg i. Br. 1973, ^{2}1982; Der Mann aus Assisi, Freiburg i. Br. 1975, ^{16} 1987; Don Bosco, Ein zeitloser Heiliger, München 1977, ^{4}1987; Mary Ward. Eine Frau gibt nicht auf, München 1983, ^{2}1985.

[7] Das Thema ist so ausgedehnt, daß ich im folgenden nur einige wichtige Linien aufzeigen und mit wenigen Belegen veranschaulichen kann. Auch auf ausführliche Literaturangaben muß ich aus Raumgründen verzichten. Eine umfangreiche Bibliographie bietet Gerhard Ludwig MÜLLER, Gemeinschaft und Verehrung der Heiligen. Geschichtlich-systematische Grundlegung der Hagiologie, Freiburg/Basel/Wien 1986, 347–362.

[8] Vgl. unten Anm. 11.

[9] Peter JEZLER, Die Desakralisierung der Zürcher Stadtheiligen Felix, Regula und Exuperantius in der Reformation, im vorliegenden Band, S. 296–319.

[10] Vgl. vor allem Lennart PINOMAA, Die Heiligen bei Luther (Schriften der Luther-Agricola-Gesellschaft A 16), Helsinki 1977; Peter MANNS, Luther und die Heiligen, in: Reformatio ecclesiae. Beiträge zu kirchlichen Reformbestrebungen von der Alten Kirche bis zur Neuzeit. Festgabe für Erwin Iserloh, hrsg. von Remigius BÄUMER, Paderborn/München/Wien/Zürich 1980, 535–580; Reprint in: Peter MANNS, Vater im Glauben. Studien zur Theologie Martin Luthers (Veröffentlichungen des Instituts für Europäische Geschichte Mainz 131), Stuttgart 1988, 262–307. – Ich zitiere Luther im folgenden nach der Kritischen Gesamtausgabe ('Weimarer Ausgabe', abgekürzt: WA) und – wo möglich – zusätzlich nach der Ausgabe der Werke in Auswahl, hrsg. von Otto CLEMEN u. a. ('Bonner Ausgabe', abgekürzt: BoA).

[11] Die einzige Ausnahme bildet Maria, die Mutter Jesu, über die schon in den altkirchlichen Bekenntnissen (Symbolum Apostolicum: Heinrich DENZINGER/Adolf SCHÖNMETZER, Enchiridion symbolorum, definitionum et declarationum de rebus fidei et morum, ^{36}1976, Nr. 10–30; Ephesinum: ebd., Nr. 251; Chalcedonense: ebd., Nr. 300–303) dogmatische Lehraussagen formuliert sind. Dadurch steht auch das Verhältnis der Reformatoren zu Maria und ihrer Verehrung unter besonderen Voraussetzungen, die eine Behandlung in unserem Zusammenhang nicht erlauben.

[12] Vgl. die Bemerkungen von Hans Erich FEINE, Kirchliche Rechtsgeschichte. Die Katholische Kirche, Köln/Wien ^{5}1972, 339 und 428.

[13] Confessio Augustana 21.

[14] Vgl. dazu Ulrich KÖPF, Martin Luther als Mönch, Luther 55 (1984), 66–84; verbesserte Fassung unter dem Titel: Martin Luthers Lebensgang als Mönch, in: Gerhard RUHBACH/Kurt SCHMIDT-CLAUSEN (Hrsg.), Kloster Amelungsborn 1135–1985, Amelungsborn 1985, 187–208.

[15] Crucigers Sommerpostille (1544); WA 22, 174,24–28.

[16] WA. TR 5, 95, Nr. 5363: *Ego habui 14 patronos, et singulis diebus binos invocavi.*

[17] Vorlesung über Jesaja Kapitel 9 (1546); WA 40 III, 629,34 f.: *Sic et mihi accidit sub Papatu: Celebrabam quotidie Missas et in singulis Missis tres Patronos invocabam.*

[18] WA 30 II, 644,10–12 = BoA 4, 191,11–13.

[19] Scholion zu Psalm 83(84),4; WA 3, 647,32–36: *Est enim quilibet prelatus Vicarius Christi et mysticum caput et mysticus Christus. Eodem modo et quilibet Sanctus patronus cuiusquam, per quem et per cuius intercessionem vota sua offert, vel cuius exemplum et vitam meditatur et imitatur et se in illius conversationem tradit.*

[20] Luthers Unterricht auf etliche Artikel, die ihm von seinen Abgönnern aufgelegt und zugemessen werden; WA 2, 69,17–21 = BoA 1, 149,21–25.

[21] WA 2, 69,21–70,1 = BoA 1, 149,25–28.

[22] Disputatio et excusatio F. Martini Luther adversus criminationes D. Iohannis Eccii, These 10; WA 2, 161,23 f.: *Meritum Christi esse thesaurum Ecclesiae et sanctorum meritis iuvari certum est*; vgl. Resolutiones Lutherianae super propositionibus suis Lipsiae disputatis, Conclusio 10; WA 2, 427,2 f.: *nos iuvari.*

[23] Contra malignum Iohannis Eccii iudicium super aliquot articulis a fratribus

quibusdam ei suppositis Martini Lutheri defensio; WA 2, 652,6 f.: *Canoniset quisque quantum volet.*

[24] WA 2, (680) 685–697 = BoA 1, 161–173.

[25] WA 2, 689,8–10 = BoA 1, 165,18–20.

[26] WA 2, 696,25f. 697,5f. = BoA 1, 172,31–34. 173,7f.

[27] Responsio Lutheriana ad condemnationem doctrinalem per Magistros Nostros Lovanienses et Colonienses factam; WA 6, 191,10–12: *Non autem negavi unquam, nos meritis et precibus sanctorum quantumlibet imperfectis iuvari, quod subdole mihi inurere conantur miseri homines.*

[28] WA 1, 18f.

[29] WA 1, 79–81.

[30] WA 1, 80,19–22.

[31] WA 1, 79,20–22.

[32] Eusebius, Kirchengeschichte 3, 25,4–7.

[33] Vgl. noch die Predigt zum Fest des heiligen Bartholomäus 1517(?) mit unverhüllter Sachkritik; WA 4, 686,5–9: *Cuivis Christiano sufficiat scire D. Bartholomaeum unam de duodecim tubarum Euangelii fuisse ... Caeterum quae in legenda sua de centena geniculatione orationeque die noctuque aliisque nugacissimis nugis referuntur, aliis relinquo otiosis, quae historiam ipsam mihi fatiunt suspectam.*

[34] WA 10 I/2, 83,2–5.

[35] WA 15, (170) 183–198.

[36] WA 15, 185,19–23.

[37] WA 15, 187,11–13.

[38] Vgl. dazu Klaus SCHREINER, „Discrimen veri ac falsi". Ansätze und Formen der Kritik in der Heiligen- und Reliquienverehrung des Mittelalters, Archiv für Kulturgeschichte 48 (1966), 1–53.

[39] WA 50, (48) 52–64. Vgl. André SCHNYDER, Legendenpolemik und Legendenkritik in der Reformation: Die Lügend von St. Johanne Chrysostomo bei Luther und Cochläus. Ein Beitrag zur Rezeption des Legendars Der Heiligen Leben, Archiv für Reformationsgeschichte 70 (1979), 122–139.

[40] Vgl. z. B. WA 53, 391,39. 392,4. 409,9. 410,35 (1542).

[41] WA 6, 448,14–16 = BoA 1, 403,25–28.

[42] WA 6, 445,33–446,8 = BoA 1, 401,9–21.

[43] Decem praecepta Wittenbergensi praedicata populo, Ende Juni 1516 bis Fastnacht 1517 gehalten, 1518 im Druck erschienen; WA 1, (394) 398–521, bes. 411,6–426,16.

[44] WA 1, 411,11f. 419,2ff.

[45] WA 1, 412,8–19.

[46] WA 1, 412,20–26. 413,6f.

[47] WA 1, 420,13–21.

[48] WA 1, 419,22–28.

[49] D. h.: die Heiligenverehrung.

[50] Adventspostille 1522; WA 10 I/2, 82,31–83,1. 83,20–23.

[51] *mittel* = Vermittlung, Vermittler.

[52] Predigt am Johannistag 1522; WA 10 III, 203,3–11.

[53] Sermon von dem unrechten Mammon 1522; WA 10 III, 281,1 f.

[54] Vgl. z. B. Predigt am 20. Sonntag nach Trinitatis 1522; WA 10 III,

407,29–408,4: *Nu wy man die heiligen ehren sol, das hab ich vor hin offt gesagt, nemlich das man yhe eyn underscheydt mache under den heyligen, die do thott seyn, und den, die do lebendig seyn, und was man denn heiligen thon wil, das mans abwendt von den thoten und legs auff die lebendigen. Die lebendigen heiligen sein dein nehsten, die nackende, die hungerichen, die dorstigen, arme leut, die weyb und kyndleyn haben, die schandt* (hier = Schaden) *leiden*.

[55] Vom Anbeten des Sakraments des heiligen Leichnams Christi 1523; WA 11, 451,32–452,2.

[56] WA. B 3, 132,67f.: *At de mortuis ac sanctis nihil habetur in scripturis*. – 80–82: *Sic extinctus et sublatus unus mediator hominum Christus in locum suum accepit sylvas et arenas istas mediatorum et intercessorum.*

[57] WA 1, 419,22–25: *Ille scilicet colit vere sanctos dei in deo, qui opera et gratiam dei in illis intuitus et meditatus movetur et solvitur in dulcem affectum erga deum, quod tanta et talia largiri illis dignatus est.*

[58] Resolutiones disputationum de indulgentiarum virtute 1518; WA 1, 607,7.17 f.

[59] WA 1, 607,26 f.: *Martyrum autem et sanctorum poenae debent esse potius exemplum ferendarum poenarum.*

[60] Vgl. dazu Georg KRETSCHMAR/René LAURENTIN, Der Artikel vom Dienst der Heiligen in der Confessio Augustana, in: Harding MEYER/Heinz SCHÜTTE u. a. (Hrsg.), Confessio Augustana – Bekenntnis des einen Glaubens. Gemeinsame Untersuchung lutherischer und katholischer Theologen, Paderborn/Frankfurt a. M. 1980, 256–280; Peter MANNS, Die Heiligenverehrung nach CA 21, in: Erwin ISERLOH (Hrsg.), Confessio Augustana und Confutatio. Der Augsburger Reichstag 1530 und die Einheit der Kirche (Reformationsgeschichtliche Studien und Texte 118), Münster 1980, 596–640; Reprint in: Peter MANNS, Vater im Glauben (wie Anm. 10), 217–261.

[61] Die Bekenntnisschriften der evangelisch-lutherischen Kirche. Hrsg. im Gedenkjahr der Augsburgischen Konfession 1930, Göttingen [10]1986, 83b; lateinische Fassung: *De cultu sanctorum docent, quod memoria sanctorum proponi potest, ut imitemur fidem eorum et bona opera iuxta vocationem.*

[62] Ebd., 83b–83c.

[63] (Art. 21) De invocatione sanctorum – Von Anrufen der Heiligen; ebd., 316–325.

[64] De invocatione sanctorum – Von Heiligen-Anrufen; ebd., 424.

[65] Le Catéchisme de l'Eglise de Genève, 1542, § 238; bei Wilhelm NIESEL (Hrsg.), Bekenntnisschriften und Kirchenordnungen der nach Gottes Wort reformierten Kirche, Zollikon/Zürich [3]1938 (Nachdruck: Zürich 1985), 26,43–27,4; lateinische Fassung von 1545 bei E.F. Karl MÜLLER, Die Bekenntnisschriften der reformierten Kirche, Leipzig 1903 (Nachdruck: Zürich 1987), 138,27–31. Zu Calvins Kritik an der Heiligenverehrung – vor allem in seinem systematischen Hauptwerk ‚Institutio christianae religionis' – vgl. Heribert SCHÜTZEICHEL, Calvins Einspruch gegen die Heiligenverehrung, Catholica (Münster) 35 (1981), 93–116.

[66] 30. Frage: NIESEL (wie Anm. 65), 156,25–35; MÜLLER (wie Anm. 65), 690,18–28.

[67] 94. Frage: NIESEL (wie Anm. 65), 172,45–173,15; MÜLLER (wie Anm. 65), 709,18–35.

[68] NIESEL (wie Anm. 65), 227,40–44; MÜLLER (wie Anm. 65), 175,28–32: *Proinde sanctos coelites sive divos, nec adoramus, neque colimus, nec invocamus, neque il-*

los coram patre in coelis pro intercessoribus aut mediatoribus nostris agnoscimus. Sufficit enim nobis Deus, et mediator Christus, neque honorem soli Deo et filio eius debitum alijs communicamus.

[69] NIESEL (wie Anm. 65), 269,2–8; MÜLLER (wie Anm. 65), 215,21–23: *Interim fatemur non inutiliter sanctorum memoriam, suo loco et tempore, in sacris concionibus populo commendari, et omnibus sancta exempla sanctorum imitanda proponi.*

[70] Johann Gerhard, Confessio catholica, 4 Bde., Jena 1633–1637; ich benutze die Ausgabe Frankfurt/Leipzig 1679. Die im folgenden zusammengefaßten Ausführungen finden sich in lib. 2, pars 2, art. 10: De beatitudine et cultu Sanctorum, cap. 2: De Sanctorum invocatione (p. 993ᵃff.).

[71] Vgl. dazu Ulrich KÖPF, Die Bilderfrage in der Reformationszeit, Blätter für württembergische Kirchengeschichte 90 (1990).

[72] WA 15, 184,29–33.

[73] WA 12, (73) 77–80.

[74] Die Formulierung mag auf den ersten Blick befremden, ist aber völlig berechtigt, wie schon Léon-E. HALKIN gezeigt hat: Hagiographie protestante, Analecta Bollandiana 68 (1950), 453–463.

[75] WA 12, 78,17–19.

[76] WA 15, 184,33–185,5.

[77] WA 18, (215) 224–250.

[78] WA 23, (390) 401–435.

[79] Von Herrn Lenhard Keiser in Baiern, um des Evangelii willen verbrannt; WA 23, (443) 452–476.

[80] WA 23, 474,6. – Zum Begriff der Legende vgl. Hellmut ROSENFELD, Legende, Stuttgart ⁴1982, 1f.

[81] Vgl. z. B. WA 53, 392,4f.

[82] WA 15, 194,36–195,3.

[83] Vorrede zu Lazarus Spengler, Bekenntnis, 1535; WA 38, 313,1–7.10–19.

[84] Robert Francis SEYBOLT, Fifteenth century editions of the Legenda aurea, Speculum 21 (1946), 327–338, zählt 173 lateinische und volkssprachliche Drucke zwischen 1470 und 1500 auf.

[85] WA. TR 5, 58, Nr. 5321.

[86] Vitae patrum, in usum ministrorum verbi, quo ad eius fieri potuit repurgatae, Wittenberg 1544. Mir lag die Ausgabe Wittenberg 1560 vor. Luthers Vorrede: WA 54, (107) 109–115.

[87] F. B. 1ᵛ: *historiae quae sunt Ecclesiae propriae, quamquam et ipsae morum exempla proponunt, tamen de rebus aliis maioribus lectorem commonefaciunt.* Ihre vorbildliche Wirkung auf Lehre und Frömmigkeit wird im folgenden in fünf Punkten beschrieben.

[88] *Farrago praecipuorum exemplorum, de Apostolis, Martyribus, Episcopis, et sanctis Patribus veteris Ecclesiae, qui docentes verbum Dei, et veritatem illius asserentes Christianae religioni fideliter patrocinati sunt. Quorum cognitio in primis utilis et necessaria praedicatoribus verbi Dei,* Schwäbisch Hall 1539. In Majors ‚Vitae patrum' 1560 ohne Paginierung, aber mit fortlaufender Bogenzählung angefügt. – Zu Bonnus vgl. Wilbirgis KLAIBER, Zur Wirkung von Theologie auf Hagiographie – ein frühester Versuch einer reformatorischen Bearbeitung der Antoniusvita bei Hermann Bonnus, in: Klaus WELKER (Hrsg.), Heilige in Ge-

schichte, Legende, Kult. Beiträge zur Erforschung volkstümlicher Heiligenverehrung und zur Hagiographie, Karlsruhe 1979, 63–75.

[89] Art. XII: *Exempla sanctorum, quorum historiae exstant non fabulosae, diligenter a praedicatoribus commendari debent populo ad confirmationem fidei et charitatis per occasionem, ut videat populus nostrae doctrinae imaginem propositam esse in sanctorum historiis, quae magnam vim habent in animis hominum ad amplectendum verbum dei.* Emil SEHLING (Hrsg.), Die evangelischen Kirchenordnungen des 16. Jahrhunderts, 5. Bd., Leipzig 1913 (Nachdruck: 1970), 542 (Interpunktion von mir berichtigt).

[90] Magnifice consolatoria exempla, et sententiae, ex Vitis et Passionibus Sanctorum et aliorum summorum Virorum, breuissime collectae, Wittenberg 1544. – Luthers Vorrede: WA 54, (112) 113–115.

[91] Einen umfassenden Überblick über diese Literatur geben Annemarie und Wolfgang BRÜCKNER, Zeugen des Glaubens und ihre Literatur – Altväterbeispiele, Kalenderheilige, protestantische Märtyrer und evangelische Lebenszeugnisse, in: Wolfgang BRÜCKNER (Hrsg.), Volkserzählung und Reformation. Ein Handbuch zur Tradierung und Funktion von Erzählstoffen und Erzählliteratur im Protestantismus, Berlin 1974, 521–578.

[92] Mir liegt folgende Ausgabe vor: Historien, der Heyligen Außerwölten Gottes Zeugen / Bekennern und Martyrern / so in Ausgehender ersten Kirchen / Altes und Neuwes Testaments zu jeder zeyt gewesen seind. Auß H. Göttlicher / und der Alten Lehrer Glaubwürdigen Schrifften / Zu gemeyner Auffbauwung und Besserung der Angefochtenen Kirchen Teütscher Nation / warhafftig beschriben . . ., 8 Theyle, Straßburg 1557–1558.

[93] Le livre des martyrs, qui est un recueil de plusieurs martyrs, qui ont enduré la mort pour le nom de nostre Seigneur Jesus Christ, Genf 1554.

[94] Commentarii rerum in ecclesia gestarum, maximarumque per totam Europam persecutionum, a Wiclevi temporibus ad hanc usque aetatem descriptio. Liber primus, Straßburg 1554. Die lateinische Fassung blieb unvollendet.

[95] Paul Eber, Calendarium Historicum, Wittenberg 1550. Noch immer wichtig: Theodor PRESSEL, Paul Eber (Leben und ausgewählte Schriften der Väter und Begründer der lutherischen Kirche 8), Elberfeld 1862.

[96] Caspar Goltwurm Athesinus, Kirchen Calender, Frankfurt 1559 (mir lag die Ausgabe Frankfurt 1561 vor). Grundlegend: Bernward DENEKE, Kaspar Goltwurm. Ein lutherischer Kompilator zwischen Überlieferung und Glaube, in: Wolfgang BRÜCKNER (Hrsg.), Volkserzählung und Reformation (wie Anm. 91), 124–177.

[97] Andreas Hondorff, Calendarium Sanctorum et historiarum, Leipzig 1573. Vgl. Heidemarie SCHADE, Andreas Hondorffs Promptuarium Exemplorum, in: Wolfgang BRÜCKNER (Hrsg.), Volkserzählung und Reformation (wie Anm. 91), 647–703.

[98] Vgl. z. B. Goltwurms „Vorred", f. II^v: *es sind auch allen christlichen stenden zu Christlicher underweisung / und sterckung unsers Christlichen glaubens / nöttig zu wissen / die warhafftigen und gegründten historien der lieben heiligen Gottes / und der Christlichen Ritter* (= Märtyrer).

[99] So gibt Goltwurm (f. 80^v-81^r) eine durchaus positive Charakterisierung des Dominikus: Er hat *auß Christlichem eiffer jme ein gesellschafft versamlet / durch welche die lehr des Euangelii solt außgebreittet werden*. Nüchterner und ohne jede Be-

urteilung wird Bernhard von Clairvaux behandelt (f. 78ʳ–79ʳ), während die Benediktiner schlecht wegkommen (f. 71ᵛ–72ʳ): *In jhrem Orden darff keiner inn Heyliger schrifft studieren . . . sie vil wirdiger sein der sew denn menschen zu hüten.* Besonders negativ wird auch das Bild des Franziskus und seiner Gemeinschaft gezeichnet (f. 158ᵛ–159ʳ).

[100] Über die Anfänge der Lutherverehrung noch zu Lebzeiten des Reformators vgl. Helmar JUNGHANS, Der junge Luther und die Humanisten, Weimar 1985 = Göttingen 1985, Kap. 5: Initia gloriae Lutheri, 288–318.

[101] Vgl. z. B. Martin SCHARFE, Evangelische Andachtsbilder (Veröffentlichungen des Staatlichen Amtes für Denkmalpflege Stuttgart, Reihe C, Bd. 5), Stuttgart 1968, 181–196 (Lutherbilder). Beispiel für die Darstellung Luthers und Melanchthons auf den Flügeln eines Altars von Ludwig Münstermann (1631) in der Pfarrkirche von Tossens (Oldenburg) bei Elfriede HEINEMEYER, Denkmale der bildenden Kunst, in: Albrecht ECKHARDT/Heinrich SCHMIDT (Hrsg.), Geschichte des Landes Oldenburg, Oldenburg 1987, (843–896) 860.

[102] Vitae Patrum Oder Das Leben Der Altväter und anderer Gottseeligen Personen Auffs Neue erläutert und vermehret, Halle 1700.

[103] Das Leben Der Gläubigen, Oder Beschreibung solcher Gottseligen Personen / welche in denen letzten 200. Jahren sonderlich bekandt worden, Halle 1701.

[104] Mir war nur die 3. Auflage zugänglich: Auserlesene Lebensbeschreibungen Heiliger Seelen In welchen nebst derselben merkwürdigen äußern Lebens-Historie hauptsächlich angemerket werden die innere Führungen Gottes über Sie und die mannigfaltige Austheilungen seiner Gnaden in Ihnen wobei viele wichtige Nachrichten in allen Ständen des christlichen Lebens vorkommen . . ., 3 Bde., 3. „Edition", Essen 1784/85/86.

[105] Bd. 1, VI.

[106] Dr. Johann Albrecht Bengel's Leben und Wirken, meist nach handschriftlichen Materialien bearbeitet, Stuttgart 1831.

[107] Die ‚Calwer Familienbibliothek' erschien in 72 Bänden von 1886 bis 1909, Bd. 72: 1924. – Vgl. Sibylle FRITZ-MUNZ/Katharina KLEY, 150 Jahre Calwer Verlag 1836–1986. Ein bibliographisches Verzeichnis, Stuttgart 1986, 48–51.

[108] Württembergische Väter, Bd. I: Wilhelm CLAUS, Von Bengel bis Burk, Calw/Stuttgart 1887, ³1926; Bd. II: DERS., Von Brastberger bis Hofacker, Calw/Stuttgart 1888; 2. Aufl.: Von Brastberger bis Dann, 1905, ³1933; Bd. III: Friedrich BUCK, Aus Kirche und Mission, Calw/Stuttgart 1905, ³1924; Bd. IV: DERS., Aus den Gemeinschaften, Calw/Stuttgart 1905, ²1924.

[109] Die Namengebung evangelischer Kirchen – insbesondere ihre Benennung nach geschichtlichen Persönlichkeiten wie Martin Luther, Johannes Brenz, Paul Gerhardt, Dietrich Bonhoeffer, Albert Schweitzer usw. – verdiente eine eigene Untersuchung.

[110] Zur Würdigung des 1961 bei einem Flugzeugabsturz tödlich verunglückten UNO-Generalsekretärs im Kontext protestantischer Heiligenverehrung vgl. Rolf SCHÄFER, Dag Hammarskjöld – Christ und Politiker, in: Evangelische Heilige? Lamberti-Gespräche, Oldenburg 1986, 19–39; außerdem DERS., Glaube und Werk – ein Beispiel aus der Gegenwart. Beobachtungen zu Dag Hammarskjölds geistlichem Tagebuch, Zeitschrift für Theologie und Kirche 67 (1970), 348–393; Karlmann BEYSCHLAG, Dag Hammarskjöld (1905–1961), in: Gerhard RUHBACH/Josef SUDBRACK (Hrsg.), Große Mystiker. Leben und Wirken, München 1984, 317–337 und 394f.

Gerhard Ludwig Müller

Die Verehrung der Heiligen in der Sicht der katholischen Dogmatik

1. Der Streit um die rechte Gestalt des Christentums

Kaum ein Versuch, die katholische Glaubenslehre von den Heiligen und ihrer Verehrung in ihrem geschichtlichen Werden und in ihrem sachlich-systematischen Zusammenhang darzustellen, wird ohne ein gewisses Maß an Apologetik auskommen. Zu sehr stand sie im Brennpunkt der katholisch-reformatorischen Kontroverse um die rechte Gestalt des Christentums, als daß nicht eine theologische Konzeption der Heiligenverehrung immer auch im Hinblick auf die Einwände, die gegen sie vorgebracht werden, zu entwickeln wäre. Es versteht sich von selbst, daß sich die Auseinandersetzung im Kern nicht um einige fragwürdige Erscheinungen dreht, die auch von den Grundsätzen der katholischen Lehre eher als „Auswüchse" oder „Mißbräuche" zu kennzeichnen sind und die innerhalb der Kirche auch vor dem Konzil von Trient schon bekämpft wurden[1]. Vielmehr geht es um die Sache selbst. Die Wucht des reformatorischen Einspruchs betrifft allerdings nicht die Heiligenverehrung als solche und ganze, sondern nur einen Punkt, aber nun mit durchschlagender Kraft. Unstrittig bleiben: die Existenz von Heiligen, eine den Tod überdauernde Einheit aller Christen in der Kirche, dem Leib Christi, das Gedächtnis der verstorbenen Heiligen, die jetzt zur himmlischen Kirche gehören, die Danksagung an Gott, daß er uns mit ihnen Beispiele seiner Gnade geschenkt hat und daß sie uns Lehrer geworden sind, das ehrende Lob der Heiligen, die Christus selbst lobte, weil sie als seine Knechte ihre empfangenen Talente fruchtbar gemacht haben, die Möglichkeit, sie zu ehren, indem wir sie als Vorbilder und Beispiele des Glaubens und der Vergebung der Sünden erkennen, uns zum Trost und zur Gewißheit[2].

Was nun nach Luthers Formulierung in den ‚Schmalkaldischen Artikeln' das Ganze zu einem der „endchristlichen Mißbräuche"[3] macht und den Glauben in der Mitte der Zersetzung preisgibt, ist die *Anrufung der Heiligen* um Hilfe, Schutz und Vermittlung bei Gott, damit er uns seine

Gnade und Vergebung zuwende. Hier scheint der Nerv reformatorischer Gotteserfahrung getroffen. Nur so lassen sich die Ausdrücke äußerster Abscheu, die die Reformatoren fanden, erklären. Calvin sieht die ganze Gottesverehrung auf den Kopf gestellt. Das oberste Prinzip, daß Gott allein geehrt und angebetet werden darf, daß Jesus Christus der einzige Mittler ist, auf den wir unser Heilsvertrauen setzen dürfen, scheint verletzt. So verwundert es nicht, wenn gegenüber der katholischen Praxis der Anrufung der Heiligen das Urteil auf „Götzendienst" lautet und die katholische Kirche gerade darin einer Reform unterzogen werden soll, daß das in sie eingedrungene Heidentum auszutreiben sei, d.h. der im Heiligenkult wiederaufgelebte Polytheismus wie auch das Vertrauen auf Menschenwerk, was dem Evangelium der reinen Gnadenhaftigkeit des Heils diametral widerspreche. Zu diesen Einwänden, in denen die reformatorischen Prinzipien „Gott allein", „Christus allein" und „Gnade und Glauben allein" wirksam sind, tritt ein mehr formales Prinzip hinzu. Da die Heilige Schrift allein Quelle und Richterin aller Glaubenslehren und der Gebetspraxis sein muß, zeigt sich auch, wie wenig die Anrufung der Heiligen und ihre Mittlertätigkeit zwischen Christus bzw. Gott und uns im Wort Gottes begründet ist[4].

Heiligenanrufung ist darum auch vom exklusiven Schriftprinzip her als eine widerchristliche Praxis erwiesen. Sie kann nur von außen her und im Laufe der Zeit in die Kirche eingedrungen sein. Diesen Beweis wollte mit historischer Forschung die Religionsgeschichtliche Schule nachreichen. Ernst Lucius hat in seinem umfangreichen Werk ‚Die Anfänge des Heiligenkults in der christlichen Kirche'[5] die katholische Heiligenverehrung zu erweisen versucht als den Polytheismus der griechisch-römischen Kultur auf christlichem Boden. Der strengen Transzendenz des einen Gottes Jesu Christi war die noch im heidnischen Weltbild befangene junge Christenseele nicht gewachsen. Unbewußt produzierte sie – besonders bei den Ungebildeten – ein Reich von Mittelwesen zwischen dem höchsten, kaum erreichbaren Gott an ihrer Spitze und dem Menschen in den vielfältigen Alltagssorgen, bei denen ein menschlich näherstehender Mittler eher Hilfe und Schutz bot[6]. Was das sich nun ausbildende, reich gegliederte hierarchische System der Heiligenpatronate vom urchristlichen Christentum besonders stark abhob, ist der Verlust der unmittelbaren, vertrauensvollen Nähe zu Gott, dem Vater, und zu Jesus, den die Heilige Schrift unwidersprechlich als unseren Beistand und Fürsprecher für die Sünder beim Vater (Röm 8,34; 1 Joh 2,1) bekennt sowie als einzigen Hohenpriester (Hebr 4,14–16) und Mittler zwischen Gott und den Menschen (1 Tim 2,5).

2. Läßt sich die Heiligenverehrung als ein spezifisch christliches Phänomen aufweisen?

Diese äußerst ernstzunehmenden Einwände müssen einer Darlegung der Heiligenverehrung stets gegenwärtig sein. Es geht nicht nur um die Widerlegung einzelner Vorwürfe, sondern um eine Gesamtschau, in der sie gegenstandslos werden.

Natürlich bedeuten einer gegenwärtigen, im ökumenischen Interesse arbeitenden katholischen Dogmatik die Fragen der evangelischen Theologie mehr als die Versuche einer religionsgeschichtlichen Einordnung und Ableitung der Heiligenverehrung, weil es dabei um die Legitimität dieser Erscheinung im Christentum überhaupt geht. Grundsätzlich fragwürdig ist die These von E. Lucius und seiner Schule nicht nur, insofern sie den im Ganzen einer Theologie der Heiligen untergeordneten Aspekt der Patronate zum Konstruktionspunkt der Genealogie der Heiligenverehrung aus dem Polytheismus macht. Unbewiesen bleibt mehr noch die Voraussetzung eines schöpferischen seelischen Mechanismus, der sich seine Inhalte selbst forme und so in allen Religionen analoge Erscheinungen hervorbringe. Gewiß: jede Religion wirkt auf das Gefühlsleben, und auch der christliche Glaube wird sich Ausdruck verschaffen in Formen, die sich im reichen Repertoire der Kultur- und Religionsgeschichte finden und die formell in der sinnlich-leiblichen Natur des Menschen begründet sind.

Aber das Unterscheidende besteht doch in der zentrierenden, ursprünglichen Idee jeder Religion. Der christliche Glaube versteht sich als Antwort auf das definitive Handeln Gottes auf uns hin in Jesus Christus. Was christlich ist, entscheidet sich daran, ob es in einem realen Sinn in dieses Ursprungsereignis hineinbezogen ist oder sich als eine innerlich notwendige oder mögliche Explikation von ihm her entwickeln läßt. Im Unterschied zu einer religionswissenschaftlichen Betrachtungsweise geht es der katholischen Dogmatik nicht um einen horizontalen Vergleich ähnlicher Phänomene in den einzelnen Religionen bzw. den Aufweis einer Analogielosigkeit auf dieser Ebene. Als am Offenbarungsereignis orientierte Wissenschaft versucht sie gleichsam im Längsschnitt, bestimmte geschichtlich gewachsene Einsichten und gottesdienstliche Formen in genetischer und sachlicher Betrachtung in die mit dem Offenbarungsereignis gegebene Einheit und Fülle des Heilsmysteriums Gottes in Jesus Christus zurückzuvermitteln.

Mit der reformatorischen Theologie kann die katholische Dogmatik durchaus übereinstimmen, daß die wesentlichen Aussagen über die Heiligen in der Hl. Schrift begründet sein müssen. Dies ist jedoch nicht bibelpositivistisch oder gar fundamentalistisch mißzuverstehen. Es ist weder eine schon fertige Lehre im nachhinein aus der Bibel irgendwie zu belegen noch das Gefüge der Einzelelemente der Heiligenverehrung (Gedächtnis, öffentliche Ehrung, Anrufung um ihre Fürbitte) von einzelnen Andeutungen in der Bibel her ziemlich rationalistisch herauszukonstruieren. Wir verstehen die Hl. Schrift vielmehr als den literarisch gefaßten Niederschlag der im Glauben der Urkirche und der Kirche überhaupt gegebenen Real-Idee vom Mysterium der eschatologischen Selbstmitteilung Gottes an uns in der menschlichen Geschichte Jesu Christi. In der Vielgestaltigkeit des Zeugnisses und der Vielfalt der Perspektiven entbehrt die Bibel aber einer systematischen und begrifflichen Fassung des Glaubensgeheimnisses. Darum ist der Umgang der Kirche mit der Hl. Schrift in ihrer Geschichte offen auf eine sich entwickelnde Ausgestaltung einzelner Einsichten hin, die nur in ersten Intentionen und Inspirationen angedeutet sein mögen, von denen her eine Antwort entwickelt werden kann auf theologische und frömmigkeitsgeschichtliche Herausforderungen. Der Blick auf die Mitte und die strukturierende Kraft des einen Mysteriums in der Vielfalt seiner Aspekte darf dabei nicht verlorengehen.

3. Der Ort der Heiligenverehrung im Ganzen der katholischen Dogmatik

Im Blick auf das Ganze und die Mitte des Mysteriums hat die Heiligenverehrung nie eine konstitutive Stellung gewinnen können, und als Thema der Schuldogmatik blieb sie in einer Randstellung. Auch die äußerst spärliche Behandlung der Frage durch das kirchliche Lehramt bestätigt dies. Gegenüber den Ikonoklasten, den Bilderstürmern in der Kirche des oströmischen Reiches, hat das II. Konzil von Nicäa (787) nur negativ die Erlaubtheit der Bilder- und Heiligenverehrung festgestellt[7], und auch das Trienter Konzil (1563) hat nur den das Glaubens- und Gebetsleben des Christen und der Kirche fördernden Aspekt der Heiligenverehrung verteidigt[8]. Die lehrmäßigen Grundlagen werden nur knapp aufgezeigt, indem die Ergebnisse einer langen Lehrentwicklung aufgezählt werden:
(1) Die Heiligen – gemeint sind alle Angehörigen der himmlischen Kirche, auch die nichtkanonisierten – herrschen mit Christus.
(2) Sie bringen ihre Gebete für die Menschen Gott dar.

(3) Gut und nützlich ist es, nicht heilsnotwendig, sie nicht um ihre, sondern um Gottes Wohltaten anzurufen (= persönlich anzusprechen), wobei wir dies allerdings immer tun durch Christus auf Gott, den Vater, hin und also keineswegs an Christus vorbei oder zusätzlich zu ihm. Denn er allein ist Mittler im Sinne des Erlösers und Heilandes[9].

(4) Dazu gehört der ehrfürchtige Umgang mit ihren hinterlassenen Leibern, die Glieder Christi und Tempel des Hl. Geistes waren, sowie die Ehrung ihrer Bilder, d.h. eigentlich der Heiligen, die die Bilder darstellen.

(5) Erinnert wird an die Lehre des II. Nicänischen Konzils, daß die Verehrung Gottes und die Verehrung der Heiligen nach Ziel und Art grundlegend voneinander abzuheben seien. Denn nur Gott allein kann als Schöpfer, Herr und Erlöser angebetet werden (*cultus latriae*), während die Heiligen der himmlischen Kirche geehrt werden im Gedenken an ihr Lebenszeugnis (*cultus duliae*) – nun aber, was meist bei dieser Unterscheidung vergessen wird, nicht um sie einfach als solche zu verehren, sondern so, daß diese Ehrung Gott selbst gilt, der sich an ihnen mächtig erwiesen hat. Sie geht auf Gott, den Herrn, und seine Gnade über, der gesagt hat: „Wer euch aufnimmt, nimmt mich auf" (Mt 10,40). So sagt es wenigstens die erste päpstliche Kanonisationserklärung (i. J. 993), die damit nur eine uralte patristische Formulierung aufnimmt[10].

Heiligenverehrung ist also nicht eine Konkurrenz zur Gottesverehrung, sondern ein auf diese hingeordnetes Teilmoment des christlichen Verhaltens zu Gott und ein in der inkarnatorisch-sakramental-ekklesialen Struktur christlichen Betens begründetes Element der Einübung ganzmenschlicher Hinordnung auf Gott hin.

Diese kurze Behandlung der Heiligenverehrung in der dogmatisch verbindlichen Lehre hat erst im 7. Kapitel der Kirchenkonstitution ‚Lumen gentium' des II. Vatikanischen Konzils eine Ausweitung erfahren. Hier wurden zum erstenmal umfassend alle theologischen, liturgischen und frömmigkeitsgeschichtlichen Komponenten des katholischen Bildes von den Heiligen in eine auch lehramtlich verbindliche Synthese gebracht[11].

Dabei wird deutlich, gerade auch im Blick auf die Entstehung der Heiligenverehrung und ihre theologische Reflexion im 2.–4. Jahrhundert, daß es sich nicht um ein beziehungslos neben dem Ganzen der christlichen Weltauffassung entstehendes Phänomen handelt, sondern daß die Heiligenverehrung in ihrer grundlegenden Gestalt das Ergebnis einer Konvergenz von Linien ist, die in der ursprünglichen Idee des Christentums angelegt sind[12].

Diesen Linien gilt es nun nachzugehen. Im Hinblick auf den späteren katholisch-reformatorischen Gegensatz ist aber zu betonen, daß der theologische Kontext, in dem die Einzelelemente zu interpretieren sind, die Auffassung von der Kirche war, wie auch das II. Vatikanische Konzil erkannte. Diese Bemerkung ist von größter Wichtigkeit, weil die reformatorische Kritik die bis ins 3. Jahrhundert zurückreichenden Titel der Heiligen als Mittler und Fürsprecher innerhalb des Horizontes der Rechtfertigungs- und Versöhnungslehre auslegte und damit ihren ursprünglichen Sinn verfehlte.

Welche Hauptmotive finden wir in der Ausbildung der Heiligentheologie und -frömmigkeit am Werk? Sie ergeben sich aus der christlichen Auffassung vom Wesen Gottes, vom Heilswirken Christi in Kreuz und Auferstehung, aus dem christlichen Menschenbild und dem Verständnis der Kirche Christi als Ort der Gnade und des Geistes Gottes.

4. Die theologischen Leitideen

4.1. Die Genese der Hauptvorstellungen

Geschichtlich gesehen ist unsere heutige Heiligenverehrung die Fortsetzung und die Erweiterung der Märtyrerverehrung, wobei für die alte Kirche innerhalb der umfassenden Gemeinschaft aller in Christus Geheiligten als besondere Heilige die Patriarchen, Propheten, Apostel, hl. Bischöfe, Blutzeugen, die Bekenner und Jungfrauen und Mönche und Maria, die Mutter Jesu, herausragen. Mit ihnen wußte sich die pilgernde Gemeinde in einer Heilsgemeinschaft stehend. Sie gelten als die großen Zeugen der Heilsmacht der Gnade, als die bewährten Jünger in Jesu Nachfolge. Sie sind Vorbilder und geben uns Beispiele für die christliche Existenz je nach dem eigenen Charisma in allen seinen Facetten. Der Märtyrer wird an ihrem Todestag und an ihrem Grab bei der Eucharistiefeier der Gemeinde gedacht, weil sie Glieder des einen Leibes Christi sind. Da sie in Christus lebendig sind, können sie auch um Fürbitte angegangen werden, so wie auch sonst die Brüder und Schwestern in der Kirche füreinander beten, nur daß ihrem Gebet eine größere Kraft zukommt. Denn sie sind in ihrer Liebe schon ganz mit dem Willen Gottes gleichförmig geworden, der immer unser Heil will. Da das Martyrium oder ein signifikant christliches Leben nicht autonome Tat des Menschen sind, sondern die Gestaltwerdung der begnadeten Freiheit, darum legt Gott in der Gabe der Standhaftigkeit der Märtyrer bis in den Tod hinein selbst Zeugnis ab für sie. Da die Gemeinde den Geist hat, vermag sie den im Martyrium z. B. des hl. Stephanus sich aussprechenden Heiligen Geist aufzunehmen (vgl. Apg 7,55). Die vielfältigen Gaben und Hilfen, die Gott seiner Kirche schenkt und die er auch mit der Fürbitte der Heiligen verbinden kann, um den sozialen Charakter des Heils deutlich zu machen, sind Zeichen dafür, daß die als Gerettete und Heilige anerkannten Mitchristen der ewigen Gemeinschaft mit Gott und allen, die in Christus ihm zugehören, teilhaft geworden sind. Dies ist der Grundgedanke der späteren Kanonisation, d.h. der Anerkennung einzelner Christen in ihrem signifikanten Charakter für das spirituelle Leben der Kirche, wie sie von der Gemeinde, von Bischöfen, Synoden und in einem rechtlich geregelten Verfahren von den Päpsten vorgenommen wurde. Es hat mit einer Heiligmachung nichts zu tun, denn heilig sind wir durch die Gnade, den Glauben, die Taufe und durch den Heiligen Geist, der unser Leben zu einem guten Ende führt. Es ist die Anerkenntnis des Wirkens Gottes am Menschen.

Diesem bislang skizzierten Grundgedanken liegen freilich noch tiefer liegende Einsichten voraus, auf die nun kurz einzugehen ist.

4.2. Gnade als Angebot einer Lebensgemeinschaft mit Gott

Die Frage ist, wieso überhaupt Menschen als Heilige bezeichnet werden können. Für eine christliche Sicht kommt Heiligkeit in einem ursprünglichen Sinn Gott allein zu. Aber in seiner Selbsterschließung in der Geschichte Israels und zuletzt in seinem fleischgewordenen Wort Jesus Christus und in der Gabe des Heiligen Geistes erweist uns Gott nicht nur eine wohlwollende Gesinnung und die Vergebung unserer Verfehlungen. Er nimmt uns in die Lebensgemeinschaft des dreifaltigen Gottes der Liebe auf und erfüllt so die innerste Tendenz des Menschen als einer geist- und freiheitsbegabten Person, die in der Gottesliebe zu sich kommt. Heilig ist der Mensch, insofern er in die Lebensgemeinschaft des Vaters, des Sohnes und des Heiligen Geistes einbezogen wird, sich so auch in seiner innersten Mitte umgestalten läßt, daß seine Lebensgestalt Ausdruck der Einigung mit Gott in der Liebe ist. Hier gehen Gnade als Gabe Gottes und die von der Gnade ermöglichte und getragene Antwort einen unlöslichen Bund ein.

4.3. Jesus Christus als Mitte und Mittler der Gottes- und Menschengemeinschaft

In Jesus Christus hat Gott sei er Heilsgegenwart eine menschlich sichtbare Form gegeben. In ihm ist der Mensch endgültig angenommen. Durch Kreuz und Auferstehung hat sich der Heilswille in der Geschichte siegreich durchgesetzt. Christus als der zum Vater Erhöhte verbindet die Menschen vermittels seines geschichtlichen Wirkens mit Gott. Wer im Heiligen Geist durch die Taufe in die Jüngergemeinschaft Jesu, die Kirche, eintritt, ist sakramental mit Jesus derart geeint, daß er durch Christus bei Gott ankommt. Darum geht er den Weg Christi, um ihm in allem gleichgestaltet zu werden. Im Hinblick auf die Gerechtigkeit vor Gott durch Christus aufgrund des Glaubens kann Paulus sagen: „Christus will ich erkennen und die Macht seiner Auferstehung und die Gemeinschaft mit seinem Leiden; sein Tod soll mich prägen. So hoffe ich, auch zur Auferstehung von den Toten zu gelangen" (Phil 3,10).

Äußerste Form der Gleichgestaltung mit Christus ist das Martyrium, in dem die Passion Jesu sich spiegelt, wie uns der Martyriumsbericht des Stephanus (vgl. Apg 6,8–8,1a) und die frühchristlichen Märtyrerakten, allen voran das Martyrium des hl. Polycarp (ca. 156 n. Chr.), deutlich machen. Die Märtyrer sind am „seligen Ort". Sie leben „bei Christus". Johannes sieht „die Seelen aller, die hingeschlachtet worden waren wegen des Wortes Gottes und wegen des Zeugnisses, das sie abgelegt hatten" „unter dem Altar" (Offb 6,9), d. h. „bei Christus" in der Vollendung[13].

Mit den Märtyrern bei Christus, dem erhöhten Herrn, und den zeitlich vorangegangenen großen Gestalten der Heilsgeschichte verbindet sich der Nachahmungsgedanke. So wie Paulus schon die Gemeinde ermahnte, ihn nachzuahmen (vgl. 1 Kor 4,16; 10,1; Phil 3,17; 4,9; 1 Thess 1,6f.; 2 Thess 3,7.9), so gilt er auch nach seinem Tod als Beispiel für alle, die in der Zukunft den Weg des Glaubens gehen (vgl. 1 Tim 4,12). Die Gemeinden nehmen sich ihre verstorbenen Presbyter als Vorbild (Hebr 13,7). In der Nachahmung bewahren sie Ausdauer und werden mit ihnen „Erben der Verheißung" (Hebr 6,12). Sie wissen sich in einer „Wolke von Zeugen" (Hebr 11–12). Abraham ist Vorbild des Glaubens (Röm 4,11), Ijob und Elia sind Beispiele der Geduld (Jak 5,11.18). Stephanus gilt als Beispiel der Feindesliebe.

So ergibt sich innerhalb der einzigen konstitutiven Mittlerschaft Christi durch die, die in der Nachfolge engstens mit ihm verbunden sind, ein Netz von geistlich bedeutsamen Beziehungen der Glieder des Leibes

Christi, der Kirche, untereinander. Darin drückt sich das Für-andere-Dasein des Christen aus. Auf dieser Ebene des horizontalen Verbundenseins aller Glieder des Leibes Christi – nicht auf der Ebene der vertikalen Beziehung der Kirche als Ganzes und des einzelnen durch und in Christus, ihrem Haupt, zum Vater – ist auch die Vorstellung von der Mittlertätigkeit der Heiligen, sowohl der hier lebenden als auch der im Himmel vollendeten, zu verstehen. Paulus weiß, daß allein Christus das neue Leben in uns wirkt. Dennoch leidet er „für" seine Gemeinden „bis Christus in euch Gestalt annimmt" (Gal 4,19). Es ist der große Gedanke von der Solidarität aller im Heil – ein Gedanke, welcher der neuzeitlichen Christenheit zum Teil verlorenging. Gott ist der Urheber der Gnade, der menschgewordene Gottessohn ihr Vermittler, aber so, daß er die in Christus inkorporierten Glieder des Leibes Christi befähigt, sich untereinander zu dienen und zu fördern in ihrem gemeinsamen Weg zur Vollendung in Gott. Nur so können wir den Sinn des paulinischen Bildes vom einen Leib und den vielen Gliedern ganz ausschöpfen, wenn es heißt: „Wenn darum ein Glied leidet, leiden alle Glieder mit; wenn ein Glied geehrt wird, freuen alle anderen sich mit ihm" (1 Kor 12,26). Im Sinne des Gedankens des priesterlichen Charakters des neuen Gottesvolkes, der keineswegs individualistisch mißzuverstehen ist, sondern gerade das Für-Sein für andere ausspricht, heißt es: „Dient einander als gute Verwalter der vielfältigen Gnade Gottes, jeder mit der Gabe, die er empfangen hat" (1 Petr 4,10).

Aus den Inspirationen solcher Texte und noch mehr der im Gemeindeleben erfahrenen Solidarität aller im Heil wurden dann die himmlischen Heiligen auch Mittler des Gebets, der Hilfe und der Gnade genannt. Es ging nicht um den durch die Sünde von Gott fernstehenden Menschen, der erst durch die Vermittlung der Heiligen über Christus bei der Barmherzigkeit Gottes ankommt – so legt es die Karikatur des durchgehenden Instanzenzugs aus. Von Mittlertätigkeit der Heiligen im Himmel, aber auch jedes Mitbruders auf dem Weg des Glaubens, kann nur die Rede sein innerhalb des durch Christus vermittelten Verhältnisses der Unmittelbarkeit zu Gott, der uns durch seine Gnade in das neue, erfüllende Leben in der Gemeinschaft der dreifaltigen Liebe hineinbezogen hat. Wir müssen aber – das ist der Sinn des noch offenen Pilgerwegs bis zu unserem Tod – in Glaube, Hoffnung und Liebe uns bewähren und so wachsen, daß Christus in vollem Sinne Gestalt in uns angenommen hat. Indem alle aneinander einen Dienst tun, arbeiten sie mit am Aufbau des Leibes Christi, „damit wir zum vollkommenen Menschen werden und Christus in seiner vollendeten Gestalt darstellen" (Eph 4,13). In allen ist die Liebe Gottes im Heiligen Geist in uns: das Band, das die Kirche eint und aufbaut. „Wir wollen uns, von der Liebe geleitet, an die Wahrheit halten und in allem wachsen, bis wir ihn erreicht haben. Er, Christus, ist das Haupt. Durch ihn wird der ganze Leib zusammengefügt und gefestigt in jedem einzelnen Gelenk. Jedes trägt mit der Kraft, die ihm zugemessen ist. So wächst der Leib und wird in Liebe aufgebaut" (Eph 4,15f.).

Die vollendeten Heiligen üben durch ihr Vorbild und durch ihr Gebet, das identisch ist mit ihrem Für-Sein für uns in der Einheit mit Gott, wie es in ihrer vollendeten Lebensgestalt sichtbar ist, einen Dienst aus für unseren christlichen Lebensgang und für den Pilgerweg der Kirche durch die Geschichte.

Vielleicht wird hierdurch auch eine Korrektur an unserem gängigen Bild angebracht, das die Beziehung zu den Heiligen nur in dem starren Schema Himmel–Erde bzw. Oben–Unten ansiedelt. Ihr Dienst ist wahrhaftig nicht, daß sie dort oben beim lieben Gott sorgen, daß es uns hier unten gut geht und wir dereinst auch in den Himmel hinaufkommen. Schon gar nicht haben sie die Aufgabe, Gott zu bewegen, zu unserem Heil tätig zu werden, seinen Zorn zu besänftigen oder ihn auf uns aufmerksam zu machen.

4.4. Christus als die Einheit von Lebenden und Verstorbenen

Es war deutlich geworden, daß nur von einem neuen Verständnis des Heils als Gemeinschaft in der Kirche Christi sinnvoll vom wechselseitigen Fördern und Dienen die Rede sein kann, wodurch der Leib Christi auferbaut wird. Nur in dieser ekklesialen und heilsgeschichtlichen Perspektive lassen sich sinnvoll die klassischen Elemente einer katholischen Sicht der Heiligenverehrung interpretieren. Daß an der Grenze des Todes aber das sich fördernde Für-Sein nicht aufhört, die Liebe als Band der Gemeinschaft nicht endet, hängt mit der zentralen Aussage über die Auferstehung zusammen. Christus überwindet den Tod. Er vernichtet den Tod gerade auch, insofern Tod die Erscheinung der Gottferne, des Verlustes der lebenspendenden und sinngebenden Gemeinschaft mit Gott, der Ort der radikalen Beziehungslosigkeit, der Abwesenheit von Liebe, ist. Indem Christus von Gott her Leben, Liebe, Gemeinschaft bringt und in diese alte Weltgestalt einstiftet und sie dabei umwandelt, hebt er auch die Trennmauer des Todes zwischen den Menschen auf. Wer in Christi Leben hineingetauft wurde, der ist in ihm durch das Band der Liebe verbunden mit allen, die zu ihm gehören. Entscheidend ist dabei weniger, in welchem Status unseres Daseins wir uns befinden, auf dem Pilgerweg des Lebens oder im Stand der endgültigen Vollendung. „Leben wir, so leben wir dem Herrn, sterben wir, so sterben wir dem Herrn. Ob wir leben oder sterben, wir gehören dem Herrn. Denn Christus ist gestorben und lebendig geworden, um Herr zu sein über Lebende und Tote" (Röm 14,8f.). Diese Rolle der Auferstehung Christi wurde maßgebend für das Verständnis der Gemeinschaft der Kirche, die in Christus Raum und Zeit überschreitet. Schon in den späteren neutestamentlichen Schriften finden wir diese Überzeugung von einer heilsgeschichtlichen und transzendenten Einheit des Gottesvolkes angesprochen: „Ihr seid ... zur Stadt des lebendigen Gottes, dem himmlischen Jerusalem, zu Tausenden von Engeln, zu einer festlichen Versammlung und zur Gemeinschaft der Erstgeborenen, die im Himmel verzeichnet sind, hinzugetreten, zu Gott, dem Richter aller, zu den Geistern der schon vollendeten Gerechten, zum Mittler des neuen Bundes, Jesus" (Hebr 12,22–24). Die Offenbarung des Johannes weiß, daß die Heiligen zu Säulen im Tempel Gottes geworden sind (Offb 3,12), daß sie mit Christus, dem Sieger über Sünde und Tod, auf dem Thron sitzen (Offb 3,21) und mit ihm herrschen und die Welt richten als Könige und Priester (Offb 5,10; 20,6). Sie sorgen sich um das Heil ihrer verfolgten Mitknechte und Brüder (Offb 5,11). Die Märtyrer dienen bei der himmlischen Liturgie (Offb 7,15). Die Gebete aller Heiligen werden Gott dargebracht (Offb 8,3f.).

Wenn so auch die in Christus Verstorbenen von den Auseinandersetzungen dieser Zeit nicht mehr bedrängt werden können, so stehen sie doch im Bezug auf das Eine und Ganze des Heilsdramas der Menschheitsgeschichte. Und so weiß sich die Kirche mit den Vollendeten eins in der einen eschatologischen Heilsgemeinde, und sie geht auf ihrem Weg auch auf die offenbar werdende Vereinigung aller im Reich Gottes zu, wenn bei der Wiederkunft Christi am Ende der ganze Kreis der Menschheit und ihrer Geschichte zusammengefaßt wird. Der Blick auf die Heiligen lehrt über ihr anfeuerndes, tröstendes Beispiel und ihre helfende Solidarität in der Gegenwart hinaus auch die Ausrichtung auf die zukünftige Dimension des Heils.

Dies alles sind Aspekte, die zur Mitte des christlichen Mysteriums gehören. Sie sind auch da wirksam, wo sie sich nicht in der Verehrung der vollendeten Heiligen ausdrücken. Umgekehrt vermag uns aber eine recht verstandene und ausgeübte Heiligenverehrung deutlicher in diese Zusammenhänge einzuführen und einen bleibenden Eindruck zu vermitteln von der Fülle und Tiefe des Heilsplans Gottes, des Vaters, der uns den ganzen Segen seines Geistes gibt und in die Gemeinschaft mit Christus und der Kirche, die er als seinen Leib erfüllt und beherrscht (Eph 1,3.23), hineinführt. Er will in „Christus alles vereinen, was im Himmel und auf Erden ist" (Eph 1,10). Wenn wir die Erlösung im Anteil des Heiligen Geistes empfangen haben und Gottes Eigentum geworden sind, dann wird die tiefste Idee Gottes vom Menschen offenbar, wie sie auch in der christlichen Verehrung der Heiligen zum Ausdruck kommt – nämlich, daß erlöstes Menschsein heißt: „Wir sind zum Lob seiner Herrlichkeit bestimmt" (Eph 1,12). Die Ehre Gottes aber ist der lebendige, durch die Gnade erfüllte Mensch[14].

Anmerkungen

[1] Vgl. die Übersicht über diesbezügliche Maßnahmen des kirchlichen Lehramts bei G.L. MÜLLER, Gemeinschaft und Verehrung der Heiligen. Geschichtlich-systematische Grundlegung der Hagiologie, Freiburg/Basel/Wien 1986, 28–35.

[2] Vgl. Confessio Augustana, Art. 21 (BSLK [= Die Bekenntnisschriften der evangelisch-lutherischen Kirche, ³1956], 83b–83c); Apologia Confessionis Augustanae, Art. 21 (BSLK, 316–326).

[3] Schm. Art., 2. Teil, Art. 2 (BSLK, 424).

[4] Vgl. dazu G.L. MÜLLER, Gemeinschaft und Verehrung (wie Anm. 1), 56–62.

[5] Hrsg. von G. ANRICH, Tübingen 1904; Nachdruck: Frankfurt a.M. 1966.

[6] Was E. Lucius übersieht, ist, daß die Heiligen eine Mittlertätigkeit ausüben, darum aber keineswegs Mittelwesen sein müssen. Der absolute Wesensunterschied zwischen Schöpfer und Geschöpf macht im christlichen Verständnis jede substantielle, d.h. wesenhafte Vergottung einer Kreatur unmöglich. Zwischen dem strengen Monotheismus und dem Polytheismus besteht eine absolute Disjunktion; fließende Übergänge sind ausgeschlossen. Wo der christliche personale Gottesbegriff festgehalten ist, kann von Heiligenverehrung als Polytheismus nicht die Rede sein.

[7] Vgl. DS (= H. DENZINGER, Enchiridion Symbolorum, mit Anm. von A. SCHÖNMETZER, Freiburg i.Br. ³⁶1976), 600–603.

[8] Vgl. DS, 1821–1825.

[9] Hier ist an die trinitarische Gebetsstruktur zu erinnern: *im* Heiligen Geist *durch* Christus *zum* Vater. Christus ist aber nicht nur das Haupt, sondern auch der Leib, als Kirche. Der Christ betet *durch* Christus darum immer *in* der Gemeinschaft der Kirche. Wenn er die personale Beziehung, die ihn mit den anderen Gliedern der Kirche verbindet, realisiert, d.h. um die Fürbitte angeht, dann lädt er die Heiligen sozusagen ein, *mit* ihm, *durch* Christus als Haupt der Kirche, Mittler zwischen Gott und Menschen, *zum* Vater zu beten.

[10] Vgl. DS, 675.

[11] Vgl. Lexikon für Theologie und Kirche, Ergänzungsband I, Freiburg i.Br. 1966, 314–325.

[12] Vgl. Th. BAUMEISTER, Die Entstehung der Heiligenverehrung in der Alten Kirche, in: G.L. MÜLLER (Hrsg.), Heiligenverehrung – ihr Sitz im Leben des Glaubens und ihre Aktivität im ökumenischen Gespräch, München/Zürich 1986, 9–30.
[13] Vgl. dazu G.L. MÜLLER, Gemeinschaft und Verehrung (wie Anm. 1), 221–235.
[14] Irenäus von Lyon, Adversus haereses IV, 20,7 (Sources chrétiennes 100/2, 648).

Werner Groß

Die Heiligenverehrung in der Glaubenspraxis der Gegenwart

„Die Heiligen kommen wieder" – so überschrieb der in der Hagiographie bestens ausgewiesene evangelische Kirchenhistoriker Walter Nigg ein Taschenbuch, das erstmals im August 1973 erschien und seither mehrmals aufgelegt wurde. Der Buchtitel wurde in kürzester Zeit zum geflügelten Wort – oft gebraucht, aber auch oft mißverstanden. Es ist daher sinnvoll, die Paraphrasierung und Begründung Niggs mit zu hören: „Aus voller Überzeugung sagen wir: Die Heiligen kommen wieder. Wohl sind sie wegen der ihnen zuteil gewordenen groben Vernachlässigung im Raume der Kirche in den Hintergrund getreten, so daß es oft scheint, als wären sie aus ihm entschwunden. Das aber ist bloß ein äußerer Eindruck. Die Heiligen sind durch geheimnisvolle Bande mit der Christenheit unlöslich verbunden. Zwar sind sie gegenwärtig wie ausgelöscht, man redet nicht oder nur selten von ihnen. Doch wird es nicht bei diesem Verstummen bleiben, denn plötzlich werden sie wieder zu den Menschen sprechen. Es gibt eine Wiederkehr der Heiligen, ein Glaube, den wir uns nicht nehmen lassen ... Freilich ist eine Feststellung klar auszusprechen: Die Heiligen kommen nicht in der gleichen Weise wieder wie früher. Die Geschichte wiederholt sich nicht, noch kopiert sie sich selbst. Das ist stets eine falsche Erwartung, die sich nicht erfüllt. Alles verändert sich, und auch die Heiligen erscheinen bei ihrer Wiederkehr anders"[1].

Im Anschluß an Walter Nigg rechnet der Religionsphilosoph Bernhard Welte[2] mit der Wiederkehr der Heiligen, allerdings mit einer „Wiederkehr in Verwandlung". Er nennt dafür zwei Gründe. Einmal: Aus einer kritischen Einstellung „gegen den sterilen Rationalismus unserer Zeit und seine Tendenz zur Nivellierung der Menschen" sind heute „doch wohl bisweilen Modelle anderer, ursprünglicher, weniger angepaßter, wenig nivellierter, gar heiliger Menschen" gesucht. Zum anderen: „Wir fangen an, die heiligen Menschen zu begreifen auch im Kontext ihrer Zeit, ihrer Umwelt, ihrer Gesellschaft, der sie angehören und deren Verhältnisse sich bisweilen auf eine sehr menschliche Geschichte der Heiligen auswirken. Die Heiligen kommen wieder auf die Erde herab, auf die Menschenerde, auf der auch wir leben und ringen"[3].

Kritische Anmerkungen und Anfragen aber konnten nicht ausbleiben.

So wandte sich Josef Sudbrack pointiert der Aussage Niggs zu: „Aber war das Nostalgie oder begründete Besinnung? Stammt das Wort des Schweizer Theologen aus theologischer Einsicht? Aus Kontakt mit dem Leben? Spielen Heilige in der christlichen Wirklichkeit wieder eine größere Rolle, als es noch vor kurzem war? Und ist ihre ‚Rolle' korrekt, ist es die richtige?"[4]

Die Feststellung Walter Niggs, aber auch die von ihm ausgelöste Kontroverse führen zu der Frage nach der Heiligenverehrung in der Glaubenspraxis der Gegenwart. In meiner Antwort stelle ich in einem knappen Überblick Tendenzen heraus, wie sie in unserem Land sichtbar werden. Nicht berücksichtigt wird die Situation in den romanischen und lateinamerikanischen Ländern mit ihren volkstümlichen Formen der Heiligenverehrung.

1. Der neu konzipierte Heiligenkalender

Eine Stütze der Heiligenverehrung sind die Heiligenkalender, denen in der Geschichte der Liturgie seit dem 3. Jahrhundert zunächst ortskirchlich und später gesamtkirchlich eine große Bedeutung zukommt. Zur umfassenden Erneuerung der Liturgie, wie sie das Zweite Vatikanische Konzil vorsah, gehört die Erneuerung des liturgischen Jahres und damit auch des Heiligenkalenders. Das Konzil hatte von folgender Situation auszugehen:

(1) Der Heiligenkalender war überfrachtet. Kaum ein Tag ohne liturgische Heiligenfeier – zum Nachteil der Begehung des Herrenjahres mit seinen zentralen Mysterien und geprägten Zeiten. Die Liturgiker sprachen von einer „maßlosen Zunahme der Heiligenfeste"[5] und einer „Hypertrophie des Heiligenkalenders"[6].

(2) Das altkirchliche Prinzip der primären Ortsgebundenheit der Heiligenverehrung (also: Heiligenverehrung zuerst und zunächst an den Gräbern der Heiligen) war längst aufgegeben. Der Heiligenkalender der Weltkirche aber wies eine Reihe Feiern von nur teilkirchlichem Rang auf. Im Laufe des Jahres waren nicht wenige Feste zu begehen, „die weder im Volk verwurzelt noch von wahrhaft gesamtkirchlicher Bedeutung"[7] waren.

(3) In der Heiligenverehrung war „eine gewisse Überbetonung der mittlerischen Funktion der Heiligen" und als Folge „eine Wucherung der Bittgebete zu ihnen"[8] zu beobachten.

Auf diesem Hintergrund umschrieb die Liturgie-Konstitution in einer christozentrisch geprägten Aussage die Verehrung der Heiligen. Sie sind im Zusammenhang mit dem Mysterium Christi zu sehen:

> „In diesen Kreislauf des Jahres hat die Kirche auch die Gedächtnistage der Martyrer und der anderen Heiligen eingefügt, die, durch Gottes vielfältige Gnade zur Vollkommenheit geführt, das ewige Heil bereits erlangt haben, Gott im Himmel das vollkommene Lob singen und Fürsprache für uns einlegen. In den Gedächtnisfeiern der Heiligen verkündet die Kirche das Pascha-Mysterium in den Heiligen, die mit Christus gelitten haben und mit ihm verherrlicht sind. Sie stellt den Gläubigen ihr Beispiel vor Augen, das alle durch Christus zum Vater zieht, und sie erfleht um ihrer Verdienste willen die Wohltaten Gottes" (SC 104).

Die christozentrische Sicht der Heiligenfeiern ergibt sich aus der christozentrischen Sicht des liturgischen Jahres überhaupt. Die Feste und Feiern des Herrn stehen im Kirchenjahr an erster Stelle. Das Konzil wies daher auf das alte Prinzip des Vorrangs des Herrenjahres vor den Heiligenfeiern hin:

> „Die Herzen der Gläubigen sollen vor allem auf die Herrenfeste hingelenkt werden, in denen die Heilsgeheimnisse das Jahr hindurch begangen werden. Dabei soll das Herrenjahr den ihm zukommenden Platz vor den Heiligenfesten erhalten, damit der volle Kreis der Heilsmysterien in gebührender Weise gefeiert werde" (SC 108).

Dringend nötig erschien eine Reduzierung der in der Gesamtkirche begangenen Heiligenfeiern – zugunsten der Herrenfeste, aber auch der Heiligengedenktage der Teil- und Ortskirchen. Angestrebt wurde eine „Dezentralisierung der liturgischen Heiligenverehrung"[9]:

> „Die Heiligen werden in der Kirche gemäß der Überlieferung verehrt, ihre echten Reliquien und ihre Bilder in Ehren gehalten. Denn die Feste der Heiligen künden die Wunder Christi in seinen Knechten und bieten den Gläubigen zur Nachahmung willkommene Beispiele.
> Die Feste der Heiligen sollen nicht das Übergewicht haben gegenüber den Festen, welche die eigentlichen Heilsmysterien begehen. Eine beträchtliche Anzahl von ihnen möge der Feier in den einzelnen Teilkirchen, Nationen oder Ordensgemeinschaften überlassen bleiben, und nur jene sollen auf die ganze Kirche ausgedehnt werden, die das Gedächtnis solcher Heiligen feiern, die wirklich von allgemeiner Bedeutung sind" (SC 111).

Die vom Konzil in die Wege geleitete Kalenderreform verlief nicht wie ursprünglich vorgesehen gemäß der Entwicklung der Heiligenverehrung „von unten nach oben", von den Ortskirchen zur Gesamtkirche, sondern umgekehrt „von oben nach unten". „Es wurde offenbar gar nicht versucht, den Heiligenkalender als grundsätzlich partikulär zu konzipieren und das darüber Hinausgreifende als seltene Ausnahme zu sehen, sondern man nahm einen gemeinsamen Kalender als notwendige Gegebenheit ... und wollte darin viele Heilige behalten und führte auch einige neu ein"[10]. Ergebnis war der 1969 veröffentlichte ‚Allgemeine Römische Kalender'[11]. Sicher: dieser Kalender ist „Dokumentation der über die ganze Welt hin ausgebreiteten und über die Jahrhunderte fortdauernden, in vielfältigen Formen im Gottesvolk vorhandenen Heiligkeit"[12], aber er enthält tatsächlich zu viele Gedenktage von gesamtkirchlich zu feiernden Heiligen (nach dem Stand von 1969: außer 10 Hochfesten und 23 Festen 63 gebotene sowie 95 nichtgebotene Gedenktage). Die vom Konzil angestrebte Dezentralisierung der Heiligenverehrung kam nicht in der erwarteten Weise zum Zuge. Ergänzt wurde der Römische Kalender durch den ‚Regionalkalender für das deutsche Sprachgebiet', der in den Jahren 1969–1971 erarbeitet wurde[13]. Einen solchen Kalender hatte es zuvor nicht gegeben; er stellt ein begrüßenswertes Novum dar. Seine Grundkonzeption ist im Laufe der Arbeiten gewachsen; sie läßt sich so umschreiben: „ein Regionalkalender für das gesamte Sprachgebiet, der eine reiche und repräsentative Auswahl von Heiligen umfaßt, deren Feier in allen Diözesen des gesamten Sprachgebietes zulässig, aber nicht vorgeschrieben ist, und der mit dem an die Erfordernisse des Sprachgebietes adaptierten römischen Generalkalender zu einer organischen Einheit verbunden ist"[14]. Der Regionalkalender verzeichnet bei seiner Einführung 72 Heiligengedächtnisse als Eigenfeiern, von ihnen stehen 16 auch im Generalkalender. Erwähnenswert ist, daß der Regionalkalender unter Berücksichtigung ökumenischer Gesichtspunkte erstellt wurde. Der Allgemeine Kalender und der Regionalkalender haben mit dem Evangelischen Fest- und Namenkalender 110 Fest- und Gedenktage gemeinsam.

Eine weitere Ergänzung des Römischen Kalenders stellt der jeweilige Diözesankalender dar, der Heilige und Selige aufführt, die durch ihr Leben und ihre Wirksamkeit in Beziehung zum Bistum stehen. Die Diözesankalender des deutschen Sprachraumes wurden 1971 in Entsprechung zum Regionalkalender neu bearbeitet.

In den Augen mancher Gemeindemitglieder enthält der erneuerte liturgische Heiligenkalender mit seinen drei einander ergänzenden Schichten zu wenige Heilige. Protest und Kritik in unerwartetem Ausmaß wurde laut, als beispielsweise bei der (nicht gerade geschickt arrangierten) Veröffentlichung des Römischen Kalenders bekannt wurde, daß in ihm so populäre Heilige wie Georg, Christophorus, Margareta, Katharina und Barbara fehlten. Ein deutliches Zeichen, wie sehr ihre Verehrung und ihre Gedenktage im christlichen Volk verwurzelt sind. Der Hinweis auf die Beziehung von universalem Kalender und regionalen Kalendern, aber auch die meist nicht beachtete Unterscheidung der Liturgiewissenschaft zwischen Kalender und Martyrologium konnten und können weiterhelfen: Der Kalender zählt die Heiligen und Seligen auf, deren in der Meßfeier und im Stundengebet gedacht wird; das Martyrologium dagegen sammelt umfassende Listen von Heiligen und Seligen in kalendarischer Ordnung. Daher wurde parallel zum Regionalkalender ein Namenstagskalender, eine Art Martyrologium des deutschen Sprachgebietes, geschaffen. Der Namenstagskalender erschien erstmals 1975[15]; in seiner dreizehnten Auflage, 1989, umfaßt er 3.720 Namen von Heiligen und Seligen, aber auch von profilierten Glaubenszeugen. Bewußt wurde die Liste der kanonisierten Heiligen und Seligen erheblich erweitert mit Namen von nicht kanonisierten Männern und Frauen, die zu Leitbildern christlichen Lebens geworden sind. Die Heiligkeit ist weiter gestreut, als frühere Heiligenkalender ahnen ließen.

Hierzulande sind vor allem der Regionalkalender und der Namenstagskalender nicht ohne Auswirkung auf die Verehrung der Heiligen geblieben. Auf jeden Fall kann gesagt werden, daß durch die Einführung dieser Kalender „die Freude an der Feier der Heiligen wieder deutlich zugenommen hat und daß die Gläubigen wieder enger mit den Heiligen verbunden und vertraut gemacht werden, die ganz wesentlich dazu beigetragen haben, unseren Landen und deren Geschichte ein christliches Gepräge zu geben"[16]. Die neuen Kalender haben vor allem die bisher bekannten, aber auch die weniger bekannten Heiligen des Sprachgebietes den Gemeinden um einiges näher gebracht. Das ist freilich erst ein Anfang, der weiterer Entfaltung bedarf.

Allerdings: die Erneuerung der Liturgie mußte von einer Sicht des Heiligen ausgehen, wie sie sich seit dem Mittelalter entwickelt hatte: „Aus dem Individuum wurde ein Typus." Und das biographisch Konkrete trat hinter dem Typischen zurück[17]. Die neuen liturgischen Bücher verzichten etwa auf die durch und durch negative Definition der verheirateten Frauen im tridentinischen Meßbuch: *nec virgo nec martyr* („weder Jungfrau noch Märtyrin"). Sie bringen die Originalität des Lebens und Glaubens der Heiligen deutlicher zum Ausdruck, aber die „typische" Betrachtungsweise ist nicht ausgemerzt. Manches wird vor allem in den Gebeten der Commune-Texte gesagt, „was auf alle paßt und keinem wirklich gerecht wird"[18]. Die eigene Vitalität der Heiligen bleibt unter solcher liturgischer Blässe verborgen.

2. Die liturgische Feier

Der liturgische Heiligenkalender zielt auf den Gottesdienst, der in der Eucharistie seine Mitte und seinen Höhepunkt findet. „Heiligenverehrung kann nur dann wirklich gedeihen, wenn sie im Grund aller christlichen Feier, im Gedächtnis des Todes und der Auferstehung des Herrn Jesus Christus, wurzelt"[19].

Die Sonntagsgemeinde erlebt selten eine ausdrückliche Heiligenfeier, zumal die Hochfeste „Mariä Unbefleckte Empfängnis" und „Mariä Aufnahme in den Himmel", „Josef" sowie „Peter und Paul" (in der Diözese Rottenburg-Stuttgart beispielsweise seit 1966) als kirchlich gebotene Feiertage aufgehoben wurden. Mit der Sonntagsgemeinde werden außer dem Diakon Stephanus am zweiten Weihnachtsfeiertag (und Johannes dem Täufer, wenn das Hochfest seiner Geburt auf einen Sonntag fällt) der Kirchenpatron und eventuell der Diözesanpatron sowie Allerheiligen als Fest der namentlich bekannten sowie der unbekannten vollendeten Gläubigen gefeiert.

Jedoch in jeder Messe, auch in jeder Sonntagsmesse, wird im Hochgebet der Heiligen eigens gedacht. Im nunmehr laut gesprochenen Hochgebet kommt das Gedächtnis der Heiligen deutlicher als vor der Liturgiereform zum Ausdruck. – Zwei Beispiele:

Das Hochgebet II bittet gegen Ende um die bleibende Teilhabe an der Gemeinschaft der Heiligen:

> „Vater, erbarme dich über uns alle,
> damit uns das ewige Leben zuteil wird
> in der Gemeinschaft mit der seligen
> Jungfrau und Gottesmutter Maria,
> mit deinen Aposteln
> und mit allen,
> die bei dir Gnade gefunden haben
> von Anbeginn der Welt,
> daß wir dich loben uund preisen
> durch deinen Sohn Jesus Christus."

Das Hochgebet III integriert die Bitte um das Heil in der Gemeinschaft der Heiligen stärker in den Gesamtzusammenhang des Gebetes der Danksagung und Heiligung:

„Er [= Christus] mache uns auf immer
zu einer Gabe, die dir wohlgefällt,
damit wir das verheißene Erbe erlangen
mit deinen Auserwählten,
mit der seligen Jungfrau
und Gottesmutter Maria,
mit deinen Aposteln und Märtyrern
(mit dem – der – heiligen N)
und mit allen Heiligen,
auf deren Fürsprache wir vertrauen."

Außerdem werden die Heiligen dann und wann zum Abschluß der Präfation genannt. Die Gemeinschaft der irdischen und himmlischen Kirche prägt die Eucharistie:

„Darum preisen wir dich
mit allen Engeln und Heiligen
und singen vereint mit ihnen
das Lob deiner Herrlichkeit."

Die Gottesdienste mit der in den letzten Jahren vielerorts klein gewordenen Werktagsgemeinde lassen nach der liturgischen Erneuerung eine differenzierte Feier der Heiligen zu. Allerdings erreichen sie für gewöhnlich nur eine Minderheit der Gemeinde. Die auf Wochentage fallenden Hochfeste und Feste der Heiligen werden in Solidarität mit allen anderen Gemeinden begangen; Gebete und Lesungen sind dann ganz auf den Tagesheiligen abgestimmt. Dagegen können die Gedenktage der Heiligen entsprechend der gemeindlichen Situation gefeiert werden. Je nachdem in welcher Entfaltung des Tagesheiligen in der Meßfeier gedacht werden soll, werden die Gebete und Lesungen vom Heiligen verwendet oder die Gebete vom Heiligen und die Lesungen vom Wochentag oder nur das Tagesgebet vom Heiligen und alles übrige vom Wochentag[20]. Eine gestufte Feier der Heiligen ist nunmehr möglich in Anwendung des einleuchtenden Grundsatzes: „Verehren kann man nur, wen man kennt"[21]. Allerdings bürgert sich eine solche Feier der Heiligen, die die Bedürfnisse der versammelten Gemeinde im Auge hat, nur langsam ein. Die Erkenntnis: „Die Liturgie geht behutsam mit den Heiligen um"[22], hat allem Anschein nach noch einen weiten Weg vor sich, bis sie die Gottesdienste der Werktagsgemeinden bestimmt.

Fast alle Heiligenfeiern im Lauf des Jahres treffen auf Wochentage. Im Normalfall können sie nicht verlegt werden. Entweder sie werden am Wochentag entsprechend ihrer Bedeutung begangen, oder sie werden nicht begangen und fallen dann für das Glaubensleben der Gemeinde aus. Es gibt kaum Ansätze für eine Kultur der Heiligenfeiern an Wochentagen. Wenn Bemühungen einsetzen würden, Hochfeste, Feste und der Gemeinde naheliegende Gedenktage der Heiligen auf je besondere Weise zu begehen, bekäme langfristig das Jahr der Heiligen ein deutlicheres Profil. Die phantasielose Nivellierung des Heiligenjahres schadet der Aktualisierung der Heiligenverehrung.

Eine Kultur der Heiligenfeiern an Wochentagen erweist sich noch aus einem anderen Grund als dringlich. „Die Vielfalt der Wort- und Gebetsgottesdienste ist spürbar zurückgegangen"[23]. Daher kommen die früher üblichen volkstümlichen Andachten zu den Heiligen (abgesehen von den Marienandachten im Mai und Oktober) in den Gemeinden nur noch selten oder fast nicht mehr vor. Die auf die Heiligen zielende Volksfrömmigkeit hat kaum mehr einen Ort in der Gottesdienstordnung der Gemeinden. Der Eucharistie fehlen häufig die Gottesdienste, die sie ergänzen, vor- und nachbereiten sowie mit der Volksreligiosität verbinden. Konkret: es gibt Gemeinden, die die gehaltvolle „Andacht von den Engeln und Heiligen" aus dem 1975 erschienenen Gesang- und Gebetbuch ‚Gotteslob' kaum gebetet haben[24]. Es gibt Gemeinden, die die ehrwürdige Allerheiligenlitanei – abgesehen von der in der Osternacht zu verwendenden Kurzform – das Jahr hindurch kaum sprechen oder singen[25]. Das ‚Gotteslob' enthält ungehobene Schätze, die ihre Kraft für eine theologisch fundierte und spirituell bereichernde Heiligenverehrung kaum entfalten können.

3. Das gewachsene Brauchtum

Die liturgische Feier der Heiligen wird durch das gewachsene Brauchtum weitergeführt und vertieft. So sehr das Brauchtum die Verbindung mit der Liturgie nötig hat, so sehr hat es aber auch seine Eigenständigkeit. Mit Recht wurde das Brauchtum die „Liturgie des Volksglaubens"[26] genannt.

Einen Zugang zur Heiligenverehrung kann der Brauch des Namenspatrons und des Namenstages eröffnen. Wo dieser Brauch gepflegt wird, ist der Heilige, der dem einzelnen Christen am nächsten steht, im allgemeinen der Namenspatron. Erst im 16. Jahrhundert sprach die abendländische Kirche klar den Wunsch aus, Kindern Namen von Heiligen zu geben. Ein Zeugnis dafür ist eine Äußerung des auf Veranlassung des Trienter Konzils 1566 herausgegebenen ‚Catechismus Romanus'[27]. Dieser Brauch wurde nach dem Konzil von Trient in katholischen Gegenden allgemein üblich, zumal die Kirchen der Reformation die Heiligenverehrung ablehnten[28]. Namenspatron und Namenstag wurden zu einem katholischen Kennzeichen. Seit geraumer Zeit hat eine gegenläufige Bewegung eingesetzt. Die Feier des Namenstages ist auch in katholischen Gegenden spürbar zurückgegangen. Die Krise der Heiligenverehrung hat diesen Vorgang nicht verursacht, aber beschleunigt; dagegen konnte ihn die verstärkt in Mode gekommene Wahl biblischer und altchristlicher Vornamen nicht verlangsamen. Als Auswirkung der um sich greifenden Säkularisierung ist an die Stelle des Namenstages weithin der Geburtstag getreten.

Die Heiligenverehrung sucht Heiligenbilder. Trotzdem sind die Bilder der Heiligen in den Kirchen und Wohnungen, an den Straßen und Wegen weniger geworden. Wir haben zwar keinen „Bildersturm" erlebt, aber eine entschiedene Trennung von unwahrhaftig empfundenen Heiligenbildern. Karl Rahner bemerkt mit Blick auf manche von Bildern leer gewordene Kirche: „Man vermißt die Statuen und Bilder der Heiligen nicht oder höchstens, weil dann die Kirchen etwas zu nüchtern oder kahl aussehen"[29]. Andererseits sind Bilder, die das wahre Gesicht der Heiligen zeigen, wieder von neuem gefragt. Bilder, die die Heiligen als „Schicksalsgenossen unserer Menschlichkeit" (LG 51) aufleuchten lassen, finden nicht nur Betrachter, sondern auch Verehrer.

Das überlieferte Brauchtum im Jahresablauf bekam unerwartet neuen Aufschwung. Ein Signal war die 1977 erschienene Veröffentlichung des Liturgiewissenschaftlers Theodor Schnitzler ‚Kirchenjahr und Brauchtum neu entdeckt'. Im Vorwort stellt er fest: „Im Brauchtum wird das Herrenjahr familiär"[30].

Die Gedenktage der Heiligen sind nicht selten althergebrachte Brauchtumsanlässe. Sie „bewahren im Zusammenhang der Jahreszeit besondere Brauchtumsformen"[31]. Einige Beispiele: Darstellung des Herrn, volkstümlich: Lichtmeß (2. Februar), Georg (23. April), Geburt Johannes des Täufers in Verbindung mit der Sommersonnenwende (24. Juni), Aufnahme Mariens in den Himmel (15. August), Franziskus von Assisi (4. Oktober), Allerheiligen und Allerseelen (1. und 2. November), Martin von Tours (11. November), Barbara (4. Dezember), Nikolaus von Myra (6. Dezember), Evangelist Johannes (27. Dezember), Silvester (31. Dezember).

Brauchtumstage sind willkommene Zäsuren im Jahresablauf. Heiligenfeste und -gedenktage können „im Rückgriff auf vorhandene traditionelle Formen oder im kreativen Spiel und Wechsel neuer ausdeutender Handlungen"[32] theologische Akzente in der Öffentlichkeit setzen. Bräuche veranschaulichen die Heiligenverehrung und bereichern sie.

Die Wallfahrten spielen in der Heiligenverehrung eine eigene Rolle; sie nehmen ohne Zweifel wieder zu, auch bei der jungen Generation. Die alte Fußwallfahrt kommt wieder zu neuen Ehren. „Wallfahrt kennt keine Grenzen" war eine vielbeachtete Ausstellung in München im Jahre 1984 überschrieben. Wallfahrtsorte sind „ein Stück Erde mit den sichtbaren und unsichtbaren erinnerten Spuren des Erdenwandels des Erlösers und seiner Heiligen"[33]. Oft führen die Wallfahrten zu den Gräbern der Heiligen. Ein naheliegendes Beispiel ist das Grab des Seligen Rupert Mayer in der Bürgersaalkirche im Herzen Münchens. Hierzulande (um auf die Diözese Rottenburg-Stuttgart zu schauen) sind es etwa die Gräber der Seligen Elisabeth Achler († 1420) in Reute und des Paters Philipp Jeningen († 1704) in Ellwangen. Oder beispielsweise die Grabstätte des Apostels Matthias in Trier sowie des Bischofs Albert des Großen († 1280) und des Gesellenvaters Adolph Kolping († 1865) in Köln... In der Wiederbelebung der Wallfahrt erhalten zwei alte Leitgedanken der Heiligenverehrung neue Aktualität. Erstens: Die Gräber der Heiligen sind die ersten Orte ihrer Verehrung. Und zweitens: Das Volk wählt sich seine Heiligen selbst (oder: es gibt eine „Heiligsprechung von unten"). Auf der anderen Seite sind Edith Stein oder Maximilian Kolbe Heilige „ohne Grab", deren Verehrung vom Volk her gefördert wurde, auch wenn es keinen lokalen Bezugspunkt gab.

4. Die gelebte Frömmigkeit

Nicht nur in der Liturgie und im Brauchtum äußert sich die Heiligenverehrung, sondern auch in der (weit verstandenen) Frömmigkeit des einzelnen. Die gelebte Frömmigkeit kann aus der Liturgie erwachsen und zu ihr hin führen, sie kann aber auch aus einer Begegnung mit der Lebens- und Wirkungsgeschichte des Heiligen hervorgehen.

Die Hagiographie vermag die Heiligenverehrung zu fördern. An vorzüglichen hagiographischen Werken besteht heutzutage kein Mangel. Sie erschließen anhand der verfügbaren historischen Quellen das Leben und Sterben der Heiligen. Das ist nicht zuletzt ein Verdienst des Schweizer Theologen Walter Nigg, dessen 1946 erstmals erschienenes Buch ‚Große

Heilige' eine neue Phase der Hagiographie in der Christenheit (zumindest) des deutschen Sprachgebietes einleitete. Die ersten Sätze seines mit spürbarer innerer Bewegung geschriebenen einleitenden Essays lassen seine Sicht der Heiligen erahnen: „Eine unbekannte Welt tut sich auf, wenn man den Heiligen begegnet. Neue Dimensionen setzen einen in maßloses Staunen. Der menschlichen Sprache fehlen die Worte, um deren Größe zu umschreiben. Das unmittelbare Verhältnis zum Göttlichen, die religiöse Tiefe ihrer Weisheit und das hintergründige Seelenverständnis der Heiligen findet in der Geistesgeschichte kaum eine Parallele. Mit ihrer außerordentlichen Existenz stehen sie über Königen und Philosophen. Für die Heiligen gelten andere Gesetze und andere Maßstäbe. Wenn sich ihr Leben auch im irdischen Raum abspielt, so steht es doch auf einer Ebene, welche alle anderen überschneidet. Bei den Heiligen widerfahren einem fortwährend die unerwartetsten Überraschungen"[34].

Nicht nur faszinierende Biographien geben Auskunft über die Heiligen und profilierte Glaubenszeugen, sondern auch ihre autobiographischen Schriften, die in großer Vielfalt zur Verfügung stehen. Der Bogen spannt sich – um in der neueren Zeit zu bleiben und einige wenige bekannte Namen zu nennen – von den ‚Selbstbiographischen Schriften' der Therese vom Kinde Jesus (Neuausgabe: 1958) über das Tagebuch Dag Hammarskjölds ‚Zeichen am Weg' (1965) bis zu Edith Steins ‚Selbstbildnis in Briefen' aus den Jahren 1916–1942 (1976–1977) sowie den ‚Gesammelten Schriften' Alfred Delps (1982–1988).

Was der hagiographisch vermittelte Umgang mit den Heiligen auslösen kann, deutet ein Erfahrungsbericht an: „Der Satz im Credo von der ‚Gemeinschaft der Heiligen' füllt sich nach und nach mit Realität, ja mit Fleisch und Blut, denn ich war darauf aus, ihr wirkliches Leben zu erfahren und zu erfassen mit allen Abgründen, Umwegen, Irrwegen, menschlichen Begrenzungen, allen Fehlschlägen, allem Nicht-Gelingen. Nur so konnte mich auch das ‚Gelingen', das endgültige, überzeugen und mir Mut machen fürs eigene Leben und für meinen eigenen Weg"[35].

Immerhin ist zu bedenken: traditionelle Formen der Heiligenverehrung gehen zurück; das Interesse an hagiographischer Literatur aber wächst sprunghaft an. Die Frage ist, wie die heutige Hagiographie mit den durch sie vermittelten Lebenserfahrungen und Glaubenseinsichten der Heiligen eine künftige Spiritualität prägt.

Zur Heiligenverehrung gehört schließlich das Gebet – zunächst das Gebet mit den Heiligen, dann aber auch das Gebet zu ihnen. Verbreitet ist das Gebet mit den Heiligen, genauer: mit Worten und Gedanken der

Heiligen, die in ihrer Lebensgeschichte verankert sind. Die erhaltenen Gebete der Heiligen können unser und unserer Zeitgenossen Gebet inspirieren. – Beispiel: Der Abschnitt „Persönliche Gebete" im ‚Gotteslob' gibt Anregungen in diese Richtung mit Gebeten von Augustin und Thomas von Aquin, Teresa von Ávila und Charles de Foucauld, Dietrich Bonhoeffer und Dag Hammarskjöld.

Das Gebet mit den Heiligen wird gepflegt und als hilfreich empfunden. Dagegen hat es das Gebet zu den Heiligen schwer; es kommt seltener, zögernder, fragender, verhaltener über die Lippen. Wenn das Bittgebet überhaupt „ein schweres und dunkles Kapitel"[36] ist, dann auch die Bitte um die Fürsprache der Heiligen. Wenn das Gebet überhaupt durch Anfechtungen und innere Nöte hindurch muß, dann auch die Anrufung der Heiligen. Die Krise des Gebets zu den Heiligen steht im Horizont der gegenwärtigen Glaubens- und Gebetskrise. Wenn die Anrufung der Heiligen nichts anderes ist als „der Mut der Liebe, Du zu sagen über allen Tod hinaus, und der Glaube, daß keiner allein lebt, sondern jedes Leben in Christo für alle gültig ist vor Gott"[37], dann stellt sich der Kirche, ihren Verkündigern und Gliedern die Aufgabe, zum Wachstum solcher Liebe und solchen Glaubens beizutragen.

Die Heiligenverehrung, wie sie sich in der gelebten Frömmigkeit des einzelnen zeigt, bleibt in unserer Zeit nicht ohne theologische Anstöße und Anregungen. Zwei Beispiele:

(1) Die Verehrung der Heiligen beginnt beim Umgang mit unseren Toten. Karl Rahner weist auf diesen oft übersehenen Zusammenhang hin[38]:

> „Wenn von den ‚Heiligen heute' als von einer für uns gegenwärtigen und lebendigen Gemeinschaft gesprochen wird, dann müssen wir Menschen von heute uns doch zunächst erschreckt fragen, ob wir denn uns noch ein echtes und lebendiges Verhältnis zu unseren Toten zumuten lassen. Haben wir ein solches Verhältnis, oder leugnen wir zwar als Christen nicht die bleibende Gültigkeit und Wirklichkeit der Toten vor Gott (wenigstens nicht in einer theologischen Aussage), verzichten aber auf eine lebendige Beziehung zu ihnen?"

Eine bewegende Konkretisierung eines gelebten Umgangs mit den Toten hat Fridolin Stier in seinen tagebuchartigen Notizen ‚Vielleicht ist irgendwo Tag' mit einem Eintrag vom 2. November 1971 hinterlassen[39]:

> „Ihr Lieben alle, meine Teuren, meine Freunde, Weggefährten, Freud- und Leidgenossen langer Jahre! Oft rufe ich euch, nicht nur heute an eurem Tag, rufe euch mit Namen zu mir – hört ihr sie, wißt ihr noch, wie ihr heißt? Und

führt eine Brücke von eurem Ufer jenseits des Stroms der Zeit zum unseren herüber? Im Glauben der Kirche an die communio sanctorum sind hüben und drüben nicht getrennt. Es kann sein, daß der Wunsch, mich nicht ein für allemal und unwiderruflich von euch getrennt zu wissen, der Vater dieses Glaubens ist. Wie aber, wenn Wunsch und Glaube einmal Zwillingsbrüder wären?"

(2) Die Verehrung der Heiligen beginnt bei den „Heiligen ohne Heiligenschein"[40]. Außer den „Heiligen auf dem Podest" gibt es die „Heiligen auf der Straße"[41]. „Die neuzeitliche Heiligengeschichte lehrt uns, daß zum Heiligsein nicht unbedingt hoher Rang und gewaltige Taten gehören. Eine Demokratisierung der Heiligenverehrung ist bereits in der Entdeckung des ‚kleinen Weges' durch die heilige Theresia vom Kinde Jesus geschehen. Wo ein Mensch im vollkommenen Gehorsam gegen Gottes Willen lebt, ist er der Heiligkeit nicht fern. Solche Menschen leben mitten unter uns; wir müssen sie nur entdecken. Sie sind die geheimen Schätze der Kirche, die man ausgraben muß, um ihre Schönheit zu erkennen"[42].

Wir erleben einen Wandel in den Formen der Heiligenverehrung – freilich einen Wandel, der auch vergessene Perspektiven der Heiligkeit von neuem ins Licht rückt. In diesem Sinn kennzeichnet die Rottenburger Diözesansynode 1985/86 die jungen Menschen unserer Zeit: „Sie lassen sich von großen Vorbildern aus der Heils- und Kirchengeschichte (z. B. Maria, Martin von Tours, Franz von Assisi, Elisabeth von Thüringen, Nikolaus von Flüe, Thomas Morus, Maximilian Kolbe, Edith Stein, Martin Luther King) und aus der Gegenwart (z. B. Mutter Teresa, Roger Schutz, Helder Camara) begeistern"[43]. Wir erleben einen Wandel in den Formen der Heiligenverehrung – freilich einen Wandel, der um ein ökumenisches Verständnis der „Gemeinschaft der Heiligen" bemüht ist[44]. Die getrennte Christenheit wird immer wieder von neuem Zugänge zur Welt der Heiligen suchen müssen. Die „Wolke der Zeugen" (Hebr 12,1), die Heiligen der ganzen Christenheit, sind in ihrer Lebens- und Glaubensgeschichte Wegweiser zur Einheit der Kirche. Wir erleben einen Wandel in den Formen der Heiligenverehrung – freilich einen Wandel, der offen ist für das Phänomen und das Geheimnis der Heiligkeit. „Und die Heiligen sind noch lange nicht am Ende, auch wenn es bisweilen so scheint, weil Gott noch lange nicht am Ende ist, auch wenn er totgesagt wird. Seine Zukunft unter den Menschen steht uns noch bevor. Für sie sind uns die Heiligen das Unterpfand"[45].

Anmerkungen

[1] Walter NIGG, Die Heiligen kommen wieder, Freiburg i.Br. ⁸1982, 14–15.
[2] Bernhard WELTE, Bemerkungen zur Heiligenverehrung, in: DERS., Zwischen Zeit und Ewigkeit, Freiburg/Basel/Wien 1982, 260–271.
[3] Zitate ebd., 269–270.
[4] Josef SUDBRACK, Heilige in unserer Zeit, in: Gottes Volk. Bibel und Liturgie im Leben der Gemeinde. Lesejahr A, Heft 4, Stuttgart 1987, 5–17, hier: 5.
[5] Philipp HARNONCOURT, Gesamtkirchliche und teilkirchliche Liturgie, Freiburg/Basel/Wien 1974, 88.
[6] Ebd., 90.
[7] Ebd.
[8] Die Konstitution des Zweiten Vatikanischen Konzils über die heilige Liturgie. Lateinisch-deutscher Text mit einem Kommentar von Emil Joseph LENGELING (Lebendiger Gottesdienst 5/6), Münster 1964, 206. Die Zitate stammen von Lengeling.
Texte des Zweiten Vatikanischen Konzils werden abgekürzt zitiert: SC = Sacrosanctum Concilium, Konstitution über die heilige Liturgie; LG = Lumen Gentium, Dogmatische Konstitution über die Kirche.
[9] HARNONCOURT, Liturgie (wie Anm. 5), 115.
[10] Ebd., 125.
[11] Der Römische Kalender gemäß Beschluß des Zweiten Vatikanischen Konzils erneuert und von Papst Paul VI. eingeführt (Nachkonziliare Dokumentation 20), Trier 1969.
[12] Reiner KACZYNSKI, Die Verehrung der Heiligen im liturgischen Jahr, in: Wolfgang BEINERT (Hrsg.), Die Heiligen heute ehren, Freiburg/Basel/Wien 1983, 158–172, hier: 163.
[13] Die Neuordnung der Eigenkalender für das deutsche Sprachgebiet, erläutert und kommentiert von Philipp HARNONCOURT (Nachkonziliare Dokumentation 29), Trier 1975.
[14] HARNONCOURT, Liturgie (wie Anm. 5), 196.
[15] Jakob TORSY, Der große Namenstagskalender, Freiburg/Basel/Wien 1975.
[16] HARNONCOURT in: Die Neuordnung der Eigenkalender (wie Anm. 13), 263.
[17] Wolfgang BEINERT, Die Heiligen – Erscheinungen des Christus-Bildes, Geist und Leben 60 (1987), 172–188, hier: 173.
[18] Ebd., 174.
[19] Bruno KLEINHEYER, Heiligengedächtnis in der Eucharistiefeier, in: Theodor MAAS-EWERD und Klemens RICHTER (Hrsg.), Gemeinde im Herrenmahl, Einsiedeln/Zürich/Freiburg/Wien 1976, 150–159, hier: 151.
[20] Vgl. Allgemeine Einführung in das Meßbuch, Artikel 323 sowie 315 und 319.
[21] KLEINHEYER, Heiligengedächtnis (wie Anm. 19), 151.
[22] Theodor MAAS-EWERD, „Die Feste der Heiligen künden die Wunder Christi in seinen Knechten". Heiligenverehrung in der Liturgie, Lebendige Katechese 8 (1986), 71–77, hier: 75.
[23] Beschlüsse der Diözesansynode Rottenburg-Stuttgart 1985/86: Weitergabe des Glaubens an die kommende Generation, Ostfildern 1986, VI, 17.
[24] Gotteslob, Nr. 784.
[25] Ebd., Nr. 762.

[26] Der Ausdruck stammt von Viktor RITTER VOM GERAMB, Volkskundler in Graz (1884–1958), zitiert bei Hermann KIRCHHOFF, Christliches Brauchtum. Von Advent bis Ostern, München ²1985, 11.

[27] Catechismus Romanus II, LXI: *Nominis impositio. Ad extremum vero nomen baptizato imponitur: quod quidem ab aliquo sumendum est, qui propter excellentem animi pietatem et religionem in Sanctorum numerum relatus est.*

[28] Vgl. HARNONCOURT in: TORSY, Namenstagskalender (wie Anm. 15), ¹³1989, 15–16.

[29] Karl RAHNER, Vom Geheimnis der Heiligkeit, der Heiligen und ihrer Verehrung, in: Peter MANNS (Hrsg.), Die Heiligen in ihrer Zeit I, Mainz ³1967, 9–26, hier: 17.

[30] Theodor SCHNITZLER, Kirchenjahr und Brauchtum neu entdeckt, Freiburg/Basel/Wien 1977, 3.

[31] Klaus GUTH, Die Heiligen im christlichen Brauchtum, in: BEINERT, Die Heiligen heute ehren (wie Anm. 12), 172–200, hier: 184.

[32] Ebd., 200.

[33] Lenz und Ruth KRISS-RETTENBECK/Ivan ILLICH, Homo viator – Idee und Wirklichkeiten, in: Lenz KRISS-RETTENBECK und Gerda MÖHLER (Hrsg.), Wallfahrt kennt keine Grenzen, München/Zürich 1984, 10–22, hier: 15.

[34] Walter NIGG, Große Heilige, Zürich/Stuttgart ⁶1958, 9.

[35] Ruth AHL, Mein Heiligenhimmel, in: Gottes Freunde – unsere Freunde, Freiburg i.Br. 1986, 11–19, hier: 13.

[36] RAHNER, Geheimnis der Heiligkeit (wie Anm. 29), 18.

[37] Ebd., 26.

[38] Karl RAHNER, Die Gemeinschaft der Heiligen und die Heiligenverehrung, in: BEINERT, Die Heiligen heute ehren (wie Anm. 12), 233–242, hier: 233.

[39] Fridolin STIER, Vielleicht ist irgendwo Tag. Aufzeichnungen, Freiburg/Heidelberg ²1981, 107.

[40] Walter NIGG, Heilige ohne Heiligenschein, Olten/Freiburg 1978.

[41] Josef SUDBRACK, Heilige auf dem Podest – Heilige auf der Straße, in: Gottes Freunde (wie Anm. 35), 230–235.

[42] Walther KAMPE, Heiligsprechung durch das Gottesvolk?, in: Gottes Freunde (wie Anm. 35), 247–253, hier: 251f.

[43] Diözesansynode (wie Anm. 23), IV, 7.

[44] Als ein beachtliches ökumenisches Zeichen kann folgende Handreichung genannt werden: Glauben in der Gemeinschaft der Heiligen. Materialsammlung für Gottesdienst und Gemeindearbeit, ökumenisches Gespräch und Unterricht, zusammengestellt von einem Arbeitskreis in der Arbeitsgemeinschaft Christlicher Kirchen in Baden-Württemberg, Stuttgart 1985.

[45] WELTE, Heiligenverehrung (wie Anm. 2), 271.

Biographische Notizen

Dieter R. Bauer, geb. 1951; Studium der Geschichte, Philosophie, Germanistik und Mathematik in Stuttgart (und Tübingen), seit 1981 Referent für Geschichte an der (katholischen) Akademie der Diözese Rottenburg-Stuttgart. Hauptaufgabe hier: die Veranstaltung wissenschaftlich orientierter Tagungen – bes. im Bereich der Geschichte von Religiosität und Frömmigkeit, der historischen Frauenforschung bzw. Erforschung der Geschlechterrollen, speziell der Hexenforschung, aber auch der (kirchlichen) Zeitgeschichte.
Veröffentlichungen – als verantwortlicher (Mit-)Herausgeber von Sammelbänden (soweit hier von Interesse): Frauenmystik im Mittelalter (1985); Religiöse Frauenbewegung und mystische Frömmigkeit im Mittelalter (1988); Volksreligion im hohen und späten Mittelalter (1990 – alle drei mit Peter Dinzelbacher); „Eine Höhe, über die nichts geht". Spezielle Glaubenserfahrung in der Frauenmystik? (1986); Grundfragen christlicher Mystik (1987 – beide mit Margot Schmidt); Eva – Verführerin oder Gottes Meisterwerk? Philosophie- und theologiegeschichtliche Frauenforschung (1987); Maria – für alle Frauen oder über allen Frauen? (1989 – beide mit Elisabeth Gössmann); Gelegen oder ungelegen – Zeugnis für die Wahrheit. Zur Vertreibung des Rottenburger Bischofs Joannes Baptista Sproll im Sommer 1938 (1989 – mit Abraham P. Kustermann); Maria – Abbild oder Vorbild? Zur Sozialgeschichte mittelalterlicher Marienverehrung (1990 – mit Hedwig Röckelein und Claudia Opitz). – Eigene Beiträge in den genannten Bereichen, u.a.: Heiligkeit des Landes: ein Beispiel für die Prägekraft der Volksreligiosität, in: Volksreligion (s.o.).

Dr. Heidelinde Dimt, geb. 1942; 1960–1966 Studium der Geschichte und Slawistik in Wien, 1966 Dr. phil.; 1967–1971 Mitarbeit am Institut für Landeskunde von Oberösterreich, ab 1972 am O.Ö. Landesmuseum (Münz- und Medaillensammlung, Museumspädagogik). Mitarbeit an Landesausstellungen und Sonderausstellungen des O.Ö. Landesmuseums.
Veröffentlichungen: Aufsätze zu numismatischen und landeskundlich-historischen Themen in Fachzeitschriften und Ausstellungskatalogen. Gemeinsam mit G. Dimt: Der Linzer Taler (in Vorbereitung).

Prof. Dr. Peter Dinzelbacher, geb. 1948 in Linz a.D.; studierte in Graz und Wien Geschichte, Latein, Volkskunde und Kunstgeschichte. Nach seiner Promotion 1973 war er Assistent am Historischen Institut der Universität Stuttgart, wo er sich 1978 habilitierte. Sein Arbeitsschwer-

punkt liegt auf dem Gebiet der mittelalterlichen Religiosität in ihren schriftlichen und bildlichen Manifestationen. 1988–90 wissenschaftlicher Redakteur der zweisprachigen Ausgabe sämtlicher Werke Bernhards von Clairvaux.
Veröffentlichungen: Neben ca. 150 Aufsätzen und Rezensionen in Fachzeitschriften sowie zahlreichen Lexikonartikeln erschienen als Monographien: Die Jenseitsbrücke im Mittelalter (1973); Judastraditionen (1977); Vision und Visionsliteratur im Mittelalter (1981); Mittelalterliche Visionsliteratur (1989); An der Schwelle zum Jenseits: Sterbevisionen im interkulturellen Vergleich (1989). – Herausgeber u.a. der Zeitschrift ‚Mediaevistik' (ab 1988), der Serie ‚Phänomene der Geschichte' (ab 1989), der Nachschlagewerke ‚Wörterbuch der Mystik' (1989) und ‚Sachwörterbuch der Mediaevistik' (in Vorbereitung) sowie – in Zusammenarbeit – mehrerer Akten wissenschaftlicher Kongresse seit 1985.

Prof. Dr. Dr.h.c. František Graus, geb. 1921; Studium der Geschichte; 1948 Promotion, 1951 Habilitation in Prag; seit 1953 tätig an der Tschechoslowakischen Akademie der Wissenschaften; 1970 Professor in Gießen, seit 1972 Professor für Geschichte des Mittelalters an der Universität Basel. Gestorben am 1. Mai 1989.
Veröffentlichungen – neben Publikationen in Tschechisch u.a.: Volk, Herrscher und Heiliger im Reich der Merowinger (1965); Lebendige Vergangenheit (1975); Die Nationenbildung der Westslaven im Mittelalter (1980); Pest – Geißler – Judenmorde (1986). – Ca. 100 wissenschaftl. Aufsätze. – Herausgeber der tschechoslowakischen historischen Zeitschrift Československý časopis historiký' (1953–1969); Mitherausgeber der Basler Beiträge zur Geschichtswissenschaft (seit 1973).

Dr. Werner Groß, geb. 1934; Studium der katholischen Theologie, 1978 Direktor des Instituts für Fort- und Weiterbildung der Kirchlichen Dienste in der Diözese Rottenburg-Stuttgart, 1989 Domkapitular in Rottenburg, zugleich Dozent für Liturgiewissenschaft am Priesterseminar Rottenburg.
Veröffentlichungen: Das Wilhelmsstift Tübingen 1817–1869. Theologenausbildung im Spannungsfeld von Staat und Kirche (^{2}1984); Das Priesterseminar Rottenburg. Anfänge – Regenten – Ereignisse (1986); Der edle Hirscher. Beiträge zu seiner Biographie und Theologie (1988 – mit Walter Fürst). – Außerdem pastoralliturgische Publikationen.

Dr. Edgar Harvolk, geb. 1944; Studium der Volkskunde, Theaterwissenschaft, Germanistik, Vor- und Frühgeschichte; Promotion 1972. Von 1973 bis 1976 am Museum für Deutsche Volkskunde in Berlin, seither am Institut für Volkskunde der Kommission für bayerische Landesge-

schichte bei der Bayerischen Akademie der Wissenschaften in München; zeitweise Lehrbeauftragter am Institut für deutsche und vergleichende Volkskunde der Universität München.
Veröffentlichungen: Das Endorfer Volksschauspiel (1974); Votivtafeln – Bildzeugnisse von Hilfsbedürftigkeit und Gottvertrauen (1979); Eichenzweig und Hakenkreuz. Die Deutsche Akademie in München (1924–1962) und ihre volkskundliche Sektion (1990). – Herausgeber von: Wege der Volkskunde in Bayern. Ein Handbuch (1987); Mitherausgeber von: Zeitschrift für Volkskunde (1984–1987); Forschungen zur historischen Volkskultur. Festschrift Torsten Gebhard (1989). – Aufsätze und Rezensionen vor allem im Bayerischen Jahrbuch für Volkskunde.

Peter Jezler, lic. phil., geb. 1954; Studium der Kunstgeschichte und älteren deutschen Literatur an der Universität Zürich; 1982 Lizenziat, danach Assistenz und verschiedene Lehraufträge an der Universität Zürich. Seit 1989 Kunstdenkmäler-Inventarisator der Altstadt von Zürich.
Veröffentlichungen: Bilderstreit. Kulturwandel in Zwinglis Reformation (1980 – hrsg. mit Hans-Dietrich Altendorf); Gab es in Konstanz ein ottonisches Osterspiel? Die Mauritius-Rotunde und ihre kultische Funktion als Sepulchrum Domini. Festschrift Haefele (1985); Der spätgotische Kirchenbau in der Zürcher Landschaft. Die Geschichte eines „Baubooms" am Ende des Mittelalters (1988). – Verschiedene Aufsätze, Tagungs- und Kongreßreferate zum dramatischen Gebrauch von Kultbildern, zum reformatorischen Bildersturm und zum Verhältnis von Auftraggebern und Sakralkunst.

Prof. Dr. Felix Karlinger, geb. 1920 in München; Promotion 1948. Dozent für Musikwissenschaft an der TU München 1950, Dozent bzw. Professor für Romanistik an der Universität München 1959, Professor an der Universität Salzburg 1966. Forschungsschwerpunkte: iberoromanische und rumänische Literatur, romanische Volkserzählung.
Veröffentlichungen: 57 Bücher aus den genannten Themenkreisen.

Dr. Diether Kellermann, geb. 1936; Studium der evangelischen Theologie und der Orientalistik in Neuendettelsau, Erlangen, Hamburg und Tübingen; Promotion 1967 in Tübingen. Redaktionsassistent bei der Herausgabe der Biblia Hebraica Stuttgartensia, Mitarbeiter am Tübinger Atlas des Vorderen Orients, Lehrbeauftragter.
Veröffentlichungen: Die Priesterschrift von Numeri 1,1 bis 10,10 (1970). – Mehrere Aufsätze zu exegetisch-theologischen Fragen und zur historischen Geographie Palästinas in verschiedenen Fachzeitschriften (ZAW, VT, BZ, ZDMG, ZDPV). – Zahlreiche Artikel in Nachschlagewerken (BHHW, BRL[2], TRE, ThWAT, Neues Bibellexikon). – Mitarbeit: Internationale Zeitschriftenschau für Bibelwissenschaft und Grenzgebiete.

Prof. Dr. Harald Kleinschmidt, geb. 1949; Studium der Geschichte, Englischen Philologie, Philosophie, Völkerkunde und Japanologie in Göttingen, Amherst (MA/USA) und Tübingen; Promotion in Göttingen 1978. Referendar bei der Staatsbibliothek Preußischer Kulturbesitz in Westberlin 1978–1980, Wissenschaftlicher Angestellter, Hochschulassistent an der Universität Stuttgart 1980–1989; Habilitation 1985. Seit 1989 Professor für Geschichte der internationalen Beziehungen an der Universität Tsukuba (Japan).
Veröffentlichungen: Untersuchungen über das englische Königtum im 10. Jahrhundert (1979); Tyrocinium militare. Militärische Körperhaltungen und -bewegungen im Wandel zwischen dem 14. und dem 18. Jahrhundert (1989). – Zahlreiche Aufsätze zur vornormannischen Geschichte Englands, zur Militärgeschichte des Spätmittelalters und der Frühneuzeit sowie zur Wissenschaftsgeschichte. – Mitglied des Stuttgarter Arbeitskreises Historische Migrationsforschung.

Prof. Dr. Joachim Köhler, geb. 1935; lehrt an der Katholisch-Theologischen Fakultät der Universität Tübingen Kirchengeschichte des Mittelalters und der Neuzeit, schwerpunktmäßig Kirchengeschichte Südwestdeutschlands. Studium der Theologie in Tübingen und München, 1961 Priesterweihe in Rottenburg, danach seelsorgerliche Tätigkeit. 1971 theologische Promotion im Fach Kirchengeschichte, dann Assistent an der Katholisch-Theologischen Fakultät der Universität Tübingen; 1977 Habilitation; 1981 Ernennung zum Professor.
Veröffentlichungen zur Kirchengeschichte der Frühen Neuzeit und der Neuesten Zeit, speziell zur schlesischen und zur südwestdeutschen Kirchengeschichte. Zur Hagiographie: Gelebte Antwort. In der Nachfolge Jesu (1981); und bes. zwei Aufsätze: Heinrich Günters Legendenstudien. Ein Beitrag zur Erforschung historischer Methoden, in: Historische Kritik in der Theologie. Beiträge zu ihrer Geschichte (1980), 307–337; Ein Schwabe von Geburt. Das Leben und Denken des Mystikers Heinrich Seuse, in: Katholischer Volks- und Hauskalender 132 (1982), 27–39. – Herausgeber des Archivs für schlesische Kirchengeschichte; Mitherausgeber des Rottenburger Jahrbuchs für Kirchengeschichte.

Prof. Dr. Ulrich Köpf, geb. 1941; Studium der evangelischen Theologie und Klassischen Philologie in Tübingen; Promotion zum Dr. theol. 1974 in Zürich, 1978 Habilitation in München. 1981 Professor für Kirchengeschichte und Direktor des Instituts für Spätmittelalter und Reformation an der Evangelisch-Theologischen Fakultät der Universität Tübingen. Wissenschaftlicher Leiter des Projekts „Register zu Luthers Werken (Weimarer Ausgabe), Abteilung Schriften".
Veröffentlichungen: Die Anfänge der theologischen Wissenschaftstheorie im 13.

Jahrhundert (1974); Religiöse Erfahrung in der Theologie Bernhards von Clairvaux (1980). – Weitere Arbeiten vor allem zur Frömmigkeits- und Theologiegeschichte, zu Grundfragen der Kirchengeschichte und zur historischen Geographie des Christentums. Mitherausgeber von: Geographia religionum; Archiv zur Weimarer Ausgabe der Werke Martin Luthers; und anderen Schriftenreihen.

Prof. Dr. Bernhard Kötting, geb. 1910; 1930–1940 Studium der Theologie in Münster, Freiburg und Bonn; Promotion 1940 in Bonn, Habilitation 1948 in Münster. Professor für Alte Kirchengeschichte, Christliche Archäologie und Patrologie 1951 in Münster; Direktor des Instituts für religiöse Volkskunde, Abt. A: Antike, Frühmittelalter; Rektor der Westf. Wilhelms-Universität 1960/61 und 1967/68; Mitglied zahlreicher wissenschaftl. Gesellschaften und Einrichtungen.
Veröffentlichungen: Peregrinatio religiosa. Wallfahrten in der Antike und das Pilgerwesen in der Alten Kirche (1950, [2]1980); Christentum und heidnische Opposition in Rom am Ende des 4. Jahrhunderts (1961); Der frühchristliche Reliquienkult und die Bestattung im Kirchengebäude (1965); Der Zölibat in der Alten Kirche (1968, [2]1970); Religionsfreiheit im Altertum (1977); Kirchengeschichte im Wandel. Rückblick auf ein halbes Jahrhundert (1979); Ecclesia peregrinans. Gesammelte Aufsätze, 2 Bde. (1988). – Ca. 150 Artikel und Aufsätze in: Reallexikon für Antike und Christentum; Theologie und Kirche; Forschungen zur Volkskunde; Römische Quartalschrift.

Prof. Dr. Günter Lanczkowski, geb. 1917; Studium der Religionswissenschaft, Theologie und Orientalistik in Marburg, Berlin und Göttingen; von 1960 bis 1986 Lehrtätigkeit für Religionsgeschichte und alt-amerikanische Philologie an der Universität Heidelberg; von 1986 bis 1988 in München Vertretung des Romano-Guardini-Lehrstuhls für christliche Weltanschauung und Religionsphilosophie; 1986 zugleich Lehrtätigkeit an der Universität Mainz.
Veröffentlichungen – neben ca. 50 Aufsätzen und ca. 800 Lexikonartikeln: Heilige Schriften. Inhalt, Textgestaltung und Überlieferung (1956; auch engl. u. ital.); Altägyptischer Prophetismus (1960); Religionswissenschaft als Problem und Aufgabe (1965); Religionsgeschichte Europas (1971; auch ital.); Begegnung und Wandel der Religionen (1971); Geschichte der Religionen (1971, [2]1989); Verborgene Heilbringer (1977); Einführung in die Religionsphänomenologie (1978, [2]1990; auch jap.); Einführung in die Religionswissenschaft (1980; auch poln. und jap.); Die heilige Reise. Auf den Wegen von Göttern und Menschen (1982); Einführung in die Religionsgeschichte (1983); Früh-welkende Blumen. Aztekische Gesänge (1983); Götter und Menschen im alten Mexiko (1984); Die Inseln der Seligen und verwandte Vorstellungen (1986); Meyers kleines Lexikon: Religionen (1987); Die Religionen der Azteken, Maya und Inka (1989).

Prof. Dr. Gerhard Ludwig Müller, geb. 1947; Studium der Philosophie und katholischen Theologie in Mainz, München und Freiburg; 1977 Promotion in Freiburg, 1978–1982 Kaplan in der Diözese Mainz, 1985 Habilitation in Freiburg. Seit 1986 Professor für Dogmatik an der Katholisch-Theologischen Fakultät der Universität München.
Veröffentlichungen: Bonhoeffers Theologie der Sakramente (1979); Für andere da. Christus – Kirche – Gott in Bonhoeffers Sicht der mündig gewordenen Welt (1980); Gemeinschaft und Verehrung der Heiligen. Geschichtlich-systematische Grundlegung der Hagiologie (1986); Was heißt: Geboren aus der Jungfrau Maria? Eine theologische Deutung (1989); Laßt uns mit ihm gehen. Eucharistiefeier als Weggemeinschaft (1990). – Herausgeber: Heiligenverehrung – ihr Sitz im Leben des Glaubens und ihre Aktualität im ökumenischen Gespräch (1986); Dietrich Bonhoeffer, ‚Gemeinsames Leben', und ‚Das Gebetbuch der Bibel' (1987). – Zahlreiche Aufsätze zu verschiedensten Themen der dogmatischen Theologie und Dogmengeschichte; Fachartikel in Lexika und Rezensionen.

Prof. Dr. Wolfgang Speyer, geb. 1933 in Köln; Studium der Klassischen Philologie, der Alten Geschichte und Philosophie in Köln; 1959 Promotion, 1972 Habilitation. Seit 1977 Professor an der Universität Salzburg (Kultur- und Geistesgeschichte der Spätantike).
Veröffentlichungen: Bücherfunde in der Glaubenswerbung der Antike (1970); Die literarische Fälschung im heidnischen und christlichen Altertum (1971); Büchervernichtung und Zensur des Geistes bei Heiden, Juden und Christen (1981); Frühes Christentum im antiken Strahlungsfeld. Ausgewählte Aufsätze (1989). – Herausgeber von K. Groß, Menschenhand und Gotteshand in Antike und Christentum (1985). Seit 1972 Mitherausgeber des Reallexikons für Antike und Christentum; darin zahlreiche Artikel.

Prof. Dr. Ernst Christoph Suttner, geb. 1933; Studium der Philosophie und Theologie in Regensburg, Rom und Würzburg; ab 1962 wissenschaftlicher Mitarbeiter am Institut für Theologie und Geschichte des christlichen Ostens in Würzburg; 1967 Dissertation, 1974 Habilitation. Seit 1975 Professor für Patrologie und Ostkirchenkunde an der Universität Wien; seit 1980 Mitglied der gemischten Kommission für den offiziellen theologischen Dialog zwischen der orthodoxen und der katholischen Kirche; seit 1989 korrespondierendes Mitglied der Österreichischen Akademie der Wissenschaften.
Veröffentlichungen – neben ca. 80 Beiträgen in Büchern und Zeitschriften: Offenbarung, Gnade und Kirche bei A.S. Chomjakov (1967); Beiträge zur Kirchengeschichte der Rumänen (1978); Festtagsikonen als Christusverkündigung (1979); Moderne Ikonen (1979); Fragen der Sakramentenpastoral in orthodox-katholisch gemischten Gemeinden (1979); Das Evangelium in Farbe – Glaubensverkündi-

gung durch Ikonen (1982); Wechselseitige pastorale Hilfe trotz Kirchentrennung (1988). – Herausgeber u. a. von: Regensburger ökumenisches Symposion, Bd. 1–3 (1970–72).

Dr. Kees Vellekoop, geb. 1940 in Rotterdam; studierte in Utrecht und Basel Musikwissenschaft, Violoncello und Gambe. Seit 1968 Dozent am Institut für Musikwissenschaft der Rijksuniversiteit Utrecht, nach seiner Habilitation (1978) Hauptdozent. Sein Arbeitsschwerpunkt liegt auf dem Gebiet der mittelalterlichen Musik und der Mediävistik. Seit 1989 Mitglied der Koninklijke Nederlandse Akademie van Wetenschappen. *Veröffentlichungen* – neben ca. 100 Aufsätzen, Editionen und Rezensionen u.a.: Het Antwerps Liedboek (1972); Dies ire dies illa: Studien zur Frühgeschichte einer Sequenz (1978). – Mitherausgeber der Reihe ‚Utrechtse Bijdragen tot de Mediëvistiek' (acht Bände seit 1983).